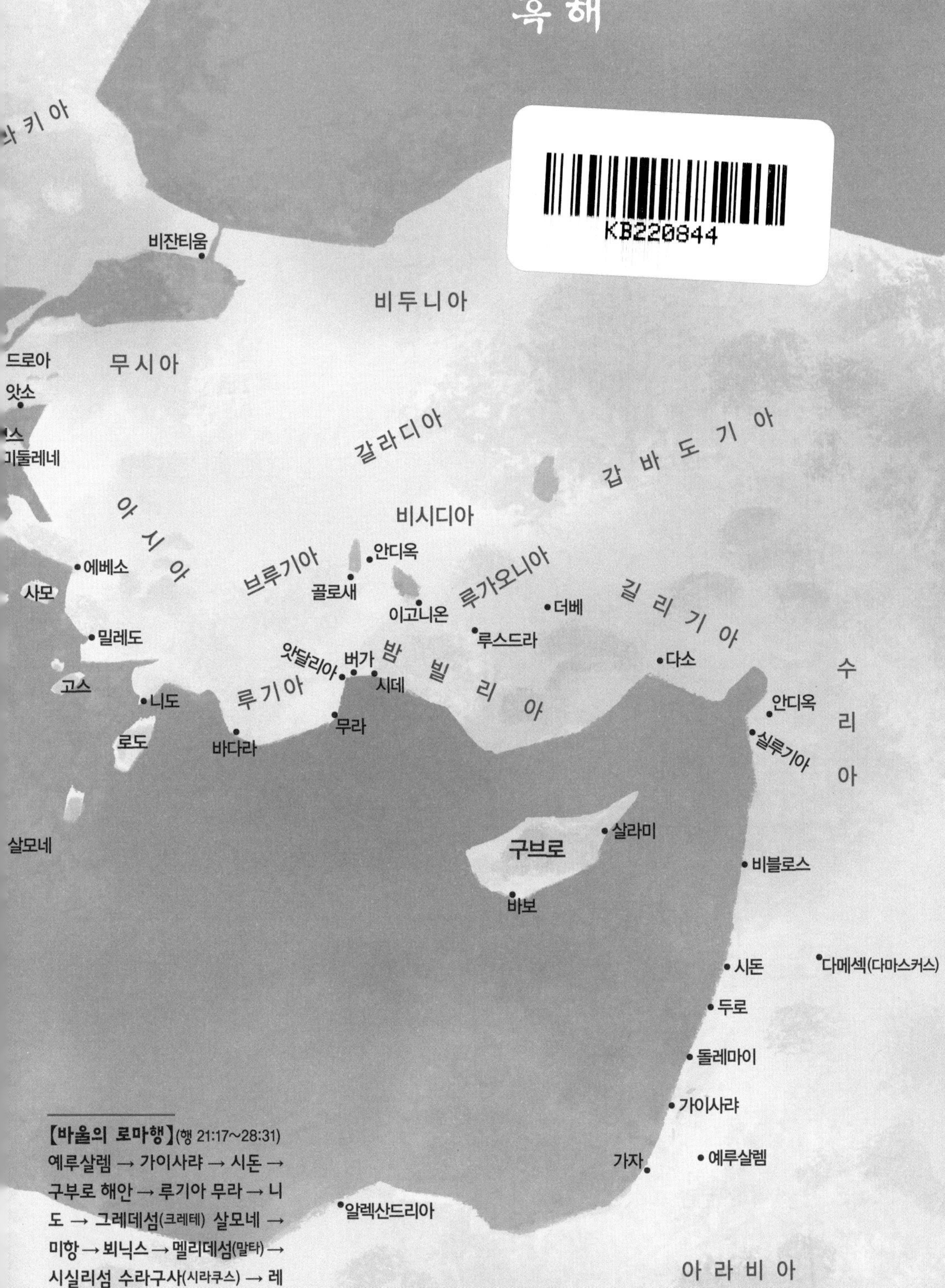

흑해
비잔티움
비두니아
드로아
무시아
앗소
갈라디아
갑바도기아
아시아
비시디아
에베소
안디옥
브루기아
골로새
루가오니아
이고니온
더베
길리기아
사모
밀레도
루스드라
앗달리아
버가
밤빌리아
다소
수리아
시데
고스
니도
루기아
무라
안디옥
실루기아
로도
바다라
살모네
살라미
구브로
비블로스
바보
시돈
다메섹(다마스커스)
두로
돌레마이
가이사랴
【바울의 로마행】(행 21:17~28:31)
예루살렘 → 가이사랴 → 시돈 → 구부로 해안 → 루기아 무라 → 니도 → 그레데섬(크레테) 살모네 → 미항 → 뵈닉스 → 멜리데섬(말타) → 시실리섬 수라구사(시라쿠스) → 레기온 → 보디올 →로마
가자
예루살렘
알렉산드리아
아라비아
애굽
페트라
홍해

도올의 로마서강해

도올 김용옥

통나무

나의 신학사상을 한국신학계의
담론으로 만들어준 이정배 교수에게

순수 우리 토속신학의 창시자, 한 동네에서
어렸을 때부터 나를 귀여워 해주시는 유동식 선생님께

한국신학연구소의 이사로 나를 초빙해주시고,
나의 한학이 부럽다고 하시면서 격려의 말씀을
아끼지 않으셨던 안병무 선생님께

로마로 가는 길Roma Yolu, 바울의 고향, 다소에서

도올의
로마서
강 해

로마서강해
The Letter of Paul to the Romans

서
序

"이에 재판관 전원의 일치된 의견으로 주문을 선고합니다.
주문, 피청구인 대통령 박근혜를 파면한다."

나의 붓길이 이 책의 원고칸을 한칸 한칸 메꾸어나가고 있는 절박한 시간 동안 나는 탄핵정국이라고 하는 스트레스에 내내 시달렸다. 3월 5일 밤 드디어 이 책의 원고를 탈고했다. 그리고 연이어 부지런히 교정에 몰두하고 있었는데, 닷새 후에 헌재의 판결을 접했다. 3월 10일 오전 11시 21분, 헌재 소장권한대행 이정미 재판관의 낭랑한 목소리가 "피청구인 대통령 박근혜를 파면한다"라는 사운드 심볼을 내 귓전에 때릴 때 나는 실로 거대한 충격, 아니, 뭐라 할까, 해월 선생이 그리워하던 "다시 개벽"의 갈라짐이라 할까, 나의 존재의 그룬트가 뒤바뀌고 시간의 움직임이 새로운 카이로스를 향해 컨버젼을 일으키는 그런 혁명의 빛줄기가 나의 전신을 전율케 하는 것을 느꼈다.

그 찰나의 직전까지만 해도 무소불위의 권력인 듯이 느껴졌던 거대한 중압체가 그 순간에 쓰레기통의 휴지만도 못한 전혀 무의미한 물체로 그 실체성을 상실해버리는 것이다. 멍하게 앉아있는데 전화벨이 울린다. 역사학을 전공하는 제자 오군으로부터였다.

> "선생님! 이제 우리도 우리 역사에 대한 진정한 프라이드를 가질 수 있게 되었어요. 미국혁명이나 프랑스대혁명보다도 더 위대한 혁명을 우리 민족이 인류사에 남겼잖아요. 브렉시트로부터 트럼프의 승리까지 전 세계가 정의롭지 못한 이기주의로 빠져 들어가고 있을 때 우리 민족만이 정의로운 선택을 했습니다. 이제부터 잘하기만 하면 됩니다. 이제 겨우 우리 역사의 희망이 보입니다. 선생님! 감사합니다. 계속 버팀목이 되어주셔야지요."

미국혁명American Revolution은 그것이 근원적으로 사회적 모순을 해결하기 위한 혁명이 아니라, 영국의 지배로부터의 해방이라는 독립전쟁의 부산물이기 때문에 연방파든 비연방파든 "자유"라는 가치에 매달려 있었을 뿐, "평등"이라는 인간세의 가치에 대하여 심오한 고민을 결했다. 오늘날까지도 미국인들은 미국의 민주주의 앞에 "자유"라는 수식어만을 정당한 것으로 생각하고(자유민주주의), "사회"라는 말은 놓아서는 아니 될 것으로 생각하는 경향이 있다(사회민주주의social democracy는 빨갱이들의 길道이라고 생각하는 것이다). 링컨이 게티스버그연설에서 말한, "인민의of the people, 인민에 의한by the people, 인민을 위한for the people"이라는 것은 실제로 사회민주주의를 의미하는 것임에도 불구하고, "민주"는 실제로 아무런 규정성이 없는 추상적 신화용어가 되어버렸고, "의, 에 의한, 을 위한"이라는 것은 듣기 좋은 레토릭이 되고 말았다. 진실로 "의, 에 의한, 을 위한"이 이루어지기 위해서는 인민과 민주는 끊임없이 역동적인 교섭관계를 유지해야만 한다. 그러나 미국의 민주주의는 실제로 "자유로운 기업체제free-enterprise system"를 위한 "자본주의적 민주주의capitalistic democracy"에 불과하다. 미국의 민주는 돈이 우선이다. 인간의 평등성에 관한 근본적 인식이 부족한 것이다.

그런데 비하여 제3신분의 제헌국민의회의 인권선언을 기축으로 긴 시간에 걸쳐 치열하게 진행된 프랑스혁명은 혁명과정 자체 내에 많은 인류정치사의 다양한 패턴들이 집결되는 복잡한 문제들을 내포하고 있었지만, 자유라는 가치를 상실하지 않고 평등이라는 가치를 실현하는 이상을 인간사에 제시했다는 의미에서 가볍게 처리될 수는 없다.

민주는 자유와 평등을 융합하는 곳에서만 의미를 갖는다. 나의 바울연구는 바울이야말로 진정으로 자유라는 가치와 평등이라는 가치의 융합을 시도한 최초의 혁명적 사상가라는 의미의 지평을 갖고 있다.

나는 촛불집회가 진행되는 동안, 우리나라 민중들과 수없는 대화를 나누면서 반드시 탄핵은 인용될 것이며, 인용된 후에 새로운 정권의 주체가 될 사람들은 반드시 다음의 세 가지 주제를 실천해야 한다고 외쳤다.

1. **남북화해**
2. **경제민주화**
3. **풍요로운 농촌**

이러한 주제는 내가 여기 상설詳說치 않는다. 지금 이 역사의 길목에서 내가 말하지 않을 수 없는 또 하나의 당위성은 사드는 결코 이 땅에 배치되어서는 아니 된다는 것이다. 그것은 아무런 효용이 없을 뿐 아니라, 우리 조국을 또 하나의 대전쟁의 전선戰線으로 만드는 거대음모의 일환에 불과하다는 것이다. 그것은 반드시 저지되어야 한다. 현명한 다른 선택의 길은 얼마든지 있다.

지금 우리 민족에게는 후천개벽의 여명이 밝아오고 있다. 바울이 말하는 "믿음에 의한 인의認義"의 새세상이 도래하고 있는 것이다. 우리는 우리 민족의 역사적 가능성에 대하여 보다 깊은 믿음을 가져야 한다. 주체적으로 사유하고 주체적으로 행동함으로써 세계역사를 포섭하는 넓은 도량을 가져야 한다.

기독교가 말하는 진리가 과연 우리 역사의 지평 위에서 무슨 의미를 갖는지 기성종단의 편협한 울타리를 뛰어넘어 우리 민족 전체가 한번 체험해봐야 할 시점이다.

2017년 3월 13일

서울 천산재天山齋에서

입오
入悟

구약의 세계, 신약의 세계, 나의 탐색역정

바울과의 해후

> **우리는 십자가에 못 박힌 그리스도를 전하노라. 유대인에게는 거리끼는 것이요, 이방인에게는 바보스럽게 보이는 것이로되, 오직 부르심을 입은 자들에게는, 유대인이나 헬라인이나, 그리스도는 하나님의 능력이요, 하나님의 지혜니라.**(고전 1:23~24).

나는 어렸을 때부터 성경을 외웠다. 약관弱冠의 나이에 이르기 전에 이미, 신학대학에 입학하기 위해, 성경공부를 지독하게 했기 때문에, 그때 나의 뇌리에 박힌 몇 구절들은 나의 삶을 떠나지 않는다. 나는 진실로 약관의 나이에 바울이라는 한 인간과 지독하게 만났다. 내가 "지독하다"고 표현한 나의 바울과의 지독한 만남은 예수와의 해후보다 훨씬 빠른 것이다.

사람들은 어떻게 예수보다 바울을 더 빨리 만날 수 있겠냐고 반문하겠지만, 나의 어린 마음에도 예수는 별 의미가 없었다. 그것은 "신의 아들"이었고, 신화적 포장 속에 싸여있었기 때문에 하나의 인간으로서 나에게 다가올 길이 없었다. 예수는 추상이었고, 구체적 육신의 사나이가 아니었으며, 나에게 인간적 정감을 가지고 다가오지 않았다. 그냥 "예수님"이라는 존칭 속에 가려진 신앙의 대상일 뿐이었다. 예수는 나의 의식 속에서 지성소의 휘장 뒤로 감추어져 있었을 뿐이었다.

이것은 매우 리얼한 나의 고백이다. 이 세계에 대한 인과적 상식을 지닌 동방문화권의 한 소년의 매우 정직한 감상이다. 내가 예수를 만나기 시작한 것은 나의 신학적·학문적 사유가 성숙하기 시작한 50대의 장년시기였다. 나의 역사적 예수Historical Jesus에 대한 탐색, 그리고 『도마복음서』와 『Q복음서』에 대한 문헌적 탐색의 결실이 무르익어갈 때 즈음, 나는 비소로 예수를 만나기 시작했던 것이다. 환갑의 나이가 되어 비로소 나는 예수의 실상實相에 대한 어림을 잡을 수 있게 된 것이다.

그러나 바울의 경우는 전혀 상황이 달랐다. 20세 전후의 나이에 이미 나는 역사적 바울Historical Paul의 리얼한 모습을 직면할 수 있었던 것이다. 바울은 살아있는 인간이었고, 내가 만나 대화를 나눌 수 있는 친교의 대상이었다. 나는 바울을 육신의 고통 속에서 만났다. 그러니까 몸을 지닌 한 소년의 실존의 혼돈 속에서 아주 고통스럽게 바울을 만난 것이다. 나는 고등학교 시절부터 무술단련을 너무 심하게 한 결과 관절염을 앓게 되었는데, 지금 생각해보면 어린 사람들은 자기 몸에 대한 이해가 부족하여 조금이라도 불편한 데가 있으면 나으려는 욕심에 과도하게 치료에 집착하는 것이다. 다시 말해서 몸이 자신을 돌이킬 수 있는 회복의 여유를 허락하지 않고, 외재적 치료에만 매달리는 것이다. "의료"라는 것의 당연시되는 존재가 사람들의 질병을 조장케 되는 것이다. 나의 관절염증세는 매우 심각한 상태로 발전하였고, 온몸의 관절 매듭마다 심하게 부어올랐다. 육안으로 보아도 관절이 퉁퉁 부어 붉게 발열을 하였다.

낙향, 삶의 최초의 좌절

이러한 현상을 여유롭게 관망하면서 인내하고 "방치"하였더라면(몸의 방치는 때로 매우 유익한 것이다. 치료를 유위有爲라 한다면 방치는 무위無爲라 할 수 있다) 나의 몸은 "스스로 그러하게" 자신을 회복했을 것이다. 그러나 당장 아프다보니, 스테로이드계열의 약을 먹고 주사를 맞고 진통제에 의존하다보니 몸은 치료되는 것이 아니라, 부분적인 가역적 상태로 인하여 전신이 비가역적인 쇠망으로 퇴행하게 되는 것이다.

나는 당시 고려대학교 생물과를 다니던 희망에 찬 자랑스러운 청년이었는데, 절망에 빠진 초라한 병인病人이 되고 말았다. 나의 신체로써는 도저히 학교도 다닐 수 없는 지경에 이르러, 부모님이 계시는 천안으로 낙향하고 말았다. 낙향하였다고는 하나 실제로 두 발로 걸어 다니면서 학업을 계속할 수 없는 신세가 되고 보니 앞날이 막막했다. 몸을 치료한다는 명분 외로 시골 구석에서 내가 할 일이 아무 것도 없었다.

그래도 어찌되었든 고려대학교를 다니던 아들이 몸이 아프다고 모든 것을 중퇴하고 병원 한구석으로 둥지를 틀고 드러누워 있으니 나의 부모님 마음이 얼마나 곤혹스러웠을까, 지금 생각해보아도 그 쓰라린 가슴을 미처 헤아리기 어렵다. 나의 집이 천안에서 제일 큰 병원이었고, 나는 그 병원 2층을 나의 새로운 생활터전으로 쓰고 있었다. 우선 내가 걷지는 못했지만 정신은 말짱했으니, 그때 내가 할 수 있는 일이 하나 있었다: 독서였다. 책을 읽는다는 것이 그 자체로 사명감이 있거나 의무감이 있거나, 즐거워서가 아니라, 가만히 드러누워 있으면 관절이 쑤시는 것만 느껴지고, 그 쑤심에 대한 르쌍띠망만 깊어지고, 인생에 대한 절망의 늪으로 빠져만 들어가게 되니, 그 느낌을 감내하기 어려웠다.

당시 나의 독서는 지식의 획득이나 앎의 희열 때문에 택한 도덕적 벤쳐가 아니라, 단지 신체적 아픔을 망각하기 위한 구체적 수단에 불과했다. 아프니까 읽는 것이다. 읽음에 빠질 수 있다면 아픔을 잊거나 덜거나 할 수 있는 것이다. 당시 나는 결코 우수한 학동이 아니었다.

아픔을 회피하기 위한 방편으로서의 독서는 우선 가벼운 즐거움을 주는 책을 택해야 했다. 골치아픈 사상서를 읽을 여유가 없었다. 우리집 병원이 있던 곳에서 몇십 미터 안 떨어진 작은 재빼기에 당시 천안읍내에서 가장 유서 깊고 가장 큰 "동방서림"이라는 책방이 하나 있었다. 그 주인이 아주 작고 딴딴하고 품위있게 생긴 나이 지긋한 아저씨였는데 우리집과 이웃관계였고 호방한 성품을 가진 분이었다. 나는 동방서림의 책을 마음대로 갖다 볼 수 있었다. 외상을 달아놓으면 병원에서 다 처리해주었기 때문이다.

나는 동방서림의 서가에 있는 책들을 점점 나의 방으로 옮겨놓게 되었다. 당시 을유문화사에서 나온 세계문학전집100권을 모조리 읽었다. 그리고 그와

중복되지 않는 정음사 세계문학전집의 책들을 읽은 것으로 기억한다. 당시 나는 정음사의 책들을 매우 좋아했다.

천안 대흥동 231번지 바이블 클래스

온 관절이 쑤셨기 때문에, 관절마다 차디찬 북풍이 쌩쌩 부는 것 같았기 때문에, 이불을 푹 뒤집어쓰고 눈만 빼꼼하게 내놓고 읽어야 하는데 자세가 매우 불편했다. 나는 결국 기발한 방법을 고안해냈다. 천정에 줄을 매달아 나무로 만든 책고정장치가 드러누운 나의 눈에서 약 30cm 되는 공간에 떠있도록 만들었다. 두 면을 다 읽으면 다시 책장을 넘겨 엎어놓으면 편하게 계속 읽을 수 있었다. 이렇게 해서 나는 세계문학의 상상과 사유와 감성과 논리의 우주로 신유를 하게 되었다. 그러면서 나의 신체적 고통은 망각되기도 했지만, 전체적으로 독서에 함몰된 나의 신체는 더욱더 연약함의 늪으로 빠져들어갔다. 당시 나의 독서는 지배紙背를 철徹하는 강렬한 시선이 있었다. 그것은 일종의 지적인 아편이었다.

당시 내가 만약 "술의 망각"을 택했더라면 나는 곧 폐인이 되고 말았을 것이다. 오늘의 나는 존재하지 못했다. 아마도 나의 어머니는 나의 독서삼매의 고투가 그나마 다행한 생의 진로로 관망하셨을지도 모르겠다. 나는 문학의 세계로 빠져들어가면서 인간세의 희비와 온갖 정념의 사건을 체험하게 되었고, 그에 따라 나도 모르는 사이에 점점 심오한 논리를 구축해갔을 것 같다. 그리고 드디어 문학의 한계를 절감했다. 문학전집보다는 한 단계 높은 사유의 희열을 희구하게 되었다. 나는 그해 겨울에 천안여고와 천안고등학교(계광고등학교가 그 전신), 그리고 천안농고 앞에다가 포스터를 붙이었다.

> **바이블 클래스**
>
> — 성경을 통하여 영어를 배웁시다 —
>
> 강사 : 김용옥(고려대학교 학생)
>
> 때 : 매일 새벽 5시~6시
>
> 곳 : 광제의원 2층

내가 이런 발상을 한 것은 어려서부터 보고들은 것이 있기 때문이다. 우리집에서 내려다 보이는 큰 개울 건너 천안도립병원 옆으로 함석헌 선생께서 직접 호미 들고 일구시던 "씨알농장"이 있었고, 함 선생께서는 농장에서 성경을 강해하시기도 하셨고, 『장자』를 강론하시기도 하셨다. 함 선생님은 때가 되면 농장사람들로 하여금 지게에 복숭아나 참외 같은 과일을 가득 지게 하여 우리집에 오셔서 내려놓곤 하셨다. 나는 그때마다 뭔 할아버지가 저렇게 잘생긴 얼굴을 하고 있을까, 그 광채나는 얼굴을 뚫어지게 쳐다보곤 했다. 함석헌 선생 하면 사람들은 그 하이얀 긴 수염만을 기억하는데 실상 그 분의 얼굴 그 자체가 매우 수려하다는 사실을 기억하지 않는다. 나는 그 윤기 나는 수려한 얼굴을 어렸을 때부터 기억했다.

함석헌 선생과 나의 장형 김용준

당시 국민학생이던 나는 어느 시절, 몹시 심한 열병으로 앓아누웠다. 장질부사였다. 그런데 어느 순간에 갑자기 기적적으로 열이 떨어져 내가 개온한 느낌으로 눈을 떴다. 그때에도 윗목에 그 잘생긴 할아버지가 앉아계셨던 것을 나는 지금도 생생하게 기억한다. 이런 기억들이 아마도 내가 뼈대있는 집안에서 자라났다면 그 혜택이라고 해야 할 것이다. 요즈음은 시대가 변해 사람을 만날 기회가 많지만 내가 자라던 시대에는 그런 귀인을 안방에서 뵌다는 것은 정말 힘든 일이었다.

사실인지 어쩐지는 잘 모르겠지만 함 선생은 한 손에 호미를 들고, 한 손에 희랍어성경을 들면서 밭을 갈았다는 이야기가 어린 나의 뇌리에 인상 깊게 박혀있었다. "씨알"이 단순히 밭에 뿌리는 씨알이 아니라, 이 민족의 앞날을 위해 심는 사람의 씨알이라는 것 정도는 어렴풋이 나의 의식에 그려져 있었다.

그런데 그때 나의 장형은 천안농고의 선생생활을 했다. 서울공대를 나오고 6·25전쟁에 용사로서 참전한 후 그냥 고향에 머물러 교육자 노릇을 했던 것이다. 나의 장형은 함석헌 선생을 모시고 씨알농장의 집회를 이끌어갔던 것이다. 나의 장형이 천안농고 선생을 하면서, 그는 물리·화학·수학·영어·독일어 5과목을 가르쳤다. 그때는 선생이 워낙 모자라 그럴 수밖에 없었던 특수환경이 있었던 것이다. 그런데 나의 장형이 천안에서 고등학생들을 가르치면서 이변이 발생했다. 천안농고에서 한 해에 서울대학교를 10명까지 입학하는 상상도 못할 일이 벌어졌다.

천안농고는 곧 명문이 되었고, 천안의 지적 분위기는 광제병원 큰아들 중심으로 굵직한 청년지사들의 에클레시아 공동체를 형성시켰던 것이다. 위대한 리더가 있으면 반드시 지사들의 열기가 모아지고야 마는 "순수의 시대"였다. 그런데 그때 큰형이 진행했던 모임이 바로 광제병원 2층에서 모인 새벽반

바이블 클래스였다. 몇 년 동안 줄기차게 천안의 지사 학생들이 나의 장형의 새벽강의를 들으러 우리집에 왔다.

어려서 보고들은 것이 이런 것이었으니까 나는 나의 장형 흉내를 낸 것이다. 큰형은 당시 바이블뿐만 아니라, 대학입시와 관련된 학과목의 긴요한 문제들을 강의했다. 그래서 학생들이 모여들고 또 모여들었던 것이다. 내가 갑자기 천안에서 병약한 몸으로 바이블 클래스를 하겠다고 선포한 것은 장형 흉내라기보다는 뭐 그저 당연한 일처럼 생각했기 때문이었다. 내 평생 이날까지 항상 강의를 하지 않는 때가 없는 것도 이렇게 성장과정에서 보고들은 것이 그냥 체질화 되었기 때문이다.

큰형과 나는 사고나 감성의 성향이 좀 다르다. 큰형이라 할지라도, 큰조카가 나와 동갑이니 아버지뻘의 나이차가 있다. 그런데 큰형은 일제시대 때 경기중학교를 들어가 서울대학교를 나온 사람이니까 세칭 정통 "케이에스KS" 마크의 인간이다. 큰형에게는 부지불식간에 몸에 배인 엘리티즘이 있고, 부유한 환경에서 대접만 받고 컸기 때문에 밑바닥 인생의 통고痛苦에 좀 무감각한 편이다. 한때 사회주의자로서 감옥생활도 한 적이 있으나 그것은 부유한 상층부 청년의 낭만이었을 뿐이다. 나의 형의 사회적 이상의 기준은 항상 선택받은 자들에게 있었다. 맥아더 군대와 함께 압록강까지 올라간 참전용사라서 그런지 반공사상이 투철하다. 그러니까 케이에스에다가, 엘리티즘, 안타이콤뮤니즘, 크리스챤, 아메리칸 피에이치디, 이런 것을 다 합치면 우리나라 보수지성주의의 매우 티피칼한 한 전형을 만나게 된다.

그렇지만 나의 장형은 함석헌 선생의 훈도를 받으면서, 민족주의라든가,

대의를 향해 헌신하는 지사적 열정이라든가, 끊임없는 향학열, 그리고 항상 주변의 동지들과 작은 집회를 통해 공부하는 습관이 몸에 배인 매우 클래시칼한 이상주의자였다. 『상록수』의 주인공으로나 나올 법한 아이디알리스트였고, 매일 새벽 냉수마찰을 빼놓지 않는 지사형 인간이었다. 큰형의 이러한 삶의 자세나 습관은 내 인생에 심원한 영향을 주었다.

우리 엄마는 장형의 이러한 지사적 모습에 민족의 앞날을 걸었다. 우리 엄마야말로 지독한 아이디알리스트였으니까, 이화여전을 다닌 개화여성으로서 자신의 학문적 좌절을 그런 자식의 모습에서 희구한 것은 너무도 당연한 일이었다. 그러니까 우리 어머니는 큰형의 그러한 반듯한 모습에서 민족의 빛을 보았고, 6번째 막내인 나에게까지 그 기대의 시선은 미치지 않았을지도 모른다. 그러나 엄마는 시종일관 나의 실존적 투쟁과 사상적 역정을 가장 깊게 이해해준 나의 삶의 그룬트*Grund*(존재의 근거)였다.

교학상장, 눈물겨운 새벽강론

자아! 내가 세 학교 입구에 포스터를 붙인 후, 그 약속한 날 첫 새벽길에 과연 몇 명의 학생이 나타났을까? 이미 천안은 큰형과 함석헌 선생이 집회를 열었던 그러한 소읍의 공동체적 분위기의 천안이 아니었다. 토박이들의 토착적 문화가 사라지고 박정희 군사독재의 근대화의 물결과 더불어 거리 분위기가 싸늘해져 있었다. 토박이들이 하나둘 소읍공동체로부터 자취를 감추었고, 게젤샤프트*Gesellschaft*적인 풍경이 자리잡기 시작했다. 나는 그 싸늘해져가는 세기적 전변의 마지막 골목길, 그 끝자락에서 어린 지사들의 낭만을 자극하고 있었던 것이다.

놀라운 사건이 벌어졌다. 열 명 가까운 학생이 나의 바이블 클래스를 듣겠다고 나타난 것이다. 나의 어머니는 화로에 숯불을 담아 그 추운 새벽공기를 뎁혀 주셨다. 그리고 내 강의를 듣고 나서야 새벽기도에 다녀오시곤 했다. 영어로 풀이되는 성경의 뜻이 더 명료하다고 하시면서 내 강론을 격려해주셨던 것이다. 나는 남을 가르치는 일이야말로 내가 제대로 배울 수 있는 첩경이라는 신념이 있었다.

가르쳐보고 난 연후에나 비로소 지식의 곤요로움을 깨닫는다(教然後知困)는 「학기學記」의 말을 나는 나의 좌우명으로 삼을 만큼 모종의 신념과 자신에 불타있었다. 이 바이블 클래스는 일요일을 제외하고 매일 계속되었는데 1년 반 동안이나 지속되었다. 학생이 한 3명으로 줄을 때도 있었지만 하여튼 고교생도들은 나의 강의를 진실하고도 생동하는 가르침으로 깊게 가슴으로 받아들였다.

나는 리바이즈드 스탠다드 버전Revised Standard Version(RSV)과 킹 제임스 버전King James Version(KJV)의 두 판을 비교분석하면서 우리나라 한글개역판의 고투적인 표현들과 대비하면서 읽어나갔는데, 나는 우선 킹 제임스 바이블(영국왕 제임스왕 1세의 노력으로 1611년에 출판된 최초의 권위 있는 역사譯事)의 아름다운 영어표현에 깊은 매력을 느꼈고, 동시에 RSV판(1952년에 완성)의 근대적 영어표현은 성서의 의미를 명료하게 만들어주는 지적 즐거움을 나에게 선사했다.

RSV판과 우리나라 개역한글판은 그 맥락이 상통하는 아름다운 번역들이었으며 나에게 성경이란 인간의 언어로 구성된 것일 뿐, 절대적인 기준의 정본이란 있을 수 없다는 것을 깨우쳐 주었다. 성경이 곧 하나님 말씀일 수 없다는 자각이 나에게 스며드는 최초의 계기가 되었다. 성경말씀은 단순한 판본의 차이에 따라서도 다른 해석의 여지를 남길 수 있겠다는 생각이 어렴풋이 들기 시작했던 것이다.

그런데 내가 예상치 못했던 가장 심각한 문제는 영어로 가르치고 있는 것이 바로 신약성서라는 그 사실 그 자체에 내재하고 있었다. 영어로 설명한다 한들, 그것은 언어적 수단일 뿐, 그 언어수단이 목표로 하고 있는 것은 그 내용의 바른 해석이었고, 바른 해석이란 바른 이해를 전제로 하는 것이다. 다시 말해서 성서 그 자체의 바른 이해가 없이는 영어성경의 영어를 해설할 방도가 없었다. 영어성경을 가르치는 것은 곧 성경을 가르치는 작업이라는 사실을 직면케 된 것이다.

허혁 선생님, 불트만과의 만남

내가 충분히 이해하지 못하는 것을 영어로만 해설한다 한들, 그 해설이 듣는 사람의 마음을 끌 수가 없었다. 성서는 애매한 말로 가득차 있었다. 논리적 인과가 잘 통하지 않는 애매한 표현이나 문법적으로 석연하게 풀리지 않는 꼬인 구성이 너무도 많았다. 막말로 그냥 "쉽게" 이해되지 않는 것이다. 그렇다고 결코 그 내용이 어려운 것이 아닌 일상적인 이야기임에도 불구하고 쉽게 이해되지 않는 것이다. 나는 이 문제를 해결하기 위하여서는 타인의 도움이 필요하다는 생각을 하게 되었다. 이때 생각난 사람이 한 분 있었다.

내가 보성고등학교 다닐 때, 독일어 선생님이 한 분 신임교사로 부임하셨다.

그런데 그 분은 독일에서 신학박사를 끝낸 분이라고 했다. 박사를 끝냈으면 신학대학 교수로 부임하는 것이 정도일 텐데 이 분은 신학대학 교수자리가 나질 않았는지, 우리 보성고등학교 독일어 선생님으로 오신 것이다. 키도 컸고, 덩치도 우람했고 언뜻 보기에도 매우 심오한 학자풍의 서기가 서렸으며 무엇보다 얼굴에 비친 모습이 너무도 천진스러웠고 선량했다.

이 분의 이름이 허혁許焱이었는데, 아마도 20세기 한국신학계의 가장 실력 있는 거장의 한 분으로서 그 혁혁한 이름이 기억되어야 할 것이다. 나는 동방서림에 나와 있는 허혁 선생의 책을 통해 그의 거처를 알아내었고, 당시 그가 아현동에 있었던 성결교계통의 서울신학대학 교수로 가있다는 것도 알게 되었다. 나는 그에게 편지를 썼다.

보성고등학교에서 독일어를 배운 꼬맹이 제자의 한 사람으로서 내가 당면한 문제에 관하여 심각한 호소를 하는 편지였는데, 허혁 선생은 누런 원고지에 친필로 쓴 정갈한 답장을 나에게 즉각 보내주었다. 이러한 인연으로 허혁 선생과 나 사이에서 일년 반에 걸친 서신이 오갔다. 나중에 내가 신학대학을 가기로 결심한 즈음에는, 그 진학을 극구 말리는 우리 부모님에 대하여 부모님을 설득해달라고 중개를 요청하는 바람에 허혁 선생과 나의 편지는 다른 주제로 흘러가고 말았지만, 하여튼 나는 선생님께 성서이해의 기본적 자세를 문의하였던 것이다.

나는 허혁 선생님과의 교감을 통하여 성서는 일차적으로 다양한 주석서를 통하지 않고서는 그냥 쌩으로 도통하는 것이 어리석은 짓이라는 것을 알게 되었다. 그래서 다양한 주석서를 같이 읽기 시작했고, 성서신학의 기본을 이루는 개념들을 해설한 사전류를 구비해놓기 시작했다.

바이블 클래스를 한다고 뻥쳐 놓았다가, 단순히 충실한 영어해석을 도모하기 위하여 광대무변한 신학의 세계로 발을 들여놓기 시작했던 것이다. 그리고 허혁 선생님의 서한을 통하여 나는 "불트만신학"에 접하게 되었다. 성서에 나타나는 표현들은 대부분 신화적 양식이며, 그 양식은 원래 당대의 회중에게 무엇인가를 선포하기 위한 초대교회의 케리그마라는 것이다. 케리그마라는 말은 나중에나 알게 되었지만, 어린 마음에도 신화적 표현양식은 과학적 세기 이전의 의미전달방식이며, 과학적 세기를 살고있는 우리들에게는 그 신화적 양식이 "비신화화demythologization" 되어야만 그 진정한 의미가 되살아날 수 있다는 허혁 선생님의 말씀은 쉽게 내 가슴에 와 닿았다.

신화를 제거하는 것이 아니라, 신화를 비신화화함으로써 그 의미를 살려내는 작업이 필요하다는 불트만의 주장이 나에게 쉽게 이해되었던 것이다. 나는 바이블 클래스를 시작하면서 이미 초월을 내재의 지평에서, 신성을 인성의 지평에서, 신화를 인간학의 지평에서, 신학을 실존의 지평에서 해석하는 습관을 기르고 있었다. 주석서들을 읽고 있는 나의 가슴은 환희로 가득차기 시작했다.

예수가 유대인일까?

나는 지금 불과 약관에도 미치지 못한 어린 나이에(내가 바이블 클래스를 시작했을 때가 만 17세였다), 예수를 만나고, 바울을 만나고, 허혁으로 상징되는 독일신학을 만나고, 불트만을 만나게 되는 기구하지만 매우 진실하고 소박한 사연을 독백하고 있는 것이다. 우리가 확실히 해두어야 할 것은 기독교는 유대교가 아니라는 것이다. 결코 이스라엘사람들만의 종교적 열정으로 만들어진 종교는 아니라는 것이다. 기독교 자체가 유대교가 버린 것이요, 대적시 한 것이며, 지금도 유대인들은 예수에 대하여 하등의 아이덴티티를 느끼지 않는다. 한국사람들은 막연하게 예수를 유대인a Jew으로 알고 있는데, 내가 단언하지만 예수는 엄밀한 의미에서 유대인이 아니다. "유대인Jews"이라는 것은 희랍어 이오우다이오스Ioudaios, 히브리어 예후디yehudhi에서 유래된 말인데, 그것은 원래 이스라엘민족의 12지파 중에서 유다의 후손들the tribe of Judah을 가리키는 말이었다(유다Judah는 야곱의 열두 아들 중에서 레아Leah의 소생이다). 유다족속은 본시 이스라엘 역사에서 별로 두드러지는 바가 없는 미미한 존재였다. 사울의 왕국에서도 이 족속은 변방에 속했다.

유다족속이 역사에서 두각을 나타내기 시작한 것은 유대평야의 한 작은 마을인 베들레헴 출신의 다윗이 왕권을 장악하면서부터였다. 다윗을 승계한 그의 아들 솔로몬은 정치적으로나 종교적으로나 외교적으로 탁월한 능력을 발휘한 지도자로서 인식되어 왔다. 그러나 그는 과도한 팽창주의를 펼쳤고, 그가 달성한 다원주의적 국제관계는 제국의 면모를 과시했지만 이스라엘민족국가의 정체성에 균열을 가져왔고, 성전과 요새건축, 예루살렘과 기타 도시계획 등 과도한 강제노역과 민중의 세금착취는 극심한 빈부의 격차를 초래하여 새로운 부유층을 형성시켰다.

솔로몬은 구약이라는 민족종교적 기술 속에서는 지혜로운 지배자의 상징으로 긍정적으로만 비추어질지는 모르지만 실제로 그는 700명의 부인과 300명의 첩을 거느리고 과도한 사치를 일삼은 부덕한 독재자일 수도 있다. 솔로몬의 치세의 화려함은 문학적 상상력의 소산일 뿐 역사적 실체가 없는 것일 수도 있다. 하여튼 솔로몬대왕의 치세 이후 이스라엘민족은 남북왕조로 완전히 분리되어 버린다(BC 930년경). 솔로몬이 르호보암Rehoboam이라는 매우 못난 자식을 후계자 왕으로 세워 북방사람들의 반발을 일으킨 것만 보아도 그는 결코 지혜롭지 못한 인간이었다고 추정할 수도 있다.

이스라엘왕국과 유다왕국

우리는 이스라엘 남북분열왕조시대에 있어서의 북쪽 왕조를 보통 이스라엘왕국(the Kingdom of Israel)이라 부르고, 남쪽 왕조를 유다왕국(the Kingdom of Judah)라고 부른다. "유대인"이라고 하는 개념은 기본적으로 유다왕국의 사람들을 지칭하는 것이며, 유다왕국의 지리적 위치 또한 유대평야(Judea)에 국한된 것이다. 이스라엘사람들은 12지파의 공통된 조상인 야곱(Jacob)에게 야훼께서 주신 이름이 "이스라엘"이기 때문에, 항상 자신들을 스스로 지칭할 때는 "이스라엘"이라는 이름을 선호한다. 결국 "유대인"이라는 명칭은 이방인들에 의하여 예루살렘을 중심으로 살고 있는 사람들을 가리키는 말로서 생겨난 명칭인데 그것은 헬레니즘시대로부터 로마시대에 걸친 관례에 속한다. 물론 그런 관례가 지속되다 보니까 유대인 작가들도 스스로를 유대인(Jews)이라고 부르기도 하였다.

그러니까 내가 말하려하는 것은 "유대인"이라는 명칭의 함의가 이스라엘민족 전체를 가리키는 것일 수도 있지만, 엄밀한 의미에서 "유대인Jews"이라고 하는 것은 역사적으로 유대인 중에서도 매우 제한된 지역과 관습과 세계관과 행동양식을 가진 사람들에게 국한되는 명칭일 수도 있다는 것이다.

더구나 예수시대에 팔레스타인은 갈릴리와 사마리아와 유대로 삼분되어 있었으며, 갈릴리와 사마리아의 사람들을 유대인이라 부르지는 않았다. 엄밀한 의미에서의 유대인은 어디까지나 유대지역의 사람들을 지칭하는 말이었으며, 그 가치관이나 생활상의 규범이 다른 전승에 속했다. 유대인 전승의 핵은 예루살렘 정통주의Jerusalem Orthodoxy였다.

유대광야, 아직도 베두인족들이 드문드문 살고 있다. 바울시대의 생활모습과 별로 다를 바 없다.

이스라엘 역사에서 솔로몬 이후 남조와 북조로 갈라진 이야기를 앞서 언급했는데, 기실 남조는 유다지파와 시므온Simeon지파, 그 두 지파와 베냐민Benjamin지파의 일부(베냐민의 지리적 세력분포가 남·북조 사이에 위치하고 있었다)로 구성되어 있었을 뿐이며, 북조가 나머지 10개의 지파로 구성된 것에 비하면 세력의 비중이 크지 않았다. 북조는 남조에 비하여 영토도 컸고 비옥했으며, 인구도 더 많았으며, 부의 축적도 더 많았고 천연자원도 더 풍요로웠다. 남조 유다왕국이 지역적으로 고립된 것에 비하여 북조 이스라엘왕국은 지리적으로도 개방되어 있었고, 또 그만큼 이웃과의 충돌이 많았다. 그리고 북조는 사람들이 더 거친 편이라서 강력한 리더들의 폭압적 지배가 다반사였고, 따라서 왕들이 암살되는 사례가 많았고 그만큼 정국이 불안정하였다. 그러나 남조와 북조를 가르는 가장 중요한 특징은 종교적 아이덴티티에 관한 것이었다.

최초의 통일왕조의 주인공인 사울이 베냐민지파의 사람이라는 것, 그리고 그를 계승한 다윗이 유다지파의 사람이라는 것을 생각하면 남쪽 유다왕국이야말로 최초의 통일왕조의 정통성을 계승한 왕조였다. 이 정통성의 핵심은 다윗이 이스라엘사람들의 신앙과 단결의 상징인 야훼의 언약궤(the Ark of the Covenant)를 예루살렘에 안치시킴으로써, 예루살렘을 이스라엘민족의 종교적·정치적·문화적 중심으로 만든 사건에서 출발한다. 이후 솔로몬이 성전을 건축한 후에 이 법궤를 성전의 가장 성스러운 곳인 지성소에 안치시켰던 것이다.

북조는 수도를 티르자Tirzah에서 세겜Shechem으로, 또 사마리아Samaria로 옮겨다녔고, 특별한 종교적 센터 또한 확보하지 않았다. 단Dan이나 베델

Bethel 같은 곳을 민족사의 사당으로 존중은 했어도 국가적인 컬트를 행하지는 않았다. 다시 말해서 북조는 종교적 아이덴티티가 일관되지를 않았다. 그런데 비하면 남조는 예루살렘을 오직 단 하나의 수도로 고수했으며 예루살렘을 중심으로 모든 행정조직을 일원화 하였으며 예루살렘을 성스러운 민족의 종교센터로 승화시켰다.

세겜지역 그리심산 기슭에 있는 사마리아인 마을에서 아동들과 함께. 이들은 아론으로부터 직접 내려오는 혈통을 고수하는데 지금 전세계적으로 700명 밖에 남아 있지 않다. 아주 짙은 윤곽과 형형한 눈빛은 외관으로 보아도 특별한 인종임을 느끼게 한다. 사마리아 여인은 정말 매혹적인 그 무엇이 있다.

북조와 남조의 멸망

북조는 결국 불안정한 정국의 외교적·군사적 실책 끝에 BC 720년, 건국 200여 년만에 앗시리아제국the Assyrian Empire에 의하여 멸망케 되는데, 앗시리아제국의 피정복민의 이주정책은 매우 악랄하여 10지파의 흔적을 말살시켜 버렸다. 그리하여 "사라진 이스라엘의 10지파the ten lost tribes of Israel"이라는 숙명의 미스테리가 성립하게 된다. 10지파는 영원한 유랑과 망각 속으로 사라져버린 것이다. 그러니까 우리는 유대민족 하면 12지파의 족보가 우리나라의 성씨족보처럼 계속 전승되어 내려오는 것처럼 오해하기 쉬운데 실상 아득한 옛날에 이미 10지파의 계보는 사라져 버렸고, 그나마 남쪽의 다윗왕 혈통을 계승한 유다왕국의 존속을 통하여 유다지파 중심(+시므온, 베냐민)의 계보가 이어졌다.

사실 우리가 보통 "유대인"이라고 하면 이 유다왕조의 사람들을 말하는 것이며 지역적으로도 예루살렘과 그 주변에 사는 사람들에 국한되는 것이다. 예루살렘성전 정통주의를 고수하는 민족신 야훼의 신앙을 가진 사람들을 지칭하는 것이며, 갈릴리를 포함하는 광대한 북이스라엘지역은 그 개념의 외연에서 벗어나 있다.

그나마 유다왕조도 북이스라엘이 멸망한지 1세기 반만에 바빌로니아제국의 왕, 느부갓네살Nebuchadnezzar(BC 605~562 재위. 예레미야, 에제키엘, 다니엘에 의하여 자주 언급된다)에 의하여 멸망한다. 느부갓네살의 침공은 여러 차례에 걸쳐 이루어졌으나, 그에 대하여 유다왕들이 적절히 대응하지 못하면서 결국 그 찬란했던 예루살렘성전이 처절하게 파괴되고(BC 586 or 587), 예루살렘의 주민들은 송두리째 잡혀가게 되었다. 이것이 소위 바빌론유치시대Babylonian Captivity라 하는 것인데, 한번 생각해보자!

유다왕국이라고 하는 것은, 예루살렘 주변이 대체로 황폐한 지역이기 때문에 실제로 예루살렘의 주민들이 그 핵이요, 전부라 말할 수 있다. 이 지역 주민들을 모조리 이주시킨다는 것은 당시로서는 그렇게 어려운 작업은 아니었다. 그러나 한 나라를 몽땅 떠서 옮긴다는 발상은 우리의 상식으로는 좀 이해하기 어려운 사실史實이다. 몽고가 고려를 복속시켰다 해도 개경의 인민을 몽땅 고비사막에 이주시키는 짓은 하지 않았다.

그러나 고구려역사에 보면 비슷한 사례가 있다. 전연前燕을 건립한 선비족鮮卑族의 맹주 모용황慕容皝, 297~348이 중원침공을 도모하기 위하여 먼저 후방인 고구려를 친다. 다시 고구려의 고국원왕故國原王은 충분히 모용황의 침공을 막아낼 실력이 있었으나 전략의 차질로 인하여 수도산성인 환도성丸都城이 훼멸되기에 이르렀고 고구려대군은 속수무책의 고립상태에 빠지게 된다. 이때 모용황은 환도성 주변의 5만 명의 주민을 철거시키고 고국원왕의 아버지 미천왕의 묘를 파헤쳐, 그 관을 꺼내어 수레에 싣고, 그 미망인 즉 고국원왕의 어머니 주씨周氏와 고국원왕의 부인을 함께 볼모로 잡아 데리고 간다. 고구려 수도의 인민 5만 명을 강제이주시킨 것이다.

이주의 정확한 장소는 나와 있지 않다. 원래 전연의 수도는 업鄴(하북성 한단邯鄲. 임장현臨漳縣 서쪽과 하남성 안양시安陽市 북교 일대)이었으나, 모용황이 바로 고구려를 침공한 그 해에 수도를 자성棘城(요녕성 의현義縣 서북)에서 용성龍城(요녕성 조양시朝陽市, 요동성)으로 옮기었으므로 내가 추측컨대 고구려인을 조양의 신도시건설에 부역시키려고 데려간 것 같다. 하여튼 집안에서 조양까지 고구려인민이 2천리길을 끌려간 것이다. 이 사건은 진실로 우리나라역사의 진로를 바꾼 잊을 수 없는 대장정의 길이었는데, 예루살렘 인민들을 바빌론으로 데려간 사건과 비견될 수 있을 것이다.

고구려의 두 번째 도읍지로 알려진 환도산성의 위용. 강고하게 쌓은 남문 옹성이 보인다. 모용황은 바로 이곳을 치고 들어가 고국원왕에게 치욕과 긴 설움을 안겨주었다.

바빌론 유수의 실상

성서에서 "바빌론Babylon"이라는 말은 바빌로니아제국을 가리키기도 하고 고대 메소포타미아문명의 중심이 된 도시 "바빌론"(바빌론의 히브리어발음이 "바벨Babel"이다)을 가리키기도 한다. 바빌론은 유프라테스강이 도시 한가운데를 관통하는 곳에 위치하고 있어 당대 이 지역의 무역물류를 장악하고 있는 부유한 도시였는데, 현재 이 고도古都는 이라크 바그다드 정남쪽 88km 지점에, 알 힐라Al-Ḥillah라는 근대도시(인구 35만 정도) 옆에 그 유적이 보존되어 있다(이러한 인류의 고도문화유산으로 가득 차있는 이라크에 포탄을 퍼부은 미국 부시정권의 만행에 대하여 우리는 정확한 가치평가를 내려야 한다. 아이에스IS의 만행도 결국 미국의 무분별한 만행이 키워놓은 것이다).

예루살렘에서 바빌론(알 힐라)까지 약 3천리길을 끌려가 유수幽囚생활을 하게 된 이스라엘민족의 수난의 과정(Babylonian Captivity)은 마치 그것이 이스라엘역사의 전부인 것처럼 예언자들의 언어나 케투빔(성문서the Hagiographa) 속에 과장되어 기술되고 있다. 그러나 "바빌로니아유치시대"라고 하는 것은 실제로 이스라엘민족의 전부가 이동한 것도 아니고 그들이 강압적으로 묶여 있었던 것은 불과 5·60년에 지나지 않는다.

바빌로니아가 앗시리아제국을 무너뜨리고 홍해연안으로부터 페르시안 걸프에 이르는 비옥한 초생달 주변의 광범위한 지역에 새로운 제국New Babylonian Empire을 세웠지만 느부갓네살은 예루살렘성전을 파괴한지 24년만에 사망하였고(BC 562), 그 자리를 계승한 그의 아들, 처남, 손자는 빠르게 권좌를 상실했고, 마지막으로 집권한 평민왕이며 종교적 품성의 기인이었던 나보니두스Nabonidus는 스스로 아라비아사막에서 10년간 고립생활을 하며 바빌론을 그의 아들 벨샤르우수르(Bel-shar-usur: 성서에는 벨사살Belshazzal이라는 이름으로 나오는데, 느부갓네살의 아들인 것처럼 오기되고 있다. 다니엘서 5:1. 또 다니엘서 5:30~31에는 그가 바빌론의 마지막 왕으로 그려졌다)로 하여금 섭정케 만든다. 그러나 벨샤르우수르(벨사살)는 바빌론을 통치할 능력이 없었다.

이때 페르시아의 아캐메니드제국the Achaemenid empire of Persia이 홍기하면서 인류역사에 보기드문, 세종대왕에 버금간다 말할 수 있는 매우 영민한 군주, 싸이러스대제Cyrus the Great가 등장한다(성서에는 바사Persia의 고레스Kōreš[히브리어발음]라는 이름으로 22번 나온다). 나는 한국신학대학을 다닐 때, 문익환 선생의 구약학개론을 들었는데, 선생님께서 얼마나 "세칸 이사이아the Second Isaiah"라는 말을 미국식 발음으로 흥분된 어조의 신바람 속에서 말씀하셨는지, 그 감동의 어감이 지금도 귓가에 쟁쟁하다. "제2이사야서"라는 말은 이사야서의 40장에서 55장까지의 부분이 여타 부분과 구분되는 독특한 성격과 내부적 통일성을 지니고 있어, 독립된 문헌으로 보는 고등비평학의 성과로서 생겨난 문헌학적 개념이다.

"위로하여라. 나의 백성을 위로하여라." 너희의 하느님께서 말씀하신다.
"예루살렘 시민에게 다정스레 일러라.
 이제 복역기간이 끝났다고,
 그만하면 벌을 받을 만큼 받았다고,
 야훼의 손에서 죄벌을 곱절이나 받았다고 외쳐라."
 한 소리 있어 외친다.
"야훼께서 오신다.
 사막에 길을 내어라.
 우리의 하나님께서 오신다.
 벌판에 큰길을 훤히 닦아라.
 모든 골짜기를 메우고, 산과 언덕을 깎아내려라.
 절벽은 평지를 만들고, 비탈진 산골길은 넓혀라.
 야훼의 영광이 나타나리니
 모든 사람이 그 영화를 뵈리라.
 야훼께서 친히 이렇게 약속하셨다."
 한 소리 있어 명하신다. "외쳐라."
"무엇을 외칠까요?"하고 나는 물었다.

"모든 인생은 한날 풀포기,
그 영화는 들에 핀 꽃과 같다!
풀은 시들고 꽃은 진다,
스쳐가는 야훼의 입김에.
백성이란 실로 풀과 같은 존재이다.
풀은 시들고 꽃은 지지만
우리 하느님의 말씀은 영원히 서있으리라."
너 시온아.
높은 산에 올라 기쁜 소식을 전하여라.
너, 예루살렘아.
힘껏 외쳐 기쁜 소식을 전하여라.
두려워 말고 소리를 질러라.
유다의 모든 도시에 알려라.
너희의 하나님께서 저기 오신다.
주 야훼께서 저기 권능을 떨치시며 오신다 … (이사야 40:1~10).

이렇게 시작하는 세칸 이사야는 바빌론유치시대의 말기를 체험하고 있는 한 예언자가 바빌론으로부터의 이스라엘백성의 해방과 귀환과 부흥을 노래하며 선포하는 매우 선동적인 환희의 언어이다. 그런데 페르시아의 고레스대제가 메디아제국Median Empire을 정복하고(BC 549), 리디아Lydia를 정벌하고(BC 546), 드디어 바빌로니아제국을 복속시킨(BC 539년 10월 14일 바빌론은 저항 없이 무너졌다) 사건은 단순히 정치적인, 신흥제국팽창의 한 과정적 사건이었을 뿐이며, 이스라엘민족을 바빌론으로부터 해방시키기 위한 목적론적·구속사적 사건이 아니다. 그리고 때마침 관용과 포용과 문·무의 재능을 겸비한 위대한 군주가 바빌로니아제국을 멸망시키게 된 것도 그냥 "재수"일 뿐이지, 이스라엘민족을 바빌로니아제국의 압제에서 해방시키기 위하여 야훼께서 기획하신 구속사적 성취가 결코 아니니다.

메시아 고레스의 등장

그런데 유대민족의 지도자들은 이 아캐메니드제국(페르시아어로 하카마니쉬야Hakhamanishiya라고 하는데 페르시아제국the Persian Empire과 동의어로 쓸 수 있다. 고대 이란왕조 중의 하나이다. BC 559~330. 싸이러스1세 때 흥기하여 싸이러스2세, 즉 성서에 나타나는 싸이러스대제Cyrus the Great, BC 590~529 때 전성기를 이루었고, 다리우스3세DariusIII 때 멸절된다. 페르시아제국을 무너뜨린 새로운 영웅이 바로 마케도니아의 알렉산더대제Alexander the Great이다)의 고레스를 야훼의 종으로서 이스라엘을 재건하는 사명을 지닌 인물로서 묘사한다. 고레스는 유대민족을 구원하는 "예수 그리스도"의 전신과도 같은 이미지로서 이미 BC 6세기에 화려하게 등장하는 것이다.

> **나(=야훼)는 고레스에게 명령한다.**
> **'너는 내 양을 쳐라.'**
> **그는 내 뜻을 받들어 이루리라.**
> **'너는 예루살렘을 재건하여라.**
> **성전의 기초를 놓아라.'**(이사야 44:28).

여기서 이미 신약에서 말하는 "목자로서의 예수Jesus Shepard"의 이미지가 등장하며, 예루살렘성전을 재건하는 성스러운 임무를 띤 이스라엘민족의 지도자로서 기술되고 있는 것이다. 그리고 이사야 45:1에는 이러한 표현까지 동원된다.

> **야훼께서 당신이 기름부어 세우신**
> **고레스에게 말씀하신다.**

여기서 "당신이 기름부어 세우셨다"는 것은 곧 히브리말로 "메시아*Messiah*"를 의미하고, 이것의 희랍어 번역어가 "그리스도*christos*"이다. 다시 말해서 이미 페르시아의 왕 고레스가 "그리스도"로서 인식되고 있는 것이다. 이러한 유대인의 메시아관념은 출애굽을 달성한 민족의 구원자로서의 모세Moses, the first deliverer의 이미지, 그리고 골리앗을 무너뜨린 다윗왕의 통일왕국의 형성을 거쳐, 지금 고레스의 해방에 이르고 있지만, 이러한 유대인의 메시아관념은 어디까지나 민족구원의 개념이다. 그것은 구체적인 물리적 억압으로부터의 정치적 해방이며, 따라서 메시아는 기본적으로 민족신 야훼의 소리를 들을 줄 아는 지혜로운, 용맹스러운 인간일 뿐이다. 신약의 영적이고, 인류보편적이며, 대속적이며, 종말론적인 성격과는 구분되는 것이다.

그러나 양자간에 연속성이 있다는 것은 의심의 여지가 없다. 하여튼 고레스라는 이방인에 의한 또 하나의 이방의 침공의 역사를 자기민족의 구원의 이벤트로서 승화시키는 예언자들의 문학적 상상력의 기발함을 구라가 지나치다고 비방하기에 앞서, 우리는 드라이한 문헌적 사실만을 편집하기를 고집하는 우리나라 사가들의 편협한 역사인식을 좀 반성할 필요도 있다. 역사는 어차피 사실事實이 아니라 사실史實이다. 사실史實에는 해석이 함장된다. 뒤에 말하겠지만 구약의 모든 예언적 기술은 대부분이 역사적 사실에 대한 후술後述의 문학이다. 후술의 문학을 전술前述의 예언으로 둔갑시키고, 결과론적 사건을 목적론적 성취로서 기술함으로써 역사의 방향과 의미를 선민된 민족의 심장의 맥박으로 살아 춤추게 만든 그들의 구속사적 기술을 우리는 좀 흥미롭게 바라볼 필요도 있다.

바빌론이라는 원점

얘기가 좀 빗나갔는데, 지금 우리는 바빌론유수시대의 성격에 관하여 좀 명료한 인식을 가질 필요가 있다. 우선 바빌로니아제국에 의한 이스라엘민족의 유치가 남쪽 유다왕국에 국한된 사건이었다는 사실을 정확히 상기할 필요가 있다. 북쪽의 보다 개방적이었던 이스라엘왕국은 이미 2세기 전에 매우 호전적이었고 억압적이었던 앗시리아제국에 의하여 훼멸되었고, 이스라엘 10지파의 자손들은 망각으로 사라졌다. 다시 말해서 바빌론유수의 주체는 유다왕국의 사람들, 다시 말해서 좁은 의미에서의 유대인(유다지파 사람들)에 한정된 것이었다는 사실이다.

그러니까 이들은 야훼라는 유일신에 대한 철저한 신앙을 가진 예루살렘성전중심의 종교적·정치적·문화적 삶의 양식에 젖어있는 경건한 정통주의의 사람들이었다. 과연 예루살렘에서 바빌론까지 끌려간 사람들이 몇 사람이나 되었을까? 그 숫자도 명확하게 알 수는 없으나 고국원왕시대에 용성으로 끌려간 숫자보다는 적은 규모라고 생각된다. 유다왕국의 사이즈가 우리나라 경기도 크기만도 못한 것이니 고구려를 기준으로 말할 수는 없다. 강제이주는 BC 597, BC 587~586, BC 582~581년, 3차 시기에 걸쳐 이루어졌다. 오늘날의 고고학적 발굴에 의하여 당시 유다왕국의 인구를 추산하여 보면, 7만 5천

명 규모라는 사실의 확실성에 도달한다.

예루살렘 중심으로 유형을 당한 인구는 그 25%, 약 2만 명 규모라고 추론된다. 75%의 인구는 유다왕국 지역에 식민지상태로서 상존했다. 그들은 바빌로니아제국의 징세제도 속에서 생활하며 유다의 경제를 유지시켰다. 그러나 예루살렘성전은 BC 587년에 철저히 파괴되었으며, 또한 예루살렘이라는 도시는 철저히 폐허화되었고, 무화無化되었다. 이 예루살렘성전과 그 도시의 공백화야말로 이스라엘민족의 구속사적 역사의식의 실제적 원점이었으며, 배타적 시온주의의 최초의 상징이었다.

내가 지금 여기서 "원점"이니 "최초"니 하는 말을 의아하게 생각하는 사람이 있을지도 모르겠다. 이스라엘민족의 최초의 다이애스포라는 바빌론이 아닌 애굽이었고, 최초의 구원자는 레위족속 모세Moses였고, 최초의 지상의 왕권의 상징은 다윗이었고, 그 찬란한 예루살렘성전의 건립자는 그의 아들 솔로몬이었다. 이러한 기나긴 역사를 도외시하고 어찌하여 바빌론을 원점으로 운운하는가?

우리는 무의식중에, 주몽朱蒙이 엄리대수奄利大水(『삼국사기』「고구려본기」에는 엄호수淹狐水로, 『논형論衡』「길험편吉驗篇」에는 엄호수掩淲水로 표기되어 있다)를 말 타고 수면 위로 당당히 건넌 출부여의 이야기(광개토대왕비문에는 "연별부구連鼈浮龜"로, 『삼국사기』에는 "어별부출성교魚鼈浮出成橋"로, 『논형』에는 "이궁격수以弓擊水, 어별부위교魚鼈浮爲橋"로 표현되었다)는 매우 초라한 신화 속의 일화로서 생각하면서, 모세가 아론의 지팡이로서 홍해를 가른 출애굽의 이야기는 장쾌한 역사적 사실로서 인정하려는 괴이한 사고의 습벽에 사로잡혀 있다.

이스라엘사람들은 성서문학의 주제를 역사라고 생각했지만, 그들이 생각한 역사라는 것은 시간의 흐름에 따라 전개된 사건들을 기술하는 크로노스 *chronos*의 역사가 아니다. 역사는 오직 하나님의 영광, 다시 말해서 하나님의 윤리적 요구를 드러내기 위한 하나님의 기획의 실현의 과정일 뿐이다. 그리스인들은 역사의 중심에 정치를 두었다. 그리스인들은 역사를 정치가들을 위한 교육의 수단으로 생각했다. 그리스인들에게 역사의 중심은 어디까지나 과거에 있었다. 과거라는 시간 속으로 객관화되어 있는 사건들 속에 함장되어 있는 과학적 법칙 같은 것을 현재의 치자들에게 던지는 교훈으로 그려내려고 했던 것이다.

계약의 구체적 의미

그러나 이스라엘사람들에게 역사의 중점은 어디까지나 미래에 있었다. 역사는 과거로 흘러가버린 불변의 법칙적 관계가 아니라, 미래로부터 끊임없이 밀려오는, 현재에 대한 하나님의 심판이다. 역사는 하나님에 의하여 세워진 하나의 목표를 향한 움직임일 뿐이며, 그 텔로스(τέλος: 목표, 목적의 뜻)의 성취여부에 따라 역사적 현상의 의미가 부여될 뿐이다. 역사는 하나님의 언약과의 관계에서 성립하는 의미체일 뿐이다. 이스라엘의 역사서술은 역사의 진행에 대한 과학적 인식이나 그 안에 내재하는 기능들에 대한 관심이 아니라, 역사적 현상과 역사적 목표와의 관계에 대한 관심일 뿐이다. 그리고 역사의 주체가 개인이 아니라 민족이며, 그 민족은 야훼와의 계약에 따라 선택된 선민이며, 야훼의 구원을 대망하는 순종과 믿음과 경배의 특별한 성격의 동질공동체이다.

우리나라와 같은 삼천리금수강산에서는, 광활하게 펼쳐진 조선대륙(바이칼호 지역으로부터 대·소홍안령이 껴안고 있는 동북평원을 포섭하여 백두산, 그리고 백두대간으로 뻗쳐 일본의 큐우슈우에까지 이르는 대륙의 개념)의 푸른 대지에서는, 한 민족 전체가 죽고 사는 "계약"의 개념이 성립할 수가 없었다. 개간할 땅이 얼마든지 있었고, 자유로운 이주나 개척이 가능했기 때문에 웬만하면 이질체간에도 "공존"의 논리가 성립할 수 있었다. "자연自然" 즉 "스스로 그러함"이란 생명의 무한한 순환, 그 생생지덕生生之德을 전제로 하는 것이었다.

여호수아가 이끄는 이스라엘민족의 팔레스타인 정착은, 사실 정착이 아닌 정복이다. 정복은 배타와 배제를 전제로 한다. 그런데 하나님이 아브라함(창 12:1, 7)과 모세(출 3:8, 17)에게 약속한 "젖과 꿀이 흐르는 가나안땅"(Canaan: 현재 이스라엘과 레바논 전역을 부르는 성서상의 고지명. "가나안"은 고어에서 "갈대" 혹은 "붉은 자색"을 의미하는 것으로 추정하는데, 전자의 해석을 따르면 "파피루스 생산지역"의 뜻이 되고, 후자의 해석을 따르면 "자염료의 생산지"가 된다)은 결코 젖과 꿀이 흐르는 곳이 아닌 매우 척박한 곳이었다. "젖과 꿀이 흐른다"는 이미지가 극상의 풍요의 상징인데, 젖(*khalav*, milk)이라 해봐야 주로 염소에서 채취하는 것으로(양젖도 이차적인 소스이다), 신선하게 먹을 수 있는 기간은 극히 제한적이다. 대부분 커드나 버터나 치즈로 만들어 보관된다. 이것만 먹기가 지겨우니까 "꿀"이 첨가된 것 같다.

꿀(*devash*, honey)은 양봉을 해서 채취하는 것만을 의미하지 않는다. 대추나 포도나 무화과 등의 당분이 있는 과일까지를 포괄하는 개념이다. 그러니 "젖과 꿀이 흐른다"고 해봐야 얼마나 빈약한 식단을 의미하는지, 상상하기 어렵지 않다. 이렇게 척박한 땅에 이미 어렵게 정착해있는 사람들을 내쫓고 하나님께서 약속한 땅이라 하여 새롭게 그 가나안땅을 차지한다는 것 자체가 얼마나 무리한 일인지 쉽게 상상할 수가 있다. 이스라엘**민족**의 역사는 그 알파로부터 오메가에 이르기까지 영원한 배타와 전쟁의 역사일 수밖에 없는 것이다. 이스라엘의 역사는 이스라엘민족의 역사이며, 민족의 역사는 곧 하나님의 역사이며, 하나님의 역사는 배타와 전쟁의 역사일 수밖에 없다.

젖과 꿀이 흐르는 약속의 땅으로 들어가는 초입에 있는 여리고, 그 현재의 모습. 결코 풍요로운 땅이 아니다. 여리고는 여호수아가 요단강을 건너 최초로 점령한 도시이다. 여리고는 지구상에서 가장 오래된 성곽도시 중의 하나이다.

이스라엘민족과 유일신관

바이블의 가장 중요한 부분인 토라(모세5경)를 분석해보아도 이스라엘민족은 결코 유일신관monotheism을 가진 민족이 아니었다(불트만도 그의 『당대의 시대배경에서 본 원시기독교*Primitive Christianity In Its Contemporary Setting*』 속에서 이와 같은 주장을 편다. 구약전승부분의 제1장 하나님과 말씀God and the Word을 참고할 것).
사실 그렇게 다양한 제국들이 흥성하고 다양한 문명의 주신主神들이 막강한 세력으로 치립하고 있는 고대근동지역에서 그토록 약소한 이스라엘이라는 소부족이 유일신을 주창한다는 것 자체가 근원적으로 어불성설이다. 모든 종교에서 근본적으로 유일신은 존재할 수 없다. 유일신이란 결국 자기민족이 믿는 신만이 유일한 신으로 받들어지고 제사 지내어져야만 한다는 당위성의 주장일 뿐이다. 그것은 그러한 당위성을 절대적인 신념으로서 신앙하는 사람들의 의식 내에서만 존속할 수 있는 하나의 약속체계이다. 그런데 그러한 당위성은 어째서 발생하는 것일까? 대부분의 고대종교가 제우스Zeus나 아후라 마즈다Ahura Mazdā나 아문라Amun-Ra와 같은 최고신을 판테온의 꼭대기에 모시고 있다 해도 다양한 신들을 포섭하게 마련이다. 유대인들의 유일신의 클레임은 정말 기이하고도 기적적인 사유체계이다. 왜 그렇게 되었을까?

우선 이스라엘민족의 신, 야훼가 자기가 누구인가를 스스로 소개하는 장면을 여기 인용해보자! 호렙산의 떨기나무 불꽃 가운데서 모세에게 나타난 하나님은 모세가 이스라엘자손들에게 당신을 누구라고 말하리이까 하고 물으니, 그에게 이와 같이 말한다: "나는 스스로 있는 자니라"(출 3:14). 공동번역에는 "나는 곧 나다"라고 번역되어 있고, 킹 제임스 바이블(KJV)에는 "I AM THAT I AM."으로, 리바이즈드 스탠다드판(RSV)에는 "I AM WHO I AM."으로 되어있다. 한글개역판의 "스스로 있는 자"라는 번역은 옛 우리나라 번역자들의 한학소양을 나타내는 매우 재치있는 번역이다.

『노자』 제25장에 "도는 스스로 그러함을 본받는다道法自然"라는 말이 있는데, 그 "스스로 그러하다"라는 표현을 염두에 둔 좋은 번역이다. 이 "스스

"나는 스스로 있는 자니라"(출 3:14). 떨기나무 불꽃 가운데서 모세에게 하나님의 음성이 들린 곳, 그 호렙산Mt. Horeb 정상을 향해 걷다. 호렙산은 모세오경의 E문서와 D문서 기자들이 시내산을 일컫는 이름이다. 그러니까 호렙산과 시내산은 동일한 대상을 가리킨다.

로 그러하다"라는 표현에 대하여 왕필王弼, 226~249은 "말로 할 수 없는 말無稱之言"이요, "인간의 표현할 수 있는 궁극에서나 나올 수 있는 말窮極之辭"이라고 주석을 달았다. 히브리어 원어의 의미는 "있는 그대로 있다"라는 뜻인데, 모두 언어가 격절되는 절대적 타자The Wholly Other임을 나타낸 것이다. 그런데 이스라엘민족이 홍해바다를 건너 시내산에 이르렀을 때, 모세에게 이른바 십계명Ten Commandments(이 "십계명"이라는 말은 출 34:28, 신 4:13에서 왔다)을 전할 때, 하나님은 이와 같이 말씀하신다(출 20:1~6, 신명기 5장에도 다른 버전이 있다).

시내광야에서 바라보는 홍해.

"너희 하나님은 나 야훼다. 바로 내가 너희를 에집트 땅 종살이 하던 집에서 이끌어 낸 하나님이다. 너희는 내 앞에서 다른 신을 모시지 못한다. 너희는 위로 하늘에 있는 것이나 아래로 땅에 있는 것이나, 땅아래 물속에 있는 어떤 것이든지 그 모양을 본따 새긴 우상을 섬기지 못한다. 그 앞에 절하며 섬기지 못한다. 나 야훼 너희의 하나님은 질투하는 신이다. 나를 싫어하는 자에게는 아비의 죄를 그 후손 삼대에까지 갚는다. 그러나 나를 사랑하여 나의 명령을 지키는 사람에게는 그 후손 수천 대에 이르기까지 한결같은 사랑을 베푼다."

"너희 하나님은 나 야훼다"라는 공동번역의 표현은 매우 재미있다. 여기 "하나님"과 "야훼"라는 두 개의 명사가 나타나고 있기 때문이다. 주어인 "하나님"은 "엘로힘"이다. "야훼"가 특정의 이름임에 반하여 엘로힘은 보다 추상적인 일반명사의 느낌이 있다. 엘로힘은 다양한 신들에게 적용될 수 있는 칭호로서 해석될 수가 있는 것이다.

역사적으로 상고해보면, 엘로힘은 북이스라엘왕국에서 유래된 보다 개방적인 이름임에 비하여, 야훼는 남유다왕국의 예루살렘정통주의와 관련된 특정의 지칭이다. 하나님은 다양한 신들을 지칭할 수 있으나, 너희 이스라엘민족의 하나님(엘로힘)은 나 야훼이어야만 한다는 것이다. 이것은 무슨 뜻인가?

이것은 물론 야훼라는 신 스스로가 나 이외의 섬김을 받는 다른 신들이 존재한다는 것을 인정하고 있다는 것을 의미한다. 어차피 유일신관monotheism

이라는 것이 논리적으로 전 우주에 오직 하나의 신밖에 없다는 것을 주장한다고 한다면, 그 "하나"는 "전체"일 수밖에 없다. 전체래야만 유일할 수가 있고, 한정성에서 벗어난다. 한정되면 다多가 될 수밖에 없다. 장자의 친구 혜시惠施는 "지대무외至大無外"(지극히 큰 것은 밖이 있을 수 없다)라 했는데, 이러한 논리는 그대로 스피노자의 『에티카*Ethica*』 제1부 신에 관하여Concerning God에서 명료하게 전개되고 있다. 스피노자는 데카르트가 실체Substance를 "자기를 넘어선 아무런 타자도 필요로 하지 않는 방식으로 존재하는 것," 즉 "자기원인*Causa sui*"이라고 규정한 그 정의에 의하여 실체로서의 신을 기하학적 논증방식으로 철저히 규명하고 있는 것이다.

자기원인자는 다른 것에 의하여 한정될 수 없으며, 따라서 무한자일 수밖에 없다. 무한자만이 유일할 수 있으며, 유일자는 한정될 수 없기 때문에 전체일 수밖에 없다. 한정된 것은 항상 그보다 더 큰 어떤 것을 상정하기 때문에 혜시가 말하는 "지대무외至大無外"가 될 수 없다. 그러면 유일자는 우주전체가 될 수밖에 없으며, 그것은 인격적 존재일 수가 없다. 야훼가 인간에게 말하고, 인간의 말을 들을 줄 알고, 또 인간의 형상을 지니고 감정을 표출하는 한, 그것은 유일자가 될 수가 없다. 그것은 하나의 개물an individual thing일 수밖에 없다. 한정자가 될 수밖에 없다. 스피노자에 의하면 진정하게 유일한 하나님은 창조주일 수도 없다. 창조주는 항상 피조물에 의하여 한정되기 때문이다.

스피노자의 신즉자연론, 헤노테이즘, 모노래트리

따라서 유일신관의 유일한 가능성은 스피노자가 말하는 신 즉卽 자연 즉卽 실체*Deus sive natura sive substanstia*밖에는 없다. 그렇다고 이러한 스피노자의 신관을 범신론汎神論pantheism으로 규정하는 것은 너무도 어리석은 일이다. 지금 내 눈에 보이는 바위나 나무나 풀의 총화가 모두 하나님이라고 스피노자는 주장한 적이 없기 때문이다. 내 눈에 지금 보이는 자연은 소산적 자연*natura naturata*이다. 이 소산적 자연을 신이라 부르지는 않는다. 이 소산적 자연은 항상 능산적 자연*natura naturans*과 동전의 양면과도 같은 관계에 있다. 신은 소산적 자연이 아닌 능산적 자연이며 능산적 자연이란 만물의 초월적 원인*causa transiens*이 아닌 내재적 원인*causa immanens*이며, 그것은 『주역』이 말하는 "생생지덕生生之德"과도 같은 것이다.

하여튼 고대인들의 신은 아무리 추상적인 전지전능을 운운해도 결국은 다 의인적擬人的anthropomorphic 형상을 지닌 존재자이기 때문에 스피노자가 말하는 이신론理神論Deism적·기하학주의적 신관에는 도달할 길이 없다. 모든 유일신관monotheism은 알고보면 단일신관henotheism이라고 부르는 수준의 신관에 불과한 것이다. 이 "헤노테이즘henotheism"이라는 조어는 하나를 뜻하는 "헤노스*henos*"라는 희랍어 어원에서 유래되었는데, 이것은 원래 독일관념론 철학자 쉘링Friedrich Schelling, 1775~1854이 1842년에 만든 조어이다. 그 뜻은 하나의 신을 섬기되 다른 신들의 존재를 부정하지는 않는다는 뜻이다. 독일의 고고학자이며 언어학자인 프리드리히 벨커Friedrich Welcker, 1784~1868는 고대 희랍세계의 원시적 유일신론을 묘사하는 말로 이 개념을 활용하였고, 그 뒤 독일 출신의 옥스퍼드대학의 동방고전학자이며, 『동방성서 *The Sacred Books of the East*』 50권이라는 기념비적인 대작의 편찬자인 막스 뮐러Max Müller, 1823~1900가 힌두의 종교현상을 탐구하던 중, 그 민중의 신앙형태가 하도 독특하여 그 개념을 활용하여 인도 종교현상에 넓게 적용하였다. 인도사람들은 다양한 신을 인정하면서도 한 신을 숭배하면 마치 그 신이 우주의 궁극적 유일신성을 나타내는 것처럼 모신다는 것이다. 뮐러는 이 개념을 통해 서구의 유일신론은 배타주의exceptionalism에 불과한 문화적 편견이라고 보았다. 그리고 인도사람들이 모시는 신들은 교체될 수도 있다는 의미에서 카테노테이즘kathenotheism(교체신론)이라는 말을 만들어 표현하기도 하였다.

이스라엘민족은 그 민족단위로 볼 때, 야훼라는 단일신을 섬기기 때문에 한 민족 내에서 여러 신들을 포용하는 힌두종교와는 좀 성격이 다르지만, 유대민족이 유랑한 근동지역 전체로 본다면 다양한 신들이 공존하는 토양이었기에 헤노테이즘과 크게 다를 바가 없다. 불트만은 유대민족 자체로도 원시상태에서는 다양한 신들과 잡거하였으므로 헤노테이즘이라 부르는 수준의 다원성이 관용된 느슨한 종교형태를 가지고 있었는데 점점 야훼 하나만을 섬기는 유일신관으로 발전해갔다고 말한다. 아마도 하나의 신만을 선택해서 그 신을 전투적으로 확장시켜나간 숭배의 형태는 "모노래트리monolatry" 즉 "단일신숭배론"이라고 부름이 적합할 것이다.

유일신론은 존재하지 않는다: 유일관계의 계약이 있을 뿐

여기서 내가 말하려고 하는 것은 고대사회에서 진정한 의미에서의 "유일신론"은 존재하지 않는다는 것이다. 유일신이라 함은 오직 특정한 신만을 선택하여 절하고 섬기겠다는 민족적 약속일 뿐이다. 이스라엘의 유일신관은 오직 출애굽이라는 민족적 체험에 의하여 성립한 이스라엘역사 속의 언약이다. 야훼는 말한다: "너희는 나 이외의 다른 신들을 모시지 못한다." 야훼 본인 스스로, 야훼 이외로 다른 신들(엘로힘, 복수형)이 존재한다는 것을 인정하고 있는 것이다. 야훼 스스로 다신론적인 풍토 속에서 자기가 존재한다는 것을 인지하고 있다. 이러한 상황은 오늘날에도 동일하게 지속되고 있다. 오늘날 아무리 기독교가 전세계에 창궐하고, 유대교가 야훼의 유일성을 주장한다 해도, 알라나 브라만이나 시바나 우리나라의 토속적 만신이 사라지지는 않는다. 야훼의 유일성이란 결국 다양한 신들이 존재하는 와중에 유대인들이 야훼라는 특정한 신을 민족적 체험의 바탕 위에서 "유일하게uniquely" 섬기기로 선택했다는 것을 의미할 뿐이다. "선택"에는 반드시 선택의 이유가 있다. 선택에는 "계약"의 개념이 자리잡는다.

"너희 하나님은 나 야훼다. 바로 내가 너희를 애굽땅 종살이 하던 집에서 이끌어낸 하나님이다. 너희는 내 앞에서 다른 신들을 모시지 못한다."

오직 나만을 섬기라고 클레임할 수 있는 계약의 당위성은 바로 출애굽이라는 민족적 사건의 주체역할을 야훼가 하였다는 사실로 귀결된다. 홍해를 가르고 만나 항아리로 먹여주고 젖과 꿀이 흐르는 가나안 지경으로 인도한 이가 곧 나 야훼다.

이 출애굽이라는 사건은 결코 "공짜"가 아니었다. 이 사건을 대가로 야훼는 이스라엘민족의 "유일무이한 섬김"을 따낸 것이다. 그 따냄의 계약이 바로 십계명이요, 율법이요, 토라이다. 그러나 인간인 이상 한 여인과 결혼계약을 맺어 오롯하게 살겠다고 맹서를 했어도, 더 예쁘거나 다른 취향의 여인이 나타나면 부지불식간에 계약을 위반하고 타 여인에게 끌리게 되는 것은 인지상정이요, 육신을 가진 시공 속의 역사풍진의 현실태이다. 이러한 현실 속에서 원 계약을 맺은 여인은 바람피우는 남편을 그냥 용납할 리가 없다.

더구나 이 여인은 전지전능함을 자랑하는 신적 존재가 아닌가? 우선 이 여인은 남편의 바람피움에 대하여 질투를 느끼지 않을 수 없다. 그런데 질투만으로 그치지 않는다. 질투는 반드시 계약위반을 물어 징벌하고 또 보복을 감행한다. 이스라엘의 역사는 칭송과 찬양과 순종의 역사인 동시에 진노와 징벌과 보복의 역사이다. 야훼는 말한다:

> **"나 야훼 너희의 하나님은 질투하는 신이다. 나를 싫어하는 아비의 죄를 그 후손 삼대에까지 갚는다. 그러나 나를 사랑하여 나의 명령을 지키는 사람에게는 그 후손 수천 대에 이르기까지 한결같은 사랑을 베푼다."**(출 20:5~6).

이 십계명의 제1계명 하나 속에 이스라엘역사의 전체패턴이 함장되어 있다. 동시에 로마제국 이후의 전 인류의 희·비극의 디프 스트럭쳐, 그 이중주가 비장秘藏되어 있다.

비브리칼 히스토리는 역사가 아니다

얘기가 좀 빗나간 느낌이 있기도 하지만, 내가 궁극적으로 말하려고 하는 것은 이스라엘사람들이 써놓은 비블리칼 히스토리biblical history는 역사가 아니라는 것이다. 그것은 히스토리가 아닌 스토리일 뿐이다. 그것은 단순한 "이야기"일 뿐이다. 할머니가 손자를 무릎 위에 올려놓고 들려주는 옛날이야기일 뿐이다. 할머니의 옛날이야기는 사실을 전하는 것을 목표로 삼지 않는다. 그것은 사실을 전달하려는 것이 아니라, 재미와 의미를 전하려는 것이다. 그리고 이야기를 구성하는 사건들은 결코 크로놀로지의 순서대로 배열되지 않는다. 이야기는 일차적으로 설화인說話人의 신앙의 체계를 반영하는 것이다. 그러나 우리는 신앙과 역사를 병립시킬 수 없다. 양자는 조화되거나, 타협될 수 있는 성질의 것이 아니다. 정말 역사적으로 모세가 실존한 인물이었을까? 실존한 인물이었다면 언제, 어떠한 정황에서, 몇 명을 데리고 어느 지점에서 홍해를 건넜을까? 이 이야기의 역사화를 위하여 우리는 기원전 13세기 람세스 2세Rameses II(BC 1279~1213. 제19왕조의 세 번째 통치자) 시대의 이집트의 노예제에 관한 연구를 해야 할까? 과연 베들레헴의 어린 목동이 돌팔매

카이로 부근 멤피스에 있는 람세스 2세의 석상. 이 석상은 지진으로 쓰러졌는데 이 입상은 전 길이 14m나 된다. 그리고 놀라운 사실은 이 전체 석상이 하나의 통돌이라는 것이다.

하나로 불레셋의 장수 골리앗을 넘어뜨리고 그의 목을 잘랐을까? 그리고 그 힘을 빌어 팔레스타인지역을 통합한 최초의 위대한 왕이 되었을까?(사울의 시대는 "왕국monarchy"이라기보다는 그 전단계로서의 하나의 "추방酋邦a chiefdom"이라고 규정되는 것이 옳다). 아브라함 이래의 족장들patriarchs의 이야기는 과연 그 내러티브의 순서대로 옛 역사를 말하고 있는 것일까?

1999년 이스라엘의 성서고고학을 대표하는 텔아비브대학 근동문화고고학과의 저명한 고고학자 체에프 헤르초그Ze'ev Herzog, 1941~는 사계의 거대한 반향을 불러일으킨 하나의 논문을 발표했다. 그 논문에 대한 하레츠Haaretz(이스라엘의 가장 오래된 일간지. 1918년에 창간됨. 그 영문판은 뉴욕타임즈 국제판과 함께 팔린다) 주간잡지의 겉표지 언어는 다음과 같다: "홀리 랜드로부터의 진실: 이스라엘땅에서 70년 동안 수없는 고고학자들이 발굴을 계속해 온 결과의 총결론은 매우 명백하다. 성서가 말하는 역사시대는 존재하지 않는다.Truth from the Holy Land: After 70 years of archaeological excavations in the Land of Israel it is clear that the biblical period did not exist."

그 논문의 제목 자체는 이러하다: "성서가 말하는 역사와 관련된 고고학적 발굴은 없다.The Bible: No finds in the field." 그리고 그 논문의 부제는 이와 같이 설명하고 있다: "족장들의 이야기(아브라함·이삭·요셉 등), 출애굽사건, 여호수아의 정복, 판관들의 이야기, 그리고 다윗과 솔로몬의 왕국은 그냥 민담folk stories일 뿐이다. 이 사실을 학자들은 오랫동안 잘 알고 있었다. 그러나 이스라엘사회는 이 진실을 은폐하는 것을 선호하여 온 것이다."(Israel Finkelstein and Amihai Mazar, *The Quest for the Historical Israel*, p.190).

이러한 고고학자들의 양심적 고백에 대하여 이스라엘의 대표적 여류시인이며 송라이터이며 제2애국가의 작자이기도 한 나오미 쉐메르Naomi Shemer, 1930~2004는 이와 같이 말했다: "바이블의 이야기가 실제적으로 일어났는지 아닌지, 또한 바이블에 언급된 건물들이 존재했는지 존재하지 않았는지, 그러한 문제는 아무래도 상관이 없다. 정말 중요한 것은 이러한 이야기들이 상징하는 바의 것이다. 바이블의 전승은 그것이 비록 실제적으로 일어났던 역사적 실재가 아니라 하더라도 엄연히 지속될 것이다."

유일신관의 채택: 바빌론 원점의 정치적 전략

아마도 우리나라의 구약학 학자들은 헤르초그의 양심적 발언에 대하여 쉐메르만큼이라도 여유있는 반응을 보이는 사람은 거의 없을 것 같다. 구약의 이야기가 있는 그대로의 사실이라고 우겨대며 온갖 반론의 잡설을 펼칠 것이다. 문제는 한국인의 성서이해가 이스라엘사람들 스스로의 자유로운 자기이해조차를 따라갈 수 없을 정도로 속박되고 경직되어 있다는 비극적 사실에 있다.

헤르초그와 같은 학자들이 결코 이스라엘역사를 부정하는 것은 아니다. 단지 성서의 이야기를 기준으로 하여 고고학적 발굴의 사태와 사실을 꿰어맞추는 일체의 연역적 독단을 경계하는 것이다. 고고학적 발굴은 독립된, 독자적인 사실의 영역이며 그 자체로의 판단과 귀결을 갖는다는 것이다. 그 고고학적으로 귀결된 실재의 사실들은 바이블 스토리들 속에서 기술된 사태와는 전혀 별개의 그림을 우리에게 제공한다는 것이다. 그는 논문 속에서 다음과 같이 거침없이 진술한다: "이스라엘사람들은 애굽에서 산 적이 없다. 그리고 사막에서 40년 동안 방황했다는 것도 근거가 없다. 그리고 무력적인 정벌 캠페인을 통하여 가나안땅을 복속시켜 그 땅을 이스라엘의 12지파에게 나누어 주었다는 것도 사실무근이다.

아마도 사람들이 더 받아들이기 어려운 사실은 다윗과 솔로몬의 통일왕국the united monarchy of David and Solomon이 성서에서 기술하고 있는 바 찬란한 근동지역의 강력한 대국이 아니라 아주 미약한 부족의 한 왕국a small tribal kingdom에 불과했다는 것이다. 더구나 신관의 문제에 오면 나의 이러한 발언은 많은 사람들에게 매우 불편한 충격으로 다가올 것이다: 이스라엘민족의 신인 야훼는 하나의 여성 애첩을 거느리고 있었으며(다시 말해서 유일신이 아니라는 것이다. 부인이 있었다는 얘기), 초기 이스라엘의 종교가 유일신관monotheism을 채택하게 된 것은 오로지 남·북의 왕조가 몰락해가는 쇠퇴기의 사건이며, 결코 시내산에서 일어난 사건은 아니었다는 것이다."

이러한 이스라엘학자의 논의는 이미 기독교신앙의 지극한 경건주의에 뿌리박고 있는 신학자 불트만이 말하는 "비신화화"와도 같은 모든 진보적 논의, 그 소기하는 바의 그룬트 스트럭쳐를 근원적으로 해체시켜버리고 만다. 그렇다고 이러한 고고학자들의 주장으로 인하여 우리는 바이블의 가치를 상실하는 것일까? 과연 이스라엘민족의 역사는 실종되어버리고 마는 것일까? 이러한 논의가 우리의 기독교신앙을 해체시켜버리고 마는 것일까?

여기서 우리는 내가 앞서 말한 "원점"의 의미를 되새겨볼 필요가 있다. 내가 말한 "원점"이란 이스라엘역사를 실증적인 인간세의 시간의 지평 위에서 확고히 추적할 수 있는 카이로스인 동시에, 그 시점을 "카이로스"로 만들고 있는 민족적 체험의 긴박성은 바로 민족의 멸절의 가능성을 내포한 "바빌론유수"라는 정치사적 사건으로부터 온다. 바빌론유수라는 것은 관계된 근동의 역사적 문헌에 의하여 우리가 그 사건을 확고히 추정할 수 있다. 느부갓네살 2세에 의한 BC 587(586)년의 예루살렘멸망과 유다왕국의 핵심세력의 바빌론 이주의 사건을, 우리가 추구할 수 있는 이스라엘역사의 원점으로 삼는 가장 중요한 이유는 유대민족의 가장 심오한 위기의식과 반성의식, 그리고 민족자존과 자립과 자성의 단결의식, 새로운 일체감을 불러일으킨 정신사적 원점이기 때문이다.

족장들의 이야기나 야훼와의 시내산 계약의 이야기는 이 정신사적 원점이 없이는 전적으로 무의미하다. 모세의 이야기는 어디까지나 이야기일 뿐이며, 그 이야기가 역사적 근거를 가질 수도 있다는 가능성을 허용한다 하더라도, 그 이야기 자체가 바빌론유수라는 정신사적 원점이 없이는 그토록 발랄하고 생동감 있게 구성될 수가 없었다. 바이블 스토리의 모든 생생함은 근원적으로 암울한 위기의식, 침울한 멸절의식에서 온다.

텅 빈 예루살렘과 토라의 출현

한번 생각해보라! 많은 사람들이 구약세계의 원점을 바빌론포로생활로 잡아야 한다는 나의 주장(물론 이것은 나만의 주장이 아니라 세계의 모든 진지한 구약학 학자들의 공통된 견해이다)에 대해, 이스라엘역사의 실재성의 하한성을 너무 밑으로 내려잡는다는 불만감을 토로할지도 모르겠으나, 바빌론유수의 확실한 연대(BC 587)가 이미 광개토대왕의 비석이 세워지기(AD 414) 꼭 1천 년 전의 이야기라는 사실을 상기한다면, 그로부터 또다시 몇백 년 더 올라간 아브라함과 모세와 삼손과 다윗과 솔로몬의 이야기가 역사적 실재성의 정밀한 근거가 있냐 없냐 하는 것은 애초로부터 어불성설의 췌설일 수도 있다. 주몽이 건넌 엄리대수奄利大水(엄호수淹狐水)가 흑룡강성의 송화강 상류인 눈강嫩江 어드메라고 비정할 수 있다는데, 그곳은 가서 주몽의 궤적을 추적하는 고고학적 발굴을 감행할 생각은 꿈에도 하지 않는 우리나라 사람들이 어찌하여 모세의 도홍해渡紅海는 역사적 사실로만 믿으려하는지 나는 그 어리석은 속셈을 헤아릴 길 없다.

우리가 실증적으로 논의할 수 있는 대략의 정황은 이러하다. 유랑하는 유목민족이었던 이스라엘족속들이 팔레스타인 전역에 걸쳐 팔레스타인 토착민들과 끊임없이 충돌을 일으키면서 흩어져 살다가, 한때 탁월한 몇몇의 지도자들에 의하여 통합된 정치세력을 형성하였으나 얼마 안 있어 곧 북이스라엘왕조와 남유다왕조로 분열되어 수백 년을 살았다. 북이스라엘왕조는 먼저 앗시리아제국에 의하여 멸망되어 열 지파가 항구한 유랑과 망각 속으로 사라져버리는 비운을 맞이한다. 이에 유다지파에서 나온, 메시아적 이미지를 구현한 최초의 군주, 다윗과 솔로몬의 도통을 계승했다고 자부하는 유다왕국의 사람들은 자기들이야말로 그나마 이스라엘민족의 아이덴티티를 지킬 수 있는 마지막 보루라는 절박한 사명감 속에서 예루살렘성전을 중심으로 하는 제식과 계율과 신정적인 종교문화를 고수하면서 점점 유다민족주의를 강하게 표방한다.

유다왕국에도 비이스라엘민족이 많이 잡거하고 있었고, 친가나안pro-Canaanites, 비야훼적 종교정책을 취하는 왕들도 있었다. 그러나 앗시리아에게 북이스라엘왕국이 점령되고 난 후부터는 남유다왕국은 통일된 다윗왕국을 회복한다는 명분하에 유다민족주의를 강렬하게 표방하지 않을 수 없었다. 유다민족주의는 바로 야훼를 유일신으로 모시는 철저한 배타주의적 모노테이즘 exclusivistic monotheism과 결합한다. 오늘날 우리가 생각하는 유대교Judaism의 원형, 즉 우리가 상식적으로 갖는 구약에 대한 전반적인 인상의 디프 스트럭쳐는 바로 남유다왕국의 쇠퇴기에 형성되어 가는 것이다.

엘로힘문서가 북이스라엘왕국의 전승임에 반해, 야훼문서가 남유다왕국의 전승이라고 하는 설도 야훼유일신앙과 유다민족주의의 강렬한 결합이 남유다왕국에서 이루어졌다는 사실에서 입증되는 것이다. 야훼신앙체계가 구약언어의 주축을 형성하면서 여타 전승을 통섭해나간 것인데, 그 야훼를 주체로 삼는 언어들은 남유다왕국의 절박한 역사적 상황에서 발생할 수밖에 없었던 것이다.

그런데 이 마지막 보루였던 남유다왕국조차 북조北朝와 동일한 운명에 처해졌다. 상상할 수 없었던 최악의 상황이 실제로 벌어진 것이다. 야훼의 법궤가 모셔져있는 예루살렘성전이 훼멸되고 불타고 회록지재回祿之災를 당하게 되었다. 뿐만 아니라 이스라엘민족의 정통성을 보지하고 있다고 하는 유다지파의 모든 상층부 문화지배층, 지식인, 장인匠人, 정치행정가, 군인들이 유다왕국의 땅을 지킬 수가 없었다(열왕기하 24~25장에 대체적인 정황이 리얼하게 묘사되어 있다). 그들은 머나먼 이국땅 메소포타미아의 바빌론으로 유수幽囚되는 가혹한 신세에 처해지게 된다.

아~ 이제 정말 이스라엘의 역사는 종언을 고하는가? 이스라엘민족의 모든 지파가 이제 흔적도 없이 궤멸되고 마는가? 아~ 유다지파마저 사막의 모래바람 속에 사라져버린 종족이 되고 마는가? 그렇다면 야훼는 누가 모시는

가? 이것이 정녕 야훼의 진노인가? 야훼 스스로 선택한 이스라엘 선민을 멸절시키는 것이 야훼의 섭리란 말이냐? 아~ 이스라엘민족이 이 지경에 이르기까지 타락했단 말인가? 이토록 무가치한 우리더냐? 무의미해지고 무가치해진 폐허의 지평선 위에 이스라엘민족은, 내가 보기에는 최초로, 가장 진실하고도 절박하게 역사적 의미의 나무를 심어 새로운 숲, 새로운 세계를 건설하기 시작한다. 그 세계가 바로 오늘 우리가 알고있는 구약이라는 언어의 숲이었다. 우리민족에게 만약 이러한 절박함과 절망감과 멸절감이 있었더라면 우리도 『삼국사기』나 『삼국유사』보다는 훨씬 더 생동하는 언어를 남겼을 것

예루살렘 성전. 이 성전은 끊임없이 무너지고 다시 또 다시 지어지곤 했다. 그러나 부지는 변함이 없다. 지금은 지성소 자리 부근에 아랍의 성전 쿠베트 알 사크라Qubbet al-Sakhra(Dome of the Rock)가 자리잡고 있다. 이 아랍성전은 AD 688~691년 사이에 건축되었다.

이다. 역사는 절망 속에서 소망의 꽃을 피운다.

이스라엘민족의 정통성의 보루, 유다지파의 상징이던 예루살렘성전이 파괴되고, 예루살렘이라는 아름다운 도시의 모든 공공건물과 가정집이 불탔다. 종교적 지도자들은 처형되고, 시드키야왕의 아들들은 왕이 보는 앞에서 도륙되었고, 시드키야왕은 눈깔이 뽑혔다. 그리고 쇠사슬에 묶여 바빌론까지 끌려갔다. 끌려가는 모든 사람들이 처참하게 불타버리고 텅 비어버린 예루살렘을 되돌아본다. 아~ 다시 볼 수 없는 이 예루살렘아!

텅 빈 예루살렘! 찬란한 성전의 금자탑이 빛나는 예루살렘이 아닌 이 텅 빈 예루살렘이야말로 이스라엘민족의 진정한 아이덴티티의 출발이다. "빈" 예루살렘은 반드시 "채워져야 한다." 새롭게 재건되어야만 한다. 새롭게 지어져야만 한다. 텅 빈 폐허의 예루살렘은 종말인 동시에 희망이며, 회한과 연민의 대상인 동시에 그리움의 대상이다. 그것은 떠남의 상징인 동시에 돌아옴의 상징이다. 타락의 장인 동시에 구원의 약속이다. 의미의 소실인 동시에 의미의 재생이다.

이스라엘 전 민족의 민족종교적 체험이 유다지파의 정통성으로 압축되면서 야훼와의 계약의 새로운 의미를 묻게 된다. 그 물음이 바로 토라Torah며 율법Law이며 모세의 5경the Five Books of Moses or Pentateuch이라고 말하는 것이다. 구약의 핵심이며 가장 오래된 역사를 말하고 있는 듯이 보이는 이 문헌은 BC 400년 이전에는 존재하지 않았다는 것은 구약학 학자라면 누구든지 동의하지 않을 수 없는 사계의 정설이다. 내가 말하는 것은 최종의 문헌적 사태를 말하는 것이며, 물론 그 기나긴 구전의 역사를 말하는 것은 아니다.

E문서, J문서, P문서, D문서

구약문헌비평의 복잡한 정황은 전문가들의 설명에 맡겨두고, 아주 간단하게 요약해서 말하자면 다음과 같다. 구약을 읽게 되면 신을 지칭하는 말이 "하나님(엘로힘)"으로 되어 있는 부분이 있고, "야훼"로 되어 있는 부분이 있다. 엘로힘이 주어로 된 문헌을 "E문서the Elohist source"라고 부르고, 야훼가 주어로 된 문헌을 "J문서the Yahwist source"라고 부른다(야훼의 독일어표현 Jahwe이 J로 시작하기 때문에 J문서라 한다). 당장 창세기를 펴보면, 1장 1절부터는 주어가 다 "하나님"(공동번역: 하느님)으로 시작된다. 하나님이 주어가 되는 문장은 2장 4절까지 계속되는데, 갑자기 주어가 5절부터는 야훼로 바뀐다. 내용도 그 톤이 확 바뀌고 사람을 창조하는 사건도 전혀 다른 형태로 반복되어 나타난다. 그리고 시작하는 문장도 "야훼 하나님께서 땅과 하늘을 만드시던 때였다"라고 말함으로써 앞서 E문서에서 논의된 천지창조의 분위기와는 다른 새로운 분위기의 하늘과 땅을 이야기하고 있다. 천지창조의 전승과 분위기가 다른 두 문헌이 병렬되어 있는 것이다.

이 E문서와 J문서와는 또 다른 P문서라는 것이 있다. P문서는 "제사장문서the Priestly source"라 하는 것인데 주로 이스라엘민족이 받드는 제식이나 지켜야 할 종교적 준행에 관한 것을 규정하는 언어들이다. 이 언어들은 후대의 제사장들에 의하여 집필된 것임이 분명하다(문헌비평이 정교해지기 전에는 이 P문서를 가장 오래된 층대의 문서로 간주하는 경향이 있었다).

그리고 D문서라는 것이 있는데 이것은 신명기Deutronomy 전체를 독립시켜 보는 문헌개념이다. 신명기는 40년의 오랜 방황 끝에 약속한 땅의 어귀에 이른 이스라엘민족에게, 모세가 하나님께서 이스라엘백성을 구원하고 보존한 뜻에 관하여, 그 계약의 성격과 준수에 관하여 장황한 연설을 하는 일종의 설교집인데, 그 성격이 독특하여 앞의 4경(창세기, 출애굽기, 레위기, 민수기)과 구분하여 독립시킨다. 이 E, J, P, D, 4문서의 상대적 선후에 관해서는 다양한 견해가 있고, 각자의 성립연대에 관해서도 학자 나름대로의 의견이 분분하다. 그러나 이 문서가 구전으로서 전승된 것은 매우 오랜 역사를 가질 수 있다고 이야기 할 수 있지만(J문서는 BC 9세기부터, E문서는 BC 8세기부터, J와 E가 융합되기 시작한 것은 BC 7세기 중반부터라는 설이 있다) 중요한 것이 이 모든 문헌이

오랄oral에서 리튼written으로 바뀌는 시기는 철저히 바빌론포로 이후의 사건이라는 것이다.

근동문명의 총화로서의 바빌론과 유대전승

이스라엘민족이 이제 영원히 지상에서 사라질지도 모른다는 암울한 절망감에 민족의 지도자들은 유수생활을 통하여 민족의 역사를 전하는 항간의 이야기들을 카논canon(경전)으로 만들어야만 하겠다는 사명감에 불타게 된다. 우리는 바빌론유수라는 역사적 사건을 포로생활이라는 선입견 때문에 부정적으로만 인식하는 오류를 범하기 쉬운데, 결코 바빌로니아제국의 사람들은 반문명적 야만인이 아니었다. 그들이 유수의 강압적 조치를 강행한 것도 결국 패자가 될 수밖에 없는 자신의 처지를 정확히 파악하지 못하는 어리석은 유다왕국의 지도자들 때문이었다.

그것은 임진왜란 7년의 고통을 치르고도 불과 30년만에 또다시 정묘·병자 양호란을 불러일으키는 인조仁祖의 어리석음에 비유될 수 있다. 숭정연호를 쓰면서 명의 재조지은再造之恩에 충성을 바치는 그러한 고착된 인식의 무변통無變通과 대세의 상황성을 파악하지 못하는 무정치無政治의 어리석음이 그러한 파국을 초래한 것이다. 남유다왕국에는 이순신도 없었고, 최명길과 같은 주화파도 없었다. 여호아하즈Jehohaz-여호야킴Jehoiakim-여호야긴Jehoiachin-시드기야Zedekiah에 이르는 왕들의 행태는 폭정과 무능, 시세를 파악하지 못하는 무모한 저항, 국민의 불행에 대한 무관심으로 일관했다. 바빌론유치는 그러한 왜곡된 사태가 불러온 필연의 역정이었다.

우리는 바빌론에서의 피유수자들deportees의 생활이 처참한 포로의 삶이라고만 생각하기 쉽다. 그러나 상황은 달랐다. 바빌론은 크기에 있어서나, 문명의 축적의 심도에 있어서나, 물질적 풍요의 하부구조에 있어서나, 그 화려한 도시설계에 있어서나 삭막한 유대광야, 척박한 사해동네에 있는 유다촌놈들의 빈곤한 종교도시, 종교적 제식과 계율과 완고함에 쩔어있는 예루살렘의 분위기와는 비교조차 할 수 없는 성대한 모습을 과시하고 있었다.

생각해보라! 바벨탑의 도시, 함무라비법전the Code of Hammurabi(함무라비, BC 1810~1750는 제1바빌로니아제국의 6번째 대왕이며 재위기간은 BC 1792~1750. 법전을 새긴 돌기둥stele이 파리 루블박물관에 보존되어 있다)이 만들어진 곳, 아카디아제국Akkadian Empire의 중심지로 출발하여(BC 2300년경), 수메르문명의 유산을 계승하고 제1아모리트 바빌로니아제국의 수도가 되었다가(BC 1894), 앗시리아Assyrian, 카씨트Kassite, 엘라미트Elamite제국의 지배를 받았던 메소포타미아의 중심지! 느부갓네살에 의하여 신바빌로니아제국Neo-Babylonian Empire의 수도로서 재탄생되었을 때는 고대세계의 7가지 경이 중의 하나라고 불리는 “바빌론의 하늘에 매달린 정원The Hanging Gardens of Babylon”(층층마다 산책할 수 있는 피라밋 같은 구조가 아름다운 수목과 꽃으로 가득 차있다. 모터가 없던 시절에 물을 효율적으로 끌어올리는 기술에 관한 것이 관건이다. 우리나라 EBS에서 만든 관련 다큐가 있다)이 그 찬란한 자태를 뽐내고 있었다. 왜 하필 느부갓네살은 예루살렘의 유대인 2만여 명을 바빌론으로 데려갔을까?

피유수민들은 바빌론에서 정착할 토지와 재산을 부여받았으며 토착민에 대하여 균형자적 역할을 할 수 있도록 특별한 보호를 받았다. 이것은 무엇을 의미하는가? 신바빌로니아제국(갈데아제국Chaldean Dynasty)은 신흥제국이었다.

따라서 바빌론의 역사적으로 누적된 정착민들(이들도 이전의 지배자이거나 이주민들이다)에 대해 완벽한 공제력을 가지고 있지 않았다. 그래서 유대인들과 같이 단일하고 조직적이며 신앙심 깊은 문명공동체를 새로 도입시킴으로써 바빌론의 평화를 도모하고자 했다.

바빌론이라는 도시의 수호신 마르둑Marduk은 다양한 신들의 판테온의 최고신이며 이름이 50개나 되는 관용성을 지닌 신이었다. 배타적인 유일신이 아니었다. 따라서 바빌로니아의 지배자들은 점령지의 피압박민들에 대하여 해방자, 구원자임을 자처했으며 도시를 건설하고 신전을 지어 지역민들이 신앙하는 신들에게 봉헌하도록 했다. 사실 고레스(싸이러스)가 바빌론을 정복했을 때도 똑같은 정책을 계승한 것에 불과하다. 그러니까 바빌론의 새로운 다이애스포라에 정착한 유대인들은 정치적 세력으로서 제국의 질서에 도전하지 않는 한 풍요로운 제국 내에서 수준 높은 자립의 문화를 유지할 수 있었다. 종교적으로도 자율성을 보장받은 것이다.

바빌론 유대인 지도자들의 문제의식: 반복되는 이야기 패턴

이제 유대인 지도자들은 이중삼중으로 절망감의 곤요로움에 사로잡히게 된다. 첫째는 파괴된 예루살렘성전과 도성에 대한 그리움이 간절했을 것이다. 둘째는 이대로 가다가는 이제 유다지파마저 민족 아이덴티티를 상실하게 되면 이스라엘민족이 지구상에서 멸절해버리고 말리라는 걱정이 앞섰을 것이다. 셋째로는 물질적 풍요 속에 새로운 삶의 기반을 확보하면 할수록 민족적 아이덴티티는 더욱더 희석될 수가 있다. 종교적 심성 자체가 약화될 수가 있다. 넷째로는 새로운 다신론적, 헤노테이즘적 환경 속에서 야훼숭배의 당위성이 점점 흐려질 수가 있다.

이러한 불안감, 절망감, 해체감 속에서 유대인들은 야훼유일신앙의 다양한 전승을 수집하고, 기록하고, 창작하고, 확대하고, 편집하기 시작한다. J문서를 중심으로 E문서를 융합하고, 그리고 D문서라는 총제적 조감(모세의 설교)을 덧붙였다. 그리고 최후적으로 율법주의적인 P문서를 정교하게 첨가하였다. 그래서 구약의 핵을 이루는 토라(모세5경)가 완성된다. 그리고 다양한 예언서(네비임Nevi'im), 성문서(케투빔Ketuvim)들이 쓰여졌다.

자아! 한번 생각해보자! 성서의 언어인 히브리어 자체가 근동의 고문명 언어에 비해 역사가 길지 않은 편이고, 다양한 방언이 있으며, 또 표기체계가 정밀하질 않았기 때문에 문헌으로서 표준화된다는 것은 결코 쉬운 일이 아니다. 그러한 작업 자체가 매우 장구한 시간에 걸쳐 이루어지는 것이다. 더구나 파피루스나 양피지 같은 기록자재를 얻는 것도 지난한 일이다. 바빌론유수 이전에는 대체적으로 구전자료였다는 것은 의심의 여지가 없다. 그런데 이들 유대인 학자나 지도자들이 처한 환경은 기록자료가 풍부한 새로운 문명환경이었으며, 자기들이 알았던 세계와는 비교도 되지 않는 다양한 신화와 담론과 역사이야기로 가득 찬 세계였다.

창세기의 창세설화는 과연 유대인 고유의 것이었을까? 노아방주의 이야기가 과연 비가 별로 내리지 않는 유대평야의 이야기였을까? 아브라함 이래의 족장들의 이야기는 과연 순결한 이스라엘사람들의 전승일까? 자기들을 "이스라엘"이라고 부르게 된 연유를 물어보는 손자에게 상상력이 풍부한 어느 할머니가 끝없이 구라를 뿜어대는 이야기story-telling가 아니었을까? 모세의 이야기는 과연 람세스 2세 통치 즈음에 애굽과 시내광야에서 일어난 일일까? 모세의 이야기가 없으면 과연 유일신 야훼와의 계약, 그리고 이스라엘민족 12지파의 암픽티오니Amphictyony(부족동맹)가 과연 성립할 수 있겠는가?

구약의 여호수아 24장에 보면 여호수아가 죽기 전에 이스라엘의 모든 지파를 세겜에 모으고 약속을 다짐하는 이야기가 나온다: "이스라엘 하나님 야훼의 말씀에 옛적에 너희 조상들, 곧 아브라함과 나홀의 아비인 데라가 강(유프라테스) 저편에 거하여 다른 신들을 섬겼으나, 내가 너희 조상 아브라함을 강 저편에서 이끌어내어 가나안으로 인도하여 온 땅을 두루 행하게 하고 그 씨를 번성케 하려고 그에게 이삭을 주었고, 이삭에게는 야곱과 에서를 주었으며, 에서에게는 세일산을 소유로 주었으나 야곱과 그 자손들은 애굽으로 내려갔으므로 내가 모세와 아론을 보내었고, 또 애굽에 재앙을 내렸나니 … 내가 너희 열조列祖를 애굽에서 인도하여 내어 … 너희에게 땅을 주었나니 … 이는 너희의 칼로나 너희의 활로나 이 같이 한 것이 아니로다 … 그러므로 이제는 야훼를 경외하며 성실과 진정으로 그를 섬길 것이라. 너희의 열조가 강 저편과 애굽에서 섬기던 신들을 제除하여 버리고 야훼만 섬기라. 만일 야훼를 섬기는 것이 너희에게 좋지 않게 보이거든, 너희 열조가 강 저편에서 섬기던 신이든지 혹 너희의 거하는 땅 아모리 사람의 신이든지 너희 섬길 자를 오늘날 택하라. 오직 나와 내 집은 야훼를 섬기겠노라."

백성이 대답하여 가로되: "야훼를 버리고 다른 신을 섬기는 일을 우리가 결단코 하지 아니 하오리니, 이는 우리 하나님 야훼 그가 우리와 우리의 열조를 인도하여 애굽땅 종 되었던 집에서 나오게 하시고… 또 모든 백성 곧 이 땅에 거하던 아모리사람을 우리 앞에서 쫓아내셨음이라. 그러므로 우리도 야훼를 섬기리니 그는 우리 하나님이심이니이다."

여호수아가 백성에게 이르되, "너희가 야훼를 능히 섬기지 못할 것은, 그는 거룩하신 하나님이시오, 질투하는 하나님이시니, 너희 허물과 죄를 사하지 아니 하실 것임이라. 만일 너희가 야훼를 버리고 이방신들을 섬기면 너희에게 복을 내리신 후에라도 돌이켜 너희에게 화를 내리시고 너희를 멸하시리라."

이 모든 역사가 칼이나 활로 이루어진 것이 아니라 오직 야훼만을 믿고 순종하는 민족의 도덕성에 있다는 것을 확인하는 이 반복되는 이야기는 유일신의 신관의 유지가 얼마나 난해하고 험난한 일인가를 말해준다. 이스라엘민족 스스로가 먼 조상으로부터 현재 이 순간에 이르기까지 끊임없이 야훼가 아닌 다른 신들을 섬겼다고 하는 이 바이블의 간증은 바로 유다왕국의 사람들이 바빌론에서 느끼는 불안감의 투영이 아니고 무엇이겠는가?

성서이야기가 매우 다양한 스토리 라인이 있고 아기자기한 설화들의 장치가 있어 무한한 전승의 사실적 종합인 듯한 착각을 주지만 실제로는 모든 이야기의 디프 스트럭쳐는 동일하다. 항상 이방에 처한 민족이, 그 민족의 하나님에 의해 약속된 땅, 그 이상향을 찾아가는 노스탈지아의 이야기! 그러나 그 에로스의 동력은 하나님이 기필코 그 약속을 지키리라는 믿음에서 온다. 그리고 그 믿음의 근원은 오직 하나의 하나님 야훼만을 섬기겠다는 약속, 야훼와 이스라엘민족 당사자간의 계약에 있다. 이 야훼는 질투라는 감정을 지니는 존재이므로 스피노자가 말하는 전일자全一者일 수 없다. 그것은 계약의 당사자로서의 개체일 뿐이다!

바빌론유수와 시온주의, 그리고 예루살렘

족장들도 이방에서 약속의 땅을 찾아 헤매었고, 모세나 여호수아나 그 약속의 땅을 지향하는 과정에서 죽었다. 다윗도 솔로몬도 유일신 야훼를 섬기는 성전을 봉헌하는 그 꿈을 위해 살았다. 그리고 남·북조의 분열의 역사, 그리고 또다시 바빌론이라는 이방에서 예루살렘을 그리워하고 야훼와의 언약을 완성시켜야 하는 사명감과 불안감에 끊임없이 배타적인 민족주체를 확립해야 한다. 이 예루살렘을 향한 동경, 이 시온주의Zionism는 오늘날 20세기~21세기의 이스라엘국가의 운명에도 변함없이 반영되어 있다. 결국 구약이라고 하는 문학의 모든 패러다임의 저변에는 유랑의 근원적인 트라우마가 깔려있다.

이스라엘의 정체성을 찾는다는 것은 유랑 속에서 자기 뿌리를 주장하는 것이요, 그 원점은 바빌론유수에 있다. 이 원점의 디프 스트럭쳐가 다윗왕조의 사라져버린 영광 속에, 여호수아의 정복 속에, 모세의 광야에서의 방황 속에, 출애굽의 영광 속에, 자기 땅 없이 유랑하는 아브라함의 여정 속에, 야훼의 천지창조 속에 여여히 드러나고 있는 것이다. 『일본서기日本書紀』(양로養老 4년, AD 720년에 성립)를 백제의 멸망이라는 시점으로부터 거꾸로 읽어가야 하는 것처럼, 바이블의 스토리는 바빌론유수라는 원점으로부터 거꾸로 읽어나가야 하는 것이다.

구약을 읽는 방식은 세 가지 자료의 방법론에 의하여 융합될 수밖에 없다. 첫째가 바이블의 이야기이다. 둘째가 고대근동역사의 텍스트들이다. 셋째가 고고학적 발굴에 의한 물리적 사실과 문명의 실제정황이다. 이 세 가지 루트는 각자 독자적인 가치영역을 가지고 있음에도 불구하고, 모순과 충돌과 대비와 수정을 통하여 어느 정도 점점 타협점을 찾아가고 있는 것이다.

바빌론 기슭, 거기에 앉아 시온을 생각한다

아주 꼴보수의 신앙을 지키기를 원하는 자는, 성서의 한 글자도 사실 그대로 믿는 사람이라 할지라도, 이 방대한 자료들의 통섭이 그려내는 가장 합리적인 타협의 그림을 모른 체 할 수는 없다. 모른 체 하는 것은 자유이지만, 공부하는 신학도라면, 사색하는 신앙인이라면 일단 전개되고 있는 통섭적 해석의 사실에 대해 눈을 뜨고 귀를 기울여봐야 한다. 그리고 나서 꼴보수신앙을 선택한다면 그 선택은 어느 정도 의미를 가질 수 있을 것이다. 그러나 나는 신학도들에게 항상 "공부하시오"라고 말할 것이다.

바빌론 기슭, 거기에 앉아
시온을 회상하며 눈물 흘렸다.
그 언덕 포플라나무 가지 위에
우리의 하프를 걸어놓고서.
우리를 잡아온 그 사람들이
그곳에서 노래하라 청하였지만,
우리를 끌어온 그 사람들이
환희의 노래를 졸라대면서
"시온의 노래 한 가락을 불러라"고 하였지만
우리 어찌 남의 나라 낯선 땅에서
야훼의 노래를 부를까보냐!
오~ 예루살렘아, 내가 너를 잊는다면,
내 오른손이 말라 버릴 것이다.
네 생각 내 기억에서 잊혀진다면
내 만일 너보다 더 좋아하는 다른 무엇이 있다면

내 혀가 입천장에 붙어 버리리라.

야훼여, 잊지 마소서. 예루살렘 떨어지던 날,
에돔사람들이 뇌까리던 말,
"쳐부숴라, 바닥이 드러나게 헐어 버려라."
바빌론의 딸이여, 끝내 멸망하고 말 바빌론아!
네가 우리에게 입힌 해악을
그대로 되갚아 주는 사람에게 복이 있을지라.
네 어린 것들을 잡아다가
바위에 메어치는 자에게는
복이 있을지니. (시편 137장).

아브라함의 거소였던 하란 부근의 유프라테스 강 상류. 이 강은 흘러흘러 바빌론 한가운데를 지난다. 우리 산하의 강 느낌과 별 차이가 없는 정겨운 풍광이 펼쳐진다.

바이런경Lord Byron, 1788~1824의 시구를 연상케 하는 이 시편 137장의 노래는 포로생활 후에 쓰여진 시라고 추정되지만(울리히 켈러만Ulrich Kellermann은 이 시의 성립연대를 BC 520~445년간 어느 즈음으로 보았다), 바빌론유수시절의 유대인들의 복잡한 감정을 잘 드러내주고 있다. 이것은 유대인공동체의 공통의 비탄communal lament을 나타내며, 예루살렘은 시온Zion이라는 말로 이상화되고 상징화되고 있다. "시온"이라는 히브리말의 어원은 잘 알려져 있지 않지만 성채citadel나 굳건한 요새fortress를 의미하는 것 같다(사무엘下 5:6~10을 참고할 것. 이곳에서는 "시온의 요새"가 곧 "다윗의 성"을 의미하고 있으니, 이는 곧 예루살렘이다). 하여튼 시온은 바빌론유수를 통하여 민족의 궁극적 귀의처, 유일신 야훼의 굳건한 성채로서 이상화되고 숭배의 심볼이 된다.

바빌로니아제국과 아케메니드제국

이 시는 바빌로니아제국의 사람들을 매우 부정적으로 묘사하고 있다. 물론 일제시대 때 조선사람 시인이 일본제국을 긍정적으로 묘사하였다면 친일파의 불명예를 뒤집어쓸 것이므로, 시온에 대한 그리움, 차라리 "의리"라고 말해야 할 애착의 감정이 표현되고 있는 것은 너무도 정당한 것이다. 유일신관을 강렬하게 의식하게 된 유대인들이 비탄Lamentation을 노래할 때, 반드시 야훼의 저주를 말하고 그들의 불행을 초래한 자들에 대한 야훼의 복수를 희구하는 것은 흔히 있는 시가의 형식이다. 그런데 바빌론제국의 사람들이 예루살렘성을 헐어부술 적에 에돔사람들이the Edomites 그 성전이 기초까지 다 해체되도록 도와주었다고 말하는 것은 역사적 사실과 부합되지 않는다.

에돔사람들이란 야곱의 형인 에서Esau의 후손들로 알려져 있지만(사해 남쪽

지역), 그러한 규정도 바빌론유수 이후에 생겨난 신화적 해석의 일환으로 보인다. 에돔사람들은 그 당시 느부갓네살에 의하여 같은 피해를 입었을 뿐이다. 시인의 감정 속에는 역사적 사실이 일차적인 중요성을 지니지 않는다. 그러나 후대 예수의 산상수훈의 비아티튜드beatitude(지복설교)의 형식을 취한 시편의 노래에 아무리 바빌론사람들이라 할지라도 그들의 죄없는 어린아이들을 바위에 메쳐 도살하는 자들에게 복이 있을 것이라고 말하는 시구를 아름다운 축복의 노래인 것처럼 읊어대는 유대민족들의 잔악성은 그냥 용납하고 지나갈 수가 없다. 질투하는 야훼의 잔악성은 유대민족의 르쌍띠망의 잔악성으로 내면화되어 있는 것이다.

페르시아의 아캐메니드제국의 맹주 고레스는 드디어 BC 539년에 신바빌로니아제국의 수도인 바빌론을 점령한다. 그리고 이듬해(BC 538년) 바빌론에 유치된 유대인들에게 예루살렘으로 되돌아가도 좋다는 허락의 칙령을 내린다. 유대인들은 드디어 바빌론유치생활에서 해방된 것이다. 느부갓네살에 의하여 끌려온 지 50년만의 사건이다. 이스라엘사람들은 바빌론사람들에게 저주를 퍼붓는 것과는 대조적으로, 새로운 제국의 흥기자이며 바빌론의 점령자인 페르시아의 고레스에게는 야훼의 기름부어 세우신 자, 즉 그리스도의 권능을 부여한다. 사실 일본제국주의를 무너뜨린 또 하나의 제국 미국의 등장은 제2차세계대전의 역학 자체 내의 사건일 뿐이지, 조선인을 해방시키기 위하여 미국이 일본을 무너뜨린 것은 아니다. 바빌로니아의 흥기를 제1차세계대전에 비유하면, 페르시아제국의 흥기는 제2차세계대전에 비유할 수 있다.

페르시아제국을 일으키고 유지한 제왕들은 고레스(싸이러스)로부터, 크세르크세스Xerxes, 다리우스Darius에 이르기까지, 고희랍의 사가들이 평가하는 것과는 달리, 매우 유능하고 관용의 원칙이 있었으며 모든 문명의 제 요소들을 흡수하여 융합시키는(요즈음 "융합"이라는 말에 알러지반응을 일으키게 되나 융합이라는 좋은 뜻을 포기할 수는 없다. 이 끔찍한 세월이 빨리 지나 언어의 오염이 씻겨지기를 갈망한다) 용광로와 같은 역량이 있었다. 그러나 어찌 되었든 쇼오와 텐노오를 무릎 꿇게 한 트루만이나 맥아더를 단군께서 기름 부어 세우신 우리민족의 해방자로서 치켜세우는 것은 좀 무리가 있다. 그러나 오늘날까지도 맥아더 구세주론에 열을 올리는 극보수인들의 어리석은 담론을 생각하면 차라리 이사야의 시구는 문학성이라도 있다.

야훼께서 당신이 기름 부어 세우신
고레스에게 말씀하신다.
"내가 너의 오른손을 잡아주어
만백성을 네 앞에 굴복시키고
제왕들을 무장해제 시키리라.
네 앞에 성문을 활짝 열어 젖혀 다시는 닫히지 않게 하리라.
내가 너를 이끌고 앞장서서 언덕을 훤하게 밀고 나가리라.
청동성문을 두드려 부수고 쇠빗장을 부러뜨리리라.
내가 감추어두었던 보화, 숨겨두었던 재물을 너에게 주면 너는 알리라,
내가 바로 야훼임을.
내가 바로 너를 지명하여 불러낸 이스라엘의 하느님임을!
나의 종 야곱을 도우라고
내가 뽑아 세운 이스라엘을 도우라고
나는 너를 지명하여 불렀다.
나를 알지도 못하는 너에게 이 작위를 내렸다.

내가 야훼다. 누가 또 있느냐? 나밖에 다른 신은 없다.
너는 비록 나를 몰랐지만 너를 무장시킨 것은 나다.
이는 나밖에 다른 신이 없음을
해 뜨는 곳에서 해 지는 곳에까지 알리려는 것이다.
내가 야훼다. 누가 또 있느냐?
빛을 만든 것도 나요, 어둠을 지은 것도 나다.
행복을 주는 것도 나요, 불행을 조장하는 것도 나다.
이 모든 일을 나 야훼가 하였다.
하늘아, 높은 곳에서 정의를 이슬처럼 내려라.
구름아, 승리를 비처럼 뿌려라.
구원이 피어나게, 정의도 함께 싹트게,
땅아, 열려라.
이 모든 것을 창조한 것은 나 야훼다."(이사야 45:1~8).

드디어 해방이 되었다! 민족해방의 그날이 왔다. 시온의 찬란한 영화를 회복할 수 있는 기회가 도래한 것이다.

"광풍에 시달려 고생하여도 위로해 주는 이 없는 도성아,
이제 나는 너의 돌들을 홍옥 위에 쌓아 올리고
청옥 위에 성의 주추를 놓으리라.
루비로 요새의 뾰족 탑을 만들고
수정으로 성문들을 만들며
성 둘레를 보석으로 쌓으리라.
너의 아들들은 모두 야훼의 제자가 되고

크나큰 평화를 누리리라.

네가 정의 위에 튼튼히 서서

온갖 압박에서 풀려나리니, 두려워할 일이 없으리라.

온갖 공포가 사라져 너에게 닥쳐오지 아니 하리라.

억울하게 공격을 받는 일이야 있겠지만

너를 공격하는 자가 도리어 망하리라.

숯불을 불어 피우고

자기가 쓸 연장을 만드는 대장장이를

나 말고 누가 만들었겠느냐?

닥치는 대로 부수는 파괴자를

나 말고 누가 만들었겠느냐?

너를 치려고 벼린 무기는

아무리 잘 만들었어도 소용이 없으리라.

너를 법정에 고소하는 혀가

도리어 패소의 쓴 잔을 마시리라.

바로 이것이 야훼의 종들이 나에게서 받을 몫이다.

내가 이 권리를 그들에게 돌려준다."

야훼의 말씀이시다.(이사야 54:11~17).

나는 한신대에서 구약학개론을 들을 때 그 강좌를 담당하신 문익환 교수님께서 이 부분을 신나게 읽으시면서 만면에 희색을 띄고 강의하시던 그 환한 모습이 지금도 생생하게 생각난다. 나는 우리나라 판소리 단가 "호남가"에 "**흥양에 돋는 해는 보성에 비쳐있고**"라는 구절이 떠오를 때마다 이 이사야 54장의 구절을 연상하곤 한다. "홍양興陽"(지금은 고흥군에 편입되어 있다)이라는 말 자체가 "돋은 해"라는 의미를 가지고 있으니, 새벽녘 저 남해바다를 치고 떠오르는 찬란한 햇살이 보성을 비춘다는 뜻이다. 그런데 "보성寶城"이란 보석으로 이루어진 성이라는 뜻이니, 그 찬란함이 어찌 이루 말할 수 있으랴! 청옥의 주추 위에 홍옥을 쌓아올리고, 루비로 요새의 뾰죽탑을 만들고 빛나는 수정으로 성문들을 만들며, 둘레를 보석으로 치장한 그 아름다운 이사야 관념 속의 예루살렘이 아니고 무엇이랴! 복홀伏忽 보성의 황금물결 너른 들은 예루살렘의 척박함에 비할 바가 아니다.

아마도 북간도 용정 명동이라는 일제강점기의 조선인 다이애스포라에서 시인 윤동주와 함께 청소년시절을 보낸 문익환의 의식세계에서는 이 제2이사야의 시구가 상징하고 있는 새로운 시대의 여명the dawn of the New Age은 각별한 의미를 지니고 있었으리라!

바빌론유수 생존전략: 예레미야의 권고

그러나 과연 바빌론의 유대인들이 고레스의 칙령에 따라 모두 춤추고 기뻐 날뛰면서 예루살렘으로 돌아갔을까? 바빌론유수의 과정도 일시에 한날 같이 움직인 것도 아니고, 예루살렘에 돌아오는 귀향의 여정도 기나긴 시간에 걸쳐 서서히 움직이는 과정이었다. 그리고 유수가 강제적인 것이었다면 귀향은 자발적인 것이었다. 그런데 이미 찬란한 고문명의 중심도시에서 반세기 이상의 정착생활을 한 사람들이 통치자가 바뀌었다고, 정치적 환경이 바뀌었다고 얼른 보따리 싸서 귀향길에 오를까? 북간도의 조선인도 해방을 맞이하여 귀향길에 오른 자도 있지만 대부분은 그곳에 계속 거주하면서 피땀 흘려 새로 개척한 대륙의 비옥한 땅을 고수하려 하였다(주덕해朱德海, 1911~1972[본명 오기섭吳

基涉]와 같은 탁월한 민족지도자의 노력에 힘입어 조선민중들은 1952년 9월에 성급의 연변조선민족자치구를 성립시켰다. 1955년 12월에 연변조선족자치주로 격하되었다).

선지자 예레미야Jeremiah(예루살렘에 살면서 유다왕국의 타락한 말기를 목도하고 그 멸망을 예언하고 경고하면서 그 역사와 철저히 운명을 같이 한 위대한 예언자. 포로로서 바빌론에 갈 뻔 했으나 선택의 자유를 얻어 가지 않았고 친구가 있는 예루살렘 북부의 미스바Mizpah로 갔다. 친구 게달리아Gedaliah가 암살당하자 이집트로 가서 정치적 망명생활을 하다가 최후를 마쳤다. 올드 카이로에는 예레미야의 석관을 모신 시나고그가 있어 내가 가본 적이 있다. 예레미야는 모세와 이사야와 같은 급의 선지자라고 말할 수 있을 만큼 위상이 확고하고, 그 역사적 실존성도 리얼하다)도 예루살렘의 멸망을 예언하고 유수생활은 족히 70년에 이를 것이며 그 안에 적당한 타협은 있을 수 없다고 말했다. 그는 이러한 절망적인 예언을 통해 같은 민족의 사람들에게는 배반자요 이단자로서 배척당했지만, 그의 진의는 민족의 현실에 대한 냉혹한 판단에 있었다. 굴욕인 듯이 보이지만 평화주의적 입장a pacifist position을 고수하는 길만이 유다왕국의 인민들이 생존할 수 있는 유일한 길이라고 예측한 것이다.

예레미야서 28장에 보면 하나니아Hananiah(기브온Gibeon 사람 아쭈르Azzur의 아들. 예레미야 시대의 또 하나의 예언자)가 예레미야의 예언에 대항하여 예레미야가 상징적으로 메고 있었던 나무멍에를 벗겨 부수면서 바빌론유수는 2년 안에 다 끝날 것이며 느부갓네살이 바빌론으로 약탈하여 간 모든 성전기물과 유다인들이 돌아오리라고 예언한다. 그러면서 말한다: "내가 바빌론왕의 멍에를 부수리라!" 아마도 하나니아는 당시 멍청했던 예루살렘의 종교적 이스태블리쉬먼트를 대변했던 인물이었을 것이다. 예레미야는 하나니아에게 말

한다: "그대 들으시오! 야훼께서는 그대를 보내지 않으셨는데 그대는 어찌하여 이 백성에게 거짓말을 하여 곧이듣게 하고 안심케 하는가! 야훼는 나에게 이렇게 말씀하셨소: '나 야훼를 거역하는 말을 한 죄로 너는 이 해가 가기 전에 죽으리라.'" 하나니아는 그 해 칠월에 죽는다. 하나니아의 죽음이 사실인지 어떤지는 모르겠으나 예루살렘의 멸망을 예언하는 한 인간 예레미야의 의식을 얽어매고 있는 모순의 논리에서 우러나오는 실존적 고뇌는 타 예언서에서 유례를 찾아보기 힘들다. 욥기에서 보여지는 선과 악의 분별이 근원적으로 무색해지는 한 인간의 절망의 내면이 예레미야서에는 드러나 있다.

올드 카이로의 유대인 시나고그에 안치되어 있는 예레미아 선지자의 석관. 역사적 사실성과 무관하게 나는 이곳을 방문하여 예레미아의 비탄을 새삼 느껴볼 수 있었다.

나는 예레미야서야말로 구약의 원점이라고 생각한다. 예루살렘의 멸망, 그리고 바빌론유수생활의 타협 없는 수용이야말로 인간타락, 민족타락의 현실을 근원적으로 초극할 수 있는 계기를 부여하는 신의 의지인 동시에, 인간의 자기초극의 의지를 보여주는 진실한 결단이다. 엉성한 타협으로는 새로운 미래, 새로운 희망을 기대할 수 없다. 희망은 절망을 비켜가는 데서 생기는 것이 아니라 절망을 대면하고 초극하는 데서만 온다. 그것은 새로운 미래로부터만 온다. 구약에서 진실로 예레미야서처럼 인간 내면의 갈등을 표출한 문헌은 찾아보기 어렵다. 당시 주변의 사람들에게 그의 항복과 평화의 논리는 반역과 매국의 논리로만 들렸다. 호란의 파국에 대하여 화의를 주장하는 최명길崔鳴吉, 1586~1647에게 신성한 예언자의 지위가 부여되었더라면 유사한 문학이 남았을지도 모르겠다. 하여튼 진정한 참회를 통하여 나의 삶이 당면한 재난을 극복하고 하나님과의 새로운 언약을 맺게 된다는 예레미야의 비젼은 신약에서 말하는 메타노이아의 구약적 심연이라 말해야 할 것이다: "**지친 사람에게 마음껏 마실 물을 주고, 허기진 사람에게 배불리 먹을 양식을 주리라. 그리하여, '잠을 깨어 눈을 떠보니, 참 잘도 잤구나' 하게 되리라. 앞으로 이런 날이 오리라.**" (예레미야 31:25~26).

29장에 보면, 예루살렘에 남아있는 예레미야가 바빌론으로 끌려간 모든 동포들에게 보낸 매우 절박한 편지 한 장이 실려있다. 어떻게 피유수인의 삶을 설계해야할지에 관해 간곡히 타이르는 내용을 담고 있는 것이다.

> "**나 만군의 야훼가 이스라엘의 하나님으로서 예루살렘에서 바빌론으로 사로잡혀 간 모든 사람에게 말한다. 너희는 거기에서 집을 짓고 살아라. 과수원을 새로 마련하고 과일을 따먹으며 살아**

라. 장가 들어 아들딸을 낳고 며느리와 사위를 삼아 손자손녀를 보아라. 인구가 줄어서는 안된다. 불어나야 한다. 나에게 쫓겨 사로잡혀가 사는 그 나라가 잘되도록 힘쓰며, 잘 되기를 나에게 빌어라. 그 나라가 잘되어야 너희도 잘될 것이다. 나 만군의 야훼가 이스라엘의 하나님으로서 말한다. 너희 가운데 있는 예언자들과 박수들한테 속지 않도록 하여라. 그 꿈장이들의 꿈이야기를 곧이듣지 말라. 그것들은 내가 보낸 것들이 아니다. 내 이름을 팔아 거짓 예언을 하는 것들이다. 이는 내 말이다, 어김이 없다. 나 야훼가 말한다. 너희가 바빌론에서 칠십 년을 다 채운 다음에야 약속대로 나는 너희를 찾아가 이곳으로 다시 데려오리라. 너희에게 어떻게 하여주는 것이 좋을지 나는 이미 뜻을 세웠다 … 너희는 나에게 쫓겨 세계만방에 포로로 끌려갔지만, 나는 너희를 거기에서 모아들여 이곳으로 되돌아오게 하리라. 이는 내 말이다. 어김이 없다."(예레미야 29:4~14).

예레미야의 권고는 야훼의 말로써 전달되고 있지만, 실상 현실적 통찰력을 지닌 탁월한 지도자의 형안과 생존전략의 표출이라고 말할 수 있다. 여기 예레미야의 권고 중 가장 온건하고도 근원적인 논리는 바로 너희들이 속해있는 바로 그 사회, 비록 그들이 너희를 침략한 사람들이라 할지라도, 그 사회 자체의 부와 복지를 증가시키는 데 기여함으로써 정상적인 삶의 터전을 마련하고 스스로의 부와 복지와 평화를 수립하라는 명령이다. 빨리 돌아오는 것이 중요한 것이 아니라 바빌론에 정착하여 열심히 일하고 평화와 번영을 위하여 기도하라고 권유하고 있는 것이다.

그렇게 함으로써 사회적 영향력이 증대될 때만이 오히려 귀향길의 보장이 생긴다는 것이다. 그리고 열심히 짝짓기를 하여 인구증가에 힘쓰라고 권유하는 것도 매우 현실적인 전략이다. 주석가들은 결혼의 대상이 반드시 유대혈통이어야 한다고 말하지만, 실상 예레미야의 편지는 그러한 내용을 명시하고 있지 않다. 이러한 혼혈의 문제는 에스라Ezra, 느헤미야Nehemiah 시대에 내려오면 심각한 문제로 등장되었고 철저히 금기시 되었다. 이 예레미야의 편지를 통해 우리는 바빌론의 유대인 커뮤니티의 성격이 전혀 노예나 포로의 규제 속에 갇힌 사회가 아니었다는 것을 알 수 있다.

마태복음 2장에 보면 예수가족이 헤롯의 영아살해 명령을 피하여 베들레헴에서 이집트로 망명간 이야기가 기록되어 있다. 카이로 유대인 다이애스포라에는 예수가족이 살던 곳에 예수가족피난교회가 세워져 있다. 예수가족이 마시던 우물도 보존되어 있다. 교회안 성화그림에 그 스토리가 그려져 있는데 기자의 피라미드 3개와 스핑크스가 보이는 것이 흥미롭다.

예레미야의 이러한 권고는 기실 이천오륙백 년에 걸친 유대인의 다이애스포라생활의 가장 중요한 지침이 되었다. 그러나 유대인들은 유일신의 배타적 관념에서 비롯되는 독특한 생활방식과 비융통적 문화·가치관 때문에 인류 문명사에 매우 유니크한 도전과 응전의 슬픈 이야기를 지어왔으며, 실상 예레미야가 제시한 리버럴한 정신이나 삶의 적극성을 구현하지 못한 감이 있다.

칼 맑스의 유대인 문제

1844년에 출간된 칼 맑스Karl Marx, 1818~83의 『유대인 문제에 관하여*On the Jewish Question*』(독일어 원제목은 *Zur Judenfrage*)라는 논설은 이러한 주제에 관하여 끊임없는 논란을 일으킨다. 칼 맑스 자신이 유대인이고, 또 자신의 합리주의적 원칙의 냉철함에 따라 유대인이라는 정체성과는 거리를 두고자 했다. 이 논설은 칼 맑스가 안타이세미티즘anti-Semitism(반유대주의)의 정서를 노출한 것으로 해석되고 인용되고 있지만 내가 보기에 그렇게 규정할 수는 없을 것이다. 이 논문은 맑스의 동료이며 영 헤겔리안인 브루노 바우어Bruno Bauer, 1809~1882가 쓴 『유대인 문제*The Jewish Question*』(1843년에 *Die Judenfrage*라는 제목으로 출간된 책)라는 책을 비판적으로 재평가하는 과정에서 유물론적 역사개념the materialist conception of history을 표방한 것이다. 바우어는 당시 유대인들이 프러시아에서 정치적 해방political emancipation을 성취하기 위한 운동을 벌이고 있는 것에 관하여, 유대인들은 그들의 특이한 종교적 의식을 폐기하지 않는 한 정치적인 해방은 달성할 수 없다고 주장했다. 정치적 해방은 세속적 국가a secular state를 요구하는데, 세속적 국가 속에는 유대인의 종교와 같은 사회적 정체성을 위한 공간이 마련되어 있질 않다. 유대인의 종교적 요구는 인간의 권리라는 근원적 개념과 양립할 수 없다. 진정한 정치적 해방은 종교의 폐기를 요구한다는 것이다.

물론 맑스는 종교 그 자체를, 인간의 불완전한 자기의식의 표현이며, 추상적 인간 개인의 문제라기보다는 집단의 문제라고 보기 때문에 바우어의 전체적인 분위기와 크게 상충하지는 않는다. 사회가 왜곡되어 있는 한, 인간 존재 또한 왜곡되어 있을 수밖에 없다. 인간이 진정으로 행복하기 위해서는 종교라는 통증제거 마약을 복용할 것이 아니라, 그러한 갈망을 일으키는 삶으로부터 자신을 해방시켜야 한다고 주장한다. 인간의 자기해방self-emancipation 이야말로 인간의 지고한 가능성을 실현하기 위하여 노력해야만 하는 신성한 의무라고 생각했다.

바우어는 유대인의 고립은 그들 스스로 자초한 것이라고 생각했다. 유대인들은 스스로 자기들의 유대인다움의 정체성으로부터 해방되기를 거부하고 있다는 것이다. 맑스는 바우어가 정치적 해방political emancipation과 인간해방human emancipation의 차원을 혼동했다고 지적했다. 근대국가 내에 있어서의 정치적 해방은 유대인들이 종교를 폐기하는 것을 요구하지는 않는다. 왜냐하면 세속적 국가secular state는 종교를 반대하는 것이 아니라 오히려 종교를 수용하고 활용한다. 세속적 국가에서는 정신적으로 정치적으로 자유롭다 할지라도 경제적 불평등에 의해 물리적으로 구속되어 자유가 제약될 수 있다.

바우어의 논의는 신학적인 입장의 선포이며, 그러한 것은 유대인들의 사회적 입지를 변화시키지 않는다. 유대인들이 수에 비해 사회적 영향력이 지대한 것은 그들이 전통적으로 무역, 상업, 금융에 집중해왔기 때문이며, 그러한 부를 축적하게끔 만든 시민사회의 구조가 있다. 유대교라는 것은 종교적 문화라기보다는 실제로 저열한 상업주의를 가리키는 것이다. 저열한 장사꾼으로서의 그들의 사회적 역할을 존속시키는 구조를 해체시키면 유대인들의 종교적 아집이나 배타적인 신비주의는 저절로 사라질 것이라고 내다보았다. 가장 큰 문제는 기독교인이나 자본주의국가 사람들이나 다 돈의 노예가 되어 결국 유대교화 되고 있는 현실이라고 맑스는 규탄하였다.

이 유대인문제에 관한 맑스의 논의가 26세의 어린 나이에 쓴 것이고 아직 그의 철학의 전모가 드러나지 않아 명료하게 틀 잡히지 않았지만 유대인의 다이애스포라에서의 여러가지 문제점이 얼마나 19세기 유럽지성의 관심사였는지를 말해준다. 이러한 다양한 시각의 제 문제는 히틀러의 반유대주의광란에 이르러 폭발적으로 인류사의 표면에 부상하였고 근대적 시온주의 Zionism의 운동에 정당성을 부여하였다. 이스라엘국가의 성립으로 또다시 팔레스타인사람들은 엑소더스의 비운을 맞이하게 되었고, 아랍문명권과의 대적적 관계가 전 인류에게 끊임없는 긴장과 비극을 선사하고 있는 것이다.

고레스 칙령 이후의 유대인들의 행방

고레스의 칙령 이후에도 대다수의 바빌론 유대인들은 그 다이애스포라의 정착생활을 유지시켰으며 점점 강력하고 풍요롭고 독립적인 유대교문화를 성장시켰다. 그러면서 팔레스타인에서 일어나고 있는 역사로부터 자신들을 격절시켰다. AD 70년 로마군대에 의하여 예루살렘성전이 파괴된 이후로는 팔레스타인에 대한 일체의 재정지원을 중단시켰다. 로마에 대한 동포들의 전쟁(AD 66~70)이나, 바르 코크바Bar-Kochba의 반란(AD 132~135)도 지원하지 않았다. 그 대신 바빌론의 유대인들은 유대교Judaism라고 하는 새로운 율법 연구기관이나 종교조직을 발전시켰으며 사산제국Sassanian Empire 시대에는 랍비유대교Rabbinic Judaism를 성립시켰다.

랍비의 율법의 모음인 미쉬나Mishnah에 대한 상세한 주석인 탈무드Talmud도 바빌로니아 탈무드가 팔레스타인 탈무드보다 더 상세하고 더 확고한 권위를 갖는다. 바빌론의 유대인 공동체는 에그저라크exilarch라고 불리는 통치자의 영도 하에서 조직화되었고 매우 안정적인 체제를 유지하면서 신학연구와 고도의 학술기관을 발전시켰다. 그 권위로운 문화는 13세기 몽골의 침입으로 바그다드 압바스 왕조Abbasid Caliphate가 몰락할 때까지 계속되었다.

자아! 고레스의 칙령 이후(BC 538) 돌아간 유대인들은 어떻게 되었을까? 초기에 약 4만에서 5만 명이 돌아간 것으로 추산되는데, 과연 이들은 귀향민으로서 환대를 받았을까? 고레스는 이들에게 예루살렘성전의 재건을 권고하였지마는, 그곳의 척박한 환경 속에서 귀향민들은 단순히 자기들 살 집을 짓고 밭을 갈고 새로운 삶의 터전을 창조하는 데만 해도 물자가 딸릴 뿐이었다. 더구나 예루살렘은 빈터로만 있질 않았다. 그곳에는 이스라엘전승의 정통적 계승자임을 자처하는 사마리아인들이 장악하고 있었고, 트랜스요르단 지역의 사람들도 막강한 세력을 형성하고 있어 새로운 예루살렘성전의 건설을 저지하는 완고한 입장을 취했다. 이 역사적 정황의 분위기는 에스라 4장에 매우 생생하게 보도되어 있다.

바빌론에서 돌아온 유대인들은 유수 전의 소박한 유다왕국의 사람들이 아니었다. 이들은 바빌론의 새로운 환경 속에서 고도의 문화적·신화적 향기를 흡수했으며, 토라를 비롯한 많은 구약의 문헌들을 조직해가면서 새로운 유일신 야훼의 관념과 종교적 신념의 세계를 창조했다. 지금 이들이 건설하려는 예루살렘성전은 단순히 과거의 건물의 복원이 아니라, 유수 전 역사적 과거의 실재세계가 아닌 통합된 민족성과 종교성의 관념세계의 구현이었다. 그들이 생각하는 "이스라엘의 종교"는 더이상 과거 팔레스타인의 종교가 아니었던 것이다. 이러한 새로운 종교의 상징이 예루살렘 폐허 위에 다시 눈부시게 등장한다는 것은 토착적 감각을 가지고 살아온 사람들에게는 하나의 위협이고 협박이고 공포였다. 우리가 현재 생각하는 바이블 전통의 이스라엘관념은 바로 이들, 유수를 거친 유대인들로부터 새롭게 형성되어 나가는 것이다.

페르시아의 다리우스대제

고레스는 BC 530년 마사게타이Massagetae(중앙아시아 평원의 북동 이란의 유목민연합체)와의 전투에서 죽는다. 그의 아들 캄비세스 2세Cambyses II가 뒤를 잇지만, 8년 후에는 그 또한 이집트를 정복하고 페르시아로 귀향하는 길에 시리아에서 신비롭게 죽는다(BC 522년 여름). 그 동안에 아캐메니드의 왕좌는 조로아스터교 승려인 가우마타Gaumata the Magian가 모종의 사기술에 의하여 차지한다. 신新왕조를 세운 왕망王莽을 연상시키는 이 가우마타라는 인물은 고대 근동에서 매우 유명했으며 그에 관한 다양한 전승이 남아있다(다리우스대제의 베히스툰비문Behistun inscription에도 언급되어 있다).

후계자 구도가 없이 캄비세스 2세가 세상을 뜨자 페르시아의 여섯 귀족패밀리와 메디아의 귀족들의 도움을 받아 사기꾼 승려이며 왕위찬탈자인 가우마타를 처단하고 새롭게 추대 받아 왕위에 오른 이가 있었는데, 그가 바로 다리우스 1세, 보통 다리우스대제Darius the Great, BC 550~486, 재위는 BC 522~486 라고 불리는 인물이다(전설에 의하면, 가우마타가 살해된 고레스의 아들 바르디야 Bardiya[캄비세스 2세의 동생]의 후신인 것처럼 행동하면서 왕위에 올랐기 때문에 다리우스가 가우마타를 죽인 것으로 되어있으나, 실제는 다리우스가 고레스의 아들인 바르디야를 죽이고 왕위에 오른 것이며, 그것을 은폐하기 위하여 가우마타라는 가공의 인물이야기를 지어낸 것이라고도 한다. 다리우스는 고레스의 방계혈통이다).

다리우스대제는 무력적으로도 막강했지만 행정적으로 매우 유능하고 통치력이 뛰어났다. 그리고 도시건설의 귀재였다. 건물 짓는 것을 아주 좋아했다. 다리우스대제는 살아 생전에 아캐메니드 페르시아제국을 인더스강에서 이집트를 포함한 북동아프리카지역에 이르는 최대강역으로 넓혔다. 다리우스는 제국을 프로빈스(분국)로 나누고 각 프로빈스마다 사트랩satrap(태수)을 두어 관장케 했다. 그리고 통일된 화폐를 썼으며, 아람어를 제국의 공식언어로 만들었다. 그리고 제국 내의 분국을 연결하는 대로를 건설하고 도량형을 통일시켰다. 다리우스의 통치기간 동안에 아캐메니드제국은 기존의 어느 제국보다도 많은 인구의 분포를 과시했는데, 역사인구학의 통계에 의하면 다리우스대제의 신민은 5천만 명에 이르렀다고 했다. 그것은 당시 세계인구의 44%에 이르는 숫자이다.

귀향한 유대인들이 예루살렘의 성전(보통 제2성전Second Temple이라고 부른다. 성전건축책임을 맡고 있던 유다 총독의 이름을 따서 스룹바벨성전Zerubbabel Temple이라고도 부른다. 제1성전은 솔로몬왕 때의 것이고, 제3성전은 제2성전이 또 다시 희랍침공과 로마침공으로 망가진 것을 헤롯대왕이 BC 20년부터 짓기 시작한 헤롯성전을 가리킨다. 8년 걸려 대강은 완성하였으나 전체 플랜의 세부적인 공사는 AD 63년에나 완결된다. AD 70년 로마장군 티투스Titus[AD 79년부터 황제가 됨]에 의하여 헐린 예루살렘성전은 바로 헤롯성전이다)을 지을 수 있게 된 것은 바로 이 다리우스대제의 융성기에 그의 재정적 후원에 의하여 가능했던 것이다. 그 성전건축의 경과와 분위기는 에스라 5장과 6장에 잘 묘사되어 있다. 이로써 그리심산Mount Gerizim 중심의 사마리아 정통주의를 잠재우고 예루살렘성전중심의 야훼주의Yahism, 즉 철저한 유일신관의 보다 포괄적인 유대교라는 개념이 페르시아제국 내의 새로운 팔레스타인 풍토 속에서 정착하기에 이른다. 그것은 새로 형성된 바이블전승의 신학화된 세계the theologized world of the biblical tradition였다.

통곡의 벽Wailing Wall. 이것이 바로 헤롯성전의 서벽Western wall이다. 이 성벽의 안쪽에 성전이 있었다. 이 성벽이 바로 AD 70년 티투스에 의하여 무너진 예루살렘 성전의 잔해인 것이다. 오스만 제국시대 때 이 벽에 순례가 허용되었으며, 유대인들은

페르시아제국의 쇠퇴와 아테네의 흥기

우리는 이제 구약이야기를 좀 그만해야할 때가 온 것 같다. 한국의 기독교인들은 성서의 이야기를 가지고 근동역사 전체를 도배질해버리는 경향이 있다. 실상 바이블은 이 세상에서 실제적 열독률이 가장 높은 책이기 때문에, 많은 사람들이 그 책만 반복해서 읽다 보면 그곳에 쓰여져 있는 얘기가 마치 전인류의 역사인 것처럼 느껴지고, 또 거기에 쓰여져 있는 사람들의 이야기가 인류 고문명의 성취가 집결되어 있는 근동의 역사 전체를 관통하는 핵심축인 것처럼 착각하는 무심한 오류를 자주 범한다. 문제는 우리나라의 성서학이

여기에 와서 모두 통곡하였기 때문에 통곡의 벽이 된 것이다. 1967년 6일전쟁the Six Day War 때에 와서야 비로소 이스라엘 정부에 귀속되었다. 지금은 이 벽 그 자체가 공개된 대 야외 시나고그이다.

그 바이블 히스토리와 병행되고 있는 근동의 방대한 역사적 성취와 실상에 대해 너무 무관심하다는 데 있다.

사실 이스라엘민족의 이야기는 코딱지 만한 지역에서 일어난 매우 빈곤하고 약소한 부족의 이야기일 뿐이다. 성서에 기술되고 있는 찬란한 솔로몬 성전(열왕기상 5장~6장, 역대하 2장~3장 등에 기술되어 있음)의 고고학적 근거는 전무하다(entirely absent, in all its phases, in the archaeological record. *The Oxford Encyclopedia of Archaeology in the Near East 1*, p.325). 다윗이라는 인물은 과연 실존인물인가? 이런 질문은 광개토대왕, 아니 주몽은 과연 실존인물일까, 하는 이야기보다도 훨씬 더 가물가물한 전설 속의 한 고사일 뿐이다. 그렇다고 다윗,

베들레헴이라는 도시의 전경. 베들레헴이 항상 역사에서 문제되는 것은 그곳이 유대민족의 최초의 메시아인 다윗왕의 출생지라는 것이다. 그러니까 유다지파의 번영의 원천인 것이다. 그래서 예수도 메시아가 되기 위해서는 그곳에서 태어나야만 했다. 예수가 태어난지 300여 년 후 콘스탄티누스대제에 의하여 이곳은 국가종교의 성소가 되었고, AD 638년에 이 도시는 무슬림에 의하여 정복되었다. 그러나 무슬림은 기독교인의 재산 소유권과 종교적 자유를 인정하였다.

솔로몬의 역사적 실존성은 거부되는 것일까?

역사적 실상historical realities에 관한 어떠한 질문도 명쾌한 실증적 해답을 얻기는 곤란하다. 역사는 과거와 동일할 수 없다. 그리고 과거는 오늘 우리에게 현존하지 않는다. 역사는 궁극적으로 그것을 쓰는 사람들의 것이다. 사마리아사람들은 사마리아5경(기본적으로 모세5경과 같은 텍스트의 다른 전승) 이외에는 어떠한 문헌도 바이블의 권위를 인정하지 않는다. 이 5경의 성립 자체가 유수 이후의 사건이라고 할 때, 우리가 말하는 구약은 그 역사를 기술한 사람들의 과거인식과 그 전승의 다양한 양식의 분석을 원점으로 삼을 수밖에 없다는 것이다.

그리심산 사마리아인 마을의 성직자가 보여주는 사마리아 5경 사본. 이 성직자는 자기가 모세의 형 아론Aaron의 적손이라고 하면서 집안 족보를 나에게 보여주었다. 그는 큰집의 종손인 셈이다. 매우 권위있는 적통의 프라이드를 지키고 있는 사람이었는데 딱한 것은 너무도 빈궁한 삶을 영위하고 있는 것처럼 보였다는 것이다.

이제 조금 시야를 넓혀 생각해보자! 유대민족에게 관용을 베풀어 그들이 원하는 바 스스로의 신전을 지을 수 있게 만들어준 다리우스대제, 당시 지상 최대의 제국을 건설했던 그 찬란한 다리우스대제는 좀 시각을 바꾸어, 희랍 역사라는 중심축에서 보면 우리가 지금 올림픽 게임종목으로 행하고 있는 마라톤의 연원이 된 그 유명한 마라톤전투the Battle of Marathon(BC 490)에서 패배의 고배를 마셔야 했던 초라한 임금님이 되고 만다. 마라톤전투는 페르시아제국의 제1차 그리스침공the First Persian Invasion of Greece 기간의 절정의 한 순간에 일어난, 소수의 아테네시민병력의 힘으로 마라톤만 앞의 평원지형의 특성활용과 밀티아데스Miltiades 장군의 탁월한 진법변형작전을 통하여 페르시아 2만 5천의 보병과 1만 기병, 10만 이상의 해군과 600척 이상의 3단노갤리선triremes의 대군을 여지없이 작살낸 기적 같은 전투였다.

페르시아대제국의 대군이 눈꼽 만한 도시국가 아테네에게 깨졌다는 사실(아테네사람은 192명만 죽고, 페르시아대군은 6,400명이 죽었다)은 도무지 상상키 어려운 이변이었다. 이때 아테네는 스파르타에 간곡히 도움을 요청했으나 스파르타는 당시 종교적 카니발 축제를 열고 있었다는 핑계로 이 위대한 전투에 참여하지 않았다. 소수의 플라타이아Plataea 병력의 도움이 있었지만, 이 마라톤전투는 그리스 도시국가 전역에 대한 아테네사람들의 우월적 위치와 긍지, 그리고 새로 정착하기 시작한 아네테 민주주의에 대한 신념, 아테네 시민의 단결, 그리고 자존감을 고취시켜준 역사의 위대한 전환점이었다. 페르시아라는 대제국이 이제 희랍인들에게 무적의 존재가 아니었다. 무조건 항복밖에는 없다는 기존의 관념을 떨치고 저항이 가능하다는 새로운 신념과 결의를 다지게 만들었다. 마라톤전투야말로 아테네의 황금시기the Golden Age for Athens의 출발을 알리는 효율적 상징이 되었다.

다리우스대제는 그리스정복의 꿈을 계속 지폈으나 끝내 이루지 못하고 4년 후에 세상을 하직한다. 다리우스를 계승한 그의 아들 크세르크세스 1세Xerxes, BC 518~465. 치세는 BC 486~465는 10년 만에 아버지의 꿈을 실현하기 위해 제2차 그리스침공의 대전을 일으킨다.

델로스동맹과 페리클레스의 등장

독자들은 300명의 용맹한 스파르타의 전사들이 테르모필래Thermophylae라는 특수한 해안협곡지형에서 페르시아의 대군과 대항하다가 한 사람도 남김없이 장렬하게 전사한 테르모필래전투The Battle of Thermophylae를 기억할 것이다(BC 480년 8월). 테르모필래전투는 비록 그리스군의 패배를 의미했고, 그 여파로 아테네가 전소되고 시민들이 모두 대피하는 비운을 맞이해야만 했지만, 크세르크세스의 자만심과 살라미스해협의 오묘한 지형적 특성을 활용하여 아테네의 장군 테미스토클레스Themistocles는 살라미스해전Battle of Salamis(BC 480년 9월)에서 페르시아해군에게 재기불능의 참패를 안겨준다. 그것은 적벽대전과 명량해전을 합친 것과도 같은 위대한 승리였다. 살라미스해전으로써 고대근동세계의 패권판도는 페르시아에서 그리스로 결정적으로 기울기 시작했다.

살라미스해전은 아테네함대의 위용과 해전능력의 우월성을 과시했고, 그 승전의 계기는 희랍의 도시국가들이 아테네 중심으로 뭉치는 델로스동맹Delian League(BC 477)의 성립을 가능케 하였을 뿐만 아니라, 페리클레스Pericles, BC 495~429라는 전대미문의 위대한 아테네 정치가, 아테네 직접민주주의의 영원한 상징을 세계무대 위에 등장시켰다. "민주"는 민이 주인이 되는

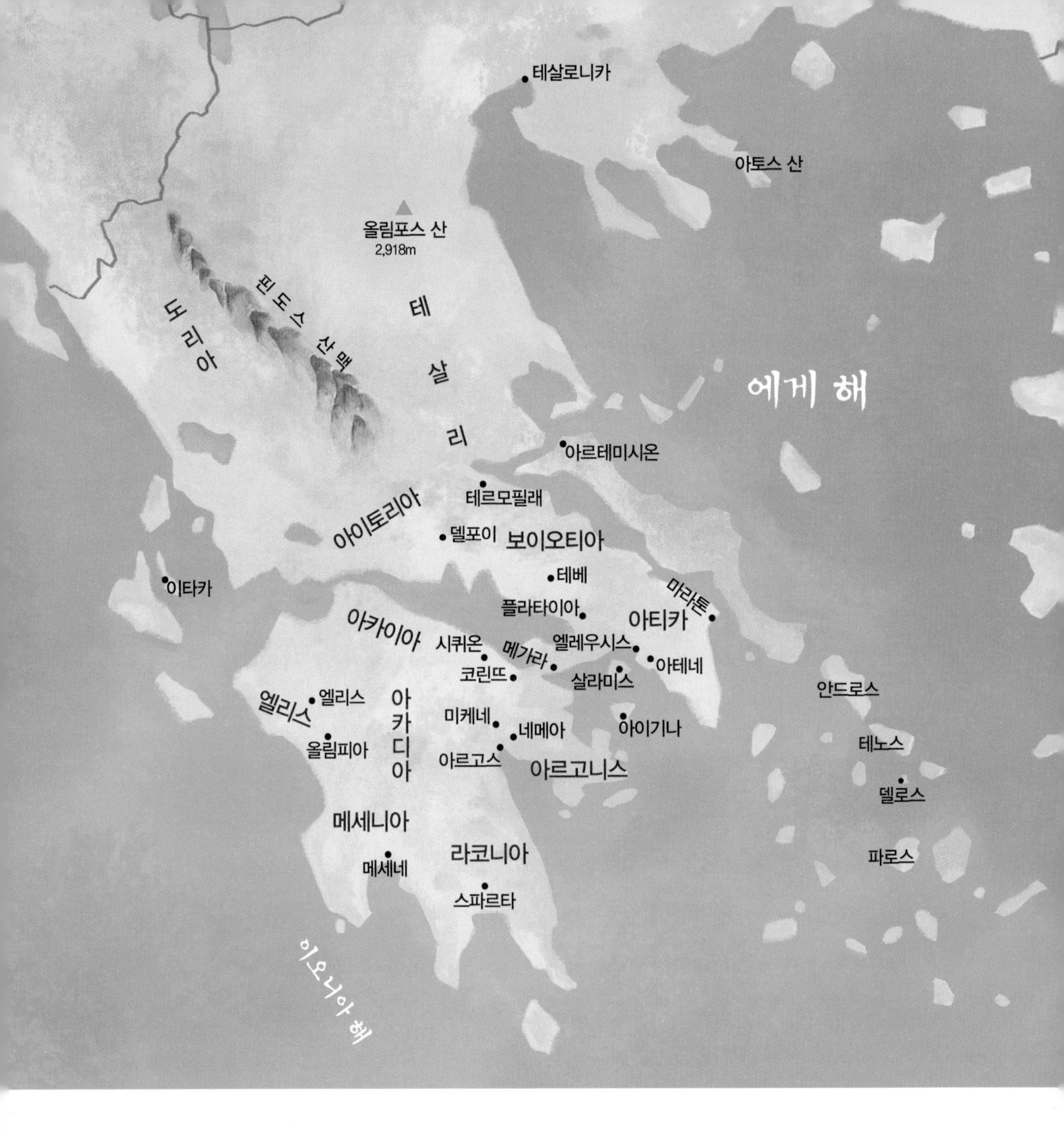

정치세계라고는 하지만, 오늘날 한국정치형국이나 트럼프가 리더가 된 미국 상황을 보아도 알 수 있듯이, 위대한 민주적 지도자가 없이는 민주는 작동하지 않는다.

페리클레스는 델로스동맹체제를 아테네제국Athenian Empire으로 변환시킨

능수능란한 정치가였다. 아테네의 해전능력의 우월성은 이미 입증된 바이므로 그리스의 도시국가들은 다가오는 페르시아의 위협에 대항하여 아테네의 헤게모니를 인정하지 않을 수 없었다. 페리클레스는 델로스동맹으로 거둬들인 돈으로 페르시아에 의하여 파괴된 아테네를 건설했다.

이 페리클레스의 아테네 재건행위는 궁극적으로 델로스동맹국들의 불만을 초래하고, 아테네의 패권을 무너뜨리는 여러 가지 내우와 외환을 조성하는 아이러니칼한 요소를 지니고 있었다. 그러나 그러한 부정적 측면을 논의하기 이전에, 그것은 아테네의 영화를 지나치게 과시한 실정의 소치라고 도외시해버리기에는 너무도 위대한 문학과 과학과 예술과 철학과 건축의 화엄세계였으며, 문명의 개화라고 부를 수 있는 가치의 최상의 가능태를 구현한 서구문명의 영원한 아키타입의 현현이었다. 그것은 진실로 너무도 기적적이고, 너무도 아름다웠고, 너무도 발랄했고, 너무도 생동하는 이데아들의 댄스였다.

우리는 그레코·로망이라는 인류문명의 근원에 대하여 긍정적 가치를 부여하는 것에 관하여서는, 너무도 그것을 당연한 것으로 받아들이고, 반론을 제기하거나 반박할 생각을 하지 않는다. "고희랍문명ancient Greek civilization"이라고 하면 그것은 매우 유구한 전통을 지닌 인류의 정당한 가치근원으로서 간주해버리고 마는 것이다. 그리고 로마문명의 모든 찬란한 성취도 희랍문명의 카피일 뿐이라고 생각해버리는 것이다. 희랍이라는 것은 언제나 우리의 관념 속에서 가치서열의 초특급을 차지하고 있는 것이다.

그런데 실상 페리클레스가 아테네를 이끈 희랍문명의 전성기라고 하는 것은 BC 461년에서 BC 429년에 이르는 32년간의 짧은 시기에 지나지 않는다.

아테네 아크로폴리스의 전체모습이 보이는 이 사진은 아테네라는 도시가 에게바다에 직면한 항구도시라는 사실도 함께 보여준다. 아테네의 인민들은 위급시에 바로 항구의 함대로 이동할 수 있었다. 도심에서 선착장으로 연결된 장벽으로 보호된 특수통로가 있었다. 폴리스는 전쟁을 전제로 해서 존재했던 도시국가였다.

그리고 우리가 보통 희랍문명의 "전성기 고전시대High Classical Period"라고 하는 것은 페리클레스시대를 포함하여 보통 BC 450년경에서 BC 400년경, 그러니까 기원전 5세기 후반의 반세기 50년에 불과하다.

바로 이 시기에 우리가 생각하는 희랍문명의 찬란한 모습이 갑자기 폭발한 것이다. 우리는 그러한 개화의 배면에는 기나긴 문명의 축적이 있지 않겠냐고, 성당盛唐의 아름다운 모습에는 춘추전국시대로부터의 기나긴 문명적 가치의 축적이 있지 않겠느냐고 반문하겠지만, 아테네의 경우 그런 추론은 별

아크로폴리스에는 여러가지 건물들이 많지만 그 가장 중심이 되는 것은 파르테논 신전이다. 이 신전은 아크로폴리스의 중심일 뿐 아니라, 전 아테네를 수호하는 아테나 여신을 모신 가장 성스러운 곳이며, 그것은 고대 그리스 문화와 예술의 절정이었다. 그 자세한 설명은 김승중, 『한국인이 캐낸 그리스문명』, 제12장 파르테논 신전을 볼 것. 놀라운 설계비밀을 해설하고 있다.

의미가 없다. BC 9세기 이전만 해도 희랍은 암흑기였으며, BC 650년경에서 BC 480년경에 걸치는 아르케익 상고시대Archaic Period에만 해도 석조작품들을 보면 쿠로스*kouros*라고 하는 이집트조각의 한 형상에서 유래된 매우 경직된 남자 입상(실물크기, 정면, 넓은 어깨, 좁은 허리, 쥔 주먹, 왼발이 앞을 나가있다), 양식적 배리에이션이 거의 없는 지루한 반복의 돌조각만 나타난다. 살아움직이는 카이로스(순간순간의 생동하는 "때"를 의미)의 조각이 아닌 경직된 영원한 크로노스(기계적인 시간)의 죽은 예술이 있을 뿐이다.

페리클레스 전성시기와 데모크라티아

여러분! 한번 상상해보라! 인류의 건축사상 가장 완벽한 이상성ideality, 서구문명의 모든 위대한 건축물의 아키타입을 창출했다고 누구든지 의심하지 않는 아테네 아크로폴리스의 파르테논Parthenon신전이 과연 언제 어떻게 지어졌는지 아는가? 그 완벽성에 누구든지 압도되지 않을 수 없는 그 장대한 석조건물이 전기나 일체 거중擧重 장비의 동력이 없는 상태에서 정확하게 불과 9년만에 완공되었다는 사실(BC 447년에 시작하여 BC 438년에 완성. 12m 높이의 아이보리와 순금으로 만든 거대한 아테네의 수호신 아테나여신상이 바로 BC 438년에 같이 봉헌됨. 세부적인 돌조각세공은 BC 432년에나 완성되었다고 하지만 총 15년 이상을 끌지 않았다는 것은 확실하다)을 여러분들은 어떻게 설명할 것인가?

이 건물을 설계하고 시공한 두 명의 건축가 익티누스Ictinus와 칼리크라테스Callicrates는 확실한 실존인물이며, 조각은 페리클레스의 친구인 피디아스Phidias, c.490~430 BC에 활약가 맡았다. 피디아스(페이디아스Pheidias)는 신의 모습을 인간에게 전하는 비젼을 부여받은 유일한 인간이라고 말할 정도로, 그의 표현능력은 범용의 한계를 초월했다. 회랑의 외벽상단을 두르고 있는 프리즈frieze 석판에 표현되어 있는 판아테나익 행렬Panathenaic Process의 다이내믹한 조각은 그것이 과연 인간의 솜씨일까? 눈을 씻고 쳐다보고 다시 쳐다봐도 그토록 정교하고 아름다울 수가 없다. 카이로스 속의 이데아라고나 할까?

가장 이상적인 비율의 형상*eidos*들이 어지럽게 얽혀 한 순간의 가장 발랄한 생동성을 표출하고 있다. 존재Being와 생성Becoming의 이상적 배합이라고나 할까? 그런데 이러한 파르테논의 건축과 동시에 아테네의 전 도시가 그에 못지않은 건축과 조각과 미술, 도자기공예(그림을 포함)로 충만케 되었다는 사실, 그것이 불과 50년 사이에 다 이루어졌다는 사실을 어떻게 이해할 수 있을 것인가! 그 기하학적 이상형상Ideal Form의 추구는 찬란한 희랍고전시대의 영화를 장식했을 뿐 아니라, 자그마치 2300년 이상 서구문명의 지속적인 추구의 모델이 되었다. 미켈란젤로나 신고전주의 앵그르Jean-Auguste Dominique Ingres, 1780~1867의 그림을 보면 그들이 추구한 이상형상은 모두 페리클레스시대정신의 연속선상에서 이해될 수 있다는 것을 확인할 수가 있다.

희랍고전시대의 정신적 테마는 19세기 말 인상주의Impressionism 화가들에 의해서나 비로소 도전을 받았다. 인상주의의 인상을 거부하고 그 배면의 리얼리티를 새롭게 파악하고자 한 세잔느Paul Cézanne, 1839~1906의 화풍은 큐비즘, 포비즘Fauvism과 같은 다양한 모더니즘의 선구를 이루게 되는데, 세잔느에 와서나 비로소 희랍고전시대의 예술풍은 새로운 인식론의 전기를 마련했다고 말할 수 있다. 희랍고전주의의 그 엄청난 지속적인 마력의 정체는 무엇이며 그것은 도대체 어떻게 그 짧은 시기 동안에 폭발적으로 표출될 수 있었던 것일까?

이 문제에 대한 해답을 제시하기 위해서는 희랍역사 전체를 다양한 각도에서 접근해야 하겠지만, 우선 솔론Solon, BC 638~558의 개혁으로부터 실마리를 잡아 클레이스테네스Cleisthenes of Athens, BC 570~508의 리더십 아래서 서서히 정착되어 페리클레스시대에 만개한 데모크라티아*dēmokratiá*라 불리는 민주정치에 관하여 언급하지 않을 수 없을 것이다. 그러나 이에 관한 논의는 너무도 큰 주제이기 때문에 여기서 쉽게 다룰 수는 없다.

데모크라시라는 것은 데모스*dēmos*(민중)가 직접 다스린다(크라토스*kratos*)는 뜻인데, 이것은 오늘날 우리가 말하는 간접민주주의 방식이 아닌 직접민주주의를 말하는 것이다. 직접민주주의는 우선 인구가 많으면 제도적으로 성립불가능하다. 옛날 석기시대 때 혈거를 하던 사람들은 오히려 우리 기대와는 달리 그 공동체의 행사를 자연스럽게 민주적인 토론이나 의결과정을 거쳐 결정했을 것이다. 원시시대는 오히려 민주사회였다.

아테네에서 민주주의가 가능케 된 것도, 아테네 폴리스의 전 인구(양성, 노소, 노예, 외국인 다 포함)가 약 30만 규모였고, 그 중에서 정식 시민자격을 가진 자로서 정치적 활동이 보장된 18세 이상의 남자는 3만 명 정도였다고 한다. 그러나 실제적으로 정치활동의 주역노릇을 하는 30세 이상의 남자(여자, 외국인, 노예는 다 제외됨)는 2만 명 정도였다. 이 2만 명 중에서 아테네 시내에서 열리는 공공의회(이것을 에클레시아*ekklēsia*라고 불렀다. 이것이 나중에 초대교회의 "교회"를 의미하는 단어가 된 것도 결코 우연한 일은 아니다)에 참여하여 안건을 표결하는데 그 정족수가 6천 명 정도였다. 이 에클레시아는 일년에 40회 열렸으니 평균 10일에 한 번 열리는 꼴이었다. 토론은 자유토론이고, 표결은 거수로 대강 했다.

한번 상상해보라! 6천 명의 청중이 모인 오픈 코트에서 마이크의 도움 없이 구라칠 수 있는 목청과 담력과 웅변의 기술을 가진 사람이 과연 몇 명이나 되겠는가? 그리고 과연 6천 명이 매회 다 모이겠는가? 표결은 과연 정확하게 이루어졌을까?

세부적인 상상은 독자들의 판단에 맡긴다. 그러나 "민주주의"라는 것은 고대 그리스인들에게도 반드시 "좋은 의미"를 지니는 정치제도가 아니었다. 민주주의는 항상 말썽을 많이 일으켜 지탄의 대상이 되기도 하는 그러한 제도였다. 그럼에도 불구하고 다수가 참여하여 직접 국사를 결정하는 이 기발한 제도를 견지한 아테네 시민들에게 우리는 경외감을 표하지 않을 수 없다. 고대근동의 제왕절대권력이 합법적 절차 없이 난무하던 시대에 민이 직접 주인이 되어 통치한다는 이 제도적 발상은 끊임없이 인류사에 영감을 부여해준 영원한 노스탈자의 모델이 되기에는 충분한 가치를 지니는 것이었다.

페리클레스는 이 민주정치의 많은 제도적 비효율성과 불합리성에도 불구하고, 스스로 탄핵이 되는 체험을 감수해가면서도, 민중의 판결에 궁극적 가치를 인정했다. 그의 적수들이 우려하는 포퓰리즘의 난동성을 묵살하고 매우 래디칼한 데모크라시의 정신을 고수했다. 동시대 역사가 투퀴디데스 Thucydides, BC 460~400가 페리클레스를 "아테네의 제1시민the first citizen of Athens"이라고 찬양하면서 그에 대한 부정적 멘트를 삼가하는 것을 보면(500년 후의 플루타르크는 부정적 멘트를 한다) 페리클레스의 인품에 범인이 범접할 수 없었던 대의大義가 있었던 것만은 확실하다.

페리클레스는 아테네라는 인류최고급, 최상의 문명도시를 건설할 자금을 가지고 있었고, 참여하는 모든 예술가, 노동자들에게 정당한 임금과 사상적 자유, 표현의 자유를 허락했다. 민주라는 개방적 분위기가 없었다면 아테네의 황금시기는 불가능했다. 수메르, 애굽으로부터 앗시리아, 바빌론, 페르시아에 이르는 모든 고문명세계의 예술적 전승이 아테네로 집결되었던 것이다. 이 문명의 전승태의 압축, 이 압축의 반세기가 인류문명의 한 위대한 근원을 마련했던 것이다. 이 희랍고전시대의 50년과 바빌론유수의 50년은 우리가 인류문명사를 바라보는 한 축의 두 근원으로서 병렬되고, 인지되어야 마땅하다.

뮈토스와 로고스, 듣는 문명과 보는 문명

희랍문명은 "보는" 문명이라면 유대문명은 "듣는" 문명이다. 본다라는 것은 시각중심이다. 시각중심이라는 것이 감각적인 시각을 말하는 것이 아니라 기하학적인 형상geometrical Form을 추구하는 것이다. 희랍의 발랄한 나체조각도 궁극적으로 이상적 형상Ideal Form의 추구를 말하는 것이다. 시각적으로 희랍문명처럼 섬세하게 찬란한 문명은 이전에 별로 없었다. 그 이전에 더 장엄한 문명은 많았지만 희랍문명이 인류를 감복시킨 것은, 그 형상이 신들의 세계를 그리고 있다 해도 어디까지나 인간의 삶의 발랄함을 표현했다는 데 있다. 데모크라티아는 뮈토스를 철저히 로고스화 시켰다. 모든 예술적 표현을 휴매니즘의 장 속에 펼쳐나갔던 것이다.

그런데 비하여 "듣는" 문명이라는 것은 청각중심의 문명이라는 것인데, 그것은 "야훼의 소리를 듣는다" 함이다. 듣는 것은 인간의 내면에 호소하는 것이며, 공공성을 결하며 상상력을 무한히 증폭시킨다. 보는 것은 누구나 같이 보는 것이지만, 신의 소리를 듣는 것은 나 홀로, 선지자·예언자처럼, 홀로 듣는 것이다. 그것은 궁극적으로 뮈토스의 세계다. 이 뮈토스의 세계를 객관적(과학적)으로 이해한다는 것 자체가 성서이해의 초보적 오류를 범하는 것이다.

청각성은 역사전승에 있어서 구전성orality과 더 깊은 관련을 맺고, 시각성은 문헌성literacy, textuality과 더 깊은 관계를 맺는다. 고대사회의 역사전승이나 문학전승에 있어서 구전성과 문헌성은 어느 한 쪽의 우월성을 논할 수는 없다. 아무래도 구전성은 개방적이며 많은 사람의 참여를 유도할 수 있지만, 문헌성은 폐쇄적이며 엘리티즘의 경향성을 갖는다고 말할 수 있다. 구전의 전통도 문헌에 못지않은 정밀도를 확보할 수는 있다. 모세5경도 당연히 원래는 구전의 텍스트였다. 그런데 문명의 단계에 있어서 구전성이 문헌성으로 전환하는 계기는 그 문명의 한 도약을 의미한다고 말할 수 있다.

유다왕국의 사람들은 바빌론유수를 통하여 그들의 구전의 전승들을 문헌전승으로 전환시켜야만 하겠다는 자각을 가지게 되었다. 바빌로니아제국문화의 문헌성이 그들을 깊게 자극시켰을 것이다. 하여튼 이 문헌성과 구전성의 문제는 예수의 시대에까지 내려온다. 바리새인들은 구전성을 중시했고, 사두개인들은 문헌성만을 정통으로 인정했던 것이다. 그런데 페리클레스시대의 희랍문화는 이미 개인저술이 보편화되기 시작한 시대였다.

인류사에 가장 찬란했던 문명의 한 화장세계華藏世界를 선사했던 페리클레스는 너무도 쓸쓸하게 초라하게 비참하게 죽는다. 그의 죽음과 더불어 너무도 아름다웠던 아테네의 영화는 한여름밤의 꿈처럼 막을 내리고 마는 것이다.

델로스동맹의 맹주로서의 휘브리스*hybris*("오만"의 뜻. 영웅의 몰락을 가져오는 오만. 아킬레우스의 휘브리스가 대표적인 케이스로 꼽힌다)였다고나 할까? 지나친 아테네제국의 비대는 스파르타와 펠로폰네소스반도 제 국가의 연맹체인 펠로폰네소스동맹의 반발을 초래하였고, 결국 델로스동맹국가와 펠로폰네소스동맹국가간의 전쟁을 불가피하게 만들었다. 이 전쟁을 우리는 펠로폰네소스전쟁Peloponnesian War(BC 431~404)이라고 부르는데 근 30년의 이 전쟁이야말로 그리스세계의 내전, 불화, 패망, 자멸을 초래하는 매우 불행한 역사의 추이였다. 이 추이로 아테네를 밀어넣은 죄는 분명 페리클레스에게 있다.

페리클레스의 죽음

페리클레스는 탁월한 전략가였는데, 그는 해군제독이었을 뿐 육지전에 약했다. 그는 아테네 함대의 우월성에 자신을 하였고, 육지에서는 스파르타와 싸울 필요가 없다고 생각했다. 그래서 아테네 성시 밖의 너른 농지에 살고있는 아테네사람들을 싸움을 포기하게 하고 성내로 이주시켰다. 그리고 자신은 함대를 이끌고 펠로폰네소스지역의 해안도시들을 쳤다. 그러나 이 전략은 완벽한 실패였다. 우선 성밖의 사람들도 자기 삶의 터전에 대한 애착이 있었고, 매우 우수한 전사들이었는데, 무기력한 철수작전은 무엇보다도 아테네시민 전체의 사기를 저하시켰다.

그리고 아테네성시는 갑자기 외지사람들로 과밀하게 북적대는 가운데, 물자보급도 계획만큼 원활히 진행되지 않았고 전쟁 발발 두 해째 여름에는 갑자기 "장질부사"로 추정되는 역병이 아테네를 휩쓸어 인구의 4분의 1을 멸절시켰다. 페리클레스는 첫 부인의 적자인 사랑하는 두 아들, 파랄루스 Paralus와 크산티푸스Xanthippus를 역병으로 잃는다. 페리클레스는 울음을 터뜨리며 자식의 죽음을 애도하다가 자신도 역병에 목숨을 잃는다.

그가 마지막으로 남긴 유언은 이러하다: "살아있는 아테네의 그 누구도 나로 인하여 상복을 입지 말게 하라." 페리플레스의 죽음과 더불어 민주도 사라지고 위대한 예술도, 아테네의 패권도 영화도 사라진다. 뿐만 아니라 결국 스파르타의 패권도 같이 사라진다. 플라톤의 이상국가의 한 모델이 되었던 그 엄격한 군사국가 스파르타의 영화도 단짝이던 친구, 아테네를 상실하면서 결국 같이 역사의 장막 뒤로 사라지고 마는 것이다. 그 어느 누구도 스파르타의 영화를 기억하지 않는다. 그러나 살아남은 것이 있다. 그것은 무엇일까?

아리스토파네스의 섹스파업

위대한 비극은 차라리 쓰기 어렵지 않다고도 말할 수 있지만, 진실로 위대한 희극은 쓰기 어렵다. "세계문학사상 가장 위대한 희극작가"(천병희 교수의 표현)라 말할 수 있는 아리스토파네스Aristophanes(BC 445년경 아테네의 부유한 중산층집안에서 태어나 BC 385년경 세상을 떠난 것으로 추정된다)는 페리클레스시대를 체험한 인물이었다. 나는 사실 최근에 사계의 전문가인 나의 딸 김승중 교수의 소개를 통해 아리스토파네스의 작품을 읽게 되었는데(우리나라에도 천병희 교수의 훌륭한 번역본 『아리스토파네스희극전집』 전 2권이 시중에 나와있다), 그의 희곡언어의 담대한 판타지, 가차없는 독설, 격분을 자아내는 풍자, 부끄러움을 모르는 음담패설의 유머는 오늘날 개그쇼의 작가들을 무색케 한다.

더구나 그 풍자성이 지니는 정치적 비판의 격렬성은 진정 페리클레스시대의 민주정신이 무엇인지를 깨닫게 한다. 펠로폰네소스전쟁을 비판한 『뤼시스트라테*Lysistrate*』(BC 411년, 대大 디오니소스 축제가 아닌, 레나이아제전행사 때 공연된 것으로 추정)라는 작품을 보면, 얼마든지 타협을 통하여 평화를 얻을 수 있는데도 불구하고 아테네와 스파르타의 남성들이 전쟁만을 위하여 올인하는 꼴을 보이자, 뤼시스트라테(이 이름 자체가 "군대를 해산하는 여자"라는 뜻이다)라는 여인은 양 동맹국가들의 여인들이 현 사태를 장악하여 평화조약을 체결하도록 전쟁당사자인 남성들에게 강요해야 한다는 장대한 계획을 세운다. 코메디이니만큼 그 계획이 참으로 코믹하다고는 하지만, 그 발상의 기발함은 우리의 상상을 초월하는 것이다.

첫째, 남편들에게 교접을 거부하는 섹스파업을 일으킨다는 것이다. 둘째로는 전쟁의 여신이며 아테네의 수호신인 아테나여신을 모신 파르테논신전과 아크로폴리스를 점령함으로써, 그 신전에 적립해둔 전쟁기금을 쓸 수 없게 하여 남자들이 전쟁을 수행할 수 없게 한다는 것이다.

파르테논신전은 처녀성을 상징하는데 아테나여신이 처녀이기 때문이다. 따라서 아테나여신의 처녀성은 누구도 범할 수가 없다. 섹스를 거부하는 이 여인들은 파르테논신전에서 절대적인 보호를 얻는다. 그러니까 뤼시스트라테가 소집한 아테네, 스파르타, 테베의 여인들이 파르테논신전을 장악하는

소아시아 남부, 지중해연안, 안탈리아의 동쪽 47㎞에 있는 아스펜도스Aspendos는 헬레니즘풍의 극장이 가장 잘 보존이 되어 있을 뿐 아니라, 지금도 다양한 공연이 이루어지고 있는 곳으로 명망이 높다. 이 극장은 마르쿠스 아우렐리우스황제 때 지어져 비잔틴시대를 통하여 잘 보존되었다. 20세기 초 터키의 아버지 아타튀르크가 복원하였는데, 아타튀르크 본인도 관람하였다.

사태는, 정확한 아날로지가 성립하지 않는다 해도, 우리나라 삼민투위학생들이 미국에게 광주유혈사태의 책임을 물어 미문화원 점거농성운동을 벌인 것을 연상할 수도 있다. 하여튼 국가의 중대사태에 대한 사고의 회전을 요구한다는 의미맥락에서는 비슷한 의미를 갖는다고 말할 수 있을 것이다.

키네시아스: 자, 가서 그녀 좀 불러줘요!

뤼시스트라테: 좋아요. 그러면 내게 뭘 주실래요?

2003년 6월 7일, 우리나라 국립극장 단원들이 이 아스펜도스의 원형극장에서 『우루왕』(바리데기공주 이야기를 리어왕 스타일로 번안)이라는 작품을 공연했는데, 내가 가보았다. 관객도 많았고 음향도 완벽했다. 서늘한 지중해바람, 별하늘 아래의 조명, 데시벨이 제로에 가까운 고요, 그 모든 것이 고전희랍시대의 연극의 분위기를 나에게 일깨워주었다. 바울도 1차전도여행중에 이 지역을 거쳐갔다.

키네시아스: 제우스에 맹세코, 무엇이든 그대가 원하는 것을 주겠소. (자신의 남근을 가리키며)이걸 주겠소. 내가 가진 것의 전부니까.

뤼시스트라테: 내가 가서 이리로 불러올께요. (안으로 퇴장)

키네시아스: 빨리요! 아내가 집을 나간 뒤로 나는 사는 재미가 하나도 없다니까요. 집에 돌아가면 답답하고 모든 게 쓸쓸하기만 해요. 아무리 맛있는 음식도 맛있는 줄 모르겠어요. 이 녀석이 노상 꼿꼿이 서있으니까요.

…

뮈르리네: (담요를 갖고 돌아와)자, 일어서세요!

키네시아스: (자신의 남근을 가리키며)이 녀석은 벌써 일어서 있다니까.

뮈르리네: 향유 발라드려요?

키네시아스: 아니, 난 됐어.

뮈르리네: 당신이 원하든 원치 않든 발라드려야죠. (다시 퇴장)

…

키네시아스: 빌어먹을, 아무 것도 가져오지 말고 여기 누워!

뮈르리네: 네, 그럴께요. 신발 좀 벗고요. 여보, 휴전하는데 꼭 찬성투표 하실 거죠? (살짝 빠져나와 아크로폴리스로 들어간다)

키네시아스: 생각해보지. (포옹하려다 뮈르리네가 없어진 것을 알고) 난 망했어. 난 끝장이야. 여편네 때문에 난 망했어! 그녀는 날 실컷 약올려놓고는 가버렸어! 아아, 난 어떻게 되는 거지? 가장 예쁜 계집을 사취당하고 어디서 짝을 구한담? (자신의 남근을 가리키며) 이 고아는 누가 돌보나?

…

라케다이몬인들의 사절: (여전히 넋이 나가)나는 저보다 더 잘빠진 엉덩이는 아직 본 적이 없어.

아테나이인들의 사절: 나는 저보다 예쁜 사타구니는 본 적이 없어.

뤼시스트라테: 서로간에 은혜를 베풀었건만, 무엇 때문에 그대들은 서로 싸우고 분쟁을 그만두지 않는 거지요? 그대들은 왜 휴전하지 않지요? 무엇이 방해되지요?

라케다이몬인들의 사절: 우린 그럴 용기가 있소. 요 둥그스름한 것(여자 궁둥이)만 우리에게 돌려주면.

…

뤼시스트라테: 이제 그만하고, 넓적다리들 때문에 싸우지 마시오.

아테나이인들의 사절: 당장 옷을 벗고 맨발로 농사를 짓고 싶구나(=섹스하고 싶다).

라케다이몬인들의 사절: 나도 거름부터 뿌려야지, 두 분 신에 맹세코.

구체적인 맥락을 떠나 이 희극의 분위기를 전하기 위하여 두서없이 인용해 봤는데, 이것이 바로 페리클레스시대의 분위기였고 아테네 민주주의가 조성한 자유의 정신이었다. 과연 오늘날 한국의 코메디작가가 남북화해라는 주제를 놓고 과연 이런 음탕한 섹스코메디를 마음껏 연출할 수 있을까? 과연 다윗이 예루살렘궁전에서 잠 못 이루어 옥상회랑을 거닐다가 어슴푸레 달빛 아래 하이얀 탐스러운 전라를 드러내고 물을 끼얹고 있는 충직한 신하 우리야Uriah의 아내 바쎄바Bathsheba를 물끄러미 내려다보고 있는 그 역사적 장면을, 다윗이 꼴린 자기 남근을 쳐다보면서 독백하는 섹스코메디로 연출할 수 있는 유대문학이 있을 수 있겠는가?

소피스트의 시대

페리클레스는 죽었지만 페리클레스시대의 영화를 창조했던 아테네의 민주정신, 그 문학과 철학과 예술과 역사적 교훈들, 그 모든 감성과 이성의 감각들은 길이길이 살아남았다. 알렉산더대제의 그 그칠 줄 모르는 대원정의 원동력이 바로 페리클레스시대에 아테네가 구현한 문명의 정화를 온 세계에 퍼뜨린다는 명분, 그 명분 하나 때문이었다고 말해도 과언이 아니었다.

페리클레스의 시대는 철학사적으로 말하자면 소피스트의 시대the Age of Sophists였다. 우리는 "소피스트"라고 하면 "궤변론자"라는 번역 때문에, 그리고 또 소크라테스나 플라톤의 편견 때문에 부정적인 맥락에서 이해하기 쉽지만, "소피스트"는 럿셀의 말대로 "프로펫서professor"라는 번역이 가장 정확한 의미를 전달한다. 어떤 전문적인 기술이나 지식을 습득한 사람으로서 타인을 가르치는 일을 업으로 삼는 사람들이라는 뜻이다. "소피스트"라는 말 속에는 "지혜로운 교사" "특별한 기술의 달인"이라는 뜻이 포함되어 있다. 아마도 지식을 생계수단으로 삼는 최초의 전문직종인이었을 것이다. 이들의 삶의 양식은 바로 아테네라는 풍요롭고 자유롭고 개방된 신천지, 다시 말해서 민주주의를 지향하는 전체적인 분위기 속에서 이루어진 것이었다.

페리클레스가 확보한 민주정치는 한마디로 에클레시아에서 누가 웅변을 더 설득력 있게 하느냐 하는 것이었다. 페리클레스 본인도 웅변의 대가였다. 그의 역사적인 병사장례식 연설Funeral Oration은 감동적인 것으로 정평이 있다(사가 투퀴디데스가 『펠로폰네소스 전쟁사』에 기록함). 감동적이라는 것은 반드시 리얼리티(진리)에 더 가깝다는 것만을 기준으로 삼지는 않는다. 덜 진리적이라 해도 더 감동적일 수 있다.

또 하나 민주주의의 가장 큰 특징은 시민의 갖가지 송사였고, 이 송사는 보통 배심원판결Trial by Jury에 의하여 결정 나는데, 배심원의 숫자가 500명에서

1,000명 정도나 되는 매우 방대한 규모였다. 그리고 이 재판과정에는 변호사라는 제도가 없었다. 시민이 시민을 판결한다는 이 제도에 피고는 전문변호사가 없이 나와서 스스로를 변호하지 않으면 안되었다. 개인의 생사, 자유의 상실, 추방, 시민권의 박탈, 재산의 소유권 등의 엄중한 결정이 내려지는 이 재판정에 자기가 자기의 논리를 스스로 세우지 않으면 안되었다.

이 재판 때문에 소피스트라는 특별한 업종이 생겨났다. 시민들에게 상대방을 제압할 수 있는 논리를 개발하여 가르치는 것이다. 이것은 하나님의 심판이 아니라, 인간대중의 재판이다. 헤브라이즘의 신정theodicy과 헬레니즘의 인문humanism은 이런 제도적 분위기에서 이미 판가름나는 것이다. 재판정에서 피고는 말재주가 없으면 적어 온 것을 낭독해도 되었다. 소피스트들은 그러한 논리를 개발하고 연설문을 작성해주었다.

이들은 오늘 우리사회의 변호사직업과 거의 비슷하다. 변호사는 논리적 과정logical process만을 중시한다. 그 과정에서 귀결된 결론에 대해서는 그것을 자기의 신념으로 받아들이느냐 안 받아들이느냐 하는 문제는 그들 의식 밖의 문제이다. 그래서 소피스트를 궤변론자라고 말하는 것이다. 그러나 사실 그것은 궤변이 아니다. 하나님의 정의로운 심판이라고 하는 결론을 항상 앞에 내걸고 모든 논리를 진행시키는 유대인들의 종교적·도덕적 성향보다는, 훨씬 더 자유롭고 발랄하고 상황주의적이다.

페리클레스시대의 가장 대표적인 소피스트 사상가는 프로타고라스Protagoras, BC 490~420였다. 그는 아테네사람이 아니었고, 마케도니아보다 더 우측 변경에 위치한 트라케Thrace 지방의 아브데라Abdera에서 태어났다. 그 유명한 유물론자이며 원자론자인 데모크리토스Democritus, BC 460~370c.와 동향이다. 데모크리토스는 근대과학정신의 선구자로 알려져 있는데 플라톤은 무척 그를 싫어하였다고 한다. 그래서 그의 방대한 저작을 훼멸시켰다는 설도 있다. 데모크리토스나 프로타고라스는 개방적 정신성향을 공유했을지도 모른다. 프로타고라스는 아테네에서 주로 활동했는데 페리클레스의 친구였다. 페리클레스의 두 아들이 역병으로 죽어갈 때도 그는 페리클레스를 위로하면서 같이 눈물을 흘렸다고 한다. 페리클레스는 그 역병에 곧 희생되었지만 프로타고라스는 그 역병을 견디어내었다.

프로타고라스는 "인간은 만물의 척도이다Man is the measure of all things."라는 모든 소피스트들을 대변하는 명언을 남긴 인물로서 유명하다. 이것은 진리의 객관적 척도를 거부하는 극단적 주관론이나 유아론적 가치관으로 해석될 수도 있지만, 대체적으로 말해 진리의 상대주의를 견지한 것으로 해석된다. 진리의 기준은 "나"일 수밖에 없다. 나를 빼놓은 객관적 진리는 있을 수 없다는 것이다. 희랍철학의 대가인 첼러Eduard Zeller, 1814~1908(튀빙겐대학에서 헤겔철학 공부, 베르네대학 신학교수, 말부르크대학 신학교수, 하이델베르크대학 철학교수)는 이 명제가 개인주의적 가치관을 표방한 것은 아니라고 본다. "인간은 만물의 척도이다"라고 할 때의 "인간"이 반드시 유아론적 개인을 말하는 것이 아니라 어떤 그룹, 부족이나 종족이나 국가와 같은 콜렉티브collective한 성격을 지니는 것으로 해석해야 한다고 본다. 그렇다면 이것은 일종의 문화적 상대주의가 될 것이다.

최소한 수백 명이 판결을 내리는 배심원재판에서는 진리를 결정하는 것은 결국 "다수의 의견"이다. 진리의 상대주의는 결국 사회적 다수의 선이라고 하는 프래그머티즘을 깔게 마련이다. 이것은 소피스트들이 견지할 수밖에 없었던 진리의 입장이다. 프로타고라스에게는 모든 도덕이나 법률은 단지 상대적으로 타당할 뿐이었다. 그것은 그것이 속한 사회공동체의 이익을 위한 것일 뿐이다. 그러기 때문에 절대적인 종교도 있을 수 없고, 절대적인 도덕도 있을 수 없고, 절대적인 정의도 있을 수 없다.

플라톤의 『이상국가론*Politeia*』에 프로타고라스와 동시대의 소피스트인 트라시마코스Thrasymachus, BC 450~400(칼케돈의 시민, 아테네에서 활약)의 입을 빌어 내뱉어낸 명언, "정의*to dikaion*란 더 강한 자*ho kreitton*의 편익*to sympheron* 이외에 아무것도 아니다I affirm that the just is nothing else than the advantage of the stronger."라는 명제도 프로타고라스의 명제를 크게 벗어나지 않는다. 결국 모든 법률*nomoi*이 각 정권*archē*이 자기의 편익을 목적으로 제정하는 것일 뿐이라는 것이다. 미국은 미국의 편익을 위하여 미국헌법을 만들었고, 중국은 중국의 편익을 위하여 중국헌법을 만들었을 뿐이다.

디오니소스 축제, 희랍비극의 주제

더 이상 나의 철학이야기는 안 하는 것이 좋을 것 같다. 단지 유대인과 희랍인의 지적 분위기가 얼마나 다른지를 독자들이 인지하는 것만으로도 나의 수고는 충분한 가치가 있다. 우리가 잊지 말아야 할 사실은 페리클레스의 시대는 희랍의 3대비극작가, 소포클레스Sophocles, BC 497~405, 아에스퀼로스 Aeschylos, BC 523~456, 에우리피데스Euripides, BC 480~406가 활약한 시기이기도 했다는 사실이다. 위대한 극장이 있고, 위대한 관객이 있고, 위대한 흥행제도가 있어야 위대한 작가들이 탄생한다. 바로 페리클레스시대의 아테네

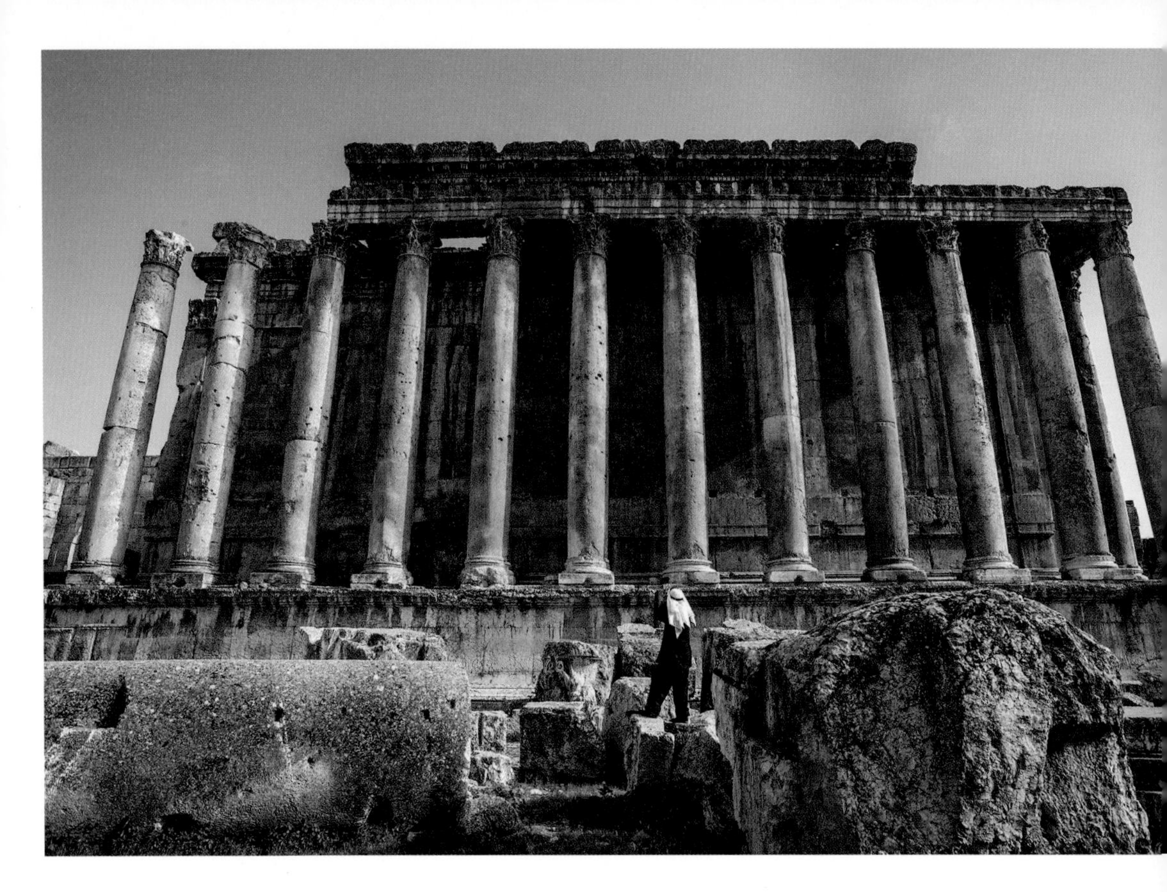

내 인생에서 방문한 곳 중에서 가장 잊지 못할 웅장한 건축물의 추억은 뭐니뭐니 해도 레바논 바알베크Baalbek의 경관을 꼽아야 할 것 같다. 레바논의 베카밸리Bekaa Valley(레바논산맥과 안티레바논산맥 사이의 고원지대)의 중심에 있는 이 바알베크는 BC 2,000년경부터 페니키아문명의 바알신 숭배의 한 중심지였다. 그리고 바알신 숭배는 희랍시대에는 제우스와 디오니소스컬트, 그리고 로마시대에는 주피터와 바카스컬트와 함께 발전했는데 알렉산더가 이 지역을 정복하고 여기를 헬레오폴리스(태양의 도시)라 불렀다. BC 64년 폼페이우스도 이곳을 지나갔고 BC 47년에 줄리어스 시저도 이곳에 로마식민지를 세우고 전략적 요충지로 삼았다. 바알신전은 무너졌으나, 이 바카스신전은 원래 모습이 보존되어 있는 편이다. 이스탄불에 소피아성당을 지을 때 이곳의 돌기둥도 공출되었다.

에는 이런 조건이 다 갖추어져 있었다. 이 위대한 희랍비극들은 디오니시아 *Dionysia*라고 불리는 디오니소스신을 찬양하는 대축제에 경연대회형식의 공연으로 무대에 올려짐으로써 탄생된 작품들이다. 이 디오니소스축제는 매년 3월말 만물이 소생하는 계절에 5~6일 동안 지속되었는데, 가장 대표적인 극장이 시티 디오니시아City Dionysia(루랄 디오니시아Rural Dionysia에 대비되는 도시축제)가 열리는 디오니소스극장이었는데, 보통 12,000명의 관객을 수용할 수 있었다. 이 축제에는 모든 시민들이 참여할 수 있었으며(여성들도 자유롭게 관람

옆에 있는 바카스신전의 내부인데 세부적인 조각이 아름답기 그지없다. 이 바카스신전은 현존하는 신전 중에서 가장 잘 보존된 것인데 이 장중한 건물이 지어진 때는 초기기독교가 포교활동을 열심히 하던 시기였다. 이 바카스신전 옆에 있는 주피터신전은 네로시대 때 AD 60년에 완공되었다. 그러니까 바울이 로마서를 쓰고 있던 시대에도 바로 이런 신전이 지어지고 있었던 것이다. 이런 장중한 돌건물이 지어지고 있을 때 바울은 양피지 위에 장엄한 사상을 건설하고 있었던 것이다. 입구 현관벽에 새겨져 있는 모자이크는 바카스신의 모습인데 위에 있는 나무에는 포도송이가 달려있고 그가 기대고 있는 통은 술통이며 오른손은 술잔을 들고 있다. 이곳에서 술과 춤과 음탕하지만 성스러운 제식으로 인식된 섹스의 오르지 축제가 화려하게 펼쳐졌다.

했다는 설도 있고, 그렇지 못했다는 설도 있다) 입장료를 낼 수 없는 사람들을 위하여 국가에서 입장료를 보조해주는 제도도 있었다. 이 축제는 디오니소스(바카스)의 죽음과 환생, 그리고 풍요의 희랍컬트fertility cult를 주제로 하고 있지만 이러한 디오니소스적 주제와 희랍비극의 정신과의 직접적인 연관성을 논하는 것은 매우 다원적이고 심오한 논의를 필요로 하는 것이다.

그러나 비극이 인간에게 묻는 것은 이러한 질문들이다. 왜 우리 인간은 고통스러워야만 하는가? 왜 우리 인간은 선과 악, 자유와 필연, 진리와 기만의 타협키 어려운 양대 진영의 사이에서 갈기갈기 찢겨져야만 하는가? 우리의 고통의 근원이 진정 신들의 사악한 운명디자인에 의한 것일까? 아니면 우리 자신의 내면, 즉 오만, 환영, 미혹, 과도한 욕망의 어리석음의 장난일까? 왜 정의는 그토록 인간세에서 가물가물 피해다니기만 하는가?

우리가 너무도 잘 아는 소포클레스의 비극 『오이디푸스왕*Oidipous Tyrannos*』의 경우를 한번 예로 들어보자! 이 비극은 바로 페리클레스가 죽던 해, 그러니까 BC 429년 아테네의 디오니소스극장에서 상연되었다고 한다. 그러니까 역병이 아테네를 휩쓰는 질곡의 분위기 속에서도 아테네시민들은 디오니소스축제를 열고 오이디푸스왕의 비극적 운명을 공감했다는 얘기가 된다. 이것이 정말 사실이라면, 『오이디푸스왕』의 첫머리가 오이디푸스가 지배하는 테베에 역병이 창궐하여 그 원인을 규명하기 위하여 델피의 신탁을 알아보는 일로부터 시작한다는 그 운명적 일치는 당시 그 연극을 바라보는 사람들의 가슴이 얼마나 처절한 느낌이었는지를 상상키는 어렵지 않다. 아마도 페리클레스도 거기에 앉아있었다고 한번 생각해보라!

자세한 줄거리는 여기 반복할 필요는 없겠으나 희랍비극의 주제는 항상 "운명"이라고 말하여진다. 인간이 어떠한 삶의 진로를 택하든지간에 그 진로를 지배하는 불가저항적인 운명이 있다는 것이다. 인간의 의지와 신이 내린 운명의 대결이 소포클레스의 비극에는 뚜렷한 주제로 부각되어 있다. 달빛의 그림자와도 같은 운명! 떨쳐버리려고 몸부림치면 몸부림칠수록 더 집요하게 달라붙는 운명! 『오이디푸스왕』이라는 작품의 위대성은 처음부터 그 운명이 공개된다는데 있다. 알려진 운명을 거부하고 저항하면 저항할수록 더 그 운명의 늪으로 깊게 빠져만 들어가는 오이디푸스, 그 오이디푸스의 삶의 진로에서 우리는 시종 긴장감을 놓을 수가 없다. 그렇다면 과연 『오이디푸스 왕』이라는 작품은 하나의 운명극에 불과한 것인가? 아무리 인간 오이디푸스가 노력해도, 아버지를 죽이고 어머니와 결혼한다는 끔찍한 운명을 거부하려고 노력했어도, 결국 부인을 죽음으로 몰고, 자기의 시력을 상실하고, 왕권의 영화를 포기했어야만 하는 운명으로 골인할 수밖에 없다는 것을 가르치기 위한 운명순응의 교훈일까?

희랍비극이 말하는 운명이란 무엇인가?

오이디푸스의 삶의 하마르티아*hamartia*(죄, 악, 실수의 의미로 쓰이는 이 희랍어 단어는 화살이 과녁을 빗나가는 것과도 같은 "빗나감"의 뜻이다)는 그야말로 문자 그대로 운명의 어긋남이지 그의 도덕적 결함을 의미하지 않는다. 왜 도덕적으로 정당한 인간이 그토록 가혹한 운명의 질책을 받아야만 하는가? 이 드라마의 마지막 코러스의 마지막 메시지는 이러하다: "**죽음에 이르기 전에는 아무도 행복하다 말하지 마시오. Count no man happy until he is dead.**" 과연 이러한 절망이 이 비극이 전하는 최후의 결말일까?

No! 이 연극의 종국적 결말이, 음모를 짜는 신들의 장기놀음의 졸개노릇을 해야만 하는 인간의 무기력함에 있는 것은 결코 아니다. 생각해보라! 오이디푸스는 처음부터 자기 운명에 대한 신탁을 이미 다 알고 있었다. 오이디푸스를 둘러싼 주변의 모든 인물들이 바라는 것처럼, 점점 들추어내어지는 진실을 외면하기만 했어도 파국은 얼마든지 모면할 수 있었다. 그러나 오이디푸스는 어떠한 파국에도 불구하고 운명의 진실을 캐려고 한다. 그것을 회피하는 것이 아니라 그 정체를 알아내어 맞대면하려고 한다. 이 드라마는 이미 처음부터 어머니였던 왕비 이오카스테라와 결혼하여 살고있는 한 왕의 이야기로부터 시작한다. 스핑크스의 비밀을 푼 훌륭한 왕으로서 아름다운 삶을 향유하고 있었던 것이다.

그런데 갑자기 창궐한 테베의 역병이 전왕 라이오스스의 살해자를 처벌하는 것으로써 치유될 수 있다는 신탁에 따라, 그 살해자 범인을 찾는 일에 적극 나서는 것으로써 오이디푸스는 탐정소설처럼 지나가버린 과거사건의 정체를 밝히게 되는 것이다. 이것은 자기자신의 정체성의 진실을 밝히는 긴 여정이었으며, 자기자신을 진실의 이름 아래 가혹하게 처벌하는 과정이었다. 그는 자기에게 스스로 처벌을 부과하면서 그 끔찍한 고통 속에서 새로운 인간됨을 발견해가는 것이다. 자기정체성을 모르는 거짓된 삶을 사는 것이 아니라, 목자가 "오~ 신이여, 이제 나는 무서운 진실을 말하지 않을 수 없소"라고 고백하는데 오이디푸스는 이렇게 말하고 있는 것이다: "아~ 나는 정말 무서운 것을 듣게 되었군. 그래도 그래도 나는 기어이 들어야만 하겠다."(1169f.).

그는 생존보다도 진실을, 외면적 가치보다는 내면적 충실함을, 자신의 운명에 부림을 당하는 것이 아니라 그 운명과 대결함으로써 신으로부터 드라마의 주역된 위치를 박탈해버리는 것이다. 그의 운명의 드라마의 주인공은 신이 아닌 인간이었다. 신의 섭리가 아닌 인간의 로고스였다. 운명의 모든 가혹한 결말을 밝히고 수용함으로써 운명을 무화無化시켜 버리는 것이다. 과연 오늘 청문회에 나와 거짓으로 일관하는 여러 타입의 한국사회 제왕들의 행태에서 과연 오이디푸스의 용기를 발견할 수 있을까? 오이디푸스의 결말은 니

힐리즘의 쓸쓸함이 아니라, 영락한 자기존재의 장엄한 수용, 모든 것을 떨쳐 버릴 수 있는 강력한 의지, 막강한 인간성의 성실함을 과시하는 것이다.

오이디푸스의 운명적 처지는 구약의 욥이 처한 문제상황과 매우 유사한 정황이 있지만, 그 해결방식은 전혀 다르다. 욥은 어떠한 외부의 고난에도 불구하고 자신의 성실한 내면의 일관된 논리를 고수함으로써 가혹한 삶의 현실을 극복하지만, 오이디푸스는 신과 대결함으로써, 운명의 모든 극한현실을 수용함으로써 신에 대한 인간의 승리를 구가한다. 신중심사고와 인간중심사고의 대비는 욥의 비극과 오이디푸스의 비극에서도 이렇게 판연히 구분된다. 오이

아테네의 디오니소스극장은 관객이 12,000명이나 들어갈 수 있었으며 세종문화회관의 몇 배였다. 그러니까 그것은 전 시민의 축제였다. 연극이 상연되는 것도 도시 디오니시아라는 봄축제의 일부로서 행하여졌으며, 3개의 비극과 1개의 사튀르극이 무대에 올려졌다. 연극이 올라가기 전에도 무대에서 전쟁고아들의 완전군장 성인식을 거행하는 등 애국심을 자극하는 많은 제식이 행하여졌다. 앞에는 VIP좌석이 있는데 높은 등받이에 팔걸이까지 있는 좌석도 있다. 귀족, 정치인, 외국사절 등이 앉았다. 아마 여기에 페리클레스도 앉아 친구 극작가들의 작품을 시민들과 함께 관람했을 것이다.

디푸스의 비참한 결말, 자기 눈을 자기 손으로 파내버리고 마는 그 비극적 결말은 그것을 방관자적으로 바라보는 사람들에게는 처참한 비감悲感을 자아내지만 그것은 궁극적으로 오이디푸스 그 인간의 승리였다. 아마도 페리클레스가 그 연극을 아테네에서 시민들과 함께 관람하였다면 자기 생애에 대하여서도 똑같은 비감과 자신감을 가지고 무대 뒤로 스러져갔을 것이다.

페리클레스의 죽음은 아테네의 죽음을 의미했다. 그가 죽고나서도 불행한 펠로폰네소스전쟁은 계속된다. 스파르타가 펠로폰네소스전쟁을 승리로 이끌고 그리스세계의 헤게모니를 장악하면서 그리스세계는 매우 불행해지기 시작한다. BC 404년 스파르타는 아테네에 아주 사악한 참주들의 과두정치를 성립시킨다. 30인독재자Thirty Tyrants의 시대가 그것이다. 이 가공할 아테네의 독재자들은 비록 13개월만에 쫓기거나 죽임을 당하는 신세가 되었지만, 이 13개월 동안에 아테네의 민주인사들을 1,500명이나 학살하였다. 아테네의 인구가 5%나 줄어들었다고 한다. 아테네시민들은 참다못해 혁명을 일으켜 민주제도를 회복했다고는 하나 이미 석양에 빛바랜 민주주의였을 뿐이다. 이 빛바랜 민주주의 속에서 소크라테스의 죽음을 야기시킨 그 유명한 재판이 진행되는 것이다(BC 399년).

소크라테스의 죽음

소크라테스가 헴록hemlock(독인삼)의 독배를 들이키고 죽어갔을 때가 70세 혹은 71세였다고 하니까, 그는 페리클레스의 시대를 온전하게 산 사람이다. 그는 페리클레스보다 나이가 25살 가량 어리다. 그러니까 소크라테스는 아테네 민주주의의 전성기를 몸소 체험했고 또 그 민주주의 쇠망과 더불어 그 민주주의의 제도적 원칙을 지키며 죽음을 택했다. 소크라테스가 과연 아테네 민주주의의 신봉자인가 아닌가, 그가 민주주의를 자기신념으로 수용했는가 아닌가에 관해서는 여러 가지 논의와 추측이 가능하다. 최근의 스칼라십에 의하면, 소크라테스는 민주주의제도에 관해 매우 회의적이었던 사람으로 규정되고 있다. 그러나 이러한 규정은 대체적으로 그를 기술한 그의 제자 플라톤의 언어와 사상에서 유래되는 것이다. 우리가 철학사에서 다루는 소크라테스의 이미지는 모두 플라톤－아리스토텔레스라는 독특한 철학체계와의 연속선상에서 형성된 것이다. 그것은 맞을 수도 있겠지만 전혀 실상과 동떨어진 날조일 수도 있다. 우리는 희랍철학 하면 뭐니뭐니 해도 소크라테스－플라톤－아리스토텔레스라는 기축을 중심으로 모든 것을 구성한다.

그러나 이것은 매우 편협한 구성이요 규정이다. 여태까지 우리나라에서는 희랍문명을 철학과의 몇몇 교수들이 독점해왔는데, 이들은 밑도끝도 없이 플라톤전집이나 아리스토텔레스의 몇몇 저작을 씹어대는 사람들이다. 희랍문명은 호머의 서사시나, 탈레스·아낙시만드로스·아낙시메네스의 자연의 탐구나, 엠페도클레스·아낙사고라스·데모크리토스의 과학사상이나, 피타고라스의 수론이나 종교론, 엘레아학파와 헤라클레이토스의 우주론, 헤로도토스·투퀴디데스의 역사쓰기, 아에스퀼로스·소포클레스·에우리피데스의 비극, 아리스토파네스의 희극, 크세노폰·플라톤의 대화쓰기, 아리스토텔레스의 논문쓰기 … 이 모든 것을 총체적으로 동일한 가치선상에서 파악해야 한다.

혹자에게는 플라톤전집이 소포클레스의 비극의 대사 한 구절만한 가치도 못 가질 수가 있다. 플라톤전집은 아테네의 진정한 영화나, 인류에게 던질 수 있는 고귀한 가치의 본원을 체득하지 못한 암울한 시대의 한 방계 사상가의 푸념의 기록일 수도 있다. 방대한 근동의 역사와 문화와 예술의 화엄세계를 압축한 헬라스문명의 총체적 모습을 도외시하고, 플라톤과 아리스토텔레스의 저작만을 뒤져대는 것은 화려한 궁전의 본채를 보지 못하고 그 궁전으로부터 흘러나오는 수채구멍에서 미꾸라지만 잡고있는 꼴이 될 수도 있다. 플라톤, 아리스토텔레스는 헬라스문명의 본원이 아닌 쓰레기일 수도 있는 것이다. 방대한 문헌으로 그 저작이 오늘날까지 전승되고 있다는 이 사실 하나가 일차적으로 그 위대함을 과시하지만, 그 위대함과 결탁된 온갖 인류사의 정신적 오염과 제도적 해악, 종교적 독선과 정치적 강압, 연역적 사유의 폭력은 그 고유의 가치를 뛰어 넘는다.

도대체 소크라테스Socrates, BC 470/469~399는 왜 민주주의를 상징하는 재판정에 올라가야 했으며, 아테네민주주의 정신을 대변한다고 말하여지는 지혜의 사랑인(=철학자philosopher)인 그가 바로 그 민주주의 법정에서 적당한 형벌도 아닌 사형을 언도받았어야 했는가? 501명의 배심원 앞에서 단 하루 동안 행하여진 이 아테네의 민주법정(디카스테리온*dikasterion*이라고 불린다. people's court)은 과연 그러한 터무니없는 비상식적이고도 비도덕적인 판결을 자행하는 바보들의 굿판이었을까?

소크라테스는 스스로 체계적인 저작을 남긴 사상가가 아니었다. 그는 단지 아테네시민으로서 자신의 신념에 따라 산 행동인이었다. 그는 한 시민으로서 매우 도덕적인 생활을 한 모범적인 사람이었으며 펠로폰네소스전쟁에도 장기간에 걸쳐 참여하여 시민으로서 국방의 의무를 모범적으로 수행한 인물이었다. 아버지 소프로니스코스Sophroniscus는 조각가이며 석장인으로서 풍족한 재산을 가지고 있었고 어머니 파에나레테Phaenarete는 산파였다.

소크라테스, 과연 그는 누구인가?

소크라테스는 크산티페Xanthippe(악처로 기술되는 것은 왜곡일 것이다)와 결혼하여 아들을 셋이나 낳았다(람프로클레스Lamprocles, 소프로니스코스Sophroniscus, 메넥세누스Menexenus). 소크라테스는 젊었을 때 돌조각가로서도 탁월한 실력을 과시한 예술가였으며, 그의 작품이 기원후 2세기까지 아크로폴리스에 서있었다고 한다. 그는 세속적 권력이나 부에 대해 무관심한 사람이었다. 놀라운 절제력을 지닌 사람이었으며 매우 검소하고 검약한 미니멀한 삶을 즐겼다. 특히 그는 육체적 고통을 감내하는데 남다른 능력을 보였다. 술을 마시지 않았으나 모처럼 마시면 말술로 들이켜도 취하는 법이 없었다. 전장에서도 추운 겨울날 맨발에 평소 옷차림으로 얼음판 위를 태연하게 장시간 행군했다.

소크라테스의 돌조각 흉상은 여러 종류가 있지만 공통의 얼굴 모습이 있다. 그러니까 희랍의 돌조각은 결코 임의적으로 만든 것이 아닌 어떤 현실태를 반영하는 것이다. 소크라테스의 몽땅한 얼굴, 뭉뚱한 코는 분명 잘 생긴 인물은 아니지만 뚝심있고 성실한 사람이라는 느낌을 준다.

소크라테스는 골똘한 생각에 빠지면 한 포즈로 장시간 부동의 자세를 취하고 서있거나 앉아있거나 했다. 강직증성 혼수상태cataleptic trances라 부를 수 있는 그런 특이한 현상을 종종 보이곤 했다. 하늘에 속한 영혼과 땅에 속한 신체가 완전히 분리된 이원적 세계에서 영혼의 힘으로 신체를 완벽하게 제어하는 오르페우스종교의 성인의 이상을 구현하는데 특별한 디시플린을 과시하는 비범한 생활인이었다. 그는 여성문제에 있어서도 철저히 금욕적 자세를 지켰다. 유혹이 거세게 몰아쳐도 플라토닉 러브에 머물렀다.

이러한 상식과 비범의 도덕성을 모두 갖춘 한 대표적 시민을 501명의 패널이 모여 공적으로 사형을 선고한다는 것이 도대체 말이 되는가? 소크라테스의 판결을 현장에서 지켜본 그의 제자 플라톤의 네 대화편, 소크라테스의 4복음서라 말하여지는, 『아폴로기아*Apologia*』("변명"이라는 번역보다는 박종현 교수님의 주장대로 "변론"이라 번역함이 옳다), 『에우티프론』, 『크리톤』, 『파이돈』이 남아있으므로 이 기록에 의하여 우리는 매우 생생하게 재판과정을 재현해볼 수 있다는 생각을 하게 된다.

그러나 이 기록들 자체가 이미 플라톤의 가치판단에 의하여 선택되고 윤색되고 픽션화되었을 뿐 아니라, 그 대화편만을 읽는 사람들은 당대 아테네의 역사적 상황을 도외시하고 오직 플라톤이 휘몰아가고자 하는 주제를 정당화시키는 언어의 마력에 함몰되어 객관적인 정황을 파악하기 힘들게 된다. 당대의 위대한 사상가이며 사가이며 아테네시민인 크세노폰Xenophon, BC 430~354(크세노폰은 군인으로서 전장에 있었기 때문에 소크라테스재판에 직접 참여하지는 못했다. 재판에 관한 그의 기록은 후술회상자료들에 의거한 것이다. 그러나 객관화된 후술자료가 오히려 플라톤의 현장기록보다 더 정확할 수도 있다. 그리고 크세노폰도 소크라테스에게 직접 배운 제자였다)의 기록은 전혀 다른 그림을 그려주고 있다.

소크라테스가 산 시대는 소피스트의 시대였다. 그러니까 소크라테스는 페리클레스시대의 민주주주의 만개와 또 몰락을 체득한 인간이었다. 소크라테스는 당연히 소피스트 중의 한 사람이었다. 아니, 소크라테스는 소피스트였다. 아리스토파네스의 『구름*Nephelai*』이라는 희극에 보면, 소크라테스가 한 주인공으로 나오는데, 극 중의 소크라테스는 돈만 주면 젊은이들에게 옳은 것과 그른 것을 마음대로 뒤집을 수 있는 방법을 가르쳐주는 그야말로 궤변론자 소피스트의 원흉으로 설정되어 있다. 이 작품은 BC 423년 대 디오니소스축제 경연에서 3등 한 작품인데, 이때 소크라테스의 나이가 47세 정도였으므로 소크라테스는 이미 40대에는 아테네의 유명한 소피스트로서 알려져 있었다는 사실을 추론할 수 있다. 그리고 아리스토파네스 같은 희극작가의 눈에는 소크라테스가 사이비 민주주의자이며 아테네의 전통적 가치관을 파괴하는 위험한 인물로 보였던 것이다. 철학자의 위상이 희곡작가들에 비해 낮았다는 것도 알 수 있다. 물론 아리스토파네스를 기준으로 소크라테스를 판단할 수는 없다.

사도 바울이 고린도전서(1:22)에서 한 말 중에 우리의 주목을 끄는 매우 중요한 발언이 있다.

유대인들은 표적을 구하고 헬라인들은 지혜를 찾는다.
Jews demand signs and Greeks seek wisdom.

여기 말하는 "표적signs"이라는 것은 희랍어로는 "세메이온*semeion*"이라는 것인데, 이는 기호, 부적, 표시, 표징 등을 지시하지만, 결국 여기 맥락에서는 "기적miracle"을 의미한다. 신약성서에는 우리말의 기적에 일관되게 대응하는 단어가 없다. "세메이온"이나 "에르곤*ergon*"(역사하심. work) "뒤나미스*dynamis*"(권능, 힘, 세력, mighty work) 등등으로 표현될 뿐이다. 예수는 표적이라는 말을 그렇게 좋은 의미로 쓰지 않았다.

그에 반하여 희랍인들은 지혜를 구한다 했는데, 이것은 "소피아*sophia*"를 가리킨다. 소피아라는 것은 바울의 의미맥락에서는 기적을 바라는 심리와는 달리, 로고스에 의거하여 따진다는 뜻이니, "논쟁argument"을 의미한다. 여기 소피아는 소피스트들의 소피아인 것이다. 말로 끝까지 따지면서 뎀비는 것이다. 우리의 사도 바울은 역시 날카롭고 통찰력이 있다. 헤브라이즘과 헬레니즘이라는 서구문명의 양대전통을 이미 바울시대에 바울의 입장에서 총정리하는 명언인 것이다. 바울은 헤브라이즘은 기적, 초자연적인 것만을 원하는 초월주의적 신중심문화고, 헬레니즘은 이성에 입각하여 쓸데없이 따지고 뎀비기만 하는 구라꾼들의 인간중심문화라는 것을 정확히 갈파하였던 것이다.

소크라테스가 살었던 시대

소크라테스는 아규먼트, 즉 논쟁의 대가였다. 소크라테스의 문답법, 산파술maieutic method을 우리는 소크라테스의 변증술Socratic dialectic이라 하여, 헤겔·맑스에 이르는 유구한 서구 변증법의 전형으로 찬양하지만, 과연 소크라테스가 그러한 변증법을 논리적 체계로서 인식했는지에 관해서는 나는 너무 도식적인 규정성을 부과할 필요가 없다고 생각한다. 소크라테스는 사람들과 논쟁하기를 좋아했고, 그 논쟁을 통해서 신의 존재나 어떤 절대적 진리를 가르치려고 했던 것이 아니라, 단순히 상대방의 무지를 깨우침으로서 논의되고 있는 개념들을 명료하게 만들고 싶어했을 뿐이다.

소크라테스는 자신이 소피스트로 분류되는 것을 좋아하지 않았다. 그 이유는 그는 진리만을 추구했지, 돈을 받고 그 대가로서 타인을 가르친 적이 없었기 때문이다. 그는 논리의 기술자가 아니었기 때문에 소피스트라기보다는 순결한 철학자였던 것이다. 왜 이런 철학자가 사형을 언도 받아야만 했는가? 아테네도 이성적 사회일 텐데 어떻게 이것이 가능할 수 있었는가?

소크라테스를 기소한 "자진 검사a voluntary prosecutor"(*ho boulomenos*)인 멜레토스Meletus(시인? 종교적 광신도? 아뉘토스 그룹의 대변인?)가 소크라테스를 기소한 죄목은 정확하게 다음과 같다: "소크라테스는 폴리스가 인정하는(*nomizei*) 신들을 인정하지 않았고(*ou nomizon*), 더욱이 새로운 신들을(*daimonia*) 도입함으로써 범죄적 악행(*adikei*)을 저질렀다. 그리고 소크라테스는 아테네의 젊은이들(*neous*)을 타락시킴으로써(*diaphthairon*) 또한 범죄적 악행을 저질렀다."

소크라테스의 악행은 두 가지로 요약된다. 하나는 종교religion와 관련된 범죄이고, 또 하나는 교육education과 관련된 범죄이다. 전자는 일종의 종교적 불경죄religious impiety이고 후자는 교육자로서의 부도덕성을 묻는 것이다. 현재 우리나라의 법률체계에서는 "불경죄"라는 것은 성립하기가 어려울 것이다. 대체로 불경죄라는 것은 황제나 군주, 혹은 그 일족에게 명예와 존엄을 해치는 불경의 행위를 저지른 것에 대하여 성립하는 죄목인데, 지금은 주권sovereignty의 주체가 군주가 아니므로 성립하지 않는다. 더구나 신에게 불경한 짓을 했다는 것으로 성립하는 죄는 있을 수가 없다.

아테네에 있어서도 불경죄라 하는 것은 대체로 격에 맞지않는 엉터리 종교적 제식을 행하였다든가, 신성한 물상物像을 훼손시켰다든가, 성전 안에 있는 물건을 훔쳤다든가, 부적절한 시기에 제단에 올리브나뭇가지를 올려놓았다든가, 신성한 올리브나무를 함부로 제거시켰다든가 하는 등등의 구체적 행위에 대하여 죄를 묻는 것이었다. 소크라테스의 죄목은 이런 관례의 맥락에서 볼 때 애초부터 매우 성립하기 힘든 죄목이다. 소크라테스가 유신론자인가 무신론자인가, 혹은 아테네의 신들 이외의 신들을 아테네에 도입했는가에 관해서는 따져보기도 어렵고 물증을 잡기도 어렵다.

그것은 한 인간의 내면의 사정이기 때문이며 헬라스의 다신론적이고도 유연한 신앙의 세계에서는 특별히 문제제기 되기가 어려운 주제인 것이다. 더구나 소크라테스가 아테네청년을 타락시켰냐 안 시켰냐 하는 문제는 너무 막연해서 구체적 물증을 제시하기 어려운 죄목인 것이다. 불경과 타락! 이 두 가지 모두가 죄목답지 않은 죄목이기 때문에 검사와 피고간에 법률적으로 치열한 공박이 이루어지기 어렵다. 그래서 우리가 『아폴로기아』라는 플라톤의 대화편을 읽을 때마다, 뭐가 뭔지 아리송하고, 맹송맹송 현실감이 없는 논리만 흘러가는데 그냥 그런가부다 하고 마니깐 아무런 재미가 없는 것이다. 소크라테스의 재판은 우리에게 실제로 아무런 의미나 감동을 전해주지 않는다.

검사의 정밀한 변론도 실려있지 않다. 소크라테스의 입을 빌린 일방적인 플라톤의 철학적 픽션만 흘러가고 있는 것이다. 소크라테스의 아폴로기아는 결국 플라톤이 전하고 싶은 자기 선생의 모습일 뿐이다. 우리는 고전을 고전이라고 해서 괜히 위대하게 바라볼 필요가 없다. 우리에게 엉터리 같이 느껴지면 엉터리인 것이고, 재미없으면 재미없는 것이고, 나에게 의미가 없으면 무가치한 것이다. 2400년 전의 아테네라는 조그만 동네에서 벌어진 한 소피스트의 재판이 뭐가 그렇게 대단할 것이 있겠는가?

플라톤은 매우 유려한 문장가인 것처럼 보이지만, 오히려 화려한 구라 때문에 그의 문장은 재미가 없고 장황하고 논리가 조잡하며, 실제 정황을 정확하게 전달하지 않는 상황이 대부분이다. 도대체 소크라테스의 재판은 왜 일어났으며, 그 이벤트를 구성하는 수수께끼 같은 허황된 언어들의 배면에 깔린 진짜 인간의 이야기, 그 시대의 이야기는 과연 무엇이었을까?

페리클레스는 펠로폰네소스전쟁의 초반에 죽는다(BC 429). 그 뒤로 헬라스 세계를 궁핍하게 만드는, 이념적으로 자기붕괴를 초래하고 도덕적으로도 모든 이상성을 앗아가는 지루한 전쟁이 25년이나 더 지속된다(BC 404년까지). 아테네의 민주주의는 오늘날 우리가 말하는 간접민주주의(대의제도)가 아니라 직접민주주의direct democracy이다. 그 나름대로 장점도 있지만 단점도 많다. 다수의 횡포라는 것은 절도를 모른다. 아테네의 민주주의는 페리클레스라는 탁월한, 위대한 지도자를 전제로 하지 않고는 상상하기 어렵다.

페리클레스는 무엇보다도 젊고, 유능하고, 잘생겼고, 문무를 겸비한 탁월한 지식인이며, 놀라운 사상적 개방성과 인간적 자제력을 구비한 그야말로 제1시민 중의 제1시민이었다. 그의 아버지 크산티포스Xanthippus, BC 525~475는 살라미스해전 그 다음해에 페니키아해군의 잔존함대를 격멸시킨 제독이었다. 아테네제국을 성립시키는데 수훈갑의 공훈을 쌓은 인물이었다. 그리고 엄마 아가리스테는 그녀의 삼촌이 바로 아테네의 민주주의의 초석을 놓은 그 유명한 정치가 클레이스테네스Cleisthenes였다. 그의 5대조 할아버지는 낡은 귀족정치를 무너뜨리려는 민주적 노력을 잔혹하게 탄압한 인물이며, 집안에 반민주의 저주를 남겨놓은 아이러니칼한 인물이기도 했다. 헤로도토스는 이 한 집안의 역사가 아테네민주주의의 홍성의 역사라고 기술하였다.

페리클레스의 부계가문도 찬란하지만 모계가문은 더 찬란했다. 헬라스 세계의 정치사에서 한 주류를 형성하는 알크매오니대Alcmaeonidae 가문의

페리클레스는 무엇보다도 잘 생겼다. 미남형이고 수려하다. 그의 태몽은 그의 어머니가 사자를 낳는 꿈이었다고 한다. 알렉산더가 태어날 때도 그의 아버지 필립이 같은 꿈을 꾸었다고 한다. 사자는 위대함의 상징이었지만, 페리클레스의 머리가 사자대가리처럼 못생겼기 때문에 생겨난 전설이라고도 한다. 못생긴 머리를 가리기 위해 항상 투구를 쓴 모습으로만 나타났다고 하지만 실상 이 투구는 스트라테고스 *strategos*(장군)의 상징이다.

사람이었다. 그들은 트로이전쟁의 아캐인사이드의 왕인 네스토Nestor의 증손, 알크매온Alcmaeon으로부터 내려오는 혈통이다. 이 가문의 뛰어난 인물인 메가클레스는 시퀴온의 참주 클레이스테네스Cleisthenes of Sicyon(민주주의 초석을 놓은 인물과는 다른 사람)의 딸인 아가리스타와 결혼하여 두 아들, 히포크라테스Hippocrates와 클레이스테네스Cleisthenes를 낳았는데, 클레이스테네스는 아테네민주주의의 초석을 쌓았고, 히포크라테스는 딸 아가리스테Agariste를 낳았는데, 그 딸의 아들이 곧 페리클레스인 것이다.

이토록 찬란한 가문의 배경을 가진 페리클레스는 아테네에서 태어나 최상의 유족한 환경에서 자라면서 교육을 받았다. 그는 14세 때 이미 읽고讀, 쓰고書, 셈하고算, 음악樂의 교육을 온전하게 마스터했으며, 뛰고, 레슬링 하고, 원반 던지고, 담소하고, 세계와 그 정치적 문제에 관해 자유롭게 토론하는 김나지움교육을 받았다. 농구, 하키와 비슷한 당대의 운동게임의 선수였으며, 친구들과 자유롭게 숲에서 사냥하고, 바다에서 노 젓고, 청춘의 발랄한 원시적 원기를 마음껏 발현시켰다. 그러면서도 이오니아학파의 철학을 체계적으로 흡수했다. 그는 매우 자신에게 엄격했으며 학문적 탐구에는 치열한 학동이었다.

그는 특히 헤라클레이토스의 사상에 심취했다. 모든 것은 변할 뿐이다. 신이라는 것은 변화에 내재하는 힘일 뿐이다. 이 세계는 창조된 것이 아니며 "불Fire"이라고 할 수 있는 에너지 덩어리일 뿐이다. 이 불은 인간 내면에서도 끊임없이 타오르고 있다. 헤라클레이토스는 "생각 없는 민중"을 자고 있는 사람들이라고 생각했다. 이들을 깨우면 하나의 공적 세계가 만들어지고, 이들이 잠들면 또다시 개인만의 사적 세계로 분열되고 만다. 이러한 헤라클레이토스의 사상은 페리클레스의 민주주의신념에 깊은 영향을 주었다.

그는 프로타고라스, 엘레아학파의 제논Zenon of Elea, 아낙사고라스Anaxagoras, BC 510~428와 친교가 두터웠는데, 특히 아테네에 자연철학을 처음으로 도입한 아낙사고라스와 매우 절친한 관계였으며, 아낙사고라스의 "누우스*Nous*"사상이라든가 객관적 자연관찰방법을 강조하는 과학사상은 당대 보수적 분위기에 찌들어있던 아테네사유계에 하나의 충격이었으며 젊은 페리클레스의 사유에 깊은 영향을 주었다.

페리클레스의 수많은 지적 도반 중에서도 가장 가까웠고 가장 교류가 많았던 친구는 훗날 불굴의 명작을 남긴 소포클레스Sophocles, BC 497/496~406/405였다. 두 사람은 나이도 비슷했으며(소포클레스가 한두 살 위) 같은 동네에서 태어나 같이 자라났다. 둘 다, 고급가문출생이었고 부유했으며, 둘 다 지능이 출중하고 성격이 진지하고 이상주의적이었다. 소포클레스는 어려서부터 시에 관심이 많았고 페리클레스는 전쟁과 정치에 관심이 많았다. 소포클레스는 열정적이고 다정다감 호색적이었고, 페리클레스는 합리주의적이었고 이오니아 과학에 심취했으며 동년배의 학동들 중에서 매우 엄격한 성격의 소유자였다.

소포클레스는 아테네의 예술을 대변했고 페리클레스는 아테네의 시민정신을 대변했다. 페리클레스는 이러한 성장과정을 통하여 자연스럽게 민주주의적 이상성을 구현해갔으며, 그것은 그의 성격의 엄격성과 함께 아테네 애국주의patriotism와 결합되었다. 애국주의라는 것은 아테네사람들에게는 매우 생소한 가치였다. 페리클레스는 민주주의와 애국주의를 결합시킴으로써 아테네의 번영과 자유와 질서의 디시플린을 유지시킬 수 있었던 것이다.

페리클레스시대에 그토록 발랄한 예술이 꽃피울 수 있었던 것도 페리클레스 본인이 형식화되고 고착화된 예술양식을 증오했기 때문이었다. 헤라클레이토스적인 만물유전의 시간성, 그 카이로스를 포착하는 리얼리즘이 성행했던 것도, 멋드러진 운동선수의 순간을 포착하고 생기발랄한 삶의 의미가 담긴 자유로운 인간모습이 조각과 미술, 시와 음악에 담기기 시작했던 것도, 페리클레스의 교양의 수준에서 비롯된 측면이 있다는 것도 부정 못할 사실이다. 페리클레스는 소크라테스의 거리문답이나 아고라광장의 토론을 얼마든지 용인할 수 있었다.

내가 이렇게 좀 자세히 페리클레스 그 인간을 소개하는 것은 아테네민주주의의 기적적인 개화와 페리클레스의 죽음이라는 이 역사의 흐름 속에서 우리는 소크라테스의 죽음을 조망하는 하나의 발판을 획득해야 한다는 것이다.

소크라테스 재판의 정치사적 맥락

페리클레스가 죽은 후 25년만에 아테네는 완벽하게 스파르타에게 무릎을 꿇고 아테네의 영화를 종료시킨다. 이 25년 동안 아테네사람들은 페리클레스의 추억에서 너무도 멀어져갔다. 그리고 페리클레스적인 가치의 본질을 근원적으로 망각해갔다. 페리클레스는 펠로폰네소스전쟁에 대한 도덕적 책임이 있기 때문에 더더욱 그에 대한 부정적 이미지가 형성되었을 수도 있다. 그보다 더 중요한 것은 아테네 시민의 정치적 감성이 리더 개인에 대한 호오의 문제에 그치지 않았다는 것이다. 민주주의 그 자체에 대한 혐오감이 짙어갔다는 불행한 사태에 있다.

이러한 분위기를 틈타, 원래 과두정치의 옹호세력이었던 스파르타는 아테네에 30인 참주를 옹립하여 가능한 최악의 과두정치체제를 만들었다(BC 404). 이들이 저지른 잔혹한 만행은 인성의 한계를 넘어서는 잔악한 것이었는데 이미 앞서 언급한 바와 같다. 이 30인 참주정치의 리더가 크리티아스Critias라는 인물이었는데 그 가혹한 도륙의 행동은 이루 말할 수가 없었다. 문혁의 잔악성에나 비유할 수 있을까?

이 크리티아스의 행동은 반민주anti-democratic의 명분하에 자행되는 것이었는데(크리티아스를 중국의 강생康生에 비교할 수 있을지도 모르겠다), 중요한 논점은 이 30인 참주의 대표격인 크리티아스가 바로 소크라테스의 제자였다는 사실에 있다(또 한 사람 카르미데스Charmides도 소크라테스의 제자였다). 인민은 당하다 못해 민주주의수호동맹을 결성했고 친민주군대를 결성하여 아테네 근교에 결집시켰고 결국 30인 참주를 전복시킨다(BC 403). 크리티아스는 이 전투에서 살해되었고 나머지 참주들은 도망갔다.

그 후 2년간 민주정을 옹호하는 사람들과 30인 참주정을 옹호하는 꼴보수잔당들과의 대치상황이 계속되지만, 아테네를 장악한 민주세력은 30인 참주와 그들과 협력한 소수의 친위세력을 제외하고는 시민 모두에게 죄를 묻지 않겠다는 대사면령Amnesty을 발표함으로써 아테네 폴리스를 민주정권 하에 통합시키는데 성공했다.

이 참혹한 격동의 세월 동안 소크라테스는 계속해서 아테네에서 살았고, 변함없이 자기의 철학적 소신에 따라 철학적 행동을 계속했다. 그의 철학은 자연에 대한 탐구가 아니라 인간에 대한 탐구였으며, 철학의 내용 또한 객관성이 아닌 윤리성이었다. 따라서 인간을 윤리적으로 보다 정의롭게 만드는 "대중활동"이 그의 철학적 사명이었다. 그런데 재미있는 것은 소크라테스가 계속 아테네에서 활약한다는 사실을 그의 제자며 30인 참주의 두목인 크리티아스가 매우 못마땅하게 생각했다는 것이다. 그래서 크리티아스는 소크라테스에게 30세 이하의 누구와도 철학적인 대화를 하는 것을 금한다는 특별령을 내렸다.

물론 소크라테스는 이러한 영을 따르지 않았다. 그 다음에 크리티아스는 소크라테스를 법망의 올가미에 잡아넣으려고 소크라테스에게 4명의 아테네 사람들과 함께 살라미스섬에 가서 그곳의 반역도인 레온Leon이라는 사람을 붙잡아 올 것을 명했다. 레온을 처형시키기 위함이었다. 4명의 아테네사람들은 그 명을 받들어 살라미스섬으로 갔지만 소크라테스는 그 명령이 온당치 못하다고 생각하여 따르지 않았다.

그들의 명령은 원래의 아테네 민주헌법이 아니므로 효력이 없다고 생각하여, 그 명령을 무시하고 그냥 집으로 돌아갔던 것이다. 레온은 참주정치에 항거한 민주인사였던 것 같다. 이 사건은 법에 무조건 따르면 불의한 행동을 하게 된다는 것, 그리고 아테네시민으로서 법령에 불복종하는 것 또한 윤리적 부담감을 모면할 수 없다고 하는 오묘한 아이러니를 소크라테스에게 제시하고 있다.

소크라테스는 이러한 사태에 대해서 자기는 오직 정의의 판단을 고수했으며, 자기가 태어나고 자라나고 교육받은 아테네의 법률정신에 입각하여 죽음을 각오하고 살라미스에 가지 않았다고 변론하고 있다. 그러나 아테네시민들은 그가 어떠한 체제든지 그 체제를 무시하고 부정하는 습성이 있다고 생각했다.

또 하나의 나쁜 인상은 크리티아스뿐만 아니라, 아테네의 장군 알키비아데스Alcibiades, BC 450~404가 소크라테스의 제자라는 사실로부터 온다. 알키비아데스는 알크매오니대 명가문의 사람으로서 아테네의 정치인이며, 웅변가이며, 유능한 장군이었다. 그런데 그는 시실리원정에서 스파르타로 도망을 갔고 반역자로 몰리자 오히려 스파르타편에서 아테네를 공격하는 전략을 구사한다. 스파르타에서도 적을 많이 만들게 되어 또한 페르시아로 도망을 간다. 그렇지만 그의 전술능력이 워낙 탁월했기 때문에 다시 아테네로 불려와서 스트라테고스*Strategos*(장군)가 된다.

그러나 결국 그는 끊임없이 변절을 했고 BC 404년에 스파르타인들에게 살해당한다. 하여튼 아테네사람들의 알키비아데스 장군에 대한 추억은 아주 나빴다. 그런데 크리티아스와 알키비아데스가 모두 소크라테스의 제자라는 사실이 아테네인들의 소크라테스에 대한 나쁜 인상을 형성시킨 것은 더 말할 나위가 없다. 아테네의 청년들을 타락시켰다는 죄목은 바로 이러한 정치적 사태를 배경으로 한 것이다. 레온의 사건도 아무리 소크라테스가 정의로운 판단을 내렸다 하더라도 그가 무탈하게 그 세월을 살아 넘겼다는 사실 그 자체가 아테네사람들에게는 문제가 있는 것으로 여겨졌다. 다시 말해서 소크라테스는 30인 참주의 같은 그룹의 일인으로 여겨졌던 것이다.

이미 이 시대의 아테네는 페리클레스시대의 영화가 모두 사라진 매우 삭막한 아테네였다. 예술적 향기도 사라지고 전통적인 풍족을 누렸던 지배급 가문의 부나 리더십이 다 사라졌다. 모두가 곤궁했고, 모두가 무너진 질서 속에서 당혹스러운 삶을 운영해야 했다. 이러한 역사적 병목의 절기에 민주주의를 재건하고 시민의 통합을 이루어낼 수 있는 새로운 영웅을 갈망했지만, 이미 페리클레스와 같은 영웅은 다시 나타날 수가 없었다. 이러한 상황에서 매우 유명한 철학자이며 최근 반민주적 정치사에 대한 책임을 지고 있는 인물로서 지목되기 쉬운 소크라테스를 민중재판에 제물로 끌어올리는 것은 30인 참주를 타도한 사람들에게는 매우 시의적절한 대민중쇼로서 인식되었던 것이다.

소크라테스를 반민주주의 사상가의 대명사로 낙인찍는 것은 어려운 문제가 아니었다. 소크라테스의 사상이 어떠하든지간에 새로운 민주질서의 회복을 위하여 그를 반민주적 사상가로 휘몰고 국민적 단합을 호소하는 것은, 마치 유신시절에 김기춘이 죄없는 재일교포유학생들을 잡아다가 빨갱이로 휘몰고 극형의 공포를 조성함으로서 유신의 정당성을 선양하는 것과 과히 다를 것 없는 역사의 연출이었다.

소크라테스의 재판은 마치 소크라테스라는 철학자(사私)와 위기에 처한 아테네민주주의Athenian Democracy(공公)의 공개적 대립인 듯한 황당한 쇼로서 역사무대 위에 화려하게 등장하게 되었던 것이다.

소크라테스는 과연 반민주주의 사상가인가?

자아! 우선 여기 연루된 문제들을 하나둘 좀 차분하게 엉킨 실타래를 풀 듯 풀어가보자! 우선 우리는 이 질문에 대답을 해야될 것 같다: 과연 소크라테스는 반민주적 사상가였는가? 우선 희랍사회에 있어서 "민주주의"라는 말이 결코 오늘날과 같이 신적인, 절대적인 권위를 갖는 말이 아니었고, 하나의 특수한 정체*politeia*를 의미하는 것이었으므로 그를 반민주주의적 사상가라 해서 그렇게 나쁘게 들리는 말은 아니다. 그러나 그의 재판을 성립시킨 시대분위기는 어떻게 해서든지 민주정체를 회복하고자 하는 것이었으므로 소크라테스를 반민주적 사상가로 휘모는 것은 곧바로 그의 죽음으로 연결된다.

과연 소크라테스는 반민주적 철학자였기 때문에 정당한 죽음을 맞이했는가? 나의 판단은 이러하다: 소크라테스는 어떠한 경우에도, 어떠한 논리맥락에서도 반민주주의 사상가로서 규정될 수 없다. 소크라테스가 민주주의를 거부한다는 것은, 그를 길러낸 아테네라는 폴리스의 법률적 근거를 부정해야만 하는데, 그 폴리스법률은 출생*genesis*, 양육*trophe*, 교육*paideia*의 3측면에서 우선 토의되어야만 하는 것이다.

소크라테스는 출생에서부터 시민권을 가진 부모로부터 모든 법적인 지위를 보장받을 수 있는 상태로 태어났으며, 일부일처제의 핵가족을 형성할 수 있는 제도의 보장 속에서 출생의 모든 권리를 부여받았다. 양육에 있어서도 그는 자연스럽게 자라났다. 스파르타에서처럼 양육되어야 할지, 일찍이 거세되어야 할지를(허약한 유아를 죽임) 국가가 결정하는 그런 제도가 아닌 자유로운 분위기에서 자라났다. 아테네의 부모는 합법적 자식에게 기술과 학식과 부를 물려주지 않을 수 있는 법적 권리는 없었으므로 그는 부모의 가호 속에서 철학자가 될 수 있는 좋은 환경을 물려받았다.

소크라테스는 아버지로부터 기술과 재산을 상속받았고, 군대를 갔으며, 결혼을 했다. 그의 교육 또한 스파르타식의 디시플린을 강요하는 강제적 과정을 밟지 않았다. 아테네정부 하에 보장된 참여적 활동과 민주적 정치문화는 모든 아테네인들에게 자발적 시민교육의 가능성을 제공했다. 이 모든 것이 스파르타의 기준에서 보면 매우 위험하고 방만하고 나약한 것처럼 여겨졌겠지만 소크라테스는 자기존재를 형성시킨 아테네 민주주의의 가치를 모든 측면에서 깊게 공감하고 감사하고 긍정했다. 다시 말해서 그는 페리클레스시대의 자유로운 분위기가 창조해낸 철학의 구현체였던 것이다. 그러므로 그를 반민주적 사상가로서 규정한다는 것은 어불성설이다.

다음으로 그를 반민주적 사상가로 휘몰게 된 근원이 크리티아스나 알키비아데스의 스승이라는 사실에 연유한다면, 과연 김기춘과 우병우를 길러낸 서울법대 교수들 중 누구를 지목하여 그 죄를 물을 수 있겠는가? 더구나 소크라테스는 돈을 받고 학생을 지도한 적이 없었다. 크리티아스와 알키비아데스가 소크라테스의 제자라는 사실 자체가 그냥 스쳐가는 인연의 한 해프닝일 수도 있는 것이다.

『아폴로기아』라는 작품의 재판과정기술을 심층분석 해보면, 소크라테스의 변론은 자기죄목을 무효화시키기 위한 법정변호의 성격을 당초로부터 결하고 있다는 사실을 발견할 수 있다. 소크라테스는 탁월한 대화술사였으므로, 법정변호도 죄사함의 한 주제에 집중했다면, 보다 강력한 인상을 주는 논리전개가 가능했을 것이다. 소크라테스는 이 법정의 성립 자체가 이미 자신의 죽음을 불가피하게 만드는 역사적 무대 위에서 연출된 계기라는 것을 누구보다도 잘 알고있었다. 그는 변호를 하지 않았다. 변명을 할 필요가 없었다. 이미 그에게 던져진 죄목 자체가 성립할 수 없는 수사학적 허구였다.

그것을 변론한다는 것은 본질적으로 어리석은 것이다. 그는 이 아테네 민중법정이라는 디카스테리온의 장場을 변호가 아닌 자기철학의 신념, 자기 삶의 이상의 본질, 그리고 자기가 여태까지 살아오면서 추구했던 가치의 실체를 드러내는 아테네시민교육의 장으로 활용했다. 배심원의 사형판결은 실상 소크라테스가 자초한 것이다. 그는 법정에서 변호를 하지 않고 시민들을 교육시키려 했다고 하는 자세가 아테네사람들에게는 영웅의 휘브리스*hybris*(오만의 뜻)로 밖에는 보이지 않는다. 휘브리스는 헬라스사람들에게는 가장 불쾌를 자아내는 덕목이며 그것은 반드시 단죄되어야만 하는 것이다. 배심원의 느낌은 너무도 당연한 것이었다.

크세노폰이 기술하는 소크라테스

『아폴로기아』는 플라톤이 쓴 것 하나만 존재하는 것이 아니다. 동일한 주제의 『아폴로기아』가 하나 더 있다. 그것은 크세노폰이 쓴 것이다. 그리고 크세노폰이 쓴 것으로서 소크라테스의 재판을 다룬 작품이 우리말로 『소크라테스의 회상』이라고 번역된 『메모라빌리아*Memorabilia*』가 하나 더 있다

(『소크라테스의 회상』, 최현순 옮김, 범우, 2015). 이 크세노폰의 기술과 플라톤의 기술은 매우 다른 시각을 가지고 있지만, 덴마크의 고전철학자 한센Morgens Herman Hansen(1940년 생, 코펜하겐대학에서 40년 강의 후 은퇴, 프린스턴대학 방문교수 역임. 그의 논문, "The Trial of Sokrates—from the Athenian Point of View."는 논란이 되는 많은 관점을 내포하고 있다)은 양자간에 중요한 주제의 공통점이(한센은 열 가지 주제를 열거한다) 있어, 양자가 모두 공통된 자료에 의거했을 것이라고 추론한다. 그러나 플라톤은 있어야만 할 소크라테스의 모습을 그리고 있는데 반하여, 크세노폰은 있는 그대로의 소크라테스의 모습을 그리고 있다 할 것이다.

플라톤은 소크라테스를 바라보는 연역적 전제가 있지만 크세노폰은 그러한 철학적 관점이나 이상을 전제로 하지 않는다. 럿셀이 크세노폰을 비하하여, "영리한 사람에 관하여 멍청한 사람이 보고하는 것은 항시 정확할 수 없다. 멍청한 사람은 무의식적으로 그가 듣는 모든 것을 그가 이해할 수 있는 것으로만 환원시켜 버리기 때문이다. A stupid man's report of what a clever man says is never accurate, because he unconsciously translates what he hears into something that he can understand."라고 말했는데 럿셀은 진실로 크세노폰을 진지하게 이해하지 못했다. 럿셀의 멍청한 한마디 때문에 크세노폰은 20세기 학단에서 냉대를 받았다. 21세기에 들어서서야 크세노폰에 대한 연구가 본격화되고 있는 느낌이다. 나는 소크라테스에 관하여서는 반드시 크세노폰이 제공하는 정보에 대하여 독자적인 관심을 기울여야 한다고 생각한다.

그런데 크세노폰이 『아폴로기아』에서 기술하고 있는 소크라테스의 변론은, 크세노폰 본인이 『메모라빌리아』의 1부에서는 소크라테스에게 부과된

멜레토스의 기소내용이 얼마나 부당한가를 매우 치열하게 변호하고 있음에도 불구하고, 매우 쿨하다.

『아폴로기아』는 크세노폰이 재판 수년 후에(재판 당시 그는 소크라테스의 충고에 따라 용병으로 나갔다가 곡절 끝에 페르시아의 키루스 휘하의 군대를 이끌고 티브론의 군대에 있었다. 키루스Cyrus the Younger는 다리우스 2세Darius II의 아들이다. 그의 친형이며 왕위계승자인 아르타크세르크세스 2세Artaxerxes II의 왕위를 빼앗기 위해 반란을 일으켰고 그때 아테네의 용병을 기용하였던 것이다. 결국 이 반란전투에서 키루스는 죽고 크세노폰은 그 군대를 이끌고 방황하는 여정을 계속해야만 했다) 그 재판에 참여했던 소크라테스의 친구 헤르모게네스Hermogenes라는 인물로부터 간접적으로 청취한 내용을 바탕으로 한 것이다. 헤르모게네스는 소크라테스의 가까운 친구 써클의 한 사람이었으며 플라톤의 저작 속에서도 언급되는 인물이므로 그의 실존성은 의심의 여지가 없다.

아테네시민들은 반민주적 성향의 소크라테스를 처단하는 것이야말로 아테네의 민주적 제도를 보호하는 정당한 길이라고 믿었으며, 그러한 신념하에 배심원들은 영예롭게 사형투표를 했다고 하는 사실을 반박할 아무런 물증이 없다고 하면서 한센 교수는 그의 논문을 마무리 짓는다. 그런데 왜 소크라테스는 이러한 불리한 분위기에 휩싸인 법정에서 그다지도 거만한, 고자세의, 시민 전체를 훈도하는 듯한 자세를 취했을까? 선생을 존경하는 안타까운 심정에 사로잡힌 크세노폰은 왜! 왜! 그렇게 바보 같이 오만하게 굴었을까?(Why did Socrates adopt such a cocky attitude if he expected his defense to be taken seriously?)라고 계속 질문을 던진다. 크세노폰과 헤르모게네스의 설명은 매우 간단하고 명료하다.

바울이 살았던 시대의 한 도시환경을 총체적으로 아직도 느껴볼 수 있는 곳으로, 나는 정말 시데Side라고 하는 아나톨리아 남부해안에 있는 눈부신 도시를 꼽는다. 너무도 아름다운 도시 시데! 목욕탕, 극장, 아고라, 성채, 도서관, 신전, 그 모든 아기자기한 모습을 볼 수 있다. 바울전도여행 권역의 옛 모습이 아직도 그대로 보존되어 있는 것이다. 이 도시는 BC 600년경 아이올리안들Aeolians에 의하여 건설되었는데 알렉산더 대제 때 크게 변모되었다. 비잔틴시대에는 큰 도시였고, 7세기에는 아랍침공으로 위축되었다가 오스만제국시절 다시 부흥하였다. 사진은 지중해 해변의 아폴로신전 폐허. 빛과 지식과 예술과 음악의 신이여!

소크라테스는 본인이 고의적으로 배심원의 저주를 유도했다는 것이다. 그에게 주어진 신적인 계시는 구형에 항거하는 디펜스를 하지 말도록 명령했다는 것이다. 소크라테스는 그 계시를 이와 같이 해석하고 있었다는 것이다: "때마침 나에게 주어진 이 재판은 나의 인생을 아주 적절한 계기에 그리고 또 아주 쉬운 방법으로 종료시킬 수 있는 호기를 제공하고 있다. 이것은 곧 나의 노년의 피로가 시작되기 전에 나의 삶을 끝내는 좋은 방법이며, 나의 친구들에게 부과될 짐을 덜어주는 좋은 방법이다."

실상 소크라테스는 적당한 벌금만 내면 형을 모면할 수도 있었고, 형이 확정된 이후도 얼마든지 탈옥과 망명이 가능했다. 그런 일은 명확한 국경의 개념도 없고, 느슨한 폴리스체제에서는 통상 있는 일이었다. 그러니까 소크라테스의 죽음은 자초한 냄새가 나는 것은 자명했다. 어차피 나이가 일흔이나 되었는데 더 살아 무엇 하겠으며, 외국에 가서 목숨을 연명한들 그 얼마나 구차스러운 일인가! 그러니까 노경에 더 고생하기 전에 명분 있게 죽을 수 있는 기회를 포착한 것은 행운이라는 의미다. 크세노폰의 논조는 일체의 종교적 내음새가 없는 매우 프랙티칼한 것이다. 과연 소크라테스는 "노경으로부터의 도피escape from senility"를 위해 영예로운 죽음을 선택한 것인가?

소크라테스 최후진술의 허구성

이런 문제와 관련하여 우리는 플라톤의 기술을 한번 비교해볼 필요가 있다. 소크라테스가 사형을 언도 받은 후, 최후진술을 하는 계기에 소크라테스가 죽음에 대하여 웅변을 하고 있는 것으로 재판과정을 마무리 지은 플라톤의 『아폴로기아』 마지막 구절은 이와 같다.

이제 우리가 떠나갈 때가 되었습니다.

나는 죽으러 떠나고

그대들은 살러 떠납니다.

그러나 향후 우리 중 누가 더 행복할지는

하나님을 빼놓고는 누구에게도 알려져 있지 않습니다.

Now it is time that we were going,

I to die and you to live,

but which of us has the happier prospect

is unknown to anyone but God.

나는 어린 시절 『플라톤전집』을 읽으면서 이 구절이 매우 생뚱맞게 느껴졌다. 그때는 나의 의식 속에서 희랍고전은 어마어마한 권위를 가지고 있었으므로 감히 이견을 제시할 생각을 못했다. 그 말씀이 위대한 소 선생님의 훈화이거니 하고 그것을 해석하는데만 급급했다. 그런데 마음 한구석에 드는 의문은, 소 선생님은 철학자이고, 희랍사상이라는 것은 종교를 초월한 인문주의 사상이기 때문에 위대한 것인데, 그 최초의 로고스적 계기를 마련한 소 선생님이 어찌하여 뮈토스적인 발언을 내지르는가? 소크라테스는 꼭 싸구려 예수쟁이 설교자와 같은 이야기를 하고 있지 아니 한가? 소크라테스는 분명 전지전능하신 하나님의 존재를 전제하고 있고, 또 사후세계의 복락을 인정하고 있다.

자기가 죽는 것은 현세의 종료가 아니라 사후세계에서 더욱 큰 복락을 누리는 축복으로 연결된다는 믿음을 토로하고 있는 것이다. 그래서 자기에게 사형을 내린 배심원들을 가련하게 쳐다보고 있는 것이다. 그러나 크세노폰의 기술에는 이러한 내세적 맥락이나 종교적 순교의 의미가 전무하다. 세속적인 방편 때문에, 죽을 만한 나이에 죽을 만한 명분 있는 계기에, 친구들에게 둘러싸여 편하게 죽는 것이 아주 좋다는 현실적인 발언만 하고 있는 것이다. 크세노폰을 읽으면, 플라톤이 모든 글을 얼마나 연역적인 전제를 가지고 자기심상을 향해 만들어갔는가 하는 것을 알 수 있다. 플라톤은 자기 선생이 무신론자였다는 것으로 불경죄를 삼은 재판정에서 자기 선생이야말로 깊은 신앙을 가진 유신론자라는 변론을 하고 있는 것이다. 역사적 예수에 대한 바울의 왜곡이나 복음서기자들의 왜곡과 동일한 문제가 개입되어 있는 것이다. 크세노폰은 보다 역사적 소크라테스Historical Socrates에 접근하고 있다고 생각되지만 그의 리얼리즘이 반드시 소크라테스의 전모를 파악했다고 볼 수도 없다.

소크라테스는 결코 반민주주의적 사상가가 아니었다. 민주주의라는 것 자체가 민주주의에 대한 비판을 허용하는 것으로써만 가능한 것이다. 페리클레스는 법률이라는 것 자체가 고정적인 조문이 아니라, "민중이 회의에서 결정하고 문서로 작성한, 해야 할 일과 해서는 안될 일을 명백히 규정한 모든 것을 가리킨다"고 생각했다. 소수의 사람이 다수의 사람을 설득하지 않고 강제하는 것은 법률이 아니라 압제라고 말했다(Everything, I think, that men constrain others to do without persuasion, whether by enactment or not, is not law but force. *Memorabilia* I.2.42~45). 아테네민주주의의 가장 큰 특징 중의 하나가 오늘날 우리가 언론의 자유라고 말하는 것에 상응하는 언론의 자유였다. 헬라스사람들은 그것을 파레시아*parresia*라고 불렀는데, 데모스테네스Demosthenes(아테네의 명장. 펠로폰네소스전쟁 기간 동안 아테네 병력을 상상력 풍부한 전략으로 이끌었다. BC 413년 사망)는 스파르타의 과두정치와 아테네의 민주정치의 가장 근본적인 차이는, 아테네에서는 스파르타의 헌법과 삶의 방식이 더 좋다고 찬양을 해도 되는데 스파르타에서는 타국의 어떠한 헌법도 찬양해서는 안된다고 하는 사실에 있다고 말했다. 그러니까 소크라테스의 입에서 아테네민주주의에 대한 비판을 했다거나, 스파르타에 대한 긍정적 발언이 나왔다고 해서 그의 민주주의신념이 부정되는 것은 물론 아니다. 내가 보기에 소크라테스는 페리클레스시대의 아테네의 영화를 몸소 체득했고, 또 아테네민주주의의 장점에 대한 깊은 인식과 확신을 가지고 있었다. 이 점이 바로 그의 제자 플라톤과 대비되는 면이다.

등에와 무지의 자각

소크라테스가 자신을 규정한 가장 유명한 말은, "저는 신에 의하여 이 나라에 보내진 등에와 같은 사람입니다"(*Apology*, 30e)라는 자술이다. 등에란 소나 말 궁뎅이에 붙어 그들이 항상 깨어있도록 자극을 주는, 쏘는 파리a stinging fly, a gadfly를 의미한다. 아테네는 혈통이 좋고 몸집이 크기는 하지만 몸집이 크기 때문에 동작이 둔하여 깨어나기 위해서는 등에를 필요로 하는 그런 말이며, 자기는 신에 의해 그 말에 붙어있게 되어있는 등에라는 것이다. 아테네의 시민 곁에 달라붙어 있어 그들을 일깨우고 설득하고 꾸짖게 하기 위해 신이 보낸 사자라는 것이다.

말궁둥이를 쏜다는 것은 각성시킨다는 것이다. 각성시킨다는 것, 깨운다는 것은 끊임없이 의문을 제기한다는 것이다. 소크라테스의 사명은 만나는 사람들로 하여금 "묻게 만드는데" 있었다. 뭘 묻는가? 이 소크라테스의 물음은 점점 변증법으로 정형화되어 결국 목적론적인 체계를 형성하는 것처럼 해석되었지만, 소크라테스는 끊임없이 물었고, 사람들로 하여금 끊임없이 묻고 또 묻게 만들었다. 그는 인류 최초의 위대한 "물음의 전문가"였다. 우리의 삶을 둘러싸고 있는 수없이 많은 개념, 과제, 방법에 관하여 사람들은 물음을 제기하지 않았다. 교육이란 기존의 정의나 체제나 가치관념을 그냥 있는 그대로 수용하고 순응하는 것을 배우는 것이었지, 질문을 하게 만드는 데 있지 않았다.

"친구에게 거짓말 하는 것은 부정이냐?"
"부정입니다."
"그럼 앓고 있는 친구에게 약을 먹이기 위해 거짓말 하는 것도 부정이냐?"
"부정이 아닙니다."
"그렇다면 거짓말 하는 것은 부정이기도 하고 부정이 아니기도 하다. 거짓말 하는 것이 옳으냐 그르냐?"
"이제 저로서는 알 수가 없습니다."

"평민이란 무엇이냐?"
"가난한 사람입니다."
"가난한 사람이란 무엇이냐?"
"필요한 돈이 모자라는 사람을 가리킵니다."
"부자라도 현재 돈의 부족을 한탄하고 있다. 그렇다면 부자도 가난한 사람이냐?"
"그러한 의미에선 가난한 사람입니다."
"그럼 데모크라시란 가난한 사람의 정체냐, 아니면 부자의 정체냐?"
"모르겠습니다."

우리는 우리가 살면서 사용하고 있는 모든 개념에 대하여 물음을 던지지 않는다. 박근혜가 최순실의 말을 듣고 어떠한 개념을 임의적으로 만들어내도 우리 국민은 그 개념에 대하여 물음을 던지지 않았다. 대통령의 권위에 순응하고 만다. 고구려 강역에 관해서도 일본 식민지사학자들이 가르쳐준 것을 최상의 진리로 믿고, 그 근거가 되는 문헌에 수없는 자체 모순들이 발견되어도, 그것을 적발하는 물음을 던지지 않는다. 물음을 던지지 않는 사람들끼리 학파를 형성하고 고착된 진리를 신봉해나가는 것이다.

물음은 필연적으로 "무지의 자각"에 이르지 아니 할 수 없다. 소크라테스가 타인에게 무지의 자각에 도달할 기회를 던져준다 해서 그가 타인보다 더 유식하다는 것도 아니다. 그는 끊임없이 물을 뿐이다. 그 물음을 통하여 어떠한 체계를 형성하려는 것도 아니고, 궁극적으로 새로운 정의를 제시하려는 것도 아니다. 그는 체계를 수립하려는 철학자가 아니었다. 단지 끊임없는 무지의 발견만이 인간의 정신을 고양시키고 보다 더 포용적인 안목을 지닌 인간을 형성시킬 수 있다고 믿었다.

물음이야말로 철학의 출발이었다. 철학은 기존의 어떠한 것이라도 회의할 수 있게 만든다. 평범한 시민들로 하여금 회의를 할 수 있게 만든 것이 곧 아테네민주주의의 위대성이었다. 소크라테스와 같은 질문자는 결코 스파르타에서는 태어날 수 없었다. 회의는 필연적으로 기존의 가치관이나 제도나 권위를 파괴한다. 소크라테스가 자기가 터무니없는 죄목으로 고소를 당해 이 재판정에까지 끌려나오게 된 가장 직접적인 배경이 된 절실한 이야기를 하나 『아폴로기아』에서 하고 있다(*Apology* 21a~24b).

그의 친구 카이레폰Chaerephon(젊은 날부터 소크라테스의 충실한 친구. 민주주의 신봉자. BC 404년 30인참주정권이 수립되자 국외로 망명했다가 BC 403년 귀국하여 민주파의 혁명전에 참가하여 전사했다. 그의 명성은 배심원들에게 잘 알려져 있었다)이 어느날 델포이신전에 가서 신탁을 구한다. 신탁의 내용은 "아테네에 소크라테스보다 더 지혜로운 사람이 있습니까"라는 것이었다. 그러자 그 신전의 무녀가 응답했다: "**소크라테스보다 더 지혜로운 자는 아무도 없다.**"

소크라테스는 이 신탁이 아무래도 잘못되었다고 생각했다. 아무리 생각해봐도 자기는 결코 지혜로운 자가 아니기 때문이다. 그러나 신이 거짓말을 할 리는 만무하다. 그래서 소크라테스는 신탁의 진실성을 입증하는 노력을 하게 된다. 그 방법으로 택한 것이 세칭 소크라테스보다 더 지혜롭다는 명성을 얻은 유명한 사람들이나 예술가나 장인들을 방문하여 그들과 공개토론을 벌이는 것이었다. 아고라 같은 광장에서 벌어지는 이 공개토론은 당연히 아테네의 청년들에게 흥밋거리였고, 그 질의방식이 너무도 그들의 사고를 자극시켜 짜릿한 쾌감을 주었기 때문에 구름떼같이 몰려들었다.

소크라테스는 진실로 그들을 골탕멕이기 위해서 이런 짓을 한 것이 아니라, 자기는 "등에"라고 하는 신적 사명감 때문에, 그리고 이러한 과정에서 "저 사람이 진실로 나 소크라테스보다 더 지혜롭습니다"라는 것을 입증할 수만 있다면 신탁이 옳지 않았다는 것도 입증할 수 있기 때문이었다. 이러한 소크라테스의 말은 진실한 자기고백으로 우리에게 인지된다. 그만큼 이러한 일에 사심 없는 진실성을 가지고 임했기 때문에 소크라테스의 반문은 더욱 날카로울 수 있었고 그가 만나는 모든 사람에게 패배감을 안겨주었을 것이다. 아니, 그것은 패배감이 아닌, "무지의 자각"일 뿐이었으나, 유명한 사람들일수록, 사회적인 권세와 명성과 권위를 얻고 있는 사람들일수록 자신의 "무지가 폭로되는 것"을 공포와 수치와 모독으로 여겼다.

소크라테스는 유명한 정치인, 시인들, 비극작가들, 예술가 장인들을 모두 차례로 찾아갔으나, 그들에게서 발견한 공통의 사실은 자신이 뭘 모르는지조차도 모른다는 것이다. 그는 신이 내린 사명에 따라 진지한 탐구를 계속한 결과, 가장 높은 평판을 얻고 있는 사람들이 모두 가장 어리석은 자들이며, 반면에 하찮게 여겨지고 있는 사람들이야말로 더 지혜롭고 훌륭하다는 사실을 발견하게 된다. 이 과정에서 소크라테스는 사회적으로 지위가 확고한 모든 사람들의 미움을 사게 되었고, 아직 사고가 고착되지 않은 젊은이들에게 질문을 할 수 있도록 사고의 벽을 허물어 주었으며, 소크라테스의 문답방식은 젊은이들에게 같은 방식으로 기존의 권위에 도전하게 만들었다. "물음"이 한류와 같은 사회현상이 된 것이다. 바로 이러한 현상이 그의 법정죄목으로 요약된 것이다.

소크라테스의 재판을 아테네민주주의에 관한 찬반의 정치론적 맥락에서 분석하려는 최근의 동향은 근본을 망각하고 있는 것이다. 소크라테스는 아테네민주주의에 대한 프로(pro)·콘(con)의 입장에서 분석될 수 있는 사상가가 아니다. 그는 모든 사람이 물을 수 있게 되기를 바랬다. 그러한 대중계몽이 없이는 민주주의적 가치는 충분히 발현될 길이 없다고 생각했다. 그는 모든 사람이 기존의 모든 가치에 대하여 회의할 수 있게 되기를 바랬다. 이것은 근동의 고대문명사에 있어서 최초의 사건이었다.

그것은 최초의 진정한 휴매니즘의 맹아였다. 소크라테스는 그의 변론 속에서 "인간적인 지혜*anthrōpinē sophia*"라는 말을 쓰고 있다. 소크라테스에게는 "진실로 지혜로운 자"는 신밖에 있을 수 없었다. 인간은 기껏해야 "필로소퍼 philosopher"일 수밖에 없다. "지혜로운 자*ho sophos*"가 아닌 "지혜*sophia*를 사랑하는 자*philosophos*," 다시 말해서 지혜로워지려고 끊임없이 노력하는 자일 뿐이다. 소크라테스는 "무지의 자각"을 통해 적어도 자신이 무지하다는 것만은 알고 있다. 이 "무지의 지"야말로 그나마 인간으로서 모처럼 얻게 된 지혜인 것이다. 이 지혜를 소크라테스는 "인간적인 지혜"라고 말하고 있는 것이다.

공자의 앎과 소크라테스의 앎

공자孔子가 "아는 것을 안다 하고, 모르는 것을 모른다 하는 것, 그것이야말로 곧 아는 것이다. 知之爲知之, 不知爲不知, 是知也。"(「위정」 17)라 말한 것과 대차가 없다. 소크라테스와 변론한 자들이 그들의 무지를 소박하게 인정하였다면 오히려 그들은 지자로서 소크라테스의 존경을 얻었을 것이다. 소크라테스는 유명한 시인들도 어떠한 소질*physis*이나 영감*enthousiasmos*에 의하여 시를 쓰기는 하는데, 그들 자신이 스스로 뭔 말을 하고 있는지를 모르고 있다는 것을 대화를 통해 알게 되었다. 그것은 시니까 그래도 좋다 해도, 그들 스스로 시작 외의 모든 분야에 있어서 똑같이 지혜롭고 위대하다고 착각하고 있다는 것이다. 앎은 무지의 자각에서만 앎의 자격을 획득한다.

인간의 앎의 한계상황은 빤한 것이며, 앎의 지평의 영원한 확충만 있을 뿐이다. 인간이 자신들이 알지 못하는 것들을 아는 것으로 잘못 생각하고 있어서 자신들의 무지함조차 모르는 "무지의 무지"가 가장 큰 인간의 죄악이다. 박근혜 – 최순실 게이트사태로부터 우리 국민이 배워야 할 가장 큰 교훈이야말로 자기가 뭘 모르는지를 모르고 있는 "무지의 무지"야말로 인간세에 얼마나 큰 해악을 끼칠 수 있는지를 깨닫는 것이다. 소크라테스의 정죄는 이미 빛바랜 민주정을 회복하고자 하는 정치인들, 아뉘토스나 멜레토스에게는 너무도 당연한 일이었다. "사면령"으로 인하여 함부로 고소할 수 없었던 상황에서 소크라테스와 같은 영원한 반체제anti-Establishment의 상징물을 처단하는 것은 매우 그들의 정치적 야욕을 위하여 시의적절한 대중 이벤트였던 것이다. 소크라테스만큼 좋은 스케이프고트scapegoat가 없었다.

소크라테스는 정치적 이념 때문에 죽은 것이 아니라, 사람들을 묻게 만들고, 회의하게 만들고, 기존체제의 모든 가치를 검토하게 만들고, 대화하게 만들고, 모든 권위에 도전하게 만든 "지혜" 때문에 처단된 것이다. "무지의 무지"를 돌파하는 인간의 능력이 바로 로고스이며 이성이다. 소크라테스로부터 비로소 진정한 서구의 인문주의는 싹트기 시작했다고 말할 수 있다(이상의 논의와 관련하여 박종현 선생의 역주, 『플라톤의 네 대화편: 에우티프론, 소크라테스의 변론, 크리톤, 파이돈』, p.114. 주45를 참고할 것).

플라톤의 소크라테스 상에는 너무 짙게 종교적인 색채가 깔려있다. 그것은 소크라테스의 기소죄목이 신을 믿지 않았다는 것과 관련 있었고, 그 죄목에 대한 반발변호로서, 소크라테스가 짙은 유신론자임을 나타내고자 했기 때문에 생겨난 픽션의 첨가물들이라고 나는 생각한다. 이것은 Q복음서적인 예수상이 바울의 짙은 부활론·종말론적 언어 속에 가려지는 것과도 유사하다. 소크라테스는 물론 헬라스의 다신론적 환경 속에서 신을 안 믿었다고 말할 수는 없겠지만, 그에게 신은 방편일 뿐이었다. 그에게 리얼한 것은 신이 그에게 내려준 사명, "아테네의 등에 노릇," 그 역할에 끝까지 충실하고자 하는 것이었다. 얼마든지 형을 피할 수 있음에도 불구하고 끝내 독배를 마시는 그의 의도는, 자신이 법정에서 어떠한 평가를 받더라도, 자기의 죽음 그 자체가 아테네의 모든 사람의 양심의 한 구석에 "등에의 쏨"과도 같은 자극을 던질 수 있다고 하는 확신이 있었기 때문이었다.

아스클레피오스에게 닭 한 마리를!

『파이돈』을 보면 마지막 부분에 소크라테스가 독배를 마시고 죽는 장면이 실려있다(그의 사형집행은 언도 약 1개월 후에나 이루어졌는데 그것은 그 기간 동안 종교적 축제가 있어 사형이 금기시되었었기 때문이었다). 독이 다리마비로부터 시작되어 배 쪽으로 퍼지기 시작한다. 소크라테스는 이윽고 최후의 한마디를 남겼다: "**오! 친구 크리톤이여! 우리는 아스클레피오스께 닭 한 마리를 바쳐야만 하네. 꼭 그렇게 해주게. 잊지 말고.** Crito, we ought to offer a cock to Asclepius. See to it, and don't forget."(*Phaedo*, 118a).

이 마지막 한마디가 과연 무엇을 의미하는지에 관해서는 추론이 분분하다. 아주 사적인 이야기일 수도 있다. 그러나 나의 해석은 소크라테스의 등에역할에 대한 자임自任과 깊은 관련이 있다고 생각한다. 아스클레피오스는 아폴로Apollo와 인간인 코로니스Coronis 사이에서 태어난 탁월한 영웅이며 의술의 신God of medicine이다. 그를 기념하는 의술학교에서 히포크라테스도 배출되었다. 아스클레피오스에게 닭 한 마리를 바쳐야 한다는 뜻은, 아스클레피오스신전에서 환자가 치료를 받고 병이 나으면 그 신전에 최소한 닭 한 마리라도 바치면서 사례의 뜻을 전하거나, 제식을 행하는 당대의 습성과 관련이 있다. 이 이야기를 죽는 순간에 소크라테스가 이 말을 하는 이유는 자기의 죽음으로 인하여 아테네사람들의 무지의 병이 조금이라도 치료가 될 것이므로, 상징적으로 자기의 죽음의 가치를 빛낸다는 의미에서, 그 치료의 보상으로서 아스클레피오스에게 감사의 제사를 드려 달라고 부탁한 것으로 해석된다. 그것은 어찌 보면, 예수가 죽음의 직전에, "아버지여 저희를 사하여 주옵소서. 저들은 자기가 하는 짓을 알지 못함이니이다"(누가복음 23:34. 이 말은 누가복음에만 있다) 라고 한 것과 대차가 없다. 자기 죽음에 관련된 모든 사람의 용서를 구하는 것이다(이 테마는 스테판의 죽음에도 나타난다. 행 7:60).

아스클레피오스의 신전으로서 내가 가본 아주 사랑스러운 곳이 한 군데 있다. 예수가 친히 살아 생전에 자주 다녔던 곳이고(막 7:31), 예수가 정신적으로 애착감을 느꼈던 곳(마 11:21)인 바로 시돈Sidon이라는 도시의 북동쪽 2㎞, 아왈리강Awali River변에 아스클레피오스신전이 하나 자리잡고 있다. 아무도 가보지 않는 곳, 관광지로서 알려지지 않아 아무도 찾아오지 않는 호젓한 곳을 찾아가는 감상은 남다르다. 이 아스클레피오스신전은 에슈문신전Temple of Eshmoun이라고 불리는데, 이 지역은 원래 페니키아사람들의 영역이고, 페니키아(성경에는 베니게, 보니게로 표시)사람들이 원래 토착적으로 모시던 치유의 신이 에슈문이었다. 이 신전은 기원전 6세기 말, 5세기 초 시돈왕, 에슈무나차르 2세Eshmunazar II에 의하여 지어졌고, 그 뒤로 보다슈타르트Bodashtart왕 때에 크게 증축되었고 그 뒤의 왕들이 보강하였다. 페르시아 왕들도 이 신전을 매우 중시하고 공경하였다. 여기 있는 아름다운 여자 아동들의 흰 대리석 조각상들은 이 신전에서 출토된 것인데 아름답기 그지없다. 얼굴이 매우 귀여운 실제 인물의 모습을 카피한 것인데 모두 왕족으로 알려졌다. 애들의 모습을 이 신전에 안치하면 그들이 건강한 삶을 유지할 수 있다는 신념이 있었던 모양이다. 이 신전은 죠세프 게일라르도Joseph Gaillardot가 1861년에 어네스트 르낭Ernest Renant에게 쓴 편지에 처음 언급되었고, 1901년에 오스만제국 고고학팀의 수장인 마크리디 베이Macridy Bey에 의하여 부분적으로 발굴되었는데, 1963년 12월부터 불란서 고고학자 모리스 두낭Maurice Dunand이 체계적으로 발굴하여 기층은 BC 7세기에 속한다는 것을 밝혀내었다.

위 사진은 에슈문신전의 전
인데 폐허라서 실제로는 상
을 통해서 과거의 찬란했
모습을 구성해내야 한다.
신전에서는 중요한 동전,
들의 문자가 새겨진 석판,
텔레 등이 다수 발견되었
아래 보이는 것은 아쉬타르테
옥좌Throne of Astarte인
아쉬타르테는 근동지방의
신 이쉬타르Ishtar의 헬라
된 여신인데, 풍요, 섹스,
쟁과 관련되며 앞에 놓은 날
달린 사자가 그 상징성이
이 여신도 에슈문과 함께 같
숭배되었다.
마가복음 7:24~30(마
15:21~28)에 보면 예수가
지역의 여인의 강한 믿음
칭찬하고 그녀의 어린 딸
병을 고쳐주는 장면이 있는데, 바로 예수는 이 지역사람들의 감각으로 보면 에슈문(아스클레피오스)의 치유를 행한 셈이

스클레피오스와 관련하여 리에게 알려진 이미지는 의 들 뱃지에 새겨진 뱀이 휘 긴 지팡이 모습일 것이다. 의 어머니 코로니스가 불충 로 인하여 화장을 당할 때 버지 아폴로가 자궁에서 꺼 어 센타우어 키론Chiron에 양육을 맡겼다. 한 뱀이 아 클레피오스에게 항상 와서 지를 파먹고 핥아주면서 그 게 지혜를 속삭여주었는데 뱀의 지혜가 의술의 내용 된 것이다. 아스클레피오 의 딸 하나의 이름이 히기 이아Hygieia인데 "위생"의 원으로 쓰이고 있다. 윗 사 은 내가 신전의 벽에 쓰인 람어 명문들을 조사하고 있 모습이다. 아래 사진은 아 클레피오스에게 닭을 바치는 모습이 새겨져 있는데 그냥 봐서는 판독이 어렵다. 소크라테스의 마지막 말을 연상케 하는 부조 이미지이다.

사실 이야기가 나온 김에 말하자면 소크라테스의 생애와 예수의 생애는 헬레니즘과 헤브라이즘, 로고스와 뮈토스, 인간중심과 신중심, 철학과 종교, 지혜와 신앙이라는 다른 문화담론의 대비적 상징체라고는 할지라도 그 심층구조에 있어서 너무도 상통점이 많다는 것을 발견할 수 있다. 예수신화를 하나의 픽션으로 간주하는 사람들은 예수신화가 소크라테스를 모델로 해서 성립했다고 주장하기도 한다. 우리나라에는 이런 유형의 생각들이 너무 소개가 되어있질 않지만, 미국의 존경받는 신학자 버튼 맥Burton L. Mack과 같은 사람도 이러한 연관성을 부분적으로 시인한다(*The Lost Gospel*, p.217).

예수와 소크라테스

한번 생각해보자! 예수는 헤브라이즘이 탄생시킨 사상가임에 틀림이 없지만 이미 헬레니즘의 문명권 속으로 헤브라이즘이 편입된 이후에 생겨난 사상가이며, 소크라테스가 구현하고 있는 페리클레스민주정의 아테네문화의 만개된 휴매니즘의 아레떼를 몸으로 체득한 사람이었다. 예수가 산 AD 1세기의 갈릴리 분위기는 모든 문화가 융합된 토양이었다. 예수나 소크라테스나 다같이 구약적 율법의 세계관에 도전한 사람들이었다. 소크라테스에게 있어서도 법률은 끊임없이 자기탈바꿈을 계속해야 하는 대중의 마음속의 양심이요, 양식이었다.

둘 다 자유를 동경했고, 기존의 모든 권위에 도전했다. 신의 이름을 사칭하는 모든 주의를 거부했다. 그리고 오직 자기가 살아가는 주변 환경의 인민대중의 평범한 삶의 복지에만 집중했다. 그리고 둘 다 극기적인 금욕주의생활관에 철저한 사람들이었다. 둘 다 무소유의 실천자였으며, 둘 다 견유학파cynics의 사람들이라고 할 수 있을 만큼 자기부정의 가치관을 가지고 살아갔다. 독자 여러분이 지금 마태복음 25장 31절을 펼쳐보면 재미있는 예수의 "최후의 심판담론"이 드라마형식으로 전개되고 있는 것을 보게 될 것이다.

> **"인자가 모든 천사와 더불어 영광에 둘러싸여서 올 때에, 그는 자기의 영광의 보좌에 앉을 것이다. 그는 모든 민족을 그의 앞에 불러모아, 목자가 양과 염소를 가르듯이 그들을 갈라서 양은 그의 오른 쪽에, 염소는 그의 왼쪽에 세울 것이다."**

그때에 임금(재림한 예수)은 오른쪽에 선택받은 사람들에게 창세 때로부터 준비한 이 나라를 차지하라고 말하면서 너희는 내가 주릴 때에 내게 먹을 것을 주었고, 목마를 때에 마실 것을 주었으며, 나그네로 있을 때에 영접하였고… 운운한다. 그러나 선택받은 오른쪽 그룹의 사람들은 예수님께 직접 그러한 대접을 하거나 선업을 봉행한 기억이 없다. 그래서 묻는다: "주님 우리가 언제, 주님께서 주리신 것을 보고 잡수실 것을 드리고, 목마르신 것을 보고 마실 것을 드렸나이까?"

임금 예수가 말한다: "내가 진실로 너희에게 이르노니, 너희가 여기 내 형제자매 가운데 지극히 보잘 것 없는 사람 하나에게 해준 것이 바로 나에게 해준 것이다." 그리고 왼편에 있는 사람들에게는 정확히 반대되는 상황의 언어가 전개된다. 그리고 임금은 말한다: "내가 진실로 너희에게 이르노니, 여기 이 사람들 가운데서 지극히 보잘 것 없는 사람 하나에게 하지 않은 것이 곧 내게 하지 않은 것이다."

이것은 예수 본인이 최후의 심판 즉 파루시아(재림)의 장면에 관하여 논의한 유일한 담론이다. 이것은 예수가 죽으러 떠나기 전에 하는 마지막 담론의 마지막 부분이다. 그 앞에 6개의 비유와 경고가 있은 후에 전개되는 것이다. 그런데 이 담론의 기독론(Christology)적이고 묵시론(apocalypticism)적인 맥락이 여하하든지간에 인간의 최후의 구원의 기준은 하나님에 대한 신앙이나 예수에 대한 막연한 충성이나 동경이 아니라는 것을 말하고 있다.

오직 그 기준은 나의 삶의 주변에 있는 가난한 사람, 소외당한 사람, 억눌린 사람, 보잘 것 없는 사람, 무시당하는 사람들, 이들의 자유와 해방을 위하여 사랑과 정의를 실천했는지에 대한 여부가 오직 심판의 기준일 뿐이다.

성서의 주석가들은 교회론적 기독론을 무시한 채 일반적인 인도주의 humanitarianism적 맥락에서 사랑과 자비의 윤리를 논하는 것을 거부할 것이다. 그러나 예수의 일차적 관심은 사회의 구원이며 사회정의의 실천이다. 사람의 소리를 듣지 못하는 자는 하나님의 소리도 들을 수 없다. 하나님의 계시는 민중으로부터 온다. 촛불의 함성은 곧 헌법이고 하나님의 계시다.

예수는 일차적으로 사람의 몸Mom을 고치는 자, 힐러healer였다. 소크라테스는 사람의 언어를 고치는 자, 사람에게 바른 윤리적 강령을 계도하는 소피스트sophist였다. 예수는 영적인 힘이 있었고 소크라테스에게는 지적인 힘이 있었다. 예수에게는 카리스마가 있었고 소크라테스에게는 소피아가 있었다. 이 두 사람은 모두 이러한 능력 때문에 기존의 모든 권력층으로부터 배척, 시기, 질투, 미움을 받는다. 그리고 국가의 위기의 상황에 봉착하여 군중심리에 의하여 재판을 받는다. 재판의 판결도 유능한 지도자의 이성적 판단에 의한 것이 아니라 선동된 군중의 부당한 판결이나 요구에 의한 것이다. 형법상의 저촉으로 사형이 내려진 것도 동일하다.

소크라테스는 사약을 마셨고 예수는 로마의 형틀인 십자가에 못박혔다. 예수의 죽음이 보다 고통스러웠을 것이나, 죽기 전에 충분히 메시지를 남길 수 있었다는 상황은 동일하다. 모든 패턴이 사실 동일하다. 단지 예수는 부활했고 소크라테스는 부활하지 않았다는 사실만이 다르다. 아마도 그 근본적 차이는 예수는 젊었고(33살 가량?) 소크라테스는 70세의 원숙한 노인이었다는 데서 올 것이라고 나는 생각한다. 예수는 민중의 의식 속에서 너무도 아쉬웠고 너무도 기다려졌고 너무도 아름다운 기억이 있었는데, 소크라테스는 삶에 대한 미련을 남기지 않고 떠났다.

아마도 이 두 사람의 죽음에 관한 여러 주제 중에서 가장 재미있는 일치점은 "대속代贖, vicarious death, Atonement, Redemption"이라는 문제일 것이다. 사실 "인류의 죄를 대신하여 죽는다," "누구의 죄를 대신하여 뒤집어쓴다"고 하는 문제는 매우 어색한 논리이다. 내가 뒤집어쓰면 그것은 누명이 될 뿐이다. 진실로 내가 희생당함으로써 타인의 죄를 사하게 해준다는 것은 별로 유례가 없는 일이었다. 근동의 고대세계에서 대속적인 인간희생vicarious human sacrifice의 관념은 그 문화적 논리로 보면 하나의 저주였다. 기독교의 대속의 관념은 유대교적인, 혹은 이스라엘민족의 전통 속에서는 찾을 수 없는 것이다. 그것은 전적으로 헬레니즘의 전통에서 유입되어 들어온 것이다. 맥 교수의 말을 한번 들어보기로 하자!

"대속의 관념은 장렬하고 고귀한 죽음을 찬양하는 강한 그리스 전통에서 쉽게 추적이 될 수 있다. 희랍의 그러한 전승은 용사가 그의 폴리스를 위하여, 그 법률을 위하여, 그 시민들을 위하여 죽는다고 하는 영웅적 관념에 뿌리박고 있다. 소크라테스의 경우에도, 고귀한 죽음의 관념은 철학자 교사인 그가 그의 비젼의 진리 때문에 그를 죽음으로 정죄한 바로 그 도시 아테네를 위하여 죽는다고 하는 역설에 적용되고 있는 것이다. 헬라스시대와 로마시대에, 이 소크라테스적인 이상은 윤리적 온전성ethical integrity의 지고의 모델이 되었으며, 참주의 손아귀 속에서도 죽음을 대면하는 그의 용기는 한 사람의 철학적·윤리적 책임의식의 궁극적 증표로 간주되었다." (*The Lost Gospel*, p.217).

입오入悟의 줄거리

자아! 이제 우리는 우리의 논의를 마무리할 때가 되었다. 원래 우리의 논의는 로마서강해를 위한 서설로서 바울이라는 인간을 조명하려는 것이었다. 그러다가 인간 바울과 대비되는 역사적 예수의 실체를 언급하게 되었고, 과연 예수를 좁은 의미에서 유대인이라고 부를 수 있겠느냐라는 얘기를 시작하다가, 유대의 역사로 접어들게 되었고, 구약의 성립을 논하지 않을 수 없었고, 구약의 성립을 논하는 과정에서 고레스로부터 시작된 페르시아문명을 논하게 되었다. 그러다가 페르시아문명을 패퇴시키고 새롭게 등장한 그리스문명의 패권시대를 논하게 된 것이다.

하여튼 글을 쓰다보면 한없이 곁가지를 치면서 뻗어나가는 나의 사유의 질병 때문에 책을 마무리 짓지 못하는 때가 많은데, 이것은 기실 나의 개인적 습벽이라기보다는 우리나라 학계가 너무도 당연한 정론들을 숨기거나 왜곡하거나 흐려버리거나 다루지 않고 넘어가버리기 때문에, 내가 새롭게 탐구해야 할 분야가 항상 너무도 많아 생겨나는 현상이기도 한 것이다. 하여튼 이러한 나의 사유의 곁가지 뻗음 덕분에 독자들은 이제 로마서강해를 하기 위한 나의 사상적 스탠스의 전모를 파악할 수 있게 되었다. 그리고 희랍사상 전반에 대한 새로운 인식을 갖게 되었다.

신·구약에 대한 대체적인 흐름을 파악한 연후에 바울의 편지를 읽는 것은 결과적으로 독자들에게 매우 유익한 서설이 되었을 수도 있겠다. 그러나 이제 하던 이야기를 간단히 마무리 짓고 곧바로 로마서를 한 줄 한 줄 읽어나가기로 하겠다. 이 모든 것이 내가 독자들보다 무엇을 많이 알아서 하는 것이 아니다. 그저 모르는 가운데 새롭게 탐구하고 독서하고 깨달아가는 "과정Process"을 독자들과 공유하고 있을 뿐이다.

소크라테스와 플라톤의 관계는, 예수와 바울의 관계와 비슷하다. 바울은 살아있는 예수를 만난 적이 없다. 바울은 예수를 그의 사후에 특별한 계시를 통하여 영적으로 해후한 것이다. 바울은 자기야말로 진짜 부활하신 예수를 만난 최초의 진정한 사도라고 주장하지만, 역시 살아있는 예수와 담소하고 같이 밥 먹고 여행하고 마시고 놀고 시중든 베드로와 같은 제자가 알고있는 예수상과 바울의 예수상은 그 본질이 다르다. 이 서문의 제일 첫 줄에서 인용한 대로 바울의 모든 사상의 출발점은 "십자가에 못박힌 그리스도"다. 여기서도 "예수"라 하지 않고 "그리스도"라 한 말을 우리는 주목해야 한다.

"그리스도"는 본시 기름부음을 받은 자라는 뜻이지만 바울의 의미맥락 속에서는 철저히 부활resurrection을 전제로 한 것이다.

바울의 예수, 야고보의 예수, 플라톤의 소크라테스

바울이 출발점으로 삼고있는 예수는 산 예수가 아니라 죽은 예수며, 인간 예수가 아니라 부활하신 예수이다. 그에게는 "부활하신 예수"야말로 "그리스도"이며 최후의 심판을 몰고 올 재림*parousia*의 그리스도이다. 따라서 이 "현세"는 철저히 부정되는 것이다. 이러한 바울의 예수는 당연히 현세적인 리얼한 예수가 아니라, 관념화된 예수이며 이념화된 예수일 수밖에 없다. 바로 이 점이 바울의 새로운 교회운동이 베드로-야고보 중심의 예루살렘교회Jerusalem Church와 마찰을 끊임없이 야기했던 이유이기도 한 것이다. 언뜻 보면 바울의 보편주의적 부활의 케리그마에 대하여 예루살렘교회가 율법주의적인 보수성을 견지한 것처럼 보이지만, 이러한 기술은(사도행전이나 바울의 서한들) 모두 바울의 입장에서 쓰여진 기술이기 때문에 그러할 수도 있다. 오히려 예루살렘교회는 살아있는 인간 예수가 벌인 예수운동의 정통성을 고수하면서 바울의 관념성을 경계했다고도 볼 수 있다.

결국 AD 62년에 예수의 형제인 야고보가 대제사장 아나누스Ananus가 소집한 산헤드린에 의하여 정죄되었고 돌과 몽둥이로 쳐죽임을 당하는 비극이 벌어진 후에(요세푸스의 기술인데 이를 반증할 수 있는 자료는 없다), 예루살렘교회의 권위와 영향력은 자취를 감추게 되었다. 그런데 반하여 바울의 교회운동은 날로 강성하여 갔다. 그러니까 바울이 이방인을 위한 사도로서 자처한 것도 결국은 예루살렘교회와의 마찰을 피하기 위한 한 방편일 수도 있는 것이다.

지금 야고보의 교회는 찾을 길이 없다. 그러나 예루살렘에는 비탄의 길Via Dolorosa의 마지막 여정에 성분묘교회Church of the Holy Sepulchre라는 것이 있다. 바로 예수가 십자가에 못박혔던 골고다언덕 그 자리에 교회가 세워진 것이다. 그러니까 정확하게 분묘자리는 아니다. 이 교회는 예수가 죽은지 300년만에 콘스탄티누스의 엄마 헬레나Helena가 이곳에, 하드리아누스가 세운 비너스 · 주피터신전(AD 135년 건축)을 허물고, 분묘교회를 세웠다. 그녀는 발굴장소에서 아리마대의 요셉 무덤을 발견했다고 했다. AD 326년에 짓기 시작하여 9년 후에 끝냈다. AD 638년 칼리프 오마르 Caliph Omar가 이곳을 점령했을 때, 그는 이곳에서 기도해줄 것을 요청받았는데 거절했다. 그 이유인즉 내가 이곳에서 기도하면 이곳은 모스크로 변할 수밖에 없다는 것이다. 초기 아랍 지도자들은 이와 같이 훌륭했다. 서구사의 만행은 대체적으로 십자군에서부터 시작된 것이다.

사도행전의 기술을 분석해보면 바울은 끝내 예루살렘교회와의 긴장감을 풀지 못했다. 3차 전도여행을 끝내고 예루살렘교회에 돌아온 것도, 실은 예루살렘교회를 위하여 모금한 것을 전달하기 위한 것이었는데도 불구하고, 예루살렘교회의 야고보는 끝내 바울의 포교방식을 포용하지 못했다. 바울이 다시 체포되어 로마로 가게 되는 모든 과정에도 예루살렘교회의 냉대가 그 배경을 이루고 있었다.

바울의 예수가 관념화된 예수라고 한다면, 플라톤의 소크라테스 또한 관념화된 소크라테스라 말할 수 있다. 플라톤이 태어난 해가 대강 소크라테스의 나이 42세경이었고, 소크라테스가 사약을 받았을 때 플라톤은 28세의 전도가 유망한 창창한 청년이었다.

플라톤은 페리클레스의 집안에 뒤진다고 말할 수 없는, 부계·모계가 다 출중한 명문가문에서 태어났다. 그의 엄마 페리크티오네Perictione는 아테네의 7현자의 한 사람이라고 불리는 솔론Solon의 직계손이다. 그리고 소크라테스의 재판과 관련이 깊은 30인 참주의 두목 크리티아스가 플라톤의 외당숙이고, 또 하나의 참주 카르메니데스가 플라톤의 외삼촌이다. 아버지 아리스톤Ariston 또한 멜란투스Melanthus의 아들 코드루스Codrus의 직계손이며, 멜란투스는 포세이돈Poseidon의 후손으로 알려져 있다. 하여튼 플라톤은 빵빵한 명문가의 후손이다(디오게네스 라에르티우스Diogenes Laertius의 『탁월한 철인들의 삶*Lives of Eminent Philosopher*』에 의거함. 디오게네스 라에르티우스는 AD 3세기 전반에 활약한 전기작가이다). 여기서 또 내가 플라톤에 관하여 곁가지를 치기 시작하면 독자들에게 또다른 정보의 폭포수가 쏟아질 것이 분명하므로 여기서 용기있게 우리의 이야기를 절단하기로 하자!

플라톤은 선생 소크라테스의 법정에 있었다. 소크라테스가 어느날, 꿈을 꾸었는데 무릎 위에 백조새끼가 앉아 있었다. 그 백조가 아름다운 소리를 크게 내면서 날아갔다. 그 다음날 누군가 플라톤이라는 소년을 그에게 제자로 삼아달라고 데려왔다. 그는 그 소년을 바라보자마자 그 모습에서 어젯밤 꿈에서 본 백조를 발견했다. 하여튼 소크라테스와 플라톤의 특별한 감정적 인연을 설명하는 일화일 것이다. 플라톤은 선생 소크라테스의 재판과 죽음을 매우 안타깝게, 이입된 감정으로 바라보았을 것이다.

플라톤 자신이 쓴 『제7서한*Seventh Letter*』(1인칭으로 쓰여져 있다. 74세 경에 쓰여진 노년의 회고. 초기 아카데미에서 만들어진 문헌으로 보기도 한다)에 보면, 소크라테스의 재판과 처형을 직접 체험하기 전까지는 그는 정치가가 될 꿈을 꾸고 있었다. 30인 참주정이 끝나고 민주정이 회복되고 있었고 집안배경이 빵빵하고, 체격이 건장하고(레슬링 선수였다. 그의 원래 이름은 조부 성함을 따라 아리스토클레스Aristocles였는데 어깨가 널찍하고 이마가 널찍하고 전체적인 체형의 느낌이 널찍해서, 널찍하다는 뜻의 플라톤으로 이름이 바뀌었다), 시도 잘 쓰고, 그림도 잘 그리고, 비극까지도 쓸 줄 알았던 플라톤은 정치가로서 꿈을 꿀 만했었던 것이다.

그러나 소크라테스의 재판을 몸소 체험하면서 자기의 나이브한 꿈이 얼마나 허망한 것이었나를 깨닫게 되었다고 고백한다. 그리고 민주정 하에서 정의로운 기준을 세운다는 것, 아테네를 이룩해온 선조들의 유업과 가치관이 다 무너져가는 퇴폐적인 폴리스의 분위기 속에서 건강한 정치제도를 수립하기 위해서 젊은 꿈과 낭만과 정력을 바친다는 것이 얼마나 부질없는 일인가, 하루하루 바뀌어가는 정치적 조류 속에서, 공적인 삶의 소용돌이 속에서 어지럽기만 했다고 고백한다. 그래서 자기는 사회·정치제도의 전체를 근원적으로 개혁하지 않으면 안되겠다는 사명 속에서 사태의 추이를 관망하다가 결국 아테네의 민주정체가 근원적으로 잘못되었다는 확신에 도달케 되었다고 말한다.

그래서 근원적인 혁신은 자기의 힘으로는 현실적으로 불가능하므로 철학적 해결을 모색하게 되었다고 고백한다. 철학적으로 이상적인 폴리테이아(정체)를 구성하여, 개인과 사회와 전 인류가 바른 분별력을 가질 수 있도록 하며, 언젠가 그러한 이상을 구현하는 진정한 철인이 나와 철학적인 이상정체를 구현하도록 만드는 것만이 자기가 할 수 있는 가장 올바른 길이라고 생각케 되었다는 것이다. 다시 말해서 소크라테스의 재판은 플라톤을 정치지망생에서 대철인으로서의 길을 모색하는 삶의 전환의 계기를 마련해주었다고 고백하는 것이다.

플라톤이라는 반反민주주의 사상가

여기서 가장 중요한 것은 플라톤이 반민주주의적인 사상가로서 전환케 되었다는 것이다. 럿셀의 말대로 플라톤은 요즈음 전체주의·집체주의 totalitarianism를 주장하는 인류의 모든 미치광이 사상가와 하나도 다를 바가 없다. 아테네의 민주주의에 환멸을 느낀 그가 이상시 한 체제는 스파르타를 모델로 한 것이다. 플라톤에게 집체주의적 모델, 그러니까 유아를 우생학적 기준에 따라 도태시킨다든가, 남녀의 섹스를 국가의 통제 하에 콘트롤 한다든가, 패밀리라는 사적 혈연공간을 근원적으로 파괴하는 등등의 다양한 전체주의적 프로그램은 당시 현존하는 도시국가 스파르타의 현실태를 모델로 한 리얼한 것이었다. 자아! 한번 생각해보자! 소크라테스가 민주정의 법정에서 희생되었다고 해서 그를 반민주주의 사상가로 볼 수 없다는 것은 이미 내가 충분히 역설한 바와 같다.

바울이 "산 예수"에 대해 근원적인 관심을 결하고 있듯이, 플라톤은 "젊은 소크라테스"에 대한 근원적 인식을 결하고 있다. 타락한 민주체제만 목도하였지, 아테네 전성기의 개방적이고 공평하게 작동되었던 민주체제를 체험하지 못했다. 소크라테스는 아름다운 아테네를 만끽한 사상가이다. 그러나 플라톤은 어글리한 아테네, 이미 기울어가는 황혼의 끝물 아테네만을 쳐다보고 있는 것이다. 다수의 폭력을 소수의 폭력으로 대체시킬 방도만 궁리하고 있는 것이다. 그의 이상향은 군말 다 빼고 단순하게 평하자면 소수 철인이 지배하는 아리스토크라시aristocracy(나쁜 과두정치oligarchy가 잘 작동되는 체제를 아리스토크라시, 소수귀족정이라 부른다)였다.

우선 철학적으로도 플라톤은 결코 소크라테스의 제자가 아니었다. 소크라테스는 결코 시스템 빌더system-builder가 아니었다. 그러나 플라톤은 열렬한 시스템 빌더였다. 이 세계를 진정으로 변혁하는 자는 결코 시스템 빌더가 아니다. 그들의 괄목할 만한 영향력은 항상 존재하지만 결코 혁명적 최초의 계기를 제공하지는 못한다. 소크라테스의 문답은 폐쇄회로가 아니다. 끝없이 개방된 반문일 뿐이다. 이러한 물음은 깨달음을 초래할 뿐, 어떠한 시스템형성을 목표로 하지 않는다. 예수의 비유도 마찬가지다. 그러나 플라톤은 이러한 소크라테스의 물음을 변증법이라는 목적론적인 폐쇄체제로 만들었다. 일직선적인 가치서열의 하이어라키 속에 모든 물음을 가두어버리는 것이다. 그것은 소크라테스의 "물음" 즉 순수 회의정신과는 거리가 먼 것이다.

플라톤은 소크라테스의 제자가 아니라 파르메니데스의 제자였다. 그리고 피타고라스의 기하학주의와 종교적 성향, 올페이즘의 이원론을 철저히 수용하였다. 플라톤은, 바울이 예수를 관념화한 것처럼, 소크라테스를 관념화하였고, 소크라테스가 추구한 모든 개념에 대한 물음을 존재론화 시켰다. 이러한 관념화·존재론화의 궁극에 있는 것이 플라톤의 형상Form이고 이데아Idea이다. 따라서 이러한 존재론적인 형상은 철저히 감각을 거부하고, 현세를 부정하며, 변화를 인정하지 않으며, 체계적인 관념구조의 건설을 목표로 한다.

이러한 플라톤의 철학적 성향이 서방의 형이상학, 윤리학, 인식론, 미학, 정치철학, 신학, 우주론, 언어철학 등 모든 학문분야의 기초를 놓았다고는 하지만 그것이 과연 정당한 기초인지에 대한 회의·경계를 우리는 늦추어서는 아니 된다. 플라톤은 시간을 초월한 선성善性Goodness과 실재성Reality을 지닌 최선의 국가는 천상의 원형을 가장 가깝게 모사한 국가이며, 변화는 최소화되어야 한다고 생각했다. 그리고 정적인 완벽성이 최대화되어야 한다고 생각했다. 그래서 영원한 선the eternal Good을 가장 잘 이해한 사람들이 통치자가 되어야 한다는 것이다. 과연 변화 속에서 조화를 추구하는 것이 아닌, 변화를 거부하고 형상적 이상을 추구하는 플라톤의 국가론이 과연 정당한 현실적 인간세의 모습일 수 있겠는가?

플라톤의 넌센스가 그토록 정치하게 체계적으로 기술되지 않았더라면 20세기의 나치즘도 가혹한 공산체제의 집체성도 생겨나지 않았을 것이라고 나는 생각한다. 나치즘의 죄악의 근원은 니체에게 물을 것이 아니라 사유재산뿐만 아니라 가족, 윤리, 예술, 문화, 교육, 그 모든 것을 파괴하는 것을 서슴치 않는 관념주의자 플라톤에게 물어야 할 것이다. 결국 플라톤의 이상국가론은 그가 소크라테스의 재판에서 느꼈던 억울한 느낌을 그의 철학적 의식공간에 투영하면서, 소크라테스와 같은 사람이 그의 철학적 역량대로 마음대로, 독재적 방식으로 국가를 구현해나갈 수 있는 이상향을 꿈꾼 것에 불과하다고 말해도 대차가 없을 것 같다. 소크라테스를 히틀러로 만들어 놓은 셈이다(cf. Josiah Ober, "Socrates and democratic Athens: The Story of the trial in its historical and legal contexts." *Cambridge Companion to Socrates*).

아리스토텔레스라는 인물

자아! 이제 정말 우리의 논의를 최종적으로 마무리할 때가 된 것 같다. 우리는 보통 희랍철학을 얘기할 때, 소크라테스-플라톤-아리스토텔레스를 중심축으로 삼아 논구하기 때문에 플라톤, 아리스토텔레스의 시대야말로 희랍의 전성기와 같은 인상을 갖지만 실로 이 시기는 아테네문명의 쇠망기였을 뿐 아니라 희랍문명 전체의 쇠퇴기였다. 그리스의 전성기라고 한다면 오히려 비극시인들이 활동하던 페리클레스시대였고, 그 시대는 아낙사고라스, 엘레아의 제논, 프로타고라스, 소포클레스 등 자연철학이나 소피스트들의 활약이 눈에 띄고 동시에 화려한 희·비극작가들의 자유로운 상상력이 분출하는 시대였다.

이 시대를 대변한 사람이 소크라테스였고 소크라테스의 죽음은 이 시대의 종료를 의미하였던 것이다. 이는 마치 성당盛唐의 시대에 이백李白이나 두보杜甫와 같은 문학가가 찬란한 모습을 드러내다가 만당晩唐에 이르러 한유韓愈·이고李翶 같은 사상가가 두각을 드러내다가 송대宋代에 이르러 신유학이 꽃을 피우는 것과도 비슷하다. 우리나라도 지금 한류韓流의 만개는 한국사상·철학의 도래를 예고하고 있을지도 모르겠다.

아리스토텔레스가 플라톤의 제자라는 것은 잘 알려져 있다. 그런데 플라톤은 전형적인 아테네의 명문가의 출신으로서 매우 독특한 인생을 산 사람이지만(평생 결혼도 하지 않았고 자식도 없었다), 아리스토텔레스는 본시 아테네 사람이 아니었고 그의 생애도 지극히 평온하고 상식적이다. 아리스토텔레스 역시 명문가의 자식으로 그리스 북부의 칼키디케Chalcidice, Khalkidhiki반도에 있는 스타기라Stagira에서 태어났다. 이 지역은 마케도니아 아래쪽에 있으며 트라키아Thrace에 속해 있었다.

아테네에서 북쪽으로 에게바다 북쪽해안에 삼지창처럼 나온 지형이 바로 칼키디케인데 그 왼쪽에 데살로니카가 있고 그 오른쪽에 스타기라가 있다. 그의 아버지 니코마쿠스Nicomachus는 마케도니아궁전에서 아뮌타스Amyntas왕의 시의로 있었는데, 이 아뮌타스의 아들이 필립 2세Phillip II이고, 그 아들이 알렉산더대제Alexander the Great, Alexander III of Machedon, BC 356~323이니까, 아뮌타스는 알렉산더대왕의 할아버지이다. 니코마쿠스는 아뮌타스왕의 절친한 친구였다. 이러한 마케도니아왕가와의 커넥션 때문에 아리스토텔레스는 어린 알렉산더의 가정교사가 되었던 것이다.

아리스토텔레스는 어렸을 때 아버지를 여의었고 고아로 컸다. 잘은 모르지만 마케도니아궁전에서 자랐던 것으로 사료된다. 아버지가 궁정시의였다는 사실 자체가 아리스토텔레스의 인생에 움직일 수 없는 영향력을 행사했다. 흔히 플라톤사상은 기하학주의의 소산이라고 말하는데 반하여 아리스토텔레스사상을 생물학주의의 소산이라고 말하는 소이연이 여기에 있다. 아리스토텔레스는 개체를 중시했고, 현상을 중시했으며, 생명이라는 유기체를 존중했으며, 개별과학 특히 경험과학을 학문의 대상으로 삼았다. 아리스토텔레스는 마케도니아의 궁전생활이 무료했는지, 17살 때(BC 367) 아테네로 이주를 한다. 그리고 그 해에 플라톤의 아카데미(Akadēmeia: 영웅 아카데모스akadēmos를 기리기 위한 성역에 세워진 김나지온. 그 성역의 이름을 따서 플라톤이 BC 385년에 세운 학원)로 입학하여 자그마치 그곳에서 플라톤이 죽을 때까지 줄곧 20년을 머문다.

아리스토텔레스가 아카데미에 들어왔을 때, 아리스토텔레스의 나이는 17살이었고 플라톤의 나이는 환갑 정도(60 또는 61세)였다. 그러니까 환갑노인네와 지식욕에 불탄 17살의 똘똘한 청년이 만나서 20년 동안 같이 기거하면서 공부한 스토리는 그 내용은 구체적으로 잘 알려져있지 않지만 우리에게 재미있는 상상력의 구미를 돋우게 한다. 아리스토텔레스가 아카데미에서 20년을 줄곧 공부했다는 사실은 그가 플라톤의 충실한 제자였다는 것, 그리고 플라톤사상의 틀에서 벗어날 수 없을 만큼 플라토니즘의 훈도를 흠뻑 받았다는 사실을 증명해준다. 아리스토텔레스는 마케도니아궁정으로부터 학비보조를 받았고 또 결혼생활도 하고 자식도 기르면서 공부하였다. 옷도 잘 입고 반지도 끼었으며 머리도 멋있게 커트하고 다녔다. 키는 훤칠했고 눈매는 가늘었다고 전한다.

하여튼 20년을 아테네에서 공부한 후에 그는 플라톤이 죽던 해에 아카데미를 떠났는데, 플라톤이 죽고난 후에 떠난 것이 아니라, 죽기 직전에 떠났다. 아리스토텔레스가 떠나갈 때 플라톤은 이렇게 뇌까렸다고 전한다: "그 놈이 날 차버렸어! 망아지새끼가 자기를 낳아준 에미를 콱 차버리고 떠나듯이 말야! Aristotle spurns me, as colts kick out at the mother who bore them."

『디오게네스』에 수록되어 있는 이 말이 무엇을 뜻하는지 잘 알 수는 없지만, 하여튼 플라톤과 아리스토텔레스의 사상적 틈새나 결별을 상징하는 말처럼 들린다. 아리스토텔레스는 플라톤의 극보수적이면서 극래디칼한 정치이념이나 너무도 관념실재론적인 이데아론에 염증을 느꼈을 수도 있다.

아리스토텔레스는 아테네를 떠나 소아시아의 해변도시인 앗소스Assos(신약에는 "앗소"로 나온다. 바울의 3차전도여행 경과지)로 갔다가, 얼마 후에는 다시 그 밑에 있는 레스보스Lesbos섬으로 간다. 그곳에서 그는 해양생물학marine biology적 탐구를 꽤 깊게 했다. 경험과학적 관찰능력, 그리고 분류학적인 통찰을 연마한 것이다.

아리스토텔레스와 알렉산더

그리고 BC 343/2년, 그는 필립 2세의 부탁으로 다시 마케도니아 궁정으로 불려가 당시 13살이던 왕의 아들 알렉산더의 가정교사 노릇을 하게 된다. 아리스토텔레스는 알렉산더가 필립의 섭정으로 지목되는 BC 340년까지, 그러니까 알렉산더가 16살 될 때까지 마케도니아궁정에서 머물면서 알렉산더를 가르쳤다. 불행하게도 우리는 이 두 사람의 관계에 대하여 별다른 특별한 정보를 가지고 있질 않다. 그 두 사람의 사상적 관계는 구체적으로 지목할 만한 것이 별로 없다. 과연 아리스토텔레스가 알렉산더에게 무슨 사상적 영향을 끼쳤을까?

헤겔은 이러한 논의에 관하여 매우 긍정적인 논평을 한 바 있다. 알렉산더의 생애는 철학적 사유가 실제적인 문제에 있어서 발현하는 유용성의 좋은 사례에 속한다고. 그러나 희랍철학의 전문가인 영국철학자 벤Alfred William Benn, 1843~1915은 이에 대하여 다음과 같이 악평한다: "철학이 실제적인 삶의 효용성에 있어서 알렉산더 이상의 것을 보여주지 못한다면 그것은 지극히 불행한 일이다. 알렉산더는 오만했고, 항상 취해 있었으며, 잔인했고, 복수심에 불타있었으며, 대체적으로 미신적이었다. 그는 스코틀랜드 고지대를 질주하던 야만적 추장의 악덕과 근동의 전제군주의 광포함을 합쳐놓은 것과도 같은 성품의 인간이었다."

이러한 찬반은 아리스토텔레스와 알렉산더의 관계에 관한 실제정황에 대하여 아무런 정보를 제공하지 않는다. 이 두 사람의 사상적 관계를 논리적으로 규명한다는 것은 매우 어리석은 일이다. 알렉산더는 어렸고 그는 오직 제국의 꿈에만 관심이 있는 위대한 전사였기 때문이다. 위대한 전사였지만, 그가 단순히 마케도니아제국의 무력적 팽창에만 힘을 쓴 것이 아니라 아테네 전성기의 문화를 전 세계로 발양시킨다고 하는 문화제국주의적인 발상에 철두철미했다는 사실, 그리고 폴리스라고 하는 로칼한 편협한 문화(일례를 들면, 스파르타의 촌스러운 통일성·순수성·특수성)를 보편주의적 코스모폴리스의 개방적 문화로 전환시켰다는 사실, 그리고 알렉산더의 문화·종교·철학적 성향이 정복지 자체의 문명적 성취를 다양하게 포섭하려고 하였다는 것 자체가 이미 아리스토텔레스의 영향이라고 보는 데에는 아무런 무리가 없다. 비록 아리스토텔레스의 방대한 철학체계에는 논리적으로 관심이 없었다 할지라도, 선생 아리스토텔레스에게서 느껴지는 아테네의 체취는 아테네문명의 절대적인 위대함을 느끼기에 충분했다.

사실 알렉산더 대제가 아니었다면 오늘 아테네문명을 바라보는 우리의 느낌이 잠시 찬란했던 마야문명의 유적을 쳐다보는 느낌과 크게 다르지 않을 수도 있다. 헬라스의 문명은 알렉산더 대제가 아니었다면 인류의 보편적 유산으로 남을 길이 없었다. 알렉산더 대제는 새로운 헬레니즘시대를 열었다(영어로 "Hellenistic Age"라고 하면 알렉산더 이후의 시대를 말하고, 그 전의 페리클레스시대는 "Hellenic Age"라고 말하는데, 전자는 보통 "고전시대"라 부르고 후자는 "헬레니즘시대"라 부른다). 헬레니즘시대야말로 동·서가 진정으로 융합된 보편문명의 시대였는데, 서양철학사에서는 이 시대를 폄하하는 경향이 있다. 그러나 우리는 서양문명의 진정한 핵심이 바로 이 헬레니즘시대의 사상패러다임에 내재한다는 것을 깨달아야 한다.

모국 없는(폴리스가 사라진) 우주 속에서 방황하는 세계시민이 된 인간의 문제를 해결하려고 노력한 이 시대야말로, 형이상학적 허구가 아닌, 매우 치열한 시스템의 고층건물이 아닌, 보다 개인적인 삶의 직접적이고도 단순한 해결방식을 추구한 소박한 인간학의 시대였다. 진정한 인간실존의 문제를 파고든 위대한 시대였던 것이다. 이 시대의 철학이 보다 깊은 차원의 지속적 공감대를 형성했다면 동·서철학은 융합되는 방향으로 나아갔을 것이다. 구심점을 잃고 독립적으로 연구된 분과과학은 현실의 요청에 따라 더욱더 철저히 연구되었고, 개별과학과 유리된 철학의 체계는 미네르바의 부엉새처럼 비상할 수 있는 방도를 찾지 못하고 인간의 실존 내면으로 깊게 파고들어 인간의 내면적 고통을 해결하려고 하였다. 최초로 "인간의 구원"이라고 하는 문제가 절실한 주제로 등장한 것이다. 이러한 시대적 분위기, 에피큐리아니즘, 스토아주의, 퀴니코스학파, 회의주의학파가 성행하던 바로 이 시기, 그리고 헬레니즘의 문화가 로마문화와 교차되던 문명의 크로스오버 시기에 우리의 두 주인공, 예수와 바울이 태어났다는 사실도 아울러 기억할 필요가 있다.

아리스토텔레스에서 토마스 아퀴나스까지

우리가 보통 플라톤철학을 존재Being의 체계로서 규정하고, 아리스토텔레스철학을 생성Becoming의 체계로서 규정하는 오류를 범하지만, 서양에는 기실 진정한 생성의 체계는 존재하지 않는다. 아리스토텔레스가 플라톤의 이데아론에 도전장을 내고, 그 이데아를 개별적 사물에 내재하는 형상*eidos*의 이론으로 바꾸었다고 하지만, 그의 모든 형상이 결국 순수형상Pure Form, Form without Matter을 지고의 가치로 지향하는 한, 그의 가능태*dunamis*와 현실태*energeia*의 하이어라키는 매우 협애한 일직선상의 목적론적 체계를 벗어나지 않는다.

그의 사동의 부동자Unmoved Mover이론이라든가, 질료인material cause, 형상인formal cause, 동력인efficient cause, 목적인final cause의 4원인설, 그리고 순수형상인 인간의 이성을 지고의 가치로 놓으며 관조적 삶을 추구하는 그의 정태론적 사유는 모두 플라톤의 관념론의 변형에 불과할 뿐이다. 우리 동방사상이 말하는 생생지역生生之易의 착종관계나 장엄한 화엄의 관계론을 설명하지 못한다. 아리스토텔레스에 있어서도 플라톤처럼, 사유계*cosmos noetos*에 대하여 감각계*cosmos horatos*를 경시하는 태도는 여전하다. 그러한 철학을 진정한 생성론Philosophy of Becoming이라 말할 수 없는 것이다.

아리스토텔레스 역시 헤라클레이토스보다는 파르메니데스를 그의 학문의 중심축으로 삼았다. 하여튼 아리스토텔레스의 철학은 인류지성사에서 너무

과분한 대접을 받았다. 아리스토텔레스가 마케도니아의 자금지원을 받아 아테네에 BC 335년에 세운 뤼케움Lyceum이라는 소요학파의 학원은 그의 사후 테오프라스토스Theophrastus, BC 371~287에 의하여 유지되었는데, 아리스토텔레스의 저작은 테오프라스토스의 사후 소아시아로 운반되어 기구한 운명을 겪으면서도, 아슬아슬하게 멸절되지 않고 그 명맥을 유지한다. 결국 그의 저작들은 아랍문화권의 학자들에 의하여 수용되고, 깊게 연구되었는데, AD 12세기에 이르러서는 이슬람문명권이었던 스페인을 통하여 서구 지성계에 대대적으로 소개되는 이변을 낳게 된다(이 기구한 과정에 관해서는 박승찬 지음, 『서양 중세의 아리스토텔레스 수용사』, 누멘, 2010을 볼 것. 그리고 박승찬의 『서양철학 이야기: 중세-신학과의 만남』2, 책세상, 2012도 아울러 참고할 만하다).

결국 아리스토텔레스의 철학은 서구문명의 요람이라 말할 수 있는 중세대학이 파리, 볼로냐, 살레르노, 나폴리, 옥스퍼드 등 여기저기 설립되고, 프란체스코수도회, 도미니쿠스수도회와 같은 수도원의 학자들이 자유로운 신학 탐구를 계속하는 분위기에 젖어들어가면서, 스콜라철학을 완성한 토마스 아퀴나스의 『신학대전*Summa Theologiae*』의 사상적 백본이 되었다. 토미즘은 오늘날까지도 카톨릭신학의 유일무이한 절대적 근거로서 추앙받고 있고 그 사상의 방대함과 포괄성은 거부할 수 없는 서구지성의 한 금자탑이라 하겠지만(『신학대전』은 정의채 신부님에 의하여 우리말로 번역되어 출판사 바오로딸에 의하여 상재되고 있는 중이다. 총체적인 입문서로서는 바스티나 몬딘 지음/강윤희·이재룡 옮김, 『토마스 아퀴나스의 철학체계』, 가톨릭출판사, 2012. 양명수 지음, 『토마스 아퀴나스의 신학대전 읽기』, 세창미디어, 2014 등이 있다), 나는 아퀴나스의 철학은 별로 재미가 없다. 결국 연역적인 대전제를 정당화하는데 모든 대립적 요소들을 짬뽕하고 있을 뿐이다. 럿셀의 이야기를 한번 들어보자!

아퀴나스의 사상체계에 있어서 진정한 철학정신을 찾아내는 것은 거의 불가능하다. 그는 플라톤이 그리는 소크라테스만큼도, 논쟁이 이끄는 곳이라면 어디든지를 막론하고 따라가는 그런 정신을 발휘하지 않는다. 논쟁의 결과를 미리 알 수 없는 탐구에는 발을 들여놓지를 않는다. 철학화를 시작하기 전에 이미 그는 진리를 장악하고 있다. 그것은 카톨릭신앙 속에서만 선포될 뿐이다. 만약 그가 신앙의 어느 측면을 위해서라도 솔직하게 이성적인 논증을 따라가기라도 했더라면 그는 보다 훌륭한 철학자가 되었을 것이다. 솔직하게 이성적인 논증을 따라가지 못하면 결국 계시로 후퇴하는 길밖에는 없다. 결론이 이미 주어진 논증의 발견은 철학이 아니라, 그럴듯한 특별한 구라, 호소에 지나지 않는다. 그러므로 희랍의 최고 철학자들과 근대의 최고 철학자들과 어깨를 나란히 견줄 만한 철학자 반열에 아퀴나스를 끼워넣을 수는 없다.

마테오 리치의 『천주실의』와 남인 기독교

혹평이라 하겠지만 매우 정직한 평론이라 할 것이다. 아리스토텔레스가 살아남아 가장 큰 영향을 준 것은 스콜라철학이었고 카톨릭이론체계였다. 우리 동양에는 아리스토텔레스의 철학이 제수이트 신부인 마테오 리치Matteo Ricci, 1552~1610의 『천주실의天主實義』를 통하여 들어왔는데, 토미즘이 말하는 초월적 유일신의 존재증명방식을 통하여 송학에서 말하는 리기론적인 자연주의를 총체적으로 부정하는 논리를 펴고 있는데, 그 설득력이 매우 빈곤하다. 우리나라 남인들이 『천주실의』를 통하여 기독교인이 된 것은 그 논리에 설득

마카오澳門에 가면, 도시중심에 성 바울교회가 우뚝 서있는데 재미있는 것은 전벽만 남아있다는 것이다. 이것을 중국사람들은 "따싼빠大三巴"라 부르는데, "싼빠三巴"는 성 바울로São Paulo의 광동발음이고 대성당이라는 의미에서 "따"가 붙었다. 이 건물은 1602년에 짓기 시작하여 1640 완공되었다. 전벽은 너비 23m에 높이 25.5m인데 1835년 대화재가 나서 이 꼴이 되었다. 우리나라 김대건 신부는 이곳에 1837년 6월에 도착했 니까 불탄 직후의 모습을 보았다. 이 성 바울교회는 그 옆에 있었던 성 바울 제수이트학원St. Paul Jesuit College이라는 신학교의 부속교회였는 원명은 Mater Dei(성모)교회였다. 지금도 1층 대문 문지방에 MATER DEI가 새겨져 있다.

마테오 리치는 1552년 10월 6일 이탈리아 마체라타Macerata에서 태어나 1571년 예수회Society of Jesus에 들어갔고 문학, 수학, 천문학, 철학, 신학을 공부하여 인도를 거쳐 마카오에 도착한 것은 1582년 8월 7일이었다. 바로 여기 신학대학에서 가르치면서 중국어와 중국경전을 배우고 1601년 북경에 도착, 명나라 만력제의 유경留京허가를 얻는다. 당시 기독교활동은 마카오에 한정되었었는데 활동영역을 확대한 것이다. 1610년 5월 11일 북경에서 서거, 북경에 묻혔다. 그는 중국지식인들과 고급관원을 제자로 두었고 『천주실의』『기하원본』을 지어 "서학동점西學東漸"의 최초의 거성이 되었다.

되었다기보다는 썩어 문드러진 노론 중심의 조선유학세계를 근원적으로 탈피하고, 세도정치의 희생물이 되어버린 민중의 절규에 부응하고자 하는 혁명적 발상을 유학 외의 체계에 빙거憑據하고자 했기 때문이었다. 그런데 재미있는 또 하나의 사실은 수운 최제우崔濟愚, 1824~1864가 『천주실의』를 읽었다는 사실이다. 그리고 그 논리의 황당함을 극복하면서 동학의 철저히 인본주의적 평등이론을 제시했으니, 역시 체제 안의 유식자들보다는 체제 밖의 혁신적 사상가의 사유가 상식과 근원에 접근하고 있다고 해야 할 것이다.

BC 323년 6월 10일(11일), 인도원정의 피로를 못 이기고, 알렉산더는 장엄한 거인의 생애를 마감한다. 그가 원정에 나선 것은 아리스토텔레스와 헤어진 4년 후였다. 알렉산더의 나이 20세였다. 그가 그토록 광대한 제국을 수립한 것은 불과 13년 동안의 업적이었다. 그가 죽은 곳은 바로 유대인들이 유수생활을 했던 바빌론의 느부갓네살 2세의 궁전이었다. 아리스토텔레스는 알렉산더대왕의 재정적 후원으로 아테네에서 뤼케움을 운영했었는데, 그가 죽자 아테네에서는 반마케도니아 정서가 생겨, 그의 정적들이 그를 소크라테스의 재판과 동일한 방식의 "불경죄"를 적용하여 고소하였다.

아리스토텔레스는 소크라테스와 같은 지사형의 인간이 아니었다. 그는 보따리 싸서 칼키스의 엄마 재산영역으로 도망갔다. 그는 도망가면서 이렇게 말했다고 한다: "허허! 아테네사람들이 철학에 대해 두 번 똑같은 죄를 저지르게 할 수는 없지!" 소크라테스의 재판을 두고 한 말이다. 도피의 피로가 겹쳤는지, 도망간 그 해에 자연사하였다. 그의 제자 알렉산더가 죽은 그 다음해였다. 이로써 고전시대는 막을 내린다.

아리스토텔레스는 플라톤의 패러다임에 포섭되기 때문에 비록 예수시대에 잘 알려져 있지 않았다 할지라도 희랍철학의 주축으로 편입되어 논의될 수 있다. 하여튼 예수나 바울의 사상을 논할 때 플라톤-아리스토텔레스의 철학을 배제하고 논하기 어렵다. 이미 필로Philo, BC 25년경~AD 50년경와 같은 사상가가 알렉산드리아에서 헬레니즘과 유대교의 융합을 논의하고 있었다. 유대인들에게는 모세가 희랍철학의 본질을 강론하고 있다고 가르쳤고, 희랍인들에게는 희랍철학의 가장 소중한 관념들이 대부분 모세에게서 유래된 것이라고 가르쳤다. 그는 독자적인 로고스론을 개발하여 유대인의 유일신관을 플라톤의 선the Good 개념으로 해설하였고, 신은 이 세계를 로고스의 중개를 통하여 다스린다고 갈파하였던 것이다.

플라톤과 바울

하여튼 우리가 플라톤·아리스토텔레스의 영향권 속에서 예수나 바울을 논하는 것은 너무도 당연한 이야기이지만, 사실 플라톤·아리스토텔레스의 희랍철학이 과연 예수·바울을 만나지 못했더라면 인류사에 그토록 영향을 끼치는 사상이 되었을까 하는 것도 역으로 논해볼 수 있다. 그만큼 예수·바울이 인류사에 미친 영향이 큰 것이다. 철학은 종교를 거부할 수 있을 만큼 독자적인 지성의 힘을 지니고 있지만, 결국 거시적으로 보면 바울의 종교적 몇 마디의 영향이 플라톤전집의 정교한 언어의 소피스트리sophistry를 초월하는 것이다. 결국 서양철학은 서양종교의 힘에 이끌리어 간 것이다. 바울이라는 인간 속에서 헬레니즘과 헤브라이즘이 랑데부한 이 사건이야말로 인류사의 가장 큰 저주일 수도 있고, 오늘날까지 트럼프 같은 정치가의 독단이 기독교신앙의 허울을 뒤집어 쓰고 선善을 주장하는 불합리구조의 심원일 수도 있다. 그러나 우리는 인류에게 내려진 가장 큰 저주의 질곡을 희망과 축복으로 바꿀 수 있는 길을 끊임없이 모색하지 않을 수 없다.

알렉산더는 죽으라고 원정만을 획책했지 그 정복된 세계를 어떻게 다스릴까에 관해서는 별로 생각지 않았다. 그의 제국의 궁극적 비전이 어떠했는지는 우리가 알 길이 없다. 지중해로부터 인도까지 하나로 통하는 유라시아대륙을 통치할 수 있는 어떠한 새로운 정치체제도 제시하지 않았다. 그는 죽을 것을 예측하지 못했다. 당시 바빌론문명이나 페르시아문명의 행정체계가 워낙 탁월했기 때문에 그 행정체계를 활용하여 그 위에 자기 사람들만 심으면 된다고 생각했던 것 같다. 그가 죽은 후에 그의 제국이 곧 그의 부하들에 의하여 삼분된 것은 우리가 잘 아는 사실이다.

알렉산더 대제 이후의 세계, 클레오파트라의 자살

유대땅은 처음에는 이집트 베이스의 프톨레미왕조의 지배하에 들어갔다. 프톨레미왕조의 지배는 그래도 종교적으로 관용성이 있는 너그러운 통치였다. 프톨레미는 전통이 가장 깊고 지속적이었던, 어디까지나 근동고대세계의 주축이었던 이집트를 배경으로 했기 때문에, 문화적인 통치를 할 줄 알았다. 종교문제에 있어서도 프톨레미는 이집트의 다신론적인 포용성이 있었기 때문에 유대인이 예루살렘성전에서 야훼를 숭배하는 것에 아무런 스트레스를 주지 않았다. 프톨레미왕조의 수도는 지중해연안 항구도시 알렉산드리아였으며 그곳의 왕립도서실은 세계문명의 보고였다. 헬레니즘시대의 자유로운 연구와 학습, 고등한 지식의 교류가 모두 이곳 알렉산드리아에서 이루어졌다. 뿐만 아니라 유대인의 최초의 성문화된 포괄적인 성경인 셉츄아진트

septuagint의 성립도 프톨레미왕가의 후원 하에서 알렉산드리아에서 이루어진 사건이다. 셉츄아진트가 코이네 희랍어로 쓰여졌다는 것 자체가 이집트문명이 이미 깊게 헬라화되었다는 것을 의미하며, 이집트에 살고 있던 유대인 커뮤니티도 깊게 헬라화되었다는 것을 의미한다.

프톨레미왕가의 마지막 황제가 줄리어스 시저의 애를 낳고 마르쿠스 안토니우스와 결혼한 그 유명한 여인, 클레오파트라 7세Cleopatra VII이다. 안토니우스는 악티움 해전에서 옥타비아누스에게 패배한다. 그리고 이집트로 도주한다. 패색이 짙어져만 가는 마지막 전투에서 안토니우스는 클레오파트라가 이미 죽었다는 잘못된 소식을 듣는다. 안토니우스는 절망한 나머지, 마치 아킬레우스의 병기를 오디세우스에게 빼앗긴 아이아스Ajax, Aias가 헥토르의 칼을 땅에 세우고 그 위에 고꾸라지듯이 하복부에 칼을 대고 고꾸라진다. 뒤늦게 다시 클레오파트라가 아직 살아있다는 사실을 알게 된 안토니우스는 피 흘리는 배를 움켜쥐고 사랑하는 여인이 있는 알렉산드리아 남서쪽에 있는 능묘에까지 온다. 결국 안토니우스는 능묘로 들어가지도 못하고 문간에서 서글프게 절명한다.

클레오파트라는 안토니우스의 시신을 수습하여 장엄한 화장을 베풀고 자신은 능묘 안에서 의관을 정제하고 위엄을 차린 채 애스프asp(작은 맹독성의 코브라)에게 물려 죽는다. 하이얀 젖통을 드러내고 젖꼭지를 물렸다든가, 손목의 요골동맥을 물렸다든가, 헴록과 울프스베인wolfsbane(바곳 뿌리)과 양귀비로 만든 독약을 마셨다든가 하는 이야기는 서양예술가들의 끊임없는 상상력을 자극시켰다. 아직도 젊음의 싱싱함이 살아있는 39세의 퀸의 마지막 자태는 헤아릴 수 없이 많은 미술가들의 매혹적인 테마였다.

ㅏ복음서가 포함되어
ㅡ 나고 함마디문서가
견된 곳에서 나일강 건
편에 덴데라Dendera
ㅡ 곳이 있다. 이 덴데
에는 신전 콤플렉스가
ㅡ데 그 중 가장 뛰어
건축물로서 아주 잘 보
ㅣ어 있는 하토르신전
nple of Hathor을 꼽
수 있다. 이 구역은 제
조(BC 2330경) 시대
ㅣ 종교적 센터로서 행
중심역할을 했는데 이
토르신전은 프톨레미왕
시대의 걸작품으로 꼽
ㅏ. 그 내부의 돌기둥
들의 장엄한 자태는 이
형언할 수 없이 압도적
ㅡ 칼라풀하다(윗 사진).
데 이 신전의 뒷면에는
ㅣ한 클레오파트라 7세의 부조조각이 있고 그 앞에는 줄리어스 시저와의 사이에서 난 아들 캐사리온Caesarion의 모습이 새겨져있다(이 아들은 후에
비아누스가 죽인다). 하토르여신은 희랍시대에는 아프로디테와 동일시되었는데, 사랑과 육체적 욕망과 쾌락의 여신이며 음악과 춤의 패트론이었다.
ㅣ서 클레오파트라와 동일시되었다. 이 클레오파트라의 사랑이야기가 바로 예수시대의 담론에 속한다는 사실을 우리는 알아야 한다. 예수가 세리,
, 부랑자와 술 마시며 담론할 때 이런 이야기도 주제가 되었다는 사실을 기억해야 한다. 예수를 역사적 지평 위에서 이해한다는 문제는 예수가
던 시대를 이해하는 것이다. 클레오파트라는 예수의 할머니뻘 세대에 속하는 한 여인이었다.

그리심산과 사마리아 정통주의

알렉산더대제의 죽음(BC 323, 페르시아의 마지막 황제 다리우스 3세는 BC 330년에 죽는다)으로부터 **클레오파트라의 죽음**(BC 30)까지를 우리가 보통 헬레니즘시대Hellenistic Period라고 부르는 것이다. 이 시기에 헬라화된 인도미술양식인 간다라예술Gandhara Greco-Buddhist art이 성립했고, 그 가장 정화로운 표현 중의 하나가 경주 석굴암이라는 사실은 이러한 서구문명의 전개가 우리민족사에서 소외될 수 없는 한 부분이기도 하다는 것을 깨달을 필요가 있다. 우리가 알고 있는 고전시대 희랍조각이나 예술품의 대부분이 헬레니즘시대의 작품을 로마시대를 통하여 끊임없이 카피한 것이다.

프톨레미왕조가 유대지방을 다스렸을 때도 유대인들은 헬라화되었지만 불행하지 않았다. 종교적 관용성이 있었기 때문이다. 유대인들은 부지런히 헬라말을 배웠다. 왜냐하면 헬라말이야말로 그들에게 소통의 지혜를 가르쳐주었기 때문이다. 헬라인들의 상술을 배울 수 있었으며, 자본을 운영하는 방식에 있어서 헬라인들의 뛰어난 기술을 흡수할 수 있었다. 헬라화에 뒤늦게 되면 못산다는 것을 의미했다. 프톨레미 통치의 관용성은 이스라엘민족 내부에서도 종교의 자유를 허용했다. 예루살렘 성전예배는 권장되었으며 대제사장직의 권위를 용인했고, 대제사장은 종교적 사태에 있어서는 막강한 권위를 발휘했다.

그러나 북부의 이스라엘 지파들은 예루살렘의 권위를 인정하지 않고 사마리아 정통성을 고집했으며, 사마리아에 대등한 성전을 지었고, 또 세겜 부근의 그리심산Mount Gerizim 위에 장엄한 성전을 지었다(아브라함과 야곱이 모두 이곳에서 제단을 쌓았다고 주장한다). 갈릴리사람들이나 북부이스라엘사람들은

그리심산 정상에서. 그리심산은 해발 881m이니까 북한산 백운대보다 높다. 그러나 가파른 곳은 아니다. 그리심산 건너에 보이는 산이 에발산 Ebal(940m)인데 그리심산과 에발산 사이에 있는 것이 사마리아의 센터인 세겜Shechem이다. 전통적으로 에발산은 저주의 산, 그리심산은 축복의 산으로 여겨졌다(신명기 11:29, 29:12, 여호수아 8:33). 세겜에서 동편을 향해 서면 그리심산은 오른편, 세발산은 왼편이 된다. 여호수아가 정복과정에서 처참하게 도륙을 일삼은 그 역사, 그 축복과 저주의 이원론은 오늘날에도 계속되고 있다.

예루살렘 정통주의를 인정하지 않고 그리심산에서 자유롭게 예배를 올렸다. 요한복음 4:20에 보면, 사마리아여인이 우리 조상이 예배드린 것은 예루살렘이 아닌 그리심산이라고 지적하는 장면이 나온다. 예수시대에만 해도 사마리아인들의 관념은 그러했던 것이다. 나는 직접 그리심산 꼭대기를 가보았는데 그 광경은 비록 폐허의 잔해가 펼쳐져 있는 모습이었지만 매우 장엄하고 아름다웠다. 관광객이 아무도 오지 않아 너무도 한적한 미풍만 살랑거렸지만 허세없는 과거의 영화를 속삭여주고 있었다. 사마리아 사람들은 아브라함이 그 아들 이삭의 번제를 드릴려고 했던 장소가 바로 그리심산이었다고 주장한다.

나에게는 그리심산이야말로 예루살렘의 웨일링 월Wailing Wall, Western Wall보다는 훨씬 더 성스럽게 느껴지는 곳이었다(그리심산은 신명기 11:29~31, 27:11~26과 사사기 9:7에 언급되어 있다. 요세푸스는 알렉산더대왕이 튀레[두로]Tyre, 산발라트Sanballat의 외곽에 이르렀을 때, 사마리아의 지도자는 그의 군대를 소집하여 알렉산더대왕에게 항복하기 위하여 튀레로 갔다는 것을 기록하고 있다. 사마리아의 지도자는 그 대신 알렉산더에게 그리심산 꼭대기에 성전을 짓게 해달라는 허가를 요청하였다고 한다. 최근의 고고학발굴의 성과를 요약하자면, 프톨레미시대에 지었다는 성전이나 세틀먼트[정착지]의 증거는 아직 발견되지 않았다. BC 4세기로부터 3세기에 걸쳐 지어진 고대 세틀먼트의 핵이 확실하게 존재하는 것으로 사료되고 있지만 그 증거는 아직 발굴되지 않았다[중층구조 때문에 발굴은 파괴를 동반하니까]. 이곳에서 발굴된 수백 개의 동전, 기타 고고학 자료는 이 산상 위의 도시는 안티오쿠스 3세[BC 200년경] 때 확립되어 존 히르카누스John Hyrcanus, BC 164~104 시대에 완전히 파괴된 것으로 보인다[BC 114~111]. 히르카누스는 마타티아의 손자로서 하스모니아왕조의 최초의 정식 왕이다. 유다가 죽고 리더십은 동생 요나단이 승계하였다가 다시 형 시몬에게로 갔고 다시 시몬의 아들인 존 히르카누스John Hyrcanus로 승계되었다. 대제사장이며 왕Priest-King인 히르카누스의 치세 30년간[BC

134~104]은 군사원정으로 점철되었고 최대강역과 정치적 힘을 확립했는데, 이때 사마리아를 무자비하게 박멸한 것도 그 한 예이다. 그는 그의 아들 안티고누스Antigonus와 아리스토불루스Aristobulus로 하여금 사마리아를 포위하게 하였다. 사마리아 사람들은 셀레우코스왕조에게 도움을 요청하여 안티오쿠스 9세로부터 6,000명의 군대를 지원받는다. 도성포위와 대치는 지루하게 지속되었는데 히르카누스는 이를 포기할 생각이 없었다. 결국 사마리아는 점령되었고 완벽하게 박멸되었다. 사마리아의 모든 주민이 노예로 전락되었고, 히르카누스는 유대인[정확하게 유다지파로 형성된 그룹을 말한다] 이외의 모든 셀레우코스왕조 지역의 사람들이 유대인의 관습을 따를 것을 강요했다. 압박받던 민족은 반드시 타인을 압박한다. 이때 그리심산이 박멸된 후로 비잔틴시대까지는 폐허로 남아있었다. 비잔틴의 동로마황제 제노Zeno the Isaurian, 425~491 때 이 성역 내에 기독교 교회가 세워졌다. cf. *The New Encyclopedia of Archaeological Excavations in the Holy Land*, Simon & Schuster, 1993, Mount Gerizim 항목을 보라. 이 4권의 대사전은 학술적으로 가치가 지극히 높다).

프톨레미왕조의 지배는 불안한 요소가 항재했다. 바빌론으로부터 소아시아를 포함하여 시리아 거쳐 이집트와의 접경에 이르는 광대한 영역을 지배하고 있던 셀레우코스왕조Seleukos Dynasty와 팔레스타인지역의 패권을 놓고 끊임없이 투쟁을 해야만 했다. 셀레우코스왕조는 수도를 안티옥Antioch(지중해연안 오론테스강 하구의 도시. 현재는 터키에 소속)에 두고 적극적으로 남진을 했다. 이 왕조의 6번째 왕인 안티오쿠스 3세Antiochus III는 BC 198년에 이집트의 장군 스코푸스Scopus를 파네아스전투the battle of Paneas에서 패배시킴으로써 숙원이었던 팔레스타인지역의 지배를 달성했다. 보통 안티오쿠스대제라 불리는 이 안티오쿠스 3세의 정치는 그런대로 너그러웠고 무리가 없었다. 셀레우코스왕조는 헬라문명의 전파에 매우 적극적이었으며 지배영역의 모든

내가 초기 크리스찬들의 수행지였던 한 동굴에서 안티옥 도시 전경을 바라보고 있다. 안티옥은 현재 터키 소속이며 안타캬Antakya라고 불린다. 알렉산더대제의 보병장군이었던 셀레우코스 니카토르Seleucus Nicator가 BC 300년에 세운 도시다. BC 64년에는 로마에 의하여 정복되었다. AD 40년경 스테판의 박해 후에 헬레니스트들Hellenists(헬라말을 하는 유대인 다이애스포라의 기독교인)이 이곳으로 몰려와 교회를 형성했다. 여기서 최초로 "크리스찬"이라는 말이 생겨났다(행 11:19~26). 신약성서에 "크리스찬"이라는 말은 3번 나오는데 이 명칭은 기독교인들이 자기를 부른 이름일 수 없다. 아웃사이더들이 "그리스도에 미친 놈들"이라는 식으로 비하해서 부른 말이다. 유대인 기독교인들도 자신을 크리스찬이라고 부를 수 없었다. 아래는 시내 한복판을 관통하는 오론테스강인데 옛날에는 수량이 풍부했다. 멀리 보이는 것이 실피우스산Mt. Silpius인데 정상에 로마성벽이 둘러쳐져 있다.

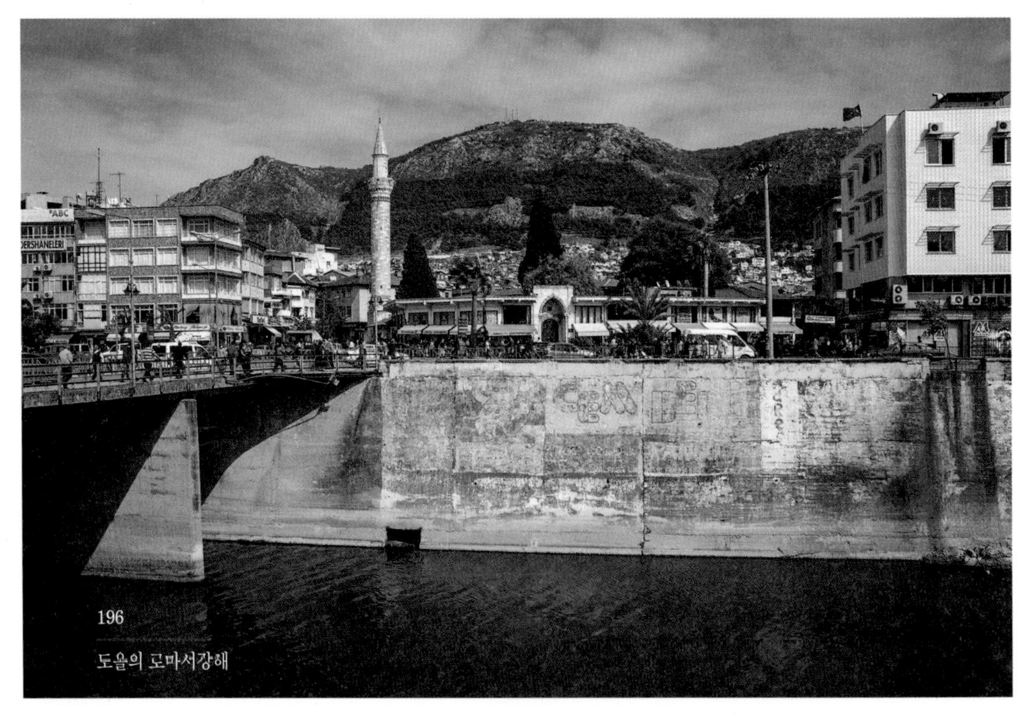

관습을 획일적으로 헬라화시키려는 자세를 가지고 있었다. 그러나 안티오쿠스대제는 유대교의 종교적 습관에 대하여 박해를 가하지 않았다.

안티오쿠스 4세 에피파네스의 예루살렘 성전파괴, 하스모니아 왕국의 성립

그런데 안티오쿠스대제의 다음 다음 승계자인 안티오쿠스 4세 에피파네스 Antiochus Ⅳ Epiphanes(안티오쿠스대제의 아들. 재위 BC 175~164)는 이스라엘역사에 있어서는 매우 주목을 끄는 인물이다. BC 175년 권력을 잡자마자, 그는 철저한 헬라화작업을 강행하였으며 유대교의 모든 종교적 신앙관습을 파괴하였으며, 유대인 전체에게 헬라적 관습을 획일적으로 강요하기 위하여서는 예루살렘성전을 파괴하지 않으면 안된다고 생각했다. BC 167년 예루살렘성전은 처절하게 파괴되었으며 성전의 성스러운 상징물들이 안티옥으로 옮겨졌다. 야훼의 예배는 제우스에 대한 희생제식으로 바뀌었고, 안식일을 지키고 할례를 베푸는 자들에게는 사형이 내려졌다. 이러한 탄압에 대하여 경건한 유대인들은 율법에 어긋나는 복종을 거부하고 기꺼이 고난과 죽음을 감수하였다. 이러한 고난의 시대정황은 다니엘서에도 반영되어 있다.

그러나 이러한 종교적·문화적 폭압정치에 대하여 가만히 당하고만 앉아 있을 유대인이 아니었다. BC 166년부터 저항운동이 산발적인 봉기로 시작되었고, 하사모나이오스*Hasamōnaios*(희랍어표현, 히브리발음은 하쉬모나이*Hashmona'i*. 헤쉬본Heshbon이라는 마을이름에서 유래)라 불리는 가문의 가장이며 늙은 제사장인 마타티아Mattathias가 민중봉기의 중심축이 되어 혁명의 역사를 이끌기 시작했고, 그가 죽은 후에는 그의 용감한 아들 유다Judah가 게릴라전투를 대대적인 혁명저항으로 변모시켜 적극적인 공세를 감행하였다. 이 유다의 별명이 마카베오Maccabee였는데, "망치와 같은 자"(아람어로 마카바makkaba가 망치이다)라는 뜻이다. 유능한 투사라는 뜻이다. 유다가 이끄는 전투부대는 정의감에 충천했기 때문에 셀레우코스군대를 계속 격멸시켰고 통쾌한 승리를 기록했다.

유다는 예루살렘에 개선입성하여 더럽혀진 성소를 탈환하고 토라의 규정대로 야훼에게 예배를 드렸다. BC 164년 키슬레브kislev(12월) 25일, 제단이 새롭게 봉헌되고 8일 동안의 축제로써 율법에 합당하게 다시 예배를 올렸다. 이 축제를 하눅카축제the Festival of Hanukkah라고 하는데 구약성경에 기록되지 않은 유일한 유대인축제이다. 이 축제는 정말 유대인들에게는 "환희의 축제"였을 것이다. 우리의 8·15해방이 민족의 축제가 되지 못하는 이유는 진실로 그것이 순수하게 우리의 힘으로 달성한 혁명적 승리가 아니기 때문이다. 그 많은 독립투사들이 생명을 바쳤어도 우리의 손으로 일본군을 항복시키지도 못했고 외세에 이끌려 또다시 남북분단과 동족상잔의 6·25전쟁을 초래하였기 때문이다.

하눅카라는 사건은 하스모니아왕국Hasmonean Dynasty이라는 이스라엘역사에서 유례를 보기 힘든 독립왕국, 외세에 의하여 조종을 받지 않고 자체의 힘에 의하여 유지되는 자율적 왕국의 성립을 가져왔다.

하스모니아세력은 하눅카 이후로도 계속해서 승리를 했고, 셀레우코스왕조는 드디어 BC 142년에 유대지방Judae(이때부터 이 지역이 "유대"로 불리게 되었다)에 정치적·종교적 자율을 허용했다. 마카베오의 혁명이 성공한 것은 그들이 용맹하고 단합하였기 때문만이 아니라 셀레우코스왕조 자체가 황혼기에 진입하여 해체일로를 걷고 있었기 때문이다. 셀레우코스왕조는 BC 129년에 멸망한다. 이로써 하스모니아왕국은 완벽한 독립을 성취했다. 유다는 그의 동생 시몬Simon에 의하여 승계되었으며 하스모니아 지배자들은 세습군주가 되었으며 솔로몬왕국의 영역을 회복했다.

이 하스모니아왕국의 80년이야말로(BC 142~63) 유대인의 통치에 의하여 이스라엘민족의 단합이 이루어진 시기이며, 유다이즘Judaism이라고 불리는 종교와 관습, 율법, 그리고 유대인의 삶의 방식이 만개한 시기이다. 이 하스모니아왕국은 BC 63년 폼페이우스가 이끄는 로마군단이 예루살렘을 점령함으로써 끝이 난다. 그리고 유대지역은 또다시 로마제국의 봉신封臣국가a vassal state of the Roman Empire로 전락한다. 그리고 로마 상원에 의하여 비준받은 헤롯대왕의 지배시대가 도래한다. 바로 이러한 정황에서 예수라는 한 인간이 갈릴리에서 태어나게 되는 것이다.

역사적 예수의 역사

자아! 이제 우리는 마치 에스에프영화 속에 나오는 장엄한 시간여행의 미로를 헤매다가 또다시 시간의 벽을 뚫고 예수라는 어느 원점에 도달한 기분이다. 내가 이 책을 쓰고있는 나의 개인서재에는 의사이며 노벨평화상 수상자인 슈바이쳐가 쓴 『역사적 예수의 탐구*The Quest of the Historical Jesus*』라는 책이 꽂혀있다. 라이마루스Hermann Samuel Reimarus, 1694~1768(독일 철학자·신학자, 기독교의 모든 초자연적 기원을 거부하였으며 역사적 예수의 역사학적 탐구의 효시가 되는 작업을 하였다)의 책도 꽂혀있고, 브레데George Friedrich Eduard William Wrede, 1859~1906(독일의 루터교회 신학자. 브레슬라우Breslau대학 교수. 마가복음의 메시아비밀이라는 테마를 탐구하여 역사적 예수의 단초뿐만 아니라 20세기 양식사학의 물줄기를 열었다)의 『메시아비밀*The Messianic Secret*』도 꽂혀있다. 스트라우스David Friedrich Strauss, 1808~1874(독일의 신학자. 신약성서의 모든 신화적 사건은 전혀 역사적 근거가 없으며, 사도들의 주관적 신념의 표현일 뿐이며, 원시적 문화맥락에서 해석되어야 한다고 주장했다. 그의 저작은 당대 학계에 큰 파문이었으며 교수직에서 그를 파문시키는 계기가 되었다. 역사적 예수의 탐구의 파이오니어이다)의 『비판적으로 검토된 예수의 생애*The Life of Jesus Critically Examined*』도, 르낭Joseph Ernest Renan, 1823~1892(불란서 철학자. 셈족 언어·문명의 전문가. 철학자, 역사가, 문필가로 이름을 날렸다. 그는 예수를 역사적 한 인간으로 보아야 하며 신과는 아무 관련이 없다고 주장했다. 그리고 복음서의 기적들을 부인했으며 예수를 인간화하는 것만이 그에게 위대한 권위를 부여하는 것이라고 주장했다. 성서의 기술은 여타 역사서를 검토하는 것과 동일한 비판적 안목에서 분석되어야 한다고 주장함으로써 당대 기독교인들·유대인들을 격분시켰다. 슈바이쳐가 잘 다루었다)의 『예수의 생애*The Life of Jesus*』도 꽂혀있다. 예수라는 인간을 역사적으로 조명하려는 노력은 인간의 이성이 개명하게 된 18세기로부터 꾸준히 있어왔고 성서의 내러티브를 역사학적으로 분석하고 성서라는 자료를 문헌학적으로 비평하는 작업은 불트만의 양식사학적 방법에 의해 20세기 후반에 들어 비약적인 성과를 얻었다. 슈바이쳐까지를 역사적 예수의 탐구의 제1세대라고 한다면 불트만과 그의 제자들, 쾨스터Helmut Koester, 1926~2016, 케제만Ernst Käsemann, 1906~1998 등등에 의하여 제2세대, 제3세대의 탐구가 이루어지고 있다고 말할 수 있다.

브레데가 역사적 예수 그 인간은 자기가 메시아라고 하는 종말론적 의식이 없었다고 말하는데 반하여 슈바이쳐는 역사적 예수야말로 메시아적·종말론적 의식 속에서 자기의 삶을 운영해나갔던 한 거인이라고 본다. 그런데 이러한 역사적 예수의 심리분석적 논의가 과연 얼마나 의미가 있을까? 슈바이쳐 이전의 논의는 모두 예수라는 인간에 대한 신화적 기술, 그 자체의 실재성實在性을 거부하는데 집중해있었다. 이것은 근세적 계몽주의의 성과로 진행되어온 과학적 상식주의, 이성주의, 비권위주의, 자유주의적 역사의 지평 위에서 너무도 당연한 주장이었다. 그러나 그 당연함과 지적 결백성은 기존의 교권에 기생하여 사는 모든 인간들에게는 공포였고, 입막음을 해야 할 저주였다. 우리나라 꼴보수기득권자들이 반공이라는 터무니없는 이데올로기를 비판하기만 하면 닭살이 돋고 분노를 끓어올리며 돼지 멱따는 소리를 내는 것과 동일한 현상이다.

그러나 19세기말까지의 이러한 자유주의 투쟁은 결코 뚜렷한 성과를 내지 못하고 슈바이쳐의 논의와 함께 막을 내린다. 인간세 자체가 세속화되고 상식화되고 과학화되어가는 마당에 신화적 기술을 비판하는 목소리가 그렇게 신선하게 들릴 리 만무하다. 인간세가 과학화되고 상식화되면 될수록 합리적인 사유도 보편화되어 가지만, 그 반면에 신화적 보수성이나 초월성에 매달려서 인생의 재미를 느끼는 우중愚衆도 더 극성으로 치닫게 마련이다. 한번 성립한 종교적 구라의 권위는 이러나저러나 항상 장사가 잘되게 마련이다.

불트만의 비신화화

이러한 트렌드에 보다 근원적인 반기를 들고나온 사람이, 아마도 20세기 신학계의 최고·최대 거장이라 말할 수 있는 불트만Rudolf Karl Butlmann, 1884~1976(91세로 마르부르크에서 타계)이다. 불트만은 매우 치밀한 성서언어분석방법인 양식사학Formgeschichte(정확하게는 언어양식의 역사라는 뜻)의 치열한 방법론을 통하여 "비신화화Demythologization, Entmythologisierung"라는 세기적 공안公案을 제시했다.

비신화화란 무엇인가? 이 말을 이해하기 위해서는 위·아래의 접두·접미어를 잘라내고 그 가운데 있는 말을 우선 이해해야 한다. 신화란 무엇인가? "신화"를 알면 "비신화"와 "비신화화化"를 알 수 있게 된다.

이 말을 하기 전에 우리가 고문헌을 대하는 자세에 관하려 한마디만 하자! 자아! 우리에게는 AD 414년에 건립된, 역사적으로 그 모든 정황이 확실한 광개토대왕릉비라는 것이 있다. 그런데 고구려인들은 왜 이 비를 세웠을까? 보기 좋아서! 폼나니까?

고구려인이 이 거대한(독립된 글씨석비로서는 세계최대) 석비를 세우는 일차적인 목표는 그 돌비 비면에 글자를 새기기 위한 것이다. 그 글자는 그냥 폼나는 심볼이 아니다. 모여서 문장을 이루고 문장은 의미를 전달한다. 그들은 무엇인가를 당대와 후대에 알리기 위하여 돌비를 세운 것이다. 그러니까 그 비석의 비문은 개나 늑대가 보라고 세운 것이 아니다. 반드시 같은 사람에게 의미를 전하기 위한 것이다. 석비의 비문은 그 비문을 쓴 사람과 그 비문을 읽는 사람 사이에, 즉 사람과 사람 사이에서 의미를 전달하기 위한 것이다. 이 사람과 사람 사이에 성립하는 의미전달의 체계를 우리는 "이해Understanding"라고 부른다.

우리가 광개토대왕비문을 읽는다는 것은, 그것을 해석한다는 뜻이며, 해석한다는 것은 그것을 이해한다는 뜻이다. 우리는 고문헌을 해석하기 위해서는 반드시 고문헌을 이해해야 한다. 그런데 고문헌을 쓴 사람들, 그것을 만든 사

루돌프 불트만Rudolf Bultmann, 1884~1976: 독일의 신학자. 루터교회 목사인 아써 케네디 불트만Athur Kennedy Bultmann의 아들로서 올덴부르크Oldenburg에서 태어났다. 올덴부르크 김나지움에서 공부하고 튀빙겐대학, 베를린대학, 말부르크대학에서 신학을 공부하고 1910년 말부르크에서 바울서한의 연구로 박사학위를 받았다. 2년 후 하빌리타치온을 제출하고 말부르크 신약학 강사로서 찬란한 신학자로서의 생애를 시작했다. 사진을 보아도 알 수 있듯이 그의 사유는 심오하다. 나의 젊은 날 가장 깊은 영향을 준 신학사상가이기도 하지만 그는 20세기 인류 기독교신학의 최대거봉이라는 영예를 관冠하고도 남는다. 칼 바르트와 함께 20세기 모든 신학조류의 쌍두마차로 평가된다. 바르트는 신앙, 계시, 신의 문제에 직접 돌진했지만 불트만은 성서라는 문헌을 치밀하게 분해하여 학문의 수없는 갈래를 만들었다.

람들에게는 반드시 하나의 신념이 있다. 그것은 자기가 쓰는 글이 일차적으로 당대의 사람들에게 이해될 수 있다. 즉 "이해될 만하다understandable"는 신념이다. 모든 글은 **이해될 수 있다**는 신념하에 쓰여진 부호체계인 것이다.

광개토대왕비문을 보면 추모鄒牟(우리가 "주몽"으로 알고있는 이름)왕이 하느님의 아들이며, 엄마는 강물의 신의 딸이었으며, 동정녀 마리아처녀탄생처럼, 섹스를 하지 않고 성령이 강림하여 알에서 태어났다든가, 말년에는 세상을 통치하는 것조차 구차스럽게 느껴져, 황룡을 부르니, 하늘에서 황룡이 내려와 추모왕을 등에 업고 그의 고향인 하늘로 승천했다(黃龍負昇天)는 등, 성서의 신화적 기술과 대차가 없는 이야기들이 적혀있다(광개토대왕비문을 이해하고 싶은 사람은 경성제국대학 출신의 북한학자 박시형 선생이 쓴 『광개토왕릉비』, 푸른나무, 2007를 먼저 읽고 다른 책과 비교해보는 것이 좋다. 박시형은 이 분야의 파이오니어이다).

우리가 성서를 읽을 때, 구약의 점쟁이 같은 예언자들의 말, 그리고 보이지 않는 야훼가 지껄이는 말, 뿐만 아니라 천사니, 기적이니, 마귀니, 성령이니, 귀신이니 하는 말들이 모두 언어기술과 유기체적인 하나를 이루며 점철되어 있다. 그런데 이런 성서의 언어를 접할 때 우리는 잘 "이해가 되지 않는다"고 말한다. 그렇다면 성서를 기술한 기자들의 당대에도 그것이 우리처럼 이해되지 않았을까?

아주 상식적인, 종교 도그마의 오염이 없는 건강한 청소년이라면 성서를 읽고 "이해되지 않는다"고 말하는 것은 너무도 정당하다. 왜냐? 그것은 그런 신화적 기술을 의미있게 만드는 세계관이 근대적 과정을 거치면서 다 붕괴되었기 때문이다. 그 붕괴를 초래한 새로운 세계관을 우리는 "과학Science"("지식"의 뜻. 새로운 앎의 뜻이다)이라고 부른다. 과학의 특질은 이 세계의 모든 현상은 인과적으로 얽혀져 있으며 모든 사건은 정확한 원인과 결과를 가지며, 또 그 인과가 성립하는 방식에는 정확한 법칙이 있으며, 또 그 법칙은 모든 현상에 제일적으로 적용된다는 것이다. 이것을 "자연의 제일성Uniformity of Nature"이라고 부른다. 우리가 "객관"이라고 부르는 것은 모두 이 제일성을 전제로 한 것이다. 서울서 성립한 인과관계가 부산에서 달라질 수 없고, 오늘 성립한 인과관계가 내일 달라질 수 없는 것이다. 우리가 대체로 "신화myth"라고 말하는 것은 이 제일성의 법칙을 벗어나는 현상이라는 뜻이다.

유기체는 삶의 활동Activity을 통하여 반드시 피로Fatigue가 쌓이게 되어있다. 피로가 쌓이게 되면 반드시 노화Aging가 일어나고, 노화는 반드시 죽음Death을 초래한다. 이런 상식은 보편적 현상이다. 그래서 과학적 앎이라고 부른다. 그런데 죽은 사람이 다시 살아난다는 것은 인과적으로 설명될 수가 없을 뿐 아니라(자연의 제일성의 법칙에서 어긋난다), 그러한 사례가 경험적으로 확인된 적이 없다. 따라서 이것은 우리의 상식을 넘어서는 신화의 세계로 진입하게 마련이다.

신화란 무엇인가?

신화란 무엇인가? 불트만은 매우 명료하게 신화를 정의한다: "신화는 이 세계의 언어를 빌어 저 세계를 표현하는 상상력의 활동이다. 인간적 삶의 언어를 빌어 신적 삶을 표현하고, 이 면의 이야기로써 저 면의 이야기를 하는 상상력의 활동이다. Mythology is the use of imagery to express the other-worldly in terms of this world and the divine in terms of human life, the other side in terms of this side. *Kerygma and Myth*, p.10, 주註2." 그리고 또 말한다: "신화는 그 속에서 초자연적이고 초인간적인 힘이나 인격체들이 작동하고 있는 사건 또는 해프닝의 보고이다. 그러니까 아주 쉽게 말하자면 신들의 이야기이다."

결국 신화는 신화를 만든 사람들이 살고있는 세계 속에서의 "자기**이해**"에 대한 한 표현양식a mode of expression일 뿐이다. 이 표현양식이 내가 살고 있는 과학적 세계 속에서 나의 이해에 대한 표현양식과 다르다고 해서 그것을 넌센스로, 미치광이들의 지껄임으로 간주해버리는 것은 하나의 폭력이다. 그런데 지금 사람들에게 그 옛 신화적 양식을 과학적 사실처럼 말하여진 그대로 믿게 강요하는 것도 물론 무지막지한 폭력에 속하는 것이다. 이 양자를 소통시킬 수 있는 모종의 해결열쇠가 있지 않을까?

우선, 신화를 만드는 사람들은 자연의 제일성이라는 보편주의적 시공간 개념이 없다. 객관이 존재하지 않는 것이다. 오직 주관과 대상이 당장의 주어진 시공간 속에서 융합을 일으킨다. 그리고 그 융합은 무한한 상상의 나래로 발전한다.

둘째, 신화를 만드는 사람들은 저 세계의 사건을 마치 이 세계의 상식적 인과 속에서 일어나고 있는 사건처럼 객관화시킨다. 다시 말해서 언어화될 수 없고 객관화될 수 없는 "전적인 타자"의 세계를 마음대로 언어화하고 객관화시킨다. 이것은 현대인들에게 매우 착각을 일으킨다. 신은 평범한 사람의 인식속에 포착될 수 없는 존재임에도 불구하고 좀 힘세고 잘 아는 비범한 인간처럼 그려지며, 신은 인간의 말을 해서는 아니 되는데, 완전히 인간의 말을 하고 있다. 이러한 것들이 신화가 야기하는 거대한 문제점들이다. 여기 "비신화화"라는 것은 고대인의 언어와 그 언어를 의미있게 만드는 세계관의 유기적 총체성과 현대인의 언어와 그 언어를 의미있게 만드는 세계관의 유기적 총체성을 소통시키는 것을 의미한다.

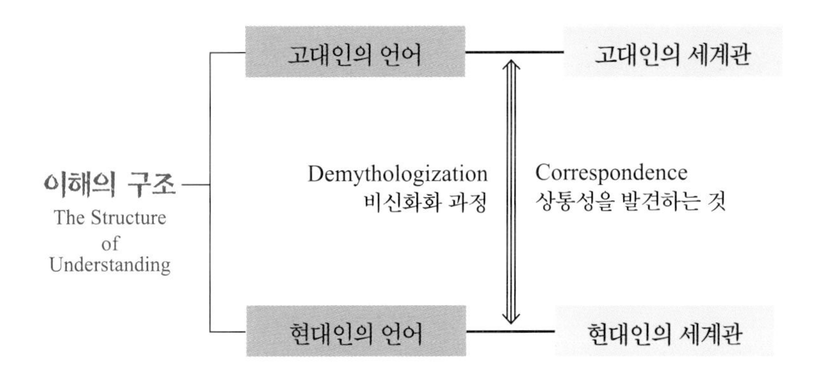

따라서 비신화화란 신화의 제거가 아니라 신화의 해석일 뿐이다. 그렇다면 신화의 해석이란 무엇인가? 앞서 말했듯이 그것은 신화의 이해를 의미하는 것이다. 그렇다면 이해란 무엇인가? "이해"란 신화 자체가 본래 세계 그대로의 객관적 그림을 전하려는 것이 아니라 그 신화를 만든 사람들의 자기이해를 뜻하는 것이므로, 신화는 우주론적 사실로서 이해될 것이 아니라, 반드시 인간론적으로anthropologically, 그러니까 실존주의적으로existentialistically 이해되어야 하는 것이다.

신화 속에 나타난 인간들의 자기이해방식을 나의 실존의 지평 속에서 이해하는 것이다. 그래서 불트만은 "비신화화"라는 개념보다 "실존적 해석existentialist interpretation"이라는 개념이 더 합당할 수도 있다고 말한 적이 있다. 신화를 해석한다는 것은, 신화를 이해하는 것이며, 신화를 이해한다는 것은, 신화를 누구에게든지 이해될 수 있도록 만든다는 것이다. 모든 신화는 실존적 목표를 반드시 가지고 있다는 것이다.

이러한 신학논쟁을 쓰기로 한다면 나는 너무도 많은 신학논저들을 머릿속에 담고 있기 때문에 열 권의 책으로도 모자랄 수 있으니 여기서 또 단필해야 할 것 같다. 불행하게도 우리나라 신학계는 불트만을 읽지 않는다. 아마도 허혁 선생님과 나, 두 사람만이 불트만의 저술을 대강 다 섭렵했을지도 모르겠다. 우리나라 신학계 사람들은 불트만 하면, 반공주의자들이 "빨갱이" 취급하듯이 지극히 위험한 인물로 몰아세운다. 그 이유는 바로 이 "비신화화"라는 말 때문인 것이다. 신화를 고수해야 예수장사가 잘된다고 생각하는 모든 목사님들이 "비신화화"라는 말을 들으면 닭살이 돋는 것이다.

그런데 불트만을 깊게 읽으면 그의 비신화화는 그런 반신화가 아니라 친신화적이라는 사실을 알 수 있게 된다. 불트만에게는 아주 심오한 경건주의가 있으며 그의 언어는 기독교신앙의 보수주의적 정언명령에서 한 치도 벗어나지 않는다. 그리고 불트만은 정치적으로도 하이데거처럼 상식을 벗어나는 행동을 한 적은 없으나, 매우 보수적인 인물이다. 이론적 관심의 심오함 때문에 정치적 이슈에 대해서 둔감했다고 말하는 것이 보다 정확한 표현일 것이다.

그런데 한국교회나 신학계는 불트만보다는 자기들 구미에 아주 잘 들어맞는다고 생각하는 칼 바르트Karl Barth, 1886~1968(스위스의 프로테스탄트신학자)를 잘 받들어 모신다. 바르트야말로 그들이 요구하는 보수주의의 모든 틀을 제공하는 위대한 20세기 신학의 조종祖宗이라고 생각하는 것이다. 청담 스님이 해인사의 방장 성철을 머리 위에 이고 떠받치고 다녔듯이 다니는 것이다. 바르트신학만 고수하면 기독교의 보수주의, 신령주의, 유일신적 하나님절대주의는 걱정 없이 안방 아랫목에서 코를 곯고 계셔도 상관없다고 생각하는 것이다. 이런 사람들의 대부분이 돈 많고, 권세 많고, 반공에 철저하고, 친박 데모 선동하고, 말끝마다 할렐루야 아멘을 외치는 사람들이다.

칼 바르트는 과연 어떤 사람인가?

과연 바르트가 그런 사람일까? 내가 이런 말을 하면, 그들은 또다시 닭살이 돋겠지만 그들이 인지해야만 할 정확한 팩트는, 바르트야말로 불트만보다 훨씬 더 래디칼한 사람이며, 소신있는 사회주의자a Socialist with firm conviction라는 사실이다. 그는 자유신학과 결별하고 보수주의적 신학을 구성한 것처럼 보이지만 그의 보수주의는 구태의연한 보수주의로의 퇴행이 아니라 하나님을 인간의 지평이나 역사적 지평 위에서 연속적으로 해석할 수 없다는 매우 단호한 절대주의를 표방한 것이다.

그의 보수주의는 절대주의이며, 그의 절대주의는 자유주의신학의 모든 전제를 수용하고 극복한 차원의 절대주의일 뿐이다. 그는 오직 성서*sola scriptura*, 오직 은총*sola gratia*, 오직 믿음*sola fide*, 오직 그리스도*solus Christus*라는 종교개혁의 혁명적 발상을 그의 출발점으로 삼았다. 바르트가 자유주의신학Liberalism을 혐오한 것은 자유주의를 표방하는 자들, 즉 인간과 신을 연속적 지평 위에서 파악하고, 인간이성과 경험의 자율성을 옹호하고, 진리에 대한 개방성을 사랑하고, 도그마티즘의 폐쇄성을 혐오하는 그들이 바로 나치즘과 쉽게 타협해버렸기 때문이다.

그가 직접 쓴 1934년의 바르멘선언Barmen Declaration, Barmer Erklärung은

프로테스탄티즘 신학운동사의 한 획을 긋는 사건이며, 나치즘이 독일기독교에 줄 수 있는 모든 영향력을 차단시켜 버렸다. 예수 그리스도의 하나님에 대한 교회의 충성심은 독일총통, 아돌프 히틀러Adolf Hitler와 같은 다른 주님의 영향에 항거하는 힘의 원천이 되어야 한다고 선포했으며 그 선언문을 바르트는 직접 히틀러에게 개인적으로 우송했다. 이로써 바르트는 본대학의 교수직을 사직하고 히틀러에 대한 일체의 선서를 거부하고 고향인 스위스로 돌아가 바젤대학의 조직신학의 교수로 봉직하면서 연구를 계속했다.

그는 고향에 돌아가서도 사회주의운동에 헌신했다. 노동운동, 노동법, 공장·보험관계법을 연구했으며, 그는 공산주의가 매우 진지한 무신사상이라고 평가했다. 사회주의는 계급투쟁이 아닌 인성을 위한 정의로운 투쟁이며, 사회주의가 겨우 노동자계급의 운명을 개선하는데 머물러서는 안된다고 생각했다. 이미 1916년에 쓴 문장 속에서 하나님의 정의로우심을 말하면서, "인류의 삶의 가장 잔악한 죄악은 전쟁과 자본주의적 질서"라고 단언했다.

그는『로마서강해』의 초판에서도 "지금 슬프게 꺼져가고 있는 맑시스트 도그마의 불꽃이 분명히 세계의 진리로서 다시 새롭게 타오를 그때가 오고 있다. 사회주의 교회가 죽음으로부터 부활할 때 많은 사람들이 사회주의 혼을 불러일으킬 것이다." 그는 사회주의를 설교했을 뿐 아니라, 그는 사회주의에 관하여 강의하고 집필하기도 했다. 그는 제너럴 스트라이크, 국가·국제사회주의 회합, 러시아혁명과 같은 이벤트를 해석하는 글을 썼고, 노동자들을 위하여 "근무시간, 저금, 여성노동"에 관한 강의를 개설하기도 했다.

칼 바르트Karl Barth, 1886~1968: 칼 바르트는 독일신학계를 이끈 거성이지만 독일사람이 아니다. 스위스 바젤에서 요한 프리드리히(프리츠) 바르트와 안나 카타리나 바르트 사이에서 태어났는데, 그의 아버지 프리츠 바르트Fritz Barth는 신학교수였고 니체의 자유의지론에 심취한 사람이었다. 그의 대학생활은 18세 되던 해 아버지 프리츠 바르트가 신학학 교수로 봉직했던 베른Bern대학에 입학함으로써 시작되었다. 그는 신학에 별 흥미를 느끼지 못하고 칸트와 슐라이에르마허만 읽었다. 그래서 칸트와 슐라이에르마허를 융합한 말부르크대학의 헤르만Wilhelm Herrmann, 1846~1922 교수 밑에서 공부하고자 했다. 아버지는 신칸트학파 헤르만의 자유로운 사상에 오염되는 것이 싫어 그의 아들을 베를린대학에 보냈다. 바르트는 그곳에서 카프탄J. Kaftan, 하르낙A. v. Harnack, 궁켈H. Gunkel의 강의를 듣는다. 아버지는 그가 베를린에서 오히려 자유주의신학에 물든다고 생각하여 1908년 말부르크대학으로 가는 것을 허용한다. 바르트는 드디어 그토록 동경했던 말부르크대학에서 3학기 동안 불트만과 나란히 앉아 헤르만의 체험신학 강의를 듣는다. 바르트는 자유주의신학과 결별하고 변증신학Dialectical Theology을 창시했다. 그는 오히려 자기 신학체계를 자유의 신학Theology of Freedom으로 불리기를 좋아한다. 그는 인간학의 지평에서 신을 해석하는 모든 연속성을 단절시킨다. 바르트는 불트만을 19세기 인간중심주의양식으로 후퇴했다고 비판한다. 그러나 불트만은 바르트를 비판하지 않는다. 그의 비신화화가 바르트신학의 절대주의적 지평을 포섭한다고 생각하기 때문이다. 교황 피우스 12세Pope Pius XII는 언젠가 그를 토마스 아퀴나스 이래 가장 중요한 신학자라 말했다. 1962년 4월 20일 타임지가 바르트를 표지인물로 내세웠는데 그 기사 속에서 교황의 말을 어떻게 생각하냐고 물었을 때 그는 "그래서 교황은 무오류다"라고 말하면서 웃었다.

종전 후에 본대학은 속죄의 의미로 나치 치하에서 박탈당한 바르트의 교수직을 부활시켰다. 그는 1946년부터 다시 독일교단에 서서 전후 낙망과 절망을 헤매는 젊은 세대들에게 용기를 불어넣어 주었다. 바르트는 그때에도 전쟁이 끝나자 동서냉전대립으로 화석화 되어가는 세계질서를 날카롭게 간파했다. 당시 교계의 신망을 한몸에 모으고 있는 그에게(그의 『교회교의학*Church Dogmatics*』 등의 성과를 지목하여 로마교황 피우스 12세Pope Pius XII, 1939~58는 바르트를 토마스 아퀴나스 이래의 가장 위대한 신학자라고 공식적으로 평하였다. 바르트는 그 정도로 당대 명망이 높았다) 사람들은 그가 한때 독일국가사회주의를 신랄하게 비난했듯이 공산주의에 대해서도 같은 비판을 해주기를 기대했다. 그러나 바르트는 서방측이 추구하는 냉전체제가 더 비극적이며 몰지각하다고 비난했다.

> "나는 결연코 공산주의 영역에 몸담고 싶지 않으며, 다른 사람에게 강요할 생각도 없다. 그러나 나는 서방세계에 살면서 점증하는 혼란과 극단적인 대립 가운데서 몸부림치는 우리 기독교인들이 기독교적으로든 정치적으로든 반드시 공산주의 이데올로기를 거부한다든가 멸시해버려야 할 의무를 부여받았다고 생각하지 않는다. 나는 공산주의 그 자체보다는 반공을 빙자한 서방의 현실이 더 사악하다고 생각한다."

바르트는 반공주의anti-Communism로 얼룩진 서구의 기독교가 동구의 무신론보다 훨씬 더 교활하고 독기가 서려있다고 갈파했다.

> "공산주의는 그 자체로서는 어떤 거짓 예언자와 같은 요소가 없다. 그러나 아주 냉철한 적그리스도이다. 복음도 불필요한 것으로

간주한다. 그것은 아주 치명적이지만 그러나 그 나름대로는 아주 진지한 무신사상이다."(cf. 조남홍 역『로마서강해』속에 수록된 최종호의 "바르트의 하나님말씀의 신학").

그는 천국을 진정한 사회주의 세계로 파악했다. 그는 동과 서, 공산사회와 자유사회의 화해를 추구했으며 교회는 어떠한 진영에도 몸담으면 안된다고 생각했다. 교회는 파워 블록과 그 이념으로부터 자유롭지 않으면 안된다고 주장했다. 그리고 어떠한 교회나 교인도 진정한 기독자라면 핵전쟁을 선험적으로 반대하지 않으면 안된다고 강렬하게 주장했다. 오늘날 칼 바르트를 보수주의신학의 조종이라고 착각하는 한국의 교계가 진실로 직시해야 할 시점에 이른 것이다.

브루탈 팩트

비신화화를 주장하는 불트만은 "역사적 예수"의 탐구에 대하여 매우 부정적인 입장을 취했다. "역사적 예수Historical Jesus"라는 것은 우리가 상식적으로 알고 있는 뜻의 개념이라기보다는 이미 기독교신학의 한 주류가 되어버린 주요한 신학개념이다.

"역사적 예수"란 무엇인가? 그런데 이 말은 신학개념치고는 매우 알기가 쉽다. 지금 나는 서울 동숭동에 있는 낙송암駱松菴이라는 작은 암자의 아담한 서재의 서향에 파묻혀 이 글을 쓰고 있다. 나는 서울에서 살면서 이 땅을 걸어다니고 있다. 광화문 촛불집회에도 나가 군중과 같이 항의하며 환호하고 분노한다. 때때로 지인들과 회식하면서 담소한다. 나는 이 조선땅 위에서 살고 있다. 그런데 갑자기 도올이 누구인가?라는 질문을 누군가 던졌다고 하자! 이 도올이 누구냐는 질문에 대하여, 내가 살아있을 때 답하기가 쉬울까? 내가 죽었을 때 답하기가 쉬울까? 살아있을 때는 하루하루 그 사람의 규정성이 변할 수도 있기 때문에, 아마도 죽은 후에 더 총체적인 평가를 내리기가 쉬울 것이다. 그런데 내가 하나님의 아들이며, 하나님의 아들로서 이 세상을 구하러 왔다고 말하면 사람들이 어떤 반응을 보일까? 도올은 미친놈이다! 말도 안되는 소리를 하고 있다! 아니다! 맞다! 맞다! 그는 분명 하나님의 아들이다, 범인과는 다르다! 그는 분명 이 세상을 구할 수 있다!

이 말이 좀 세다면 요 정도로 나의 신념을 말해보면 어떨까? 나는 앞으로 조선의 대사상을 만들어 앞으로 천년간 조선민족을 정신적으로 이끌어갈 수 있는 위대한 학문체계를 정립하겠다. 아~ 그 정도는 할 수 있는 사람이다! 운운.

그런데 예수는 과연 갈릴리의 지평 위에서 살았던 한 인간인가?라는 질문은 예수가 누구인가? 도올은 누구인가?라는 질문과는 차원을 달리한다. 그것은 근원적으로 존재론적 의문을 제기하고 있는 것이다. 예수의 경우, 그 인간에 대한 기술이 너무도 이해가 되지 않는 신화적 요소가 많기 때문에, 헤라클레스가 실제로 이 땅 위에서 살았던 인간인가 하는 질문만큼이나 그 실존성 그 자체가 의혹의 대상이 되고 있는 것이다.

갈릴리바다! 생각만 해도 가슴이 뛴다. 일년 내내 햇빛이 쨍쨍 내려쬐는데도 그토록 넓은 바다와 같은 호수가 있다는 것은 풍요의 원천이 아닐 수 없다. 북방 훠틀 크레센트의 강우량이 갈릴리바다로 모이는 것이다. 갈릴리는 예루살렘과는 비교도 할 수 없이 풍요로운 곳이다. 예수는 이 갈릴리바다를 배경으로 살았다. 그래서 가슴이 바다처럼 넓다. 대학시절에 나는 이곳에서 친구 요아브 아리엘과 댄 다오르Dan Daor와 함께 미역 감으며 놀았다. 지금은 상상도 할 수 없는 일이지만 …. 아랫 사진은 나사렛에 있는 시나고그교회인데 누가 4:16의 현장이다. 예수의 직업을 보통 목수carpenter라 말하는데 이것은 잘못 설정된 것이다. 목수에 해당되는 아람어는 "나가르naggar"인데 그것은 "학자" "배운 사람"을 뜻한다. 예수는 목수가 아니라 지적으로 탁월한 학문을 연마한 인물이었다. 그렇지 않으면 그의 비유와 설법이 이해될 수 없다. "이 사람의 받은 지혜와 그 손으로 이루어지는 이런 권능이 어찌 됨이뇨?"(막 6:2). "목수"는 특수한 디시플린의 소유자라는 뜻이다.

그러나 도올 김용옥의 경우, 실제로 이 땅위에서 활동한 한 인간이라는 존재성에 관해서는 별로 의문의 여지가 없다. 도올이 누구이며 어떠한 생각을 하고 산 사람인가를 말하기는 어렵다 해도 최소한의 생존사실을 입증할 수 있는 수없는 자료가 있다. 나는 예수처럼 논란의 대상이 되고 싶지 않기 때문에 누군가 내 전기를 쓰려고 한다면 쓰지 말라고 당부하겠지만, 실존사실을 입증할 수 있는 이미 공유된 자료가 너무도 많다(신문기사, 저술, 방송자료, 영화, 학적기록 등등). 아버지가 누구이고 엄마가 누구이며, 몇 년도부터 몇 년도까지 어느 학교를 다녔고 … 등등, 움직일 수 없는 엄연한 사실historical *bruta facta*이 있다. 그런데 예수에 관해서는 이런 브루탈 팩트brutal fact가 확보되질 않는 것이다. 예수를 과연 역사적 도올을 기술하듯이 기술할 수 있겠는가? 역사적 도올을 캐내듯이 캐낼 수 있겠는가?

장자가 「제물론」에서 말하는 꿈같은 신앙 속에서, 그 환각과 실재가 구분되지 않는 중세기적 신앙 속에서 살아온 사람들에게는 예수의 실재성이나 실존성을 묻는 것조차 불경이었지만(오늘 우리나라 꼴통교계와 같이), 그러한 중세기적 환각이 과학적 이성에 의하여 걷히고 난 후에는 사람들이 브루탈 팩트 그 자체로 환원하고 싶은 바램이 생기는 것은 너무도 당연한 근대적 현상이었다. 두 밀레니엄의 꿈을 깨고 드디어 "역사적 예수"라는 주제가 신학계에 등장하게 된 것이다.

불트만의 케리그마

그런데 역사적 예수를 캐는 것은 "역사적 자료"에 의존해야 되는데, 신학도들이 생각하는 자료들은 결국 4복음서였다. 신약성서는 복음서와 사도행전, 그리고 사도들의 서한, 그리고 묵시록으로 이루어져 있는데, 예수의 전기 자료를 캘 수 있는 곳은 복음서밖에 없다. 바울은 산 예수가 아닌 죽은 예수를 출발점으로 삼았기 때문에 "인간 예수," "역사적 예수"에 관한 정보가 없다. 그가 어디서 태어났고 어디서 자랐는지조차도 바울서한에 일체의 정보가 없다. 그렇다면 역사적 예수를 캐는 곳은 4복음서(복음서는 기본적으로 예수의 전기 자료형식의 문헌이다)일 텐데, 이 중 마태·마가·누가 세 복음서가 같은 관점에서 쓰여진 비슷한 구조의 가스펠이기 때문에 우리가 그것을 공관복음서共觀福音書Synoptic Gospels라고 부른다.

이 중 마가복음서가 제일 먼저 성립했고, 그 마가자료를 원자료로 놓고 그것을 여타자료와 합성해서 확충해가는 방식을 취한 것이 마태복음과 누가복음이다. 마태가 누가보다 먼저 성립했다. 그리고 한참 후에(AD 100년경?) 요한복음이라는 전혀 다른 자료와 색다른 철학적 관점에 의거한 새 복음서가 만들어졌다. 이 4자료는 기본적으로 같은 사람의 인생을 놓고 다르게 쓰고 집필된 것이기 때문에 공통된 부분도 있고 다른 부분도 있어 문헌 비교론적인 여지를 남긴다. 이 동이同異의 비교가 결국 양식사학이라는 끊임없이 재미있는 문헌비평의 학문을 낳게 된다. 이 4복음서의 자료들 속에서 신화와 비신화의 다양한 양식을 가려내면서 역사적 예수를 조명해볼 수 있겠다는 발상을 하는 것은 20세기 신학도들의 당연한 사유의 추세였다.

도올의 인생을 추적하듯이 과연 우리는 4복음서의 자료를 통하여 역사적 예수를 그려낼 수 있을까? 대부분의 개명한 자유주의 신학자들은 이러한 가능성에 대한 매우 긍정적인 확신을 가지고 있었다. 그런데 근원적으로 자유주의 신학의 전제들을 수용하고 있다고 생각할 수밖에 없는 불트만이(불트만은 예수를 어디까지나 역사의 지평 위에 놓는다) 그러한 흐름에 쐐기를 박는 반기를 든 것이다. 역사적 예수의 탐구는 근원적으로 불가능하다는 것이다. 왜 그런가?

역사적 예수를 규명해야 하는 근거자료가 결국 4복음서밖에 없는데, 4복음서 자체가 사실에 근거한 객관적 전기자료objective biographic materials가 아니라, 초기 기독교 교단의 케리그마*kerygma*를 정당화하기 위한 수단으로서의 자료일 뿐이라는 것이다. 우리가 손에 쥐고 있는 모든 자료가 객관적·역사적 인간 예수를 알 수 있는 자료가 아니라 초대교회의 케리그마양식자료일 뿐이라는 것이다. "케리그마"란 무엇인가?

그것은 "선포proclamation"라는 의미인데, 예로부터 헤르메스라는 전령이 신의 이야기를 알리는 것과도 같은 일방적인 포고의 형식을 가리킨다. 케리그마의 동사 케륏소κηρύσσω는 "크게 외친다," "알리다," "공적으로 포고하다"는 뜻이다. 그러니까 케리그마는 대화가 아니라, 일방적인 선포이며 알림이다. 알림이라는 것은 듣는 사람의 의견을 구하는 것이 아니라, 듣고 알아 새기라는 뜻이다. 그것은 일방적으로 선포하는 것이다. 초대교회의 입장에서는 교인들과 토론하고 의견을 수정하고 서로의 무지를 자각하고 하는 희랍적인 진리의 추구, 지혜의 갈구는 매우 시간낭비일 뿐 아니라, 어리석은 일이다. 이 그리스도의 이야기는 포교지 지혜의 사랑이 아니기 때문이다. 예수는 하나님의 아들이며(단순한 인간이 아니라는 얘기), 이 세상에 하나님의 말씀을 전하러 성육신되어 지상에 나타났다. 그리고 활동하다가 박해받고 죽었다가 다시 부활함으로써 그리스도가 되었다.

이 그리스도의 사건은 인간의 역사나 인간의 신조를 그리는 것이 아닌, 인간구원의 선포이다. 선포 그 자체가 인간에게 구원을 가져다주는 사건인 것이다. 선포는 토론의 대상이 아니며, 사실과의 상응 여부가 중요하지 않다. 선포는 오직 믿음을 유발하기 위한 일방적인 담론양식이다. 듣는 사람이 믿으면 다행이고 안 믿으면 그만이다. 초대교회는 이러한 선포를 위해 존재했다. 4복음서가 초대교회에서 선포를 위해 만들어진 언어양식이므로 4복음서를 통해서 우리가 알 수 있는 최대의 성과는 초대교회의 케리그마의 실상을 규명하는 것일 뿐 역사적 예수를 알 길은 없다는 것이다. 초대교회의 케리그마의 성격을 확실히 파악한 후에 그 케리그마를 다시 비신화화 하여 그 케리그마의 실존적 의미를 파악하는 것으로 만족해야 한다고 생각했다.

예수와 말씀

불트만은 예수를 어디까지나 인간으로 생각했다. 예수는 곧바로 신과 등식이 성립할 수는 없다고 주장했다. 예수는 신이라 말하기보다는 신의 말씀이라고 말해야 한다(Instead of saying "Jesus is God," we should say what is really meant: Jesus is the Word of God). 불트만은 예수를 요한복음적으로 파악했다. 그래서 존재론적으로 접근하는 것이 아니라 로고스론적으로, 다시 말해서 "말씀의 의미"를 중시했던 것이다. 따라서 바르트는 불트만의 이러한 경향을 19세기의 인간중심주의적 양식the anthropocentric mode of the nineteenth century으로의 퇴행이라고 혹평했다.

하나님의 계시의 절대성과 자유를 말하는 바르트의 입장에서는 동문수학 친구인 불트만의 이러한 입장을 퇴행으로 간주하는 것은 너무나 당연한 일이지만 우리는 바르트의 절대주의가 20세기 기독교신학의 흐름에 긍정적 영향만을 끼쳤다고 말할 수는 없다. 그의 절대주의는 순수한 절대가 아니라 시대적 요청이었을 뿐이다. 그가 말하는 "신의 자유"는 이미 인간화된 담론이다. 신이 정말 전적인 타자Wholly Other라고 말한다면 "자유"라는 말도 쓸 수가 없는 것이다. 신에게 인간적인 속성을 부여할 수 없다. 차라리 불트만의 치밀한 케리그마양식의 탐구가 더 가치있는, 보다 심도있는 리버럴한 신학의 개화를 초래했다고 말할 수 있겠다.

자아! 이제 우리는 또다시 질문해야 한다. 불트만의 생각은 과연 정당한가? 대체적으로 불트만이 기독교문헌의 궁극에 예수라는 역사적 인간이 자리잡고 있는 것이 아니라, 초대교회의 케리그마가 자리잡고 있다고 주장하는 것은 학자적인 양심에 의거한 매우 정당한 입론立論이다. 그리고 불트만신학의 유기적 전체논리에서 귀결될 수밖에 없는 필연적 논리이기도 하다.

그러나 그의 제자 케제만Ernst Käsemann, 1906~1998(케제만이 마르부르크대학에서 신약학부문에서 바울교회론Pauline ecclesiology에 관한 박사논문을 썼을 때 불트만이 지도교수였다. 케제만은 불트만의 제자 중에서도 좌파성향의 인물이었으며, 바르트 등이 주도한 반나치 고백하는 교회운동the Confessing Church Movement에 가담했다. 1937년 가을에는 공산주의 광산노동자운동을 지원한 죄로 게슈타포에 붙잡혀 수주 동안 억류되기도 했다. 군인으로 끌려나가기도 했고 전쟁포로POW가 되기도 했다. 괴팅겐대학, 튀빙겐대학에서 교편을 잡았다. 그의 로마서 주석은 사계의 한 표준으로 꼽히는 명저이다. 그의 딸, 인권운동 액티비스트인 엘리자베스가 아르헨티나에서 특수부대에 납치되어 살해되었는데[1977년 5월 24일], 그 사건 이후로 그의 필봉은 더욱 래디칼해졌고 쓰디쓴 원한이 맺히기도 했다)은 불트만이 말하는 케리그마의 논리를 수긍한다 해도, 케리그마의 성립 자체가 역사적 예수에 어떠한 방식으로든지 뿌리박지 않고서는 불가능하다고 생각했다. 그는 예레미아스Joachim Jeremias, 1900~1979(독일의 루터교회 신학자. 어린 시절 예루살렘에서 컸기 때문에 팔레스타인 현지의 풍속을 잘 알았다. 괴팅겐, 튀빙겐대학의 신약학 교수)의 예수의 비유연구와 같은 방법론을 중시했다. 케제만은 복음서의 언어 속에는 그 자체의 다양한 비교론적 맥락 속에서 역사적 예수의 모습은 부각되지 않을 수 없다고 주장했다. 기독교의 진정한 오리진은 케리그마가 아니며, 제자들의 부활체험이 아니며, 그리스도 관념이 아니다. 단 하나 나사렛의 인간 예수의 출현이며, 그것은 궁극적으로 역사적 이벤트이다. 그 인간의 생애가 중요한 것이 아니라 그 인간의 말이 중요하다. 그가 선포한 복음(굳 뉴스)이 초대교회공동체의 케리그마에 선행한다. 예수는 무명의 초대교회공동체 속에 파묻히는 것을 원치 않는다. 케리그마의 오리진은 항상 예수의 가르침 속에서 발견될 수 있다.

이렇게 되면 결국 역사적 예수와 초대교회 케리그마의 문제는 "닭과 달걀"의 문제가 되고 만다. 무엇이 먼저라고 말해도 어느 한 쪽의 주장에 무게가 실리지 않는다.

독일어라고 하는 질병, 독일신학의 문제점

내가 여태까지 이 서문에서 독자에게 보여주려고 한 담론의 노력은 불트만과 케제만의 논의를 훨씬 뛰어넘는 새로운 시도이다. 불트만, 케제만 시대에만 해도 세상을 바라보는 안목이 좁을 수밖에 없었고, 무엇보다도 사료의 빈곤함이 그 시대를 특징 지웠다. 불트만은 나그 함마디 라이브러리(이 중에 도마복음서도 포함됨)도 제대로 보지 못했고, 쿰란문서의 세기적 연구업적들도 그의 탐구에 별다른 영향을 끼치지 못했다. 지금은 자료의 범주가 훨씬 넓어

20세기에 너무도 중요한 발굴들이 전 세계적으로 많이 이루어졌는데, 은허殷墟에서 갑골문이 발견된 것, 그리고 호남성 장사 마왕퇴馬王堆에서 『노자』를 비롯한 엄청난 문헌이 발굴된 것 등을 들 수 있다. 1945년 나일강 상류 나그 함마디 게벨 알 타리프 절벽 밑에서 AD 367년에 묻힌 대규모 문서가 발견된 사건은 실로 놀라운 일이다. 그 중에 포함된 『도마복음서』는 바울 이전의 예수운동, 초대교회 케리그마 이전의 예수모습을 전해준다. 나는 한국인으로서 그 발굴현장을 최초로 답사하였다. 나의 『도마복음한글역주』 전3권을 볼 것.

졌고, 이전의 신학자들이 눈을 돌리지 못한 관련영역의 탐구가 훨씬 깊고 넓어졌다.

나는 예수를 예수로만 본다. 그리스도로 보지 않는다. 이 나의 언명은 한국의 기독교인들을 분개하게 만들 것이다. 한국의 기독교인들뿐만 아니라 당장 바울의 입장과 정면으로 상충한다. 바울은 예수를 예수로 볼 자료가 없었다. 그래서 그의 예수는 예수가 아닌 그리스도였다. 그의 예수는 전적으로 그리스도라는 말 속에 포섭되는 것이다. 우리가 알고 있는 복음서는 모두 바울의

척박한 유대광야, 사해 북단 키르베트 쿰란Khirbet Qumran이라는 동네에서 절벽의 동굴에서 은장되어 있었던 방대한 문서의 발견, 이 발견이야말로 유대민족의 역사와 기독교의 역사를 다시 쓰게 만드는 풍요로운 신천지를 학자들에게 제공했다. 1946년 11월부터 2017년 2월까지 12동굴에서 끊임없이 발견된 이 문서들은 존 히르카누스의 시대(BC 135~104)로부터 제1차 유대-로마전쟁(AD 66~73)에 이르기까지 존속했던 매우 특수한 종말론적 공동체가 생산하고 소장했던 문서들이다. 이 문서들로 인하여 구약성서의 이해가 새로워졌음은 물론이고 초기 기독교공동체의 연구에 있어서도 무궁히 새로운 시각이 제공되고 있다.

서한 성립 후에 쓰여진 것이다. 바울은 복음서자료를 손에 쥐고 있질 않았던 것이다. 그래서 바울은 위대하고 독창적이고 과감하고 추상적이고 보편주의적이었을지도 모른다.

그러나 아이러니칼하게도 현재 21세기 우리는 바울보다 훨씬 더 많은 예수자료를 가지고 있다. 이것은 마치 지금 내가 공자孔子, BC 551~479보다 하·은·주(대략 BC 2,000년경부터 BC 771년경 서주문명西周文明까지) 3대의 문명에 대하여 훨씬 더 디테일한 정확한 지식을 가지고 있는 상황과 유사하다.

"역사적 예수"에 관한 논의는 이제 기독교인이 어떠한 방식으로든지 수용하지 않을 수 없는 사실이며 상식이다. 이 개명한 세상에서 아무리 하나님의 아들로서의 예수를 믿는다 해도, 예수가 초대교회 케리그마 속에서 논리적으로만 전제되어 있는 존재라고 한다면, 그것은 영지주의자들이 가지고 놀고 있는 가현주의Docetism적 허깨비와 다를 바가 없다. 예수가 현대인에게 진정한 신앙의 대상이 된다고 한다면, 역사적 실존성, 그리고 완벽한 인간성humanity을 확보하지 않으면 안된다. 예수는 "역사적 예수"라는 신학적 논쟁 속의 예수가 아니라, 그 자체로 하나의 역사일 수밖에 없다. "역사적 예수"는 역사이며, 역사적 지평을 걸어간 예수일 수밖에 없다. 적나라한 인간 "예수"의 발견이 그리스도 예수보다 더 그리스도론적일 수도 있는 것이다.

나는 평생 신학책을 읽었다. 우리나라의 평균적 신학자들보다도 더 많은 신학서적들을 나는 나의 개인서재에 소장하고 있다. 읽고 또 읽었다. 뿐만 아니라, 성서관련의 지역들을 상당히 폭넓게 답사하여 현지의 감각을 익혔다. 그런데 나는 서구신학적 논의에 대하여 감탄과 경탄을 끊임없이 발하지만 이들의 질병에 관해서도 정확한 진단을 할 수 있을 만큼의 예지를 갖게 되었다. 서구신학은 뭐니뭐니 해도 종교개혁 이래로 독일의 몇 개 대학이 주도한 것이다. 그러니까 신학은 독일철학의 토양 위에서 자라난 것이다. 그런데 독일신학·독일철학은 근원적으로 "독일어"라고 하는 질병 속에서 자라난 것이다. 독일어의 특징은 과도하게 개념화된 명사나 명사구를 생산한다는 것이다. 독일신학자들은 일상언어로 쉽게 말하는 것을 공포스럽게 생각하는 질병에 걸려있다. 바르트, 불트만, 케제만, 몰트만, 판넨베르크 이런 사람들이 이야기하는 것을 따라가다 보면 너무도 개념적 구라가 심해, 막상 그들이 전달하려고 하는 의미의 핵심은 가려져 있거나 별것이 없거나 하는 것이다.

나는 이런 질병을 벗어나 예수와 바울, 이 사람들을 조명하는데 필요한 역사, 인간세의 역사, 고대근동문명사 전체를 독자들에게 보여주려고 한 것이다. 예수나 바울을 바라보는데 필요한 인류의 모든 지적 업적의 줄기들을 보여주고 어떻게 이 줄기들이 합류하여 예수나 바울에게로 집약되었나 하는 것을 보여주려고 한 것이다. 서양의 신학자들에게는 이런 것들이 당연한 배경지식인 것처럼 여겨질지는 모르겠으나 그들 자신이 예수는 역사적 예수이기 전에 "역사"라는 사실을 망각하고 있다고 나는 생각한다.

신학도들의 가장 큰 질병은 신·구약성경이라는 그 꾀죄죄한 작은 문헌 하나에만 매달려 평생을 읽고 또 읽고 감명을 받는다는 것이다. 그래서 그 자료의 범위 속에서 독일어적인 쓸데없는 개념을 양산하여 개념 대 개념의 대결만을 일삼는다는 것이다. 이러한 대결은 결국 알고보면 성서 그 자체, 예수 그 자체와 무관한 것이기 때문에, 고매한 신학논쟁이 기독교Christianity라는 문명현상에 아무런 영향을 주고 있지 못하다는 것이다. 우리나라 신학계에 훌륭한 신학박사학위를 받은 사람만 해도 수백·수천 명이 될 텐데 그들의 신학적 지식이 "교회현상"을 주도하고 있질 못한 것이다. 교회는 인기목사 개그맨들이 주도하는 대형 장사판이 되어만 가고 있는 것이다.

예수는 역사다. 로마제국에서 분봉을 받은 헤롯이 예루살렘성전을 대대적으로 다시 짓고 있었고, 옥타비아누스가 로마공화정을 제정으로 바꾸고 있었고, 클레오파트라가 안토니우스와 열렬한 사랑을 나누고 있었고, 하스모니아 왕국의 프라이드가 열성당원의 가슴속에 비수의 불덩이로 타오르고 있었고, 소크라테스의 지혜가 아테네의 개방과 영화를 말해주고, 헬레니스틱 에이지의 스토익, 씨닉, 에피큐리안, 스켑틱들의 지혜가 동·서가 융합된 아타락시아를 말하고 있었고, 하스모니아왕조 때 성립한 사두개인, 바리새인, 에세네파의 엇갈린 주장들이 유다이즘의 코어를 형성해가고 있는, 에세네파의 한 이단자, 한 과격한 민중론자 요한이 요단강에서 대중에게 세례를 통한 구원을 외치고 있던 정확한 역사의 지평 위에서 살고 투쟁하고 죽어간 한 인간이었다. 이 사실을 원점으로 받아들이지 않고 무슨 신학을 논한다는 것이냐?

자아! 이제 이 서문을 마무리하는 작업에 들어가자! 그런데 왜 이렇게 곁가지가 길어졌는가? 그 원점이 무엇이었던가? 그 분기의 원점은 내가 "예수는 유대인이 아니다"라는 말을 꺼냈기 때문에 생겨난 것이다. 이 나의 스테이트먼트를 이해시키기 위하여서는 "유대인"의 정확한 개념과 의미를 추적해야 했고, 이 유대인이라는 개념과 더불어 "유다이즘Judaism"을 설명하지 않으면 아니 되었고, 유다이즘의 원점인 토라를 말하지 않으면 아니 되었고, 토라와 더불어 구약성서 전체(=바이블)를 말하지 않으면 아니 되었고, 또 구약 전체를 말하자니 고대근동문명사 전체를 얘기하지 않으면 아니 되었고 더불어 그리스문명을 탐구하지 않으면 아니 되었던 것이다.

갈릴리 지평위의 예수

예수는 물론 광범한 개념으로는 유대인이라고 해도 상관이 없다. 크게 보자면 이스라엘민족의 피가 섞인 사람일 테니까. 그러나 "유대인"이라는 개념을 좁게 남방의 유다왕조로부터 시작되어 바빌론유수의 핵을 형성하였고 또다시 예루살렘성전 중심의 중핵을 형성하면서 하스모니아왕조의 백본이 된 그 좁은 의미의 유대지방의 사람들로 규정하면 예수는 그 틀에서 벗어난다.

예수는 일차적으로 갈릴리 사람이었다. 그를 누가가 베들레헴에서 태어난 것으로 날조한 것만 보아도(호적조사를 위해 나사렛에서 베들레헴까지 갈 이유가 없었다. 그러한 법령이 로마사에 존재하지 않았다. 누가가 말한 그 해 아우구스투스황제가 명한 호적조사는 있지도 않았다. 누가의 픽션이다), 억지로 그를 다윗의 혈통의 후손으로 만들려고 했다는 사실 자체가 역사적 예수는 다윗혈통과는 무관한 사람이라는 것을 반증한다. 하여튼 그런 문제는 어떠해도 상관없다. 역사적 예수의 탐구는 일차적으로 마가복음의 기사를 기준으로 하기 때문이다. 마가의 예수는 처음부터 동정녀 얘기도 없이 그냥 성숙한 청년으로서 갈릴리의 지평 위에 갑자기 등장한다. 곧바로 "광야에 외치는 자의 소리가 있어 가로되 너희는 주의 길을 예비하라! 그의 첩경을 평탄케 하라!"라는 이사야의 글을(정확하게 일치하는 구약 구절은 없다. 이 상황에 맞게 셉츄아진트의 여러 구절을 합성한 것) 서막으로 요한에게 세례를 받는 한 청년의 모습으로 나타난다. 그리고 요한이 잡힌 후 갈릴리에 나타나서 외친다: "때가 찼고 하나님 나라가 가까웠으니 회개하고 복음을 믿으라!"

그 얼마나 간결하고 스피디한가? 구질구질한 유럽영화를 보다가 스피디하게 진행되는 헐리우드 블록버스터를 보는 것 같다. 갈릴리 지평의 흙바람 모래바람 위에 홀로 단신으로 홑겹의 옷을 걸치고, 여벌도 없이, 지팡이조차 들지 않고, 전대나 배낭도 없이, 샌달도 신지 않고 맨발로, 그야말로 고행의 싯달타보다도 더 가혹한 무소유의 모습으로 평화를 외치며 떠나가는 한 청년! 병든 자를 고쳐주고 오직 "하나님의 나라가 네 문지방에 와있다"고 외치는 그! "나는 너희에게 이르노니, 너희 원수를 사랑하며, 너희를 미워하는 자를 선대善待하라! 너희를 저주하는 자를 축복하며, 너희를 모욕하는 자를 위하여 기도하라"고 외치는 그 청년! 오른 뺨을 맞으면 왼편을 돌려대며, 겉옷을 빼앗는 자에게 속옷까지 벗어주며, 구하는 자에게 주며, 내 것을 가져가는 자에게 다시 돌려달라 하지 않는 그! 그는 예루살렘성전의 권위를 고수하는 당시 유대인과는 아무 상관없는 갈릴리 풍진의 한 인간이었다!(이상은 『Q복음서』에 의거).

예수가 유대인이냐 아니냐! 이것은 근원적으로 무의미한 질문이다. 예수는 갈릴리 지평의 한 사건event일 뿐이다. 안병무는 예수는 "사건"이라고 말한다. 따라서 이 예수사건은 우리의 실존의 지평 위 어느 곳에서나 일어날 수가 있다. 청계천의 피복노동자들의 삶의 애처로운 모습을 참다참다 못해 분신으로서 시대의 죄악에 항거해야만 했던 전태일은, 전태일일 뿐만 아니라 예수사건인 것이다. 전태일이 곧바로 예수였던 것이다. 안병무는 불트만이 말하는 실존의 지평을 청계천의 압박받는 민중의 함성 속에서 발견하고 예수사건에 같이 참여했다. 안병무는 "하나님의 아들 그리스도론"에서 "민중 그리스도론"으로 신학적 패러다임을 과감하게 바꾼다.

안병무는 "예수 그리스도"와 함께 "민중"을 신학의 주제로 설정하는 것이다. 예수 그리스도는 "하나님의 아들"이라는 고답적 시각이 아닌 "민중의 아들"이라는 시각에서 그 복음이 재해석 되어야 하는 것이다. 태초에 **말씀**이 있었던 것이 아니라, 태초에 **사건**이 있었으며, 그 사건은 다름 아닌 **민중사건**이었다. 민중사건은 하나님의 말씀이나 초대교회의 케리그마를 앞서는 것이다. 역사적 예수를 탐구한다는 것은 사변적 모색이 아니라 예수의 민중사건에 참여하는 것을 의미하는 것이다.

나의 최종적 견해

그동안의 모든 논의에 관한 나의 최종적인 견해를 밝히면 다음과 같다.

첫째, 구약이라는 문헌은 결코 이스라엘민족의 삶의 크로놀로지chronology를 말해주는 역사서는 아니라는 것이다. 그것은 매일매일 궁중과 그에 관련된 곳에서 일어나는 사건을 편년체로 기록한 『조선왕조실록』과는 전적으로 성격을 달리하는 문헌이다. 『조선왕조실록』은 조선민족의 역사를 말해주지만 『구약』은 이스라엘민족의 역사를 말해주지 않는다. 다윗왕의 이야기도, 솔로몬의 이야기도 다 허구일 가능성이 크다. 허구라 해도 그 허구를 만들어낸 진실의 실마리가 뭔가 있다 하는 정도 이상의 정직한 이야기는 말하기 힘들다.

우리는 영국의 구약학 학자 필립 데이비스Philip Davies가 그의 문제작 『고대 이스라엘의 탐색*In Search of Ancient Israel*』(1992)에서 "역사적이고도 문학적인 창작으로서의 바이블은 기본적으로 하스모니아왕조를 지배한 가치관, 개념의 투영"이라고 말한 것을 우리는 주목해야 한다. 데이비스는 구약 텍스트의 저자들은 모두 예루살렘성전 이스태블리쉬먼트의 권위를 확보하기 위하여 복무한 이데올로그들이었다고 단언한다. 데이비스 이외의 미니말리스트 학자들도 그들의 관점을 바빌론유수로부터 돌아온 BC 5·6세기 유대인 제사장과 귀족들의 정치적 이념과 목표에 맞춘다.

『바이블은 어떻게 하나의 책이 되었나*How the Bible Became a Book*』, Cambridge University Press, 2008의 저자 슈니더빈트William M. Schniedewind도, "공평하게 말하자면, 정형화된 책들의 모음으로서의 바이블이라는 책은 여태까지의 모든 연구를 종합해볼 때 BC 5세기와 4세기 사이에 성립한 것이다"라고 못박는다(p.18). 물론 한 책의 편집이라고 하는 것은 매우 복잡한 내용의 과정을 거친다. 기나긴 구전전통과 그것이 성문화되는 과정, 그리고 성문화되어가는 개별 문헌들이 어떻게 하나의 책이라는 개념을 형성해가는가 하는 문제에 관해서는 보다 세부적인 논의가 필요하다.

둘째, 내가 이러한 논의를 하는 가장 핵심적 이유는 구약이 아주 까마득한 옛날에 성립한 문헌이고, 신약은 예수의 죽음 이후 로마시대에 성립한 별도의 문헌이라는 생각이 매우 나이브한 우리의 편견에 불과하다는 것을 일깨우려 함이다. 결국 크게 보자면, 구약과 신약은 동시대에 동시대의 문명적·사상적 패러다임에서 성립한 문헌들이라는 것이다. 구약과 신약은 성격과 목표가 다르다. 구약은 이스라엘민족의 구속사를 기술함으로써 유대인의 아이덴티티를 공고하게 만들고 토라(=율법)에 의한 민족단결을 호소하기 위한 매우 내셔날리스틱nationalistic한 문헌이다. 신약은 이스라엘민족의 구원이 아닌 인류 전체의 구원을 외치기 위하여 율법의 구속을 파기한 보편주의적 universalistic 문헌이다.

그러나 이 두 경전의 편찬은 결국 동시대에 이루어진 것이다. 히브리경서들이 삼경의 체제the tripartite canon로 단일경전화하여 유대인의 바이블로서 권위를 갖게 된 것은 로마에 의하여 예루살렘성전이 부서진 AD 70년 이후에 속하는 사건이며 이것은 신약성서의 복음서들이 쓰여지기 시작하는 것과 동시대의 사건인 것이다. 유대교 텍스트들이 일세기 말에 경전화 되는 상황은 첫째로는 예루살렘이 멸망하고 유대인들은 다시 정신적인 구심점을 잃고 다이애스포라로 흩어져야만 했기 때문에 그들을 묶을 수 있는 강력한 정신적 기둥을 요구했던 것이다. 둘째는 유대교와 기독교가 더 이상 혼효될 수가 없는 각자의 길을 걸어갈 수밖에 없었기 때문이다. 기독교는 처음에는 유대인기독교도의 모임성격이 주류를 이루었다. 그러나 이들은 국난에 저항하는 민족운동에 가담하지 않았다.

로마황제 트라이아누스Trajan시대에 로마폭정에 항거한 키토스전쟁Kitos War, AD 115~117(루쿠아스Lukuas가 주도) 때에나, 하드리아누스황제의 종교탄압에 항거하여 대규모 반란을 감행한 바르 코크바Bar Kokhba(제3차 유대-로마전쟁The Third Jewish-Roman War을 주도함)의 호소를 유대인기독교인들은 외면한 것이다. 이 현실감각을 상실한 종말론적 메시아사상의 기독교반역도들에 대하여 민족의 단결을 호소하는 유다이즘이 강력히 대두된 것이다.

그리고 또 기독교도들이 희랍어본인 셉츄아진트를 가지고 구약을 규정하고, 히브리경서들을 자기 편의대로 셉츄아진트에서 원용하는 폐단에 대한 반동으로 자기들 자신의 히브리어성경의 정본화를 요구하게 된 것이다. 현금의 구약체계는 중세기 마소라텍스트를 거슬러 올라가지 않는다(그 정본으로서 알려진 최고의 문헌이 레닌그라드 코우덱스Leningrad Codex인데 AD 1008년에 필사된 것이다). 오늘날 쿰란 바이블필사본의 발견으로 우리가 확실하게 말할 수 있는 것은 마소라텍스트가 얼마나 정확한 전승에 의거한 것인가 하는 사실과 동시에 바이블의 정본은 존재할 수가 없다고 하는 엄연한 사실이다. 바이블은 오늘날까지도 유동적인 문헌인 것이다. 하나님 말씀 그대로 하늘에서 툭 떨어진 성경은 존재하지 않는다.

그리고 고고학적인 발굴의 축적에 의하여 이스라엘민족의 족장들의 내러티브, 출애굽, 가나안정복, 다윗과 솔로몬의 황금시대, … 이 모든 이야기가 문자 그대로 정직한 역사적 실재를 반영하지 않는다는 사계의 중론에 대해 텔아비브대학의 성서고고학의 대가인 핑켈슈타인Israel Finkelstein은 다음과 같이 정직하고도 감동적인 언어를 우리에게 전하고 있다: "신앙과 역사는 병립될 수가 없는 것이다. 바이블 스토리의 진실은 솔로몬의 영광이나 여리고의 트럼펫이나 아론의 지팡이에 있는 것이 아니다. 바이블 스토리의 진실과 위대함은 오직 남북왕조 말기와 바빌론유수 후 초기시대의 예루살렘과 유다 민족의 적나라한 현실, 요구, 동기, 간난, 좌절, 희망, 그리고 기도에 있는 것이다. 그 위대함은 그토록 짧고 폭풍이 휘몰아치는 시대에, 그토록 작고 힘없고 물질적 기반이 박약한 문화의 고립된 민족이 그토록 탁월한 창조성을 분출함으로써 서구문명의 가장 근원적인 기초를 놓은 문헌을 생산했다는 그 사실에 있을 뿐이다."(Israel Finkelstein, *The Quest for the Historical Israel*, Atlanta : Society & Biblical Literature, 2007, p.188).

핑켈슈타인은 나의 이스라엘 친구, 유대인 유학자 요아브 아리엘의 친구이다. 이러한 개명한 학자들의 온건한 외침에 우리 신학계와 교계는 부끄러움을 느껴야 되지 않을까? 나는 생각한다. 신앙의 세계에 있어서는 신약과 구약은 단절을 요구하고 있지만, 학문의 세계에 있어서는 신약과 구약은 통합적으로 이해되어야 한다. 신약은 새로운 계약이다. 계약서를 새롭게 썼으면 헌 계약서는 찢어내 버려야 한다. 유대인은 절대 바이블을 구약이라 말하지 않는다. 야훼와 새로운 계약을 맺은 적이 없기 때문이다. 신앙의 세계에 있어서 구약은 파기되어야 한다.

그런데 우리나라 목사님들은 십일조를 내라는 가당치않은 권유 때문에라도 구약을 버릴 수가 없다(신약에서 마태와 누가에 십일조의 언급이 있으나 그것은 다 파기되어야 할 바리새적 율법으로서의 부정적 맥락에서 언급되었을 뿐이다. 예수는 십일조 내라는 따위의 말은 일체 하지 않았다). 그러나 신약과 구약은 같은 패러다임에서 성립한 다른 성격의 이매지네이션의 산물로서 통합적 이해가 필요하다. 신약의 많은 개념들이 구약의 맥락에서 명료화되고 깊은 의미를 가지게 되는 것이다. 그리고 구약은 비판적인 거리critical distance를 요구하는 문헌이지만, 하나의 문학으로 우리에게 재미를 준다. 기독교인은 구약으로부터 재미, 그 이상의 것을 요구할 필요는 없다.

셋째로, 내가 이 기나긴 입오入悟에서 말하려고 했던 것은 인류지성사의 압축에 관한 것이다. 북간도 명동촌에서 태어나 평생을 민족과 나라를 위해 헌신하는 정의로운 삶을 살아오신 문동환 교수님께서 최근 『예수냐 바울이냐』(삼인, 2015)라는 제목의, 신학에 관하여 일평생 생각해오신 것을 소화된 언어로 평이하게 서술한 책을 펴내셨다. 김재준 목사님의 주선으로 한국전쟁중에 미국으로 유학하여 웨스턴신학대학, 프린스턴신학대학, 하트포드신학대학에서 학위를 받고 한국신학대학에서 교편을 잡으셨는데, 나는 문동환 선생님께 기독교교육학 강의를 들었다. 그의 강의는 매번 넘쳐나는 힘이 있었다.

그런데 이 책의 제목이 말해주듯이 이 책은 예수와 바울을 대적적으로 설정하고 바울에게 기독교의 모든 죄악을 뒤집어씌운다. 사실 바울은 기독교의 진정한 창시자라 해도 변명의 여지가 없을 만큼, 역사적 예수와 무관한 자기의 관념적 체계를 자신의 교회조직에 침투시키고 온갖 제도와 제식과 교리를 만들었다. 결국은 로마카톨릭교회가 건강한 예수운동Jesus Movement의 소박한 민중운동의 정신을 버리고 바울신학을 추종함으로써 우리 민족의 동학이 고발하는 대로 신과 인간, 교회와 회중의 관계를 수직적으로만 설정한 것이다.

문동환은 말한다: "바울의 그리스도신학 안에는 갈릴리의 청년 예수는 없다!" 결국 오늘의 기독교는 그 조직 내면에 예수를 배제하고 있는 것이다. 그러나 묻는다. 우리는 과연 예수와 바울을 대적적으로 설정하고 바울을 떠나 예수에게로 돌아가는 것이 진정 오늘 기독교인의 소명일까? 문동환 선생님의 외침 속에는 분명 우리가 귀를 기울여야 할 진실, 양심, 양식이 자리잡고 있다. 오늘날 기독교의 타락에는 바울의 종말론, 부활론, 주종관계의 설정, 신의神義, 의인론義認論, 복종의 신앙론 등 대단히 전근대적인, 매우 비민주적인 신관, 인간관이 자리잡고 있는 것은 사실이다.

바울이냐, 예수냐

그러나 궁극적으로 우리가 파기해야 할 것은 차라리 기독교 그 자체가 될지언정, 바울의 파기가 곧 진정한 예수의 복귀를 의미하지는 않는다. 기독교를 파기할 수 있다면 얼마나 좋으련마는 기독교는 결코 파기될 수 없는 인류사의 엄연한 실세이다. 이슬람의 테러를 없앤다고 이슬람을 대적적으로 설정할수록 이슬람은 더욱 강해지고 팽창한다. 아무리 바울이 욕먹을 짓을 많이 했다 할지라도 바울을 비난하면 할수록 바울을 옹호하는 세력은 더욱 강해질 뿐이다.

나는 이러한 문제에 관하여 어떠한 해법을 제시하기 위하여 이 책을 쓰는 것은 아니다. 단지 복음서의 예수기술에도 이미 바울의 그리스도론이 침투되어 있다는 것을 말하고 싶다. 복음서의 기자들이 바울교회운동의 황당성에 대하여, 살아있는 갈릴리 지평의 예수를 새롭게 제시하려고 힘쓴 측면이 분명 있으나 이미 복음서 기자들 자체가 바울의 케리그마에 오염된 사람들이다. 복음서 기자들은 완벽한 소설을 썼을지도 모른다. 물론 사실에 근거한 소설을 썼을지는 모르나, 그 소설은 바울과 대적적인 관계를 설정한 것이 아니라 바울의 교회운동을 오히려 도와주는 공능을 발휘했다. 오늘 우리가 알고 있는 기독교는 근원적으로 "예수"와 "바울"과 "복음서 기자들"의 합작품이다. 이것을 어느 측면을 두둔하여 진·위를 가려 논할 수는 없는 것이다.

우리는 이런 문제에 대하여 진실로 쿨한 입장을 취해야만 한다. 바울이 되었든 예수가 되었든, 이들 모두가 인류의 지성사의 성과의 놀라운 압축태라는 것이다. 앗시리아문명, 바빌로니아문명, 페르시아문명, 그리스문명, 로마문명, 이집트문명과 팔레스타인 자체의 토착문명, 그리고 인도문명이 융합을 일으킨 절묘한 시점의 사상가라는 것이다.

나는 예수를 인간 역사의 한 지평 위에서 평이하게 바라보지만, 이미 그 바라보는 시선 자체가 모든 신비와 초월과 신화를 탈색시켰지마는, 내가 바라보는 예수, 내가 바라보는 바울이야말로 인간이 모든 성스러운 언어를 동원하여 우리에게 전달하고자 하는 그 이미지와 의미를 다 포섭하고 있다고 자부한다. 나는 바울과 예수를 한 동네의 친구들처럼 대할 뿐이다. 그러나 그들 모두가 신적인 존재라 말해도 나는 그 의미를 포용한다.

예수는 완벽한 인간인 동시에 완벽한 신이라고 주장하는 바르트의 논의를 수용한다. 그러나 예수가 인간인 동시에 하나님이라고 한다면 나는 바르트에게 요청한다. 하나님은 인간이다. 아니, 인간이야말로 하나님이다라고.

천안에서 내가 만난 바울

자아! 이제 더 이상 췌언을 일삼지 말고 나의 소박한 옛 이야기로 돌아가자! 나는 천안에서 1960년대 중반에 남고생·여고생들에게 바이블 클래스를 열었을 뿐 아니라, 주말에는 천안중앙장로교회에서 새벽기도가 끝날 무렵, 한 시간 가량 교인들에게 성서강독회를 열었다. 내 바이블 클래스가 인기가 있다는 소식이 퍼져 교회 집사님들이 요청한 것이다. 참석자들은 아주 독실한 간부 집사님들이었는데, 아주 곱상하고 조용하기 그지없는 조선의 여인들이었다.

이 분들이 내 강의를 한번 듣더니, 내 강의가 너무도 좋다고 해서 점점 많이 모여들었다. 그래서 수요일 저녁예배 후에도 또 한 시간을 늘려서 강의했다. 목사님이 속으로 어떻게 생각하셨을지는 모르겠으나, 나의 어머님이 주관하는 일이라 아무도 꼼짝 못했다. 나의 어머니는 교회재정의 대부분을 헌금하고 관장하고 있었기 때문이었다. 그 시골의 집사님들이 그토록 내 성서강론을 좋아했던 이유는, 목사님들 설교의 파토스와는 전혀 다른 로고스적인 분석과 메시지가 너무도 가슴에 와닿는 것이 많았기 때문이다. 나는 그때 이미 평화봉사단원들과 같이 합숙하고 지냈기 때문에 영어책들을 자유롭게 읽었다.

한국에 제대로 된 주석서가 없던 시절 나는 영어로 된 사전과 주석서들을 활용했다. 나는 집사님들과 사도행전을 읽었는데 나는 그 사도행전이라는 문헌의 버라이어티에 매혹되었다. 나는 당시 사도행전을, 누가복음의 저자로 상정되는 누가Luke라는, 안티옥 베이스의 의사이며 저술가의 작품이라고만 생각했다. 그가 사도 바울의 전도여행을 같이 다니면서 생생하게 기록한 문헌이라고만 생각했기 때문에 그 사실성에 대하여 추호의 의심도 하지 않았다.

그 다이내믹한 전기성의 여행기록, 그리고 곳곳에서 펼쳐지는 명연설에 너무도 매혹되어 흥분을 가라앉힐 수 없었다(지금 나는 사도행전을 그러한 시각에서 바라보지 않는다. 사도행전은 사도들의 객관적인 행전이라기보다는 바울행전이며, 바울이 사도로서 기독교의 복음을 로마에 전파했다는 사실을 정당화하기 위하여, 그 사실을 영광스럽게 만들기 위해 쓰여진 후대의 창작물이다. 사도행전은 과도하게 프로바울pro-Paul, 프로로만pro-Roman, 안티유대인anti-Jews적 색조를 띠고 있으며 그 성립연대도 확고하게 AD 90년 이후로 내려간다. 2세기 초반의 바울의 승리를 굳히기 위한 바울공동체의 노작일 가능성이 높다. 사도행전의 바울은 이미 역사적 바울을 초월하는 케리그마적인 드라마 속의 바울이다. 그러나 전통적인 가설 속에서 행전을 읽을 때 행전의 가치는 더욱 우리의 가슴을 뛰게 만든다).

나는 바울의 여행기를 생생하게 전달하기 위해 큰 모조지에 이탈리아로부터 그리스, 팔레스타인에 이르는 지도를 그리고 지명을 다 표시해 사도행전의 강독이 진행됨에 따라 여정을 표시했다. 나는 어려서 엄마 따라 외웠던 모든 지명이 현실적인 지명이며, 내가 배운 역사와 관련된다는 사실이 몹시 경이로웠다. 빌립보서의 "빌립보"는 "필립Philippi"이며 그것은 알렉산더대왕의 아버지 필립의 이름을 딴 도시라는 것을 알았을 때 가슴이 뛰었다.

마케도니아의 필립2세가 이 지역 판가에우스산Mount Pangaeus에 은광과 금광이 있다는 것을 알고 BC 356년 이 지역을 병합한다. 그리고 자기의 이름을 따서 이 도시를 필립이라고 하였고 성벽을 세웠다. 이후 로마시대에 이르러 이 도시는 더 중요하게 되었는데, 줄리어스 시저의 가슴에 칼을 꽂은 브루투스Brutus가 로마공화국의 군대를 이끌고 마르쿠스 안토니우스와 옥타비아누스의 연합군과 치열한 2차의 전투를 벌이고 끝내 패배하여 자살을 했어야만 했던 곳도 바로 이곳이었다. 사도 바울은 이곳에 AD 50년경에 와서 최초의 유럽 기독교공동체the first European Christian community를 만들었다(행 16:12~40).

1960년대 초라한 시골교회에서 내가 이런 정보를 재미있는 이야기로 꾸며, 지도를 그려가면서 설명하면 집사님들의 얼굴이 그야말로 부처님 말씀을 환희봉행하는 선여인善女人들(『금강경』용어)의 얼굴처럼 환하게 빛났다. 나는 많은 집사님들 가운데서도 이춘화 집사님(이름도 간신히 기억해냈다)의 내 말끝마다 염화미소를 띄우는 그 고매한 품격의 자태를 잊을 수 없다. 천안 작은 재빼기에서 내려가자면 경부선 열차길과 맞부닥치는 곳에 큰 철물점이 하나 있었는데 그곳이 그 집사님의 집이었다. 개성에서 전쟁통에 월남하여 천안에 자리를 잡은 사람들이었다. 그 집 둘째 아들이 형섭이라고, 나보다 한 학년 아래였다.

이춘화 집사님은 매사 고매한 느낌이 드는, 시골여인치고는 매우 깔끔한 성격의 소유자였는데, 당시 개성사람들은 대체로 그런 느낌과 품격이 있었다. 고도古都의 문화가 몸에 배어있는 것이다. 우리시대때 개성사람들은 오줌을 사도 맛을 보고 산다고 했다. 전통상인의 도가 철저했다는 뜻이다. 이춘화 집사님은 개성보쌈김치를 잘 담그셨는데, 12월말이나 1월초에 김장 헐을 때 꼭 우리집에 보쌈김치를 한 항아리 보내곤 했는데, 그 맛은 천하의 일미였다. 나는 지금도 이춘화 집사님의 그 정갈한 보쌈김치맛을 잊을 수가 없다. 우리집의 전라도김치와는 너무나 대조가 되는 담박미의 극치였다.

하여튼 나는 이렇게 바이블 클래스를 진행하는 동안에 신학적 바울이 아닌 역사적 바울, 이론적 바울이 아닌 행동하는 바울, 기적을 행하는 바울이 아닌 말씀을 전하는 바울을 만날 수 있었다.

> 그들이 히브리 사람입니까? 나도 그렇습니다. 그들이 이스라엘 사람입니까? 나도 그렇습니다. 그들이 아브라함의 후손입니까? 나도 그렇습니다.
> 그들이 그리스도의 일꾼입니까? 내가 정신 나간 사람같이 말합니다마는, 나는 더욱 그렇습니다. 나는 수고도 더 많이 하고, 감옥살이도 더 많이 하고, 매도 더 많이 맞고, 여러 번 죽을 뻔하였습니다.
> 유대 사람들에게서 마흔에서 하나를 뺀 매를 맞은 것이 다섯 번이요, 채찍으로 맞은 것이 세 번이요, 돌로 맞은 것이 한 번이요, 파선을 당한 것이 세 번이요, 밤낮 꼬박 하루를 망망한 바다를 떠다녔습니다.
> 자주 여행하는 동안에는, 강물의 위험과 강도의 위험과 동족의 위험과 이방 사람의 위험과 도시의 위험과 광야의 위험과 바다의 위험과 거짓 형제의 위험을 당하였습니다.
> 수고와 고역에 시달리고, 여러 번 밤을 지새우고, 주리고, 목마르고, 여러 번 굶고, 추위에 떨고, 헐벗었습니다.
> 그 밖의 것은 제쳐놓고서라도, 모든 교회를 염려하는 염려가 날마다 내 마음을 누르고 있습니다.
> 누가 약해지면, 나도 약해지지 않겠습니까? 누가 넘어지면, 나도 애타지 않겠습니까?
> 꼭 자랑을 해야 한다고 하면, 나는 내 약점들을 자랑하겠습니다.

영원히 찬양을 받으실 주 예수의 아버지 하나님께서 내 말이 거짓말이 아님을 아십니다.

다마스쿠스에서는 아레다 왕의 방백이 나를 잡으려고 다마스쿠스 성을 지키고 있었으나, 교우들이 나를 광주리에 담아 성벽의 창문으로 내려 주어서, 나는 그 손에서 벗어났습니다. (고린도후서 11:22~33).

바울, 삶의 고뇌

바울은 고린도교회의 교인들을 향해 이 말을 하기 전에, 그는 이것이 자기 자랑이라고 늘어놓은 것이므로 매우 쑥스러운 듯이 변명조의 말을 한다. 그러면서 이러한 자랑을 할 수밖에 없는 것은, 고린도교회의 교인들이 자기가 없는 동안 자기가 세워놓은 그 교회를 등쳐먹으려고 꼬여드는 많은 랍비류의 인간이나 사기꾼 전도사류의 인간들의 꼬임에 넘어가는 어리석음을 일깨우기 위함이라는 것을 변명한다. 19절에 "너희는 지혜로운 자로서 어리석은 자들을 기쁘게도 용납하는구나"라는 말은 그런 뜻이다. 지혜롭다고 자처하는 너희들이 어떻게 그런 사기꾼들을 용납할 수 있냐고 책망하는 것이다. 어떻게 그렇게 약은 고린도사람들이 거짓사도들을 받아들여서 폭군처럼 자기들을

요르단 전체를 통하여 가장 깊은 인상을 나에게 던져준 곳은 붉은 사암의 계곡 페트라Petra였다. 이곳은 BC 7000년경부터 사막속의 풍요로운 농촌경작지로서 알려졌고, BC 1200년경부터는 에돔사람들Edomites의 정착지였다. BC 6세기부터 서부 아라비아의 유목민족인 나바태안들이 여기다 왕국을 세우고 에돔사람들을 유대광야로 쫓아낸다. 여기서 밀린 에돔사람들이 이두메사람들Idumeans이다(헤롯대왕이 이두메 출신이다). 나바태안왕국 사람들은 아랍인종임에도 불구하고 페르시아 공용어인 아람어를 썼고 지중해연안국가들과 킹스 하이웨이·아라비아·인도가 소통되는 캐러반 루트를 장악하고 있었다. 예수·바울시대에도 이들은 관개기술에 능하여 풍요로운 농경지를 확보하고 있었고 국제교역에도 능하여 상당히 세력있는 국가를 유지하고 있었다. 바울은 나바태안왕국과 인연이 깊다. 바울이 "아레다왕의 방백이" 운운한 것은 바로 여기 페트라 나바태안왕국의 왕 아레타스Aretas, BC 9~AD 40재위를 가리킨 것이다. 아레타스의 체포명령으로 인하여 광주리밧줄을 타고 도망친 바울을 연상해 보라! 바울의 역사는 땅의 현장에 아직도 살아있는 역사다! 이 위대한 도시는 363, 551년 두 차례의 지진을 겪었고 7세기 아랍침공 이후 역사의 무대에서 빛을 잃어 갔다.

종으로 부리게 하고, 그들의 호사스런 생활의 밥이 되며, 그들의 출세를 위한 이용물이 되고, 거짓된 자만에 희생되며, 어떻게 그깟 새끼들에게 따귀까지 맞으면서도 용납하는 그런 어리석고도 교만한 인간이 되었는가 하고 통탄을 한다.

이러한 바울의 통탄은 우리나라 양심적 지성인들이 우리나라 대형교회 목사님들(물론 전부 다는 아니겠지만)의 추잡스럽고 거만스러운 횡포를 바라보면서 개탄하는 언사와 크게 다를 바 없다. 바울은 마음이 여리어 차마 그 따위 거짓사도들의 독재, 탐욕, 거짓, 교만, 폭력의 가증스러운 짓을 못했기 때문에 교인들에게 연약하게 보였다고 한다면, 이제 나도 교만하게 당돌히 내 자랑을 한번 해보겠다고 말하면서 늘어놓은 내용이, 죽도록 수고하고, 옥에 갇히고, 수없이 매도 맞고, 채찍질도 당하고, 난파당하여 망망한 바다를 헤매었다는 것이다. 이것이 그의 자랑이다. 수고와 고역에 시달리고, 밤을 지새우고, 주리고, 목마르고, 굶고, 추위에 떨고, 헐벗었다고 고백하는 것이다. 이것이 그의 자랑이다.

바울이 어떠한 그릇된 사상이나 환상을 가졌든지간에 나는 바울이 자기신념에 헌신한 진지한 태도, 『중용』이 말하는 지성무식至誠無息의 덕성, 그리고 역경을 헤쳐나가는 불굴의 용기, 그리고 극도의 금욕주의적 삶의 태도에, 약관의 나이에도 못 미쳤던 나는 깊은 감동을 받았다. 바울은 나에게 살아있는 한 인간이었다. 상기의 언급은 살아있는 바울이 실제로 독백한 내용이다. 고린도전후서의 바울저작성은 전혀 의심의 대상이 되지 않는다.

우리 어머니는 나의 이러한 모습을 보시면서, 낙향한 자식의 모습이 안타

깝기 그지없으면서도, 미래의 어떤 소망 같은 그 빛줄기를, 교회창문에 비치는 햇살에 나의 강론의 입김이 서릴 때, 눈물지으며 쳐다보셨을 것이다. 그러나 나의 관절염은 개선이 되질 않았다. 점점 더 관절들은 부어올랐고 관절을 쑤셔대는 북풍의 한기와도 같은 싸늘한 통증은 더욱더욱 치열해갔다. 나의 어머니는 내 관절염치료를 위해 온갖 정성을 다 쏟으셨다.

고양이를 털이 있는 그 모습대로 통째로 삶아 조려 그 국물을 먹으면 낫는다고 누가 와서 말하면 그대로 만들어 주셨다. 그리고 어떤 사람은 학다리를 삶아먹어야 한다고 했고, 또 어떤 사람을 돼지쓸개를 모아 환약을 만들면 좋다고 했다. 엄마가 돼지쓸개를 환약으로 만들어 툇마루에 말리시던 모습이 지금도 눈에 선하다. 엄마한테 그런 거 하지 마시라고 해도, 다 자연물이니 크게 해가 될 것은 없다고 하시면서 만들어주셨다. 나는 엄마의 정성 때문에 꼬박꼬박 만들어주시는 대로 다 먹었지만 관절염은 차도가 없었다. 그러던 어느 날, 나에게 대오大悟의 한 순간이 왔다.

바울의 육체 속의 가시, 그 정체

나는 고린도후서를 강독해나가던 중, 사도 바울이 나와 똑같은 관절염환자라는 사실을 발견하게 된 것이다. 그때 내가 읽었던 개역판은 이러하다.

> 여러 계시를 받은 것이 지극히 큼으로 너무 자고自高하지 않게 하시려고 내 육체에 가시, 곧 사탄의 사자를 주셨으니 이는 나를 쳐서 너무 자고하지 않게 하려 하심이라.
>
> And to keep me from being too elated by the abundance of

revelations, a thorn was given me in the flesh, a messenger of Satan, to harass me, to keep me from being too elated.

여기서 "계시"는 "아포칼립스"를 말하는데 그것은 문자 그대로 "드러냄"이다. 베일에 가려졌던 것이 벗겨지고 드러난다는 뜻인데, 그것은 바울에게 나타난 하나님의 능력이나 권능, 그러니까 그가 은총받은 능력에 관한 것일 수도 있고, 이 문장 앞에 바울이 고백한 특별한 계시의 체험일 수도 있다. 전체적인 맥락으로 보아 특수한 시점의 아포칼립스가 아닌, 그의 평소의 일상적인 카리스마를 의미할 것이다. "계시를 받은 것이 너무 크기 때문에, 자고하지 않게 하시려고"라는 뜻은 나의 능력으로 인하여 내가 너무 자만한 인간이 되지 않게 하시려고라는 뜻이다.

그래서 "육체에 가시"를 주셨다고 했는데, 이 가시는 우선 육체에 주신 것이므로("사르크스σάρξ"라는 표현은 "살"과 같은 것으로 물리적 신체를 의미한다) 순수하게 육체적인 고통 즉 질병임을 알 수 있다. 이 가시a thorn in the flesh는 사탄의 사자a messenger of Satan와 동격이다. 그런데 이 사탄의 사자는 "주어졌다was given"(*edothē*)는 표현으로 보아 하나님께서 보내신 것이다. 이 가시는 사탄의 사자인 동시에 하나님의 선물인 것이다. 사탄의 사자라 표현할 만큼 그토록 고통스러웠던 것이다.

이 가시는 전통적으로 학자들에 따라 다양한 견해가 있다. 정신적으로 보는 사람은 그가 젊은날 예수를 믿는 사람들을 박해했던 체험으로부터 유래하는 끊임없는 양식의 가책이라고 말하기도 하나 이것은 맥락상 분명히 육체적 질환을 뜻하므로 그렇게 해석할 수가 없다. 불트만은 근원적으로 이 질병은 특칭화 할 수 없다고 말한다. 그 외로 바울이 평소 안질이 있었다든가, 간질이 있었다든가, 학질(말라리아 열)이 있었다든가, 또는 편두통migraine headache이 심했다든가 하는 설을 편다. 그러나 이 가시라는 표현은(희랍어로 스콜로프스 *skolops*) 항상 육체에 상존하는 만성질병이지, 말라리아 열 같은 급성병일 수는 없다. 그리고 바울의 맹렬한 전도여행의 활동으로 볼 때, 활동을 못할 만큼의 사태도 아니면서 항상 그에게 신체적 제약을 가한 그 무엇, 그러면서도 가시와 같은 것! 사탄의 사자와도 같은 것! 그것이 무엇일까?

나는 의심할 바 없이, 바울이 나와 똑같은 관절염환자라는 사실을 발견하게 된 것이다. 관절염을 앓아본 사람이라면 이 "가시"라는 표현에 대하여 깊은 공감을 느낄 것이다. 관절염은 항상 관절에 가시가 쑤셔대는 듯한 느낌을 갖는다. 서구신학자들 가운데 관절염환자가 없었기 때문에 유감스럽게도 "가시"의 실체를 규명하지 못했다고 나는 단정지었다. 아~ 바울이 관절염으로 고생했구나! 나는 천안의 병실에서 동병상련의 친구를 발견했던 것이다.

내가 약할 그 때에 곧 강함이니라

바울은 그것이 "자고치 않게 하려 하심"이라는 것을 잘 알면서도, 그 사탄이 몸에 들어있는 것이 너무도 괴로웠기 때문에, 세 번이나 주님께 간구하기에 이른다.

이것이 내게서 떠나기 위하여 내가 세 번 주께 간구하였더니

Three times I besought the Lord about this, that it should leave me;

여기서 "주께*ton kyrion*"라는 표현은 예수께 빌었다는 것을 의미한다. 바울이 하나님을 지칭할 때는 관사 없는 "퀴리오스*kyrios*"를 사용한다. 여기 정관사 "톤*ton*"을 수반한 퀴리오스는 예수님을 가리킨다. 지상에서 혹독한 고초를 겪으신 예수님도 자기의 고초를 이해하여 분명 낫게 해주실 것이라고 믿었던 것이다. 그리고 재미있는 것은 스님이 자기 머리 못 깎는다는 옛 속담이 있듯이(지금은 전기 바리깡이 있어 문제없다), 바울도 스스로 치유의 은사를 가진 사람인데 자기 질병은 못 고치는 것이다. 그만큼 고통스럽게 자기실존에 달라붙은 어찌할 수 없는 가시였던 것이다. "세 번"이라는 표현은 인생에서 두고두고 여러 번 고통스러울 때마다 주님께 매달려 간구했다는 뜻이다. 우리 어머니가 돼지쓸개환을 만드시면서 간구하셨듯이, 나 또한 엄마의 안타까움을 바라보며 간구하였듯이. 그런데 주님의 반응은 너무도 의외였다.

> **내게 이르시기를 내 은혜가 네게 족하도다. 이는 내 능력이 약한 데서 온전하여짐이라 하신지라. 이러므로 도리어 크게 기뻐함으로 나의 여러 약한 것들에 대하여 자랑하리니 이는 그리스도의 능력으로 내게 머물게 하려 함이라.**
>
> but he said to me, "My grace is sufficient for you, for my power is made perfect in weakness." I will all the more gladly boast of my weakness, that the power of Christ may rest upon me.

"내 은혜가 이미 족하다" 함은 나의 실존의 상태를 되돌아보라는 요구로서 나에게는 느껴졌다. 생각해보라! 내가 지금 아프다고 하지만 너는 얼마나 행복한 환경에서 자라난 사람이냐? 너의 아버지가 일제시대때 이미 세의전·경도제국대학 의학부까지 나와서 천안에서 유족한 삶을 이룩한 사람이 아니냐? 훌륭한 어머니 밑에서 교육받고 일류대학에 들어가 오늘날까지 건재하고 있는 사람이 아니냐? 네 주변에 너보다 불행한 사람이 얼마나 많으냐?

"은혜가 이미 족하다"는 말은 나의 실존의 가능성을 새롭게 인식하라는 말로 들렸다. 나의 육체의 가시가 반드시 제거되어야 할 대상으로 객화될 수 없는 것이라는 사실, 그것은 투쟁의 대상이 아니라 포섭의 대상이며, 나에게서 객화되는 사탄이 아니라 나의 실존의 책임영역에 속하는 문제라고 생각하게 되었다. 그때 "내 힘은 약한 데서 온전하여진다.My power is made perfect in weakness."라는 한마디로 나는 열렬한 바울의 신도가 되었다. 그 말은 비록 주님의 말이었지만 그 주님의 말을 의미 있게 만든 사도 바울의 성실한 고백과 간구가 나의 삶에 새로운 희망의 빛을 던져주기 시작했던 것이다.

> 그러므로 내가 그리스도를 위하여 약한 것들과 능욕과 궁핍과 핍박과 곤난을 기뻐하노니 이는 내가 약할 그 때에 곧 강함이니라.
> For the sake of Christ, then, I am content with weakness, insults, hardships, persecutions, and calamities; for when I am weak, then I am strong.

나는 이 바울의 독백으로부터 나의 생애진로를 다시 결정했다. 그리고 고려대학의 문을 박차고 한국신학대학의 문을 두드리게 된다. 나는 영예롭게도 한국신학대학에 수석으로 입학했다.

지금 칠순이 된 이 나이에도 나의 무릎은 여전히 아프다. 오른쪽 무릎관절이 항상 가시가 들어있는 듯하고 유난히 시리다. 관절염은 결코 완쾌되는 병은 아닌 것 같다. 그러나 나는 이 병으로 인하여 "내가 약할 때에 곧 강하여진다.When I am weak, then I am strong."라고 하는 역설을 배우게 되었다. 오늘날까지도 나는 약함과 능욕과 궁핍과 핍박과 곤난을 두려워하지 않는다. 그리스도가 그렇게 만들어주기 때문이 아니라, 나의 약함으로 인해서 항상 나는 자제하고 절제하고 후퇴하고 겸손하는 지혜를 터득해왔기 때문이다. 불트만은 이 바울의 독백, "약할 때 강하여짐"이라는 테제를 존재의 미래를 향한 근원적 개방radical openness이라고 해석한다. 그것은 나의 존재의 가치를 전적으로 무화無化 시키는 작업이라고 말한다. 그것은 비단 나의 세계관이나 가치관념이나 개념을 포기하는 것이 아니라, 하나님의 지혜 앞에 나의 존재를 통째로 던지는 행위, 전적인 항복total surrender을 의미한다고 말한다. 과연 이러한 불트만의 주장의 의미를 불트만 스스로 얼마나 이해했는지 나는 잘 모르지만, 인간의 신앙의 궁극이 자기 아만의 총제적 항복을 의미한다면 거기에는 동과 서가 만날 수 있는 길이 있다고 할 것이다.

존재의 겸손, 탄핵의 역정 속에서

나는 이 바울의 고백으로부터 인간의 겸손을 배웠다. 그리고 나의 질병 앞에 내가 겸손해지는 법 또한 배웠다. 이것이 내가 바울과 해후하게 되는 시말의 전부였다. 존재의 확신은 존재의 확신을 다 포기함으로써 얻어지는 현묘지경玄妙之境이다(말틴 루터는 "내면의 현玄inner darkness으로 뛰어든다"라고 표현했다. *Kerygma and Myth*, p.211).

이제 마지막으로 내가 왜 로마서강해를 하게 되었는가 하는 것만 간략히 서술하고 본론에 곧바로 진입하려 한다. 내가 이 책을 쓰기 시작한 시점은 온

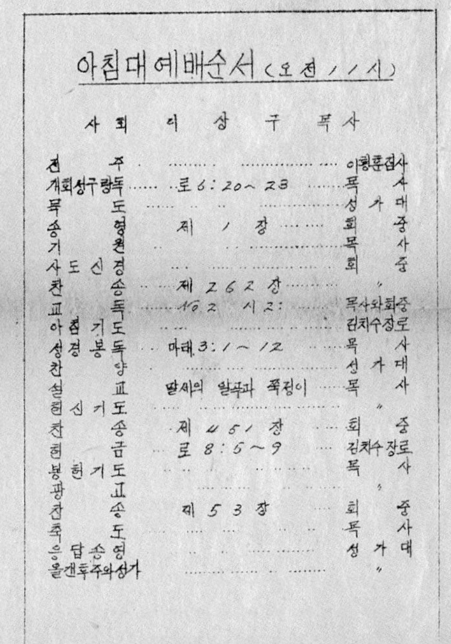

아침대예배순서 (오전 11시)

사회 이상구 목사

전주 ……… 이형훈집사
개회성구낭독 ……… 로6:20~23 ……… 목사
묵도 ……… 성가대
송영 ……… 제1장 ……… 회중
기원 ……… 목사
사도신경 ……… 회중
찬송 ……… 제262장 ……… 〃
교독 ……… 162 시2: ……… 목사와회중
아침기도 ……… 김치수장로
성경봉독 ……… 마태3:1~12 ……… 목사
찬양 ……… 성가대
설교 ……… 말씀의 알곡과 쭉정이 ……… 목사
헌신기도 ……… 〃
찬송 ……… 제451장 ……… 회중
헌금 ……… 로8:5~9 ……… 김치수장로
봉헌기도 ……… 목사
광고 ……… 〃
찬송 ……… 제53장 ……… 회중
축도 ……… 목사
응답송영 ……… 성가대
올갠후주와성가 ……… 〃

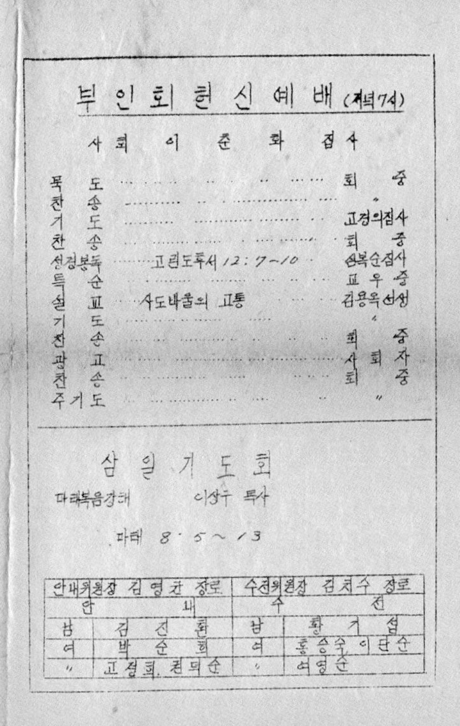

부인회헌신예배 (저녁7시)

사회 이춘화 집사

묵도 ……… 회중
찬송 ……… 〃
기도 ……… 고경의집사
찬송 ……… 회중
성경봉독 ……… 고린도후서12:7~10 ……… 신복순집사
특순 ……… 교우중
설교 ……… 사도바울의 고통 ……… 김용옥선생
기도 ……… 〃
찬송 ……… 회중
광고 ……… 사회자
찬송 ……… 회중
주기도 ……… 〃

삼일기도회

마태복음강해 이상구 목사

마태 8:5~13

안내위원장 김영관 장로		수전위원장 김치수 장로	
안내		수전	
남	김진환	남	황기섭
여	박순희	여	홍승숙 이단순
〃	고정희 권덕순	〃	여영순

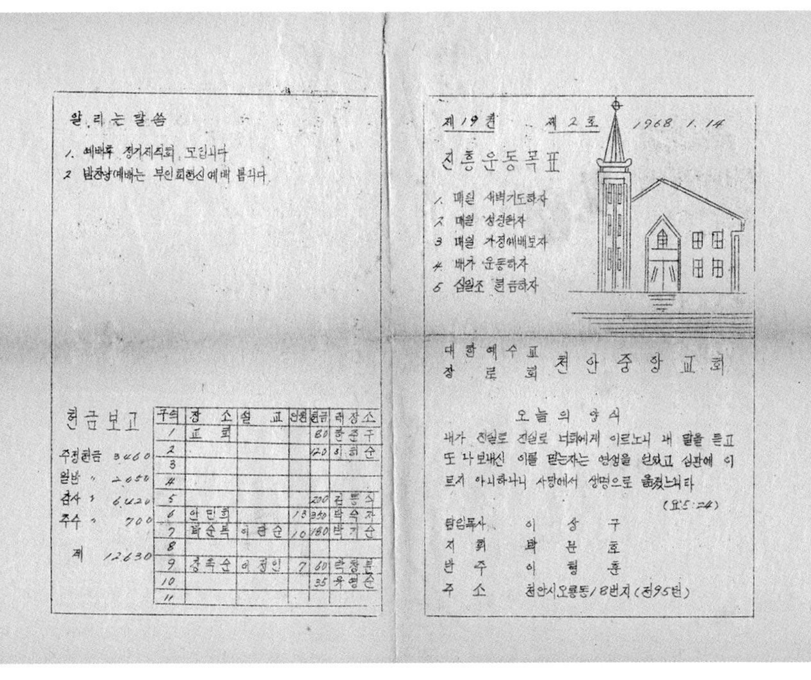

알리는 말씀

1. 예배후 정기제직회 모입니다
2. 밤찬양예배는 부인회헌신예배 봅니다

헌금보고

주정헌금 3460
일반 〃 2050
감사 〃 6420
주수 〃 700
계 12630

구역	장소	설교	인원	헌금	구역장
1	교회			80	홍준구
2				120	이희순
3					
4					
5				200	김등식
6	안민희		13	350	박숙자
7	박순복	이금순	10	180	박기순
8					
9	홍복순	이정인	7	60	박정분
10				35	유영순
11					

제19권 제2호 1968. 1. 14

진흥운동목표

1. 매일 새벽기도하자
2. 매일 성경읽자
3. 매일 가정예배보자
4. 배가 운동하자
5. 십일조 봉헌하자

대한예수교장로회 천안중앙교회

오늘의 양식

내가 진실로 진실로 너희에게 이르노니 내 말을 듣고 또 나 보내신 이를 믿는자는 영생을 얻었고 심판에 이르지 아니하나니 사망에서 생명으로 옮겼느니라 (요5:24)

담임목사 이상구
지휘 박문호
반주 이형훈
주소 천안시오룡동 18번지 (전95번)

어떻게 기적적으로 내가 가지고 있던 옛 영어성경 갈피에 이 주보가 끼어있는 것을 발견했다. 가리방으로 찍은 주보인데 연륜이 깊어 파피루스 같이 귀하게 보인다. 주보가 1968년 1월 14일로 되어 있으니까 내가 신학대학생일 때였다. 공교롭게도 나의 설교는 여기서 내가 말하고 있는 바울의 "가시"를 강론하고 있다. 사회자의 이름으로 이춘화 집사가 보이고, 그 밑에 나의 아버지 김치수 장로, 엄마 홍승숙 권사의 이름이 보인다.

국민이 박근혜를 탄핵하기 위하여 촛불을 들고 거리로 쏟아져 나오는 카이로스였다. 나는 그때 국민들과 더불어 행진을 하면서 최초로 내 생애에서 절실하게 "십자가"의 의미를 생각하게 되었다. 아마도 바르트가 바르멘선언The Barmen Declaration을 외칠 때의 심정과 상통하는 그 무엇이 뭉게뭉게 나의 의식의 지평 위로 피어오를 때였다.

바르멘선언은 이와 같이 시작한다: "성서 안에서 우리에게 입증된 바와 같이, 예수 그리스도는 우리가 들어야만 하는 유일한 하나님의 말씀이며, 우리가 삶에 있어서든지 죽음에 있어서든지 믿고 복종해야만 하는 유일한 하나님의 말씀이다. 우리는 독일의 교회가 이 유일한 하나님의 말씀을 배제하고 넘어서서, 다른 역사적 인물(히틀러)을 하나님의 계시로서, 선포의 근원으로서 인정할 수도 있다고 하는 거짓된 이론을 단호히 배격한다 …"

바로 이러한 것이 신앙의 양심이요, 시대에 항거하는 종교의 소명이다. 바로 우리가 공부하고자 하는 바울의 로마서 12장에는 "너희는 이 세대를 본받지 말고 오직 마음을 새롭게 함으로 변화를 받아 하나님의 선하시고 기뻐하시고 온전하신 뜻이 무엇인지 분별하도록 하라!"라는 바울의 정언명령이 쓰여져 있다. 바울은 고린도라는 항구도시에서 로마인들을 향해, 아니 전세계의 양심들에게 이런 글을 외롭게 쓰고 있었던 것이다. 약관의 나이에도 미치지 못했던 내가 조선의 동포들에게 바울을 강론하면서 이 한마디, "너희는 이 세대를 본받지 말라.Do not be conformed to this world."라는 바울의 이 한마디는 나의 가슴에 깊게깊게 새겨졌다.

박근혜가 최순실과 그 정도로, 국민 대다수가 촛불을 들고 길거리에 쏟아져 나올 정도로, 협잡을 하고 부당한 행동을 함으로써 국정을 농단하고 정명正名의 대원칙을 어겼다고 한다면 즉각 반성을 하고 사죄를 하고 순조롭게 대통령직을 사임하는 것은 상식에 속한 일이 아닐까? 이 국민의 하야요구에 대하여 즉각 물러서지 않는 이유는 자신의 행동을 객관화시키지 못하고, 자신이 무엇을 잘못했는지를 분별치 못한다는 뜻이다. 자기의 잘못된 자아Ego를 객체화 시켜서 철저히 반성하는 내면의 행위를 바울은 "**자기 자신을 십자가에 못박는다**"라고 말한다. 나는 십자가의 의미를 다시 한 번 묻게 되었다.

십자가의 의미

그런데 문제는 여기서 끝나지 않는다. 광화문집회에 나갔다가 나는 군중들의 권유에 의해 연단에 한번 설 기회가 있었다. 그때 농촌운동 하는 사회자가 기꺼이 나에게 발언의 기회를 주었다. 나는 우리의 촛불집회가 단순히 박근혜라는 개인의 하야를 촉구하는 집회가 아니라 우리가 여태까지 당연한 것으로 여기고 받아들이고 의지해왔던 모든 가치를 전복시키는 혁명의 자리라는 것을 역설했다. 그 연설은 큰 반향을 불러일으켰고 한겨레 제1면에 나는 전면 케리그마 성격의 문장을 발표하였다. 나는 그때 다음 주 집회에 꼭 다시 나와 대중과 같이 하겠다고 약속했다. 그래서 나는 짧은 선언문을 준비하여 나갔다. 나는 준비하는 과정에서 한신대 신학대학원에서 목회자가 되기 위해 신학공부를 하고 있는 김용민 군을 통해, 다음 주 연단에 나갈 수 있도록 시간배정을 해달라고 요청했다. 내가 내 선언문을 읽는 시간이래야 6분 정도다. 다음 주 연단은 참여연대가 관리하는데 사회자인 안진걸安珍傑 사무처장이 적당한 시간에 모시는 것으로 약속되었다고 연락이 왔다. 그래서 단단히 준비해서 나갔다.

그런데 웬일인가? 안 처장은 연단에 있는데 그 밑에 있는 여자 진행요원이 나를 완강히 막는 것이다. 그 내용인즉 당신은 너무 유명하니까 안된다는 것이다. 얼마든지 다른 매체를 통해서 의사를 발표할 수 있으니 여기는 올라가지 말아달라는 것이다. 나는 단지 지난 주에 회중에게 약속을 했고, 나는 정치인도 아니며, 오직 그 약속을 지키기 위해 온 것일 뿐이라고 설명했다. 내 스피치는 3분 안에라도 요약해서 끝낼 수 있다고 간청했다. 그리고 안 처장과 이미 약속이 된 사안인데 어찌하여 나를 막는가 하고 호소해도 막무가내였다.

한 40분을 그렇게 실갱이 하다가 나는 안되겠다 생각하여 회중들이 있는 앞자리로 돌아 나아가 곧바로 연단 위로 훌쩍 뛰어올라갔다. 그리고 준비된 연설문을 읽었는데 주최측에서 내 마이크 전원을 끄는 등 말할 수 없는 추태가 100여만 회중 앞에서 연출되었다. 개그맨이나 밴드나 가수에게는 무제약적으로 시간을 배정하면서 내 시간 3분을 허락지 못한다는 것은 무슨 까닭일까?

다음날 참여연대에 대한 시민들의 항거가 거세게 일었고 후원금조차 거부하겠다는 소동이 일어날 정도였다. 참여연대는 우리사회의 모범적이고 양심적이며, 진취적인 이슈를 선취해나가는 중요한 민간운동단체이며 참여민주사회를 지향하는 건강한 시민운동인데 내가 도움을 주면 주었지 나로 인하여 누가 되면 안될 일이다. 다음날 안진걸 사무처장으로부터 밑에 있는 사람들이 압박감 속에서 너무 경직된 사고를 고집하는 바람에 벌어진 해프닝일 뿐이니 용서해달라고 하는 전화가 왔다. 나는 이해한다고 했다.

나는 전화를 끊고 생각했다. 나부터 반성을 해야 되지 않을까? 연단에 올라가지 않았으면 그만일 것을, 내가 영웅심리에 사로잡혀 있었던 것은 아닐까?

그리고 어찌 지금 십자가에 못박혀야 할 사람이 박근혜, 최순실, 김기춘, 우병우뿐이겠는가? 도올 김용옥부터, 연단을 가로막은 그 알량한 권력을 쥐고 흔드는 자들, 박근혜탄핵을 외치지만 박근혜를 대통령으로 만든 사람들, 지금 이 순간 민주정의를 외치면서도 북한동포는 개돼지만도 못하게 취급하는 사람들, 대중의 눈치를 보느라고 크게 소리치지는 못하지만 틈만 있으면 친박태극기데모를 동원하느라 연보돈을 낭비하는 어리석은 대형교회 목사님들, 아리송한 입장을 취하는 언론계·관계·법조계·문화계·학계의 덜떨어진 사람들, … 우리 국민 모두가 "십자가에 못박힌다" "마지막 아담Last Adam, Second Adam이 되어야 한다"(고전 15:45)는 의미를 다시 한번 가슴속 깊게 새겨볼 때가 되지 않았는가!

나는 종교혁명을 원한다

나는 종교혁명을 원한다. 나의 언사에는 일체 금기가 없다. 종교문제는 근원적으로 금기의 대상이 아니다. 지금 우리사회의 진보를 가장 크게 가로막고 있는 것이 바로 기독교세력이다. 올해부터 통계숫자상으로 기독교인구가 불교인구를 넘어섰다는데, 종교인구는 전체적으로 줄고 있지만 기독교인구의 비례는 늘어난 것이다. 충격적이지 않을 수 없다. 그만큼 시대흐름을 선취하지 못하는 복합적인 원인으로 불교의 위축이 심한 것이다. 그러나 기독교가 제아무리 우리사회의 권력상층부를 장악하고 있다 해도 오늘의 타락상은 결국 교계 자체를 소돔과 고모라로 휘몰아가고 있을 뿐이다. 우리나라의 최초의 기독교모임은 1779년 겨울 천진암天眞庵 주어사走魚寺에서 열린 세미나였다.

이 세미나에 참여한 사람은 이벽(25세), 정약용(17세), 정약종(19세), 정약전(21세), 이승훈(23세), 이총억(14세), 권철신(44세) 등 주로 10대와 20대의 젊은이들이었다. 이들은 기독교라는 신사조를 알기 위해 열흘 동안 숙식을 같이하면서 『천주실의』 등 관련서적을 읽었는데, 주자의 책과 장재張載, 1020~1077(북송의 대사상가로서 주자의 선하)의 『서명西銘』 등을 같이 읽었다. 이들은 모두 성호星湖 이익李瀷, 1681~1763의 제자들이었다. 성호는 판토하 Diego de Pantoja, 1571~1618(스페인 출신의 중국에서 선교활동한 제수이트. 북경에서 마테오 리치를 보좌함) 신부의 선교책자인 『칠극七克』을 읽고 극기복례克己復禮의 공정功程에 도움이 크다고 생각하였다. 남인의 진취적 사상가였던 그는 낡아빠진 유교의 관념 속에만 머물러있을 것이 아니라, 유교적 이상을 달성하는 방편으로 신사조들은 무엇이든지 받아들여도 좋다는 개방적 태도를 견지했던 것이다.

그 후 이 세미나에 참석하였던 이승훈李承薰, 1756~1801이 아버지 서장관 이동욱李東郁을 따라 북경에 갔다가 프랑스 신부 그라몽Jean de Grammont에게서 영세를 받고 베드로(반석)라는 세례명을 가지고 귀국하여, 서울 수표교 부근에 있던 이벽李檗, 1754~1786의 집에서 이벽에게 세례를 줌으로써 조선땅에 최초의 신앙공동체를 이루었다. 이 1784년의 사건을 우리역사에서 조선교회의 창설로 본다. 여기서 중요한 사실은 조선교회의 창설이 외래 선교사에 의한 외인성外因性의exogenous 사건이 아니라, 조선의 유학자들이 자신의 내재적 모순을 통하여 스스로 개척해나간 내인성內因性의endogenous 사건이라는 것이다. 조선의 기독교는 어디까지나 갈릴리 지평의 예수의 소유나, 부활 지평의 바울의 소유가 아니다. 조선의 기독교는 오로지 조선인의 조선역사의 내재적 종교활동일 뿐이다.

내가 이 책을 쓰는 이유는 기독교를 이해시키기 위한 것이다. 대부분의 기독교인들이 기독교를 "이해"하려 들지 않는다. 그냥 믿기만 하려하고, 타인에게 믿음을 강요하는 에반젤리즘을 기준으로 해서 자신의 신앙의 증표를 삼으려고 한다. 기독교를 신앙하는 사람은 기독교를 이해하지 않으려는 경향이 있다. 이해하게 되면 신앙심이 줄어든다는 생각 때문이다.

그러나 신앙과 이해는 별개의 문제이다. 아무리 열렬한 신앙을 고집해도 이해는 신앙을 위해서도 필히 수반되는 과제상황이다. 우리가 살고있는 21세기는, 이미 불트만이 비신화화를 말할 필요도 없이, 역사, 환경, 의식, 일상적 삶, 그 모두가 비신화화 되었다. 다시 말해서 까발겨질대로 까발겨진 세기라는 것이다. 이 새로운 세기 속에 기독교는 새로운 신화를 만들기 위해 안간힘을 쓰고 있지만, 새로운 신화는 반드시 "이해"를 바탕으로 하지 않으면 안된다. 이해란 무전제적인 토론을 의미하는 것이다. 기독교인이 나와 토론하는 것을 거부한다면 그들은 점점 독단의 굴레 속에 들어갈 수밖에 없다. 그들이 꾸며가는 사회는 KKK나 트럼프류의 독단과 광포를 지향해갈 수밖에 없다. 한국기독교는 기껏해야 200년밖에 안된다. 교회는 사람이 가지 않으면 문을 닫아야 한다. 장사가 안되면 그만이다. 한국의 기독교가 과연 이 모습대로 앞으로 1세기나 유지할 수 있을 것인가?

나는 어릴 적부터 나의 장형 김용준金容駿과 교류하는 우리나라 신학계의 거목들의 모습을 친히 보고 컸다. 함석헌 선생을 비롯하여, 안병무, 서남동, 현영학, 허혁, 변선환, 김정준, 유동식, 김용옥金龍玉(1923~1981, 감리교 신학대학 신약학 교수) 등등의 이름이 생각나지만, 이들이 모여 이야기를 할 때, 가장 큰 특징이 유머였다. 하여튼 앉아 담론을 하기만 하면 심하게 웃기는 것이다.

예수를 희롱의 대상으로 삼기도 하고 벼라별 이야기들을 재미있게 무전제로 이야기했다. 그렇지만 그들의 담론은 무서운 논리가 있었고, 반박이 있었고, 정확한 인용이 있었다. 한마디로 인격체의 차원이 요즈음의 학자들과는 다른 것이다. 모두가 굵직굵직했다. 그리고 한학의 소양이 배어있었다. 나는 한국의 기독교가 다시 이들과 같은 격조와 담론의 풍요를 회복하기를 바라는 것이다.

나는 나의 책을 기독교인들이 금기시하는 줄로만 알았는데, 최근 김용민 군이 나에게 말하기를 신학대학생들이 내 책을 많이 읽는다고 했다. 고마운 일이다. 신학도들이 어떤 뜻을 품고 신학대학을 가는지를 모르지만, 최소한 돈벌기 좋은 인생의 첩경이라는 개인적 이유로만 가는 것은 아니지 않겠는가? 인기 목사가 되어 돈 잘 버는 것도 좋지만, 교회라는 조직을 통하여 하나님의 말씀을 전해야 하지 않을까? 바르트의 말대로, 교회가 그 자체가 끊임없이 십자가에 못박혀 피를 흘리고 끊임없이 부활해야 하지 않을까? 부활이 어찌 AD 30년경에 일어난 한 사건이겠는가? 부활이 우리의 삶의 지평의 모든 순간의 사건이 아니라면 부활이 과연 무슨 의미를 갖겠는가! 나는 이 땅의 종교혁명을 위하여 이 책을 쓴다.

지금부터의 로마서 본문강해는 RSV(Revised Standard Version)와 개역한글판을 기준으로 하여 희랍어판본과 여러 성경판본을 자유롭게 절충할 것이다.

Doh-ol's Commentary on Romans

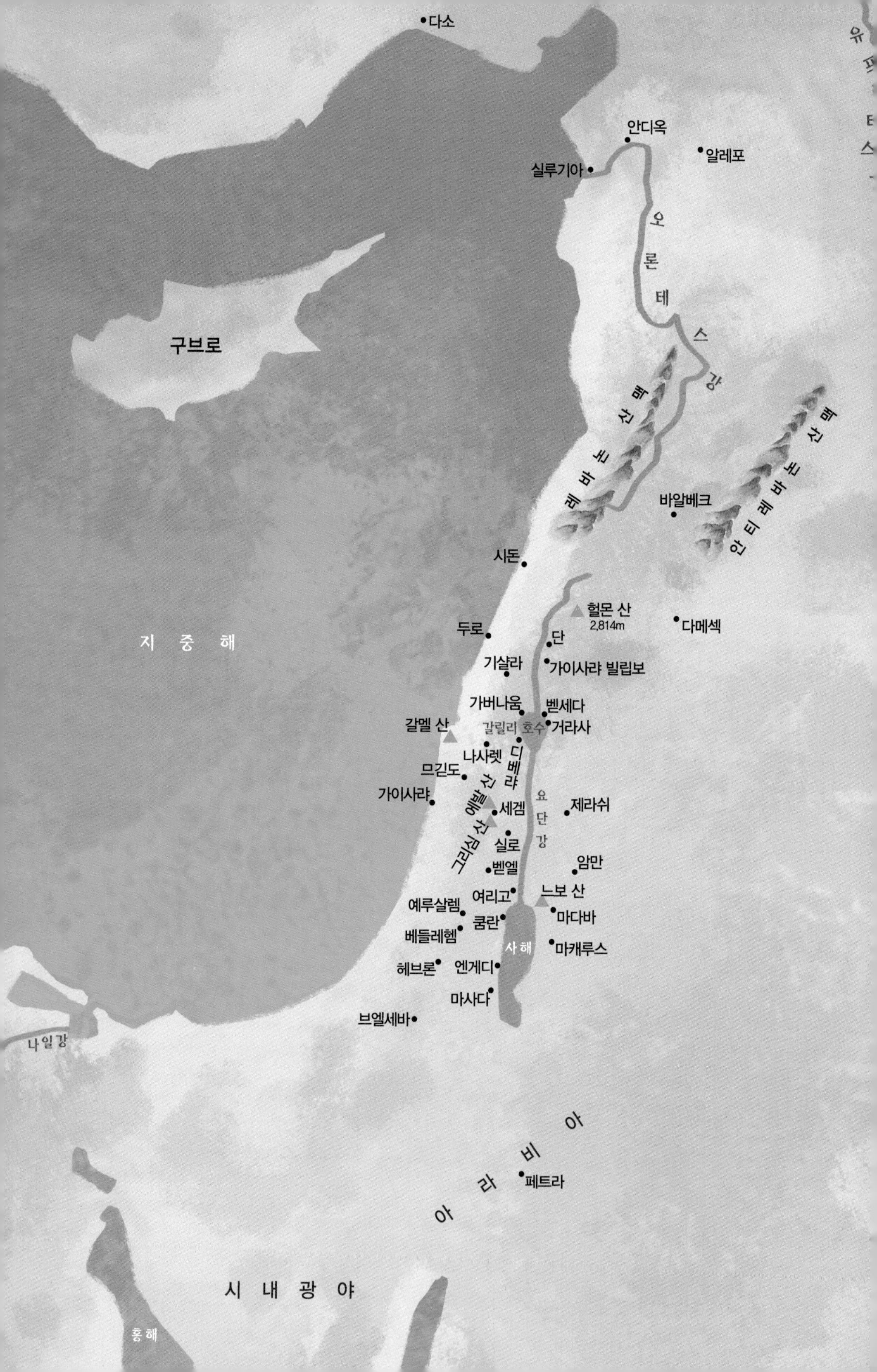
다소
안디옥
알레포
실루기아
오론테스 강
구브로
레바논 산맥
안티레바논 산맥
바알베크
시돈
헐몬 산
2,814m
다메섹
두로
단
지중해
기샬라
가이사랴 빌립보
가버나움
벳세다
갈멜 산
갈릴리 호수
거라사
나사렛
디베랴
므깃도
가이사랴
에발 산
세겜
그리심 산
요단 강
제라쉬
실로
벧엘
암만
여리고
느보 산
예루살렘
마다바
쿰란
베들레헴
사해
마캐루스
헤브론
엔게디
마사다
브엘세바
나일강
아라비아
페트라
시내광야
홍해

로마서

The Letter of Paul to the Romans

〈 로마서 1:1~7, 인사 〉

[1]Paul, a servant of Jesus Christ, called to be an apostle, set apart for the gospel of God

[2]which he promised beforehand through his prophets in the holy scriptures,

[3]the gospel concerning his Son, who was descended from David according to the flesh

[4]and designated Son of God in power according to the Spirit of holiness by his resurrection from the dead, Jesus Christ our Lord,

[5]through whom we have received grace and apostleship to bring about the obedience of faith for the sake of his name among all the nations,

[6]including yourselves who are called to belong to Jesus Christ;

[7]To all God's beloved in Rome, who are called to be saints: Grace to you and peace from God our Father and the Lord Jesus Christ.

[1]예수 그리스도의 종 바울은 사도使徒로 부르심을 받아 하나님의 복음福音을 위하여 택정擇定함을 입었으니

[2]이 복음은 하나님이 선지자先知者들로 말미암아 그의 아들에 관하여 성경聖經에 미리 약속約束하신 것이라

[3]이 아들로 말하면 육신肉身으로는 다윗의 혈통血統에서 나셨고

[4]성결聖潔의 영靈으로는 죽은 가운데서 부활復活하여 능력能力으로 하나님의 아들로 인정認定되셨으니 곧 우리 주 예수 그리스도시니라

[5]그로 말미암아 우리가 은혜와 사도의 직분職分을 받아 그 이름을 위하여 모든 이방인 중에서 믿어 순종順從케 하나니

[6]너희도 그들 중에 있어 예수 그리스도의 것으로 부르심을 입은 자니라

[7]로마에 있어 하나님의 사랑하심을 입고 성도聖徒로 부르심을 입은 모든 자에게 하나님 우리 아버지와 주 예수 그리스도로 좇아 은혜와 평강이 있기를 원하노라

【바울은 누구인가】

바울은 누구인가? 그는 어떤 사람인가? 바울이 누군가에 관해서 독자들이 관심을 가지려 한다면 바울에 관하여 쓰여진 무수히 많은 책들을 손쉽게 발견할 수 있을 것이다. 바울의 생애에 관한 문제는 본서의 주제가 아니므로 간략하게 그를 바라보는 나의 입장만을 밝히기로 하겠다.

바울이 어떤 사람인가를 아는 데 우선 우리가 의존하는 자료는 두 종류가 있다. 하나는 바울의 전기자료라고 말할 수 있는 사도행전이고, 하나는 바울의 서한이다. 전자는 바울에 대하여 타인이 쓴 것이고, 후자는 바울 본인이 직접 쓴 것이다. 사도행전은 실제로 "바울복음서"라 말해도 대차가 없는 문헌이다. 바울의 삶과 언행을 또 하나의 초대교회 케리그마로서 선포한 전기문학이라 말해도 대차가 없다. 그런데 전자의 정보와 후자의 정보 중에서 어느 것이 더 확실한 것일까? 남이 쓴 것과 자신이 쓴 것 중, 어느 것이 그 인간의 역사적 실상實相에 접근할 것인가? 물론 그것은 두말 할 바 없이 직접 쓴 편지가, 편지 속에 나타나는 자신의 삶에 관한 독백이 더 확실한 존재근거가 된다. 그런데 여태까지 바울의 생애에 관하여 우리가 알고있는 지식들은 대부분 좀 픽셔널한 성격을 가지고 있는 사도행전으로부터 온 것이다.

예를 들면 과연 바울이 길리기아Cilicia의 다소Tarsus에서 태어난 사람일까? 과연 바울이 로마시민권의 소유자일까? 과연 바울이 젊은 날, 예루살렘에서 당대의 가장 유명했던 랍비 가말리엘Gamaliel 1세 밑에서 공부를 했을까? 과연 바울이 대제사장의 권한대행으로 다메섹으로 가는 도중, 하늘에서 빛이 번쩍이며 그의 눈이 멀고, 그러한 기적적 계기를 통해 갑자기 개종하는 사건이 일어났을까?

만약 내가 말하는 이 몇몇의 사건들이 실제로 일어난 일들이 아니라 사도행전 기자의 문학적 상상력에 속하는 픽션이라고 한다면 한국의 기독교도 독자들은 분개할 것이다. 왜냐하면 이러한 것들은 너무도 중요한 기독교의 핵심적 사실이며 우리가 바울의 인생을 바라보는 모든 사건들을 엮어내고 있는 중핵의 기둥을 형성하기 때문이다. 이 기둥이 없어지면 바울의 생애, 그 인간이 갑자기 어디론가 사라져버릴 듯이 보인다.

그러나 내가 생각하기엔 독자들의 염려는 무근거하다. 바울은 어떠한 경우에도 이러한 사실이 부정된다고 해서 바울됨이 부정되지는 않는다. 바울의 서한 속에서는 그가 다소에서 태어난 사람이라는 이야기도 없고, 자기가 로마시민권자라는 이야기도 없고, 그 시민권을 아버지로부터 태생적으로 물려받았다는 이야기도 없다. 다메섹의 신비적 개종사건도, 가말리엘과의 관계도, 하다못해 자기 이름이 그리스도의 사도가 되기 전에는 "사울Saul"이었다는 이야기도 나오지 않는다.

독자들은 내가 『기독교 성서의 이해』라는 책에서 라틴 벌게이트의 위대한 역자로서 소개한 4세기의 제롬Jerome, AD 347~420이라는 인물을 기억할 것이다. 제롬은 AD 386년 여름 베들레헴에 안착하여 34년 동안 머물렀으므로 그곳 현지사정에 밝았다. 나는 그가 성서번역에 전념한 베들레헴 거처를 가보았는데 물론 지금은 성당이 들어섰지만 그래도 그가 번역에 전념하면서 극기의 생활을 했던 곳의 분위기를 알 수가 있다. 그런데 제롬이 팔레스타인에 살 때만 해도 바울에 관한 생생한 이야기들이 민간에 전승되고 있었던 모양이다. 제롬에 의하면 바울은 이방의 지역인 다소에서 태어난 것이 아니라, 예수와 같은 지역의 갈릴리사람이라고 전한다.

베들레헴에 지금도 안치되어 있는 위대한 성서 번역자 제롬의 석관

바울의 부모는 갈릴리의 유대인 도시였던 기샬라Gischala에서 대대로 살았다 한다. 기샬라는 나사렛에서 직선거리 25마일 정도 되는 북방에 위치하고 있는데, 갈릴리바다와 튀레(두로) 사이에 있다. 제롬에 의하면 헤롯대왕이 죽은 직후, BC 4년에 기샬라 지방에서 유대인 반란사건이 폭발했다. 로마인들은 폭동의 가능성을 근절시키기 위해 당해에 그 지역의 유대인 인구를 대거 길리기아의 다소Tarsus로 강제이주 시켰다는 것이다. 그때 바울의 부모도 강제이주 당했다는 것이다. 바울은 그해 갓난아기였는데 부모와 함께 다소로

가게 되었다는 것이다.

제롬은 사도행전이라는 문헌을 익히 알고 있었고, 행전에 쓰여진 바울 자신의 "다소사람"이라는 클레임을 몰랐을 리 없었음에도 불구하고 이런 이야기를 하는 것은, 여간히 확실한 근거가 없이는 그러한 주장을 펼 수 없다는 것을 말해준다. 그것은 근본적으로 다른 전승의 사실이었으며, 또 실제내용의 정황에 있어서는 크게 행전의 기술과 상치되지도 않는다. 바울이 길리기아 다소에서 성장한 것은 사실이기 때문이다. 그러나 이러한 제롬의 주장은 엄청난 문제를 야기시킨다. 첫째는 바울의 나이가 BC 4년 생으로 구체화된다는 사실이다. 이것은 바울의 생년에 관한 유일한 언급이다. 그러니까 바울과 예수는 거의 동갑내기라고 보면 된다.

둘째로 더 중요한 사실은 바울의 부모가 이방의 헬라화된 유대인들Hellenized Jews이 아니라는 사실이며 로마시민권의 소유자일 수가 없다는 것이다. 그들은 위험시된 반란지역의 유대인 골수파들이었으며, 결코 대대로 이방에서 로마문명의 혜택을 누리는 귀족적인 헬라화된 유대인 패밀리일 수 없다는 것이다. 바울은 로마시민권의 소유자가 아니었다. 바울이 진정으로 로마시민권자였다면, 어찌하여 그토록 중요한 사실이 그의 서한 속에서 언급되지 않을 수 있겠는가! 바울이 로마시민권자가 아니라는 사실 그 자체가 그를 격하시키는 것이 아니라, 그의 위대함과 정직성을 드러내는 것이라고 나는 생각한다.

당시 로마는 공화정에서 제정으로 넘어가는 시기였고, 제정도 아직 권위가 확립되지 않아 불안한 시기였다. 로마사람들은 체질적으로 공화체제를 좋아했다. 이러한 불안정한 시기에 유대인과 같은 이방인이 로마시민권을 소유한다는 것은 시세에 별로 어울리지 않는 사태였다. 더구나 바울이 예루살렘에서 붙잡혔을 때 로마시민권의 소유자라는 특권을 활용하여 로컬 코트를 무시하고 로마황제에게 직접 재판을 받으러 간다는 것은, 독자들이 평심平心하게 생각해보아도, 별로 설득력이 없는 이야기이다. 그런 제도가 존재하지 않았던 것이다.

그러나 바울이 로마시민권자였다는 소설적인 사태는 사도행전의 행行의 드라마에 엄청난 긴장감과 드라마틱한 반전을 준다. 그리고 읽는 자들에게 통쾌감과 우월감을 준다. 만약 김기춘이 위세등등하던 시절, 고문당했던 재일교포 유학생들이 당시 "미국시민권자"였다라는 사실이 드러났다고 한다면 이야기는 훨씬 더 드라마틱하게 엮어질 수 있었을 것이다. 그러나 바울이 시민권자라는 사실이 부정된다고 해서 바울의 이야기가 사라지는 것은 아니다. 바울은 분명히 로마로 갔다. 바울이 로마로 간 것은 브루탈 팩트이다. 사도행전의 기자는 그러나 브루탈 팩트를 보다 드라마틱하고 보다 설득력 있게 기술하기 위해서 로마시민권자라는 드라마적 요소를 집어넣었을 뿐이다. 바울의 실제 이야기는 아마도 보다 더 곤요로운 상황과 더 인간적으로 풀기 어려운 상황, 그리고 강인한 의지가 요구되는 곡절이 엮여있었을 수도 있다.

역사적 예수나 "역사적 바울Historical Paul"의 발굴이 어떠한 경우에도 우리에게 우리가 알고 있는 예수상이나 바울상을 격하시키거나, 무의미성을 증강시키는 결과를 가져오지는 않는다. 어차피 실상에 관한 정답은 없다. 이 놈이 꽥, 저 놈이 꽥 해도 그 꽥간의 우월성은 존재하지 않는다. 시각을 바꾸어 우리의 이해를 풍요롭게 만들 뿐이다. "성서만으로*sola scriptula*!" 그러나 중요한 것은 성서 자체 내에 너무 많은 상충되는 정보가 존재한다는 것이다.

나는 바울에 관한 우리의 이해는 행전의 내러티브보다는, 일차적으로, 살아있는 바울, 그 자신이 말하는 정보에 의거해야 한다고 생각한다. AD 50~60년경에 살아있던 역사적 바울이 쓴 편지가 그대로 우리에게 전달된다는 이 사실이 얼마나 기적적인가! 그런데 이 편지는 과연 믿을 수 있는 것일까? 진짜 바울이 쓴 것일까?

우리가 우선 알아야만 할 중요한 사실은 편지라는 형식을 통하여 자기 저작을 남긴다는 이러한 사태는 유대인의 전통이 아니었다. 에피스톨레*epistolē* 라고 하는 이 편지형식, 처음에 안부를 묻는 개사開辭가 있고, 서장적인 감사와 축복, 그리고 본론, 그리고 종결멘트로 구성되는 이 형식은 그레코-로망의 전통에 속하는 것이다. 그리고 이 편지형식은 원래 순수한 문헌적 저작을 목표로 했다기보다는 그 내용을 암기하는 헤르메스를 통하여 전달되는 구어성의 양식이기도 했다. 따라서 이 편지는 대상자에 따라 그 성격이 달라진다. 오늘날 편지는 대부분 사적인 관계에서 성립하는 것이지만, 바울의 편지는 교회회중을 대상으로 한 것이기 때문에 대부분 공적인 것이었다(물론 빌레몬서와 같이 완전히 사적인 개인편지도 있으나, 그 내용은 공적인 성격을 내포하고 있다). 그래서 그것은 소피스트들의 대중연설전통으로부터 전승되어 내려오는 강력한 대중호소력을 갖는 수사학적 구조를 가지고 있다. 서론이 있고(*exordium*), 사실의 나열이 있고(*narratio*), 논쟁이 있고(*probatio*), 결론이 있다(*peroratio*). 바울의 서한의 본체는 대강 세 부분으로 구성되어 있는데, 처음에는 독자들의 과거행위에 관한 회유적인 제스쳐가 있다. 화해적인 분위기의 멘트가 있다. 그리고 중간에는 충고, 충언이 펼쳐진다. 그리고 마지막에는 강한 주장, 권고(파라이네시드*παραίνεσις*)가 있다. 하여튼 이 모든 양식이 순수한 유대인의 분위기는 아니었다.

오늘 우리가 알고 있는 신약성서의 27서체제는 AD 4세기의 알렉산드리아의 교부, 아타나시우스Athanasius, 296~373(반아리우스파의 정신적 리더로서 카톨릭 정통주의를 확립한 인물)에 의하여 최초로 정경화 된 것인데(AD 367), 그것은 4복음서와 사도행전, 그리고 바울과 사도들의 서한, 그리고 묵시록으로 구성되어 있다. 4복음서를 경장經藏이라 한다면, 사도들의 편지는 논장論藏 정도 되는 것이라 이해할 수 있다. 이 중 바울의 편지로서 제목부터 규정되어 있는 것은 13개가 있다. 순서대로 열거하면 다음과 같다.

1. 로마사람들에게 보낸 바울의 편지(16장)
2. 고린도사람들에게 보낸 바울의 첫 편지(16장)
3. 고린도사람들에게 보낸 바울의 두 번째 편지(13장)
4. 갈라디아사람들에게 보낸 바울의 편지(6장)
5. 에베소사람들에게 보낸 바울의 편지(6장)
6. 빌립보사람들에게 보낸 바울의 편지(4장)
7. 골로새사람들에게 보낸 바울의 편지(4장)
8. 데살로니가사람들에게 보낸 바울의 첫 편지(5장)
9. 데살로니가사람들에게 보낸 바울의 두 번째 편지(3장)
10. 디모데에게 보낸 바울의 첫 편지(6장)
11. 디모데에게 보낸 바울의 두 번째 편지(4장)
12. 디도에게 보낸 바울의 편지(3장)
13. 빌레몬에게 보낸 바울의 편지(1장)

이 중 우선, 디모데전서, 디모데후서, 디도서 3개의 서신은 목회서한Pastoral Letters(18세기 후반에 파울 안톤Paul Anton이 이 명칭을 최초로 썼다)이라고 부르는 것으로서 바울이 디모데와 디도라는, 바울의 오랜 기간 동안의 반려자이며, 또 바울이 목회자로서 길러낸 이 두 제자에게 목회에 관하여 충고한 내용을 싣고 있으나, 어휘선택이라든가, 신학적 개념이라든가, 교회위계질서를 표현하는 직위이름이라든가, 바울의 사상보다는 교회전승에 너무 의존한다든가, 바울의 삶의 역사적 노정과 잘 부합되지 않는다는 등등의 이유로 바울이 직접 쓴 편지가 아니라고 판단한다. 바울이 서거하고 한참 뒤인 AD 110년경 소아시아 어느 교회에서 쓰여진 작품으로 추정되고 있다.

나머지 열 개의 편지 중에서 의심할 바 없는 바울의 서신으로 꼽히는 것은 다음의 7개이다.

1)로마서 2)고린도전서 3)고린도후서 4)갈라디아서 5)빌립보서 6)데살로니가전서 7)빌레몬서

그러나 우리가 조심해야 할 것은 이 7개 이외의 서신들이 모두 가짜다 하는 생각을 해서는 아니 된다는 것이다. 원래 모든 고문헌은 오늘날과 같은 "저작성authenticity"의 규정성이 불분명했다. "저자author"라는 개념이 없었기 때문에 역사적으로 유명한 사람의 이름을 빌어 자기생각을 표현하는 것도 하나의 저작양식이었다. 따라서 직접적인 저작성이 의심이 간다 할지라도 그 내용에 있어서는 매우 중요한 정보를 내포하고 있으며, 그러한 저작을 통하여 우리는 초대교회의 다양한 역사적 정황을 재구성할 수가 있는 것이다. 그런 의미에서는 27서에 내포되지 않은 소위 외경이라고 부르는 문서도 정경과 같은 해석의 지평에서 논의되어야 할 것이다.

나는 개인적으로 갈라디아서와 고전·고후, 로마서 이 4편의 저작을 살아있는 바울의 숨결을 그대로 느낄 수 있는 의심할 바 없는 위대한 문헌이라고 생각한다. 이 7서의 연대를 정확히 규정할 수는 없으나(사도행전의 전도여행 일정과 편지의 정황이 정확히 일치하지 않아 "크로놀로지chronology"의 문제는 항상 유동적이다), 그 상대적 선후를 가리면 다음과 같다.

A. 데살로니가전서가 바울의 편지 중에서 제일 먼저 쓰여진 것으로 보인다. 바울이 마케도니아 지역으로 진입하면서 최초로 세운 교회가 데살로니가교회인데(로마 행정구역의 수도, 하이웨이상에 있는 주요 상업센터도시), 그가 고린도에 왔을 때 데살로니가교회로 편지를 보냈다. 데살로니가전서는 그러니까 신약성서 중에서 성립연대가 가장 빠른 문헌이며 AD 50년 봄에 쓴 것으로 추정된다. 데살로니가후서는 분명 전서와 비슷한 시기에 쓰여진 것으로 보이나, 후서가 전서를 문헌적으로 활용하고 있다든가 세계의 종말과 그리스도의 파루시아(재림)에 관한 입장이 차이가 난다든가, 후서의 순수성을 입증하기 위하여 바울 자신이 스스로 서명한 것처럼(3:17) 강조되고 있다든가 하는 것으로 보아 바울 자신의 저작으로 간주하지 않는다.

B. 바울이 에베소와 그 주변에서 활동했던 시기에 보낸 것으로 추정되는 서한들.

1. 갈라디아서(갈라디아서의 성립을 데살로니가전서보다 빨리 보는 설도 있다. 제1차 전도여행 직후에 안티옥에서 쓰여짐)
2. 고린도전서
3. 고린도후서

4. 빌립보서: 옥중서한(로마의 감옥이라는 설도 있다)

5. 빌레몬서: 옥중서한(로마의 감옥이라는 설도 있다)

C. 바울이 3차 여행 때 마지막으로 고린도Corinth에 머물렀을 때, 쓴 편지 (행 20:3, 고린도에서 3개월을 머물렀다).

1. 로마서

이 7개의 서한의 집필연도는 매우 유동적이다. 나는 사계의 권위자인 보른캄Günter Bornkamm, 1905~1990(케제만, 콘첼만과 더불어 불트만의 제자이다. 튀빙겐, 마르부르크, 괴팅겐대학에서 공부. 하이델베르크대학의 신약학교수)의 설을 따랐다. 로마서가 쓰여진 시기도 매우 유동적이지만 대강 AD 55년경 전후로 보면 큰 무리가 없다.

"로마서"의 특징을 간단히 말하자면 우선 여기 바울의 진서眞書로 꼽히는 7개의 에피슬epistle 중에서 가장 후기의 작품이라는 사실이 눈에 띈다. 이 사실에 관해서는 학자들간에 이견이 없다. 사람이 꼭 늙어야 원숙해지는 것은 아니다. 우리나라의 경우, 학문하는 사람치고 늙으면 외골수가 되거나, 보수꼴통이 되거나, 하여튼 세계관이 협애해진다. 자기존재를 둘러싼 인식의 지평이 깊어지지도 넓어지지도 않는 것이다. 그런 의미에서 바울은 훌륭한 인간이라고 말해야 할 것 같다. 편의상 AD 50년부터 55년 사이에 그의 7서한을 배열해놓고 보면 그의 문제의식의 지평은 꾸준히 확대되고 깊이를 더해갔다. 그만큼 그의 삶의 가치를 유지시키는 실존적 투쟁의 발랄함이 살아있었다는 증거이다.

우선 타 서한이 매우 구체적인 사안을 놓고 집필되었다는 성격에 비해 로마서는 전혀 구체적 사건이나 인물이나 논쟁을 대상으로 하지 않고 있다. 이것은 무엇을 뜻하는가? 타 서한은 이미 가본 곳, 이미 아는 곳, 이미 자기가 세워놓은 교회로서 사적인 커넥션이 있는 곳을 대상으로 하고 있지만, 로마서는 한 번도 가본 적이 없는 곳, 잘 알지 못하는 곳, 구체적인 인적 커넥션이 별로 없는 곳, 자기가 만든 에클레시아 공동체가 아닌 곳을 대상으로 하고 있는 것이다. 이것은 무엇을 뜻하는가?

예수가 죽은 지 불과 25년만에, 그것도 방대한 로마제국세계에서 예루살렘이라는 작은 변방에서 아무개가 반란혐의로 십자가형에 처해졌다는 이 하나의 사건으로 형성된 어떤 사람들의 영적(종교적) 운동이 그 제국인 수도에 이미 교회조직을 가지고 있었다는 사태는 매우 심각하게 고려되어야만 할 사실이다. 과연 바울이 로마서를 쓸 때에 로마에 교회가 있었는가? 목사, 장로, 집사, 그리고 비숍과 같은 고위직을 포함한, 건물을 가진 교회가 AD 55년경에 로마에 있었을까? 이 문제에 관해서는 누구든지 긍정적인 대답을 하기 어렵다.

로마에 교회는 없었다. "교회"라 함은 이미 "기독교Christianity"라는 기성적 틀을 갖춘 교리체가 있고, 그 교리체의 일부분으로서의 공적인 조직활동을 하는 것을 의미한다. 그러나 바울의 시대에는 "기독교"라는 기성종교체가 없었다. 그것은 단지 형성중인 운동이었다. 그러나 로마에 이미 초대교회 운동의 케리그마가 전달되어 몇몇의 "신봉자들followers"이 있었고, 이들은 교회라고 할 것까지는 없다 해도 아무개의 집이나 아무개의 다락방을 순회해 가면서 모이는 집회그룹이 있었다는 것은 확실한 것 같다. 그런데 로마교회의 멤버는 유대인이 아닌, 로마인이 주축을 이루었으며, 또 그들은 인텔리겐

차였고 사회적으로 상당히 영향력이 있거나 돈이 있는 상층부의 사람들이었을 가능성이 높다. 우리시대 태권도가 전파되는 상황을 보아도 아주 초기의 도장에는 미국 백인들 석·박사학위가 있는 지적인 인물들이 많았다. 숭산 스님이 미국 동부에 전도하신 상황을 보아도 마찬가지였다. 동부 아이비스쿨의 교수·인텔리겐차들이 숭산 스님이 설법하시는 곳을 꽉 메웠다. 그리고 도장은 대부분 그들 백인지사들이 자체로 운영해나갔다. 아마도 로마교회가 그런 정황이었을 것이다(물론 유대인 컴뮤니티와 밀접한 관련성이 있다).

분명 로마에 기독교공동체가 일정한 세력을 형성하고 있다는 놀라운 사실은, 과연 초대교회운동이 바울의 교회운동으로써만 이루어져 나간 것이냐 하는 본원적인 질문을 제기한다. 바울과 계통을 달리하는 다양한 갈래의 예수운동Jesus Movements이 공존하고 있었다는 사실, 그리고 예수운동의 분포가 기본적으로 유대인들을 위한 운동Judaizing Christian movement과 이방인을 위한 운동Christian movement for Gentiles으로 이원화 되었고 전자의 중심이 예루살렘교회이고, 후자의 중심이 안티옥을 거점으로 한 바울교회운동이라는 생각도 상당히 나이브한 가설에 불과할 수도 있다는 것이다. 바울의 운동이 반율법적인 보편주의적 성격을 띠는 것이 사실이지만, 그것은 근원적으로 바울의 신념에서 우러나오는 교회운동의 원칙에 관한 기준설정일 뿐, 그것이 반드시 반유대주의적 모토를 표방하는 것은 아니다. 우리가 예수와 동시대에 이미 독특한 에클레시아를 형성하고 있었던 쿰란운동의 성격을 보아도 유대교적인 공동체운동은 이미 바울 이전에 여기저기서 진행되고 있었던 것이다. 초대교회라는 개념이 바울의 창안은 아니라는 것이다.

그러니까 어떻게 해서 바울의 교회운동과 무관하게(물론 간접적으로 유관할 수도 있겠지만), 아니 독자적으로, 로마에서 예배형식을 갖춘 신도그룹의 모임이 성립되어 있었나 하는 문제는 많은 다양한 가설을 요구한다. 1864년 3월 10일 대구 남문 밖 관덕당 뜰에서 참수된 수운 최제우崔濟愚의 순도사건이 불과 30년만에 세계적인 사건인 청일전쟁을 유발시킨 거국적인 조직기포起包인 동학혁명으로 발전한 사태와도 모종의 아날로지를 발견할 수도 있을 것이다. 하나의 불씨가 광막한 대지초원을 불사를 수 있듯이(星星之火, 可以燎原), 시대의 정서가 국경을 초월하여 그러한 운동을 폭발적으로 가능하게 만들었을 수도 있다. 이 편지가 쓰여졌을 때만 해도 소수의 집회그룹이었던 로마기독운동은 불과 10년만에 네로황제의 대규모 기독교도탄압사태(AD 64~7)로 확대되었다(네로의 기독교탄압도 과대포장된 측면이 있으나, 어쨌든 기독교운동이 상당히 발전되어 로마사에 반영된 사실은 부인할 수 없다).

하여튼 바울의 로마서는 바울이 가보지도 못했고, 현황을 잘 알지 못하는 로마의 기독자모임을 향해 쓴 편지이다. 그런데 왜 썼을까? 바울에게는 매우 구체적인 문제가 있었다. 혁명도 문제는 돈이다. 전도여행도 자금줄이 확보되지 않으면 수고만 낭비하고 조직이 활성화되지 않는다.

바울이 전도여행을 수행함에 있어서 신도들에게 신세 안 지고 스스로 생계를 해결한다는 원칙을 세운 것은 잘 알려져 있는 일이다. 우리나라에도 이 바울의 원칙을 존중하는 양심적이고도 훌륭한 목사들 그룹이 있다. "자비량自備糧선교"를 표방하는 이들은 스스로 교회활동 외로 생계를 버는 직업을 가지고 목회활동을 한다("자비량"이란 로마군대용어로 "스스로 자기의 양식을 구비한다"는 뜻이다. 우리나라에도 자비량목사님들이 200명 가까이 되는 것으로 알고 있다). 바울의 직업이 보통 "텐트제조업자tent-maker"로 알려져 있는데 이 "텐트메이

커"라는 규정은 기본적으로 사도행전에서 유래한 것이다. 텐트는 우리가 생각하는 작은 군대텐트 같은 것이 아니고, 사막의 대가족이 들어가 자고 생활하는 대형의 장막이다. 큰 것은 수십 평을 카바한다.

그런데 이 텐트는 기본적으로 낙타털로 꼬아 만든다. 낙타털로 짠 장막은 햇빛이 쬐면 빛이 비칠 정도로 좀 느슨하다. 장막 안에 앉아 있으면 새어 들어오는 햇빛의 느낌이 매우 신비롭고 아름답다. 그런데 비가 오면 낙타털은 수축해서 타이트해진다. 그래서 비가 새지 않는다. 그런데 바울이 전도여행을 하면서 사막생활 사람들의 필수품인 이 텐트를 만들었다는 것은 믿기 어렵다. 소재의 공급도 어렵고, 또 대도시에서는 잘 팔리는 물건도 아니고, 가장 큰 난제는 너무 부피가 크다는 것이다. 가볍게 여행을 해야 할 바울이 이렇게 부피가 큰 장막을 가지고 다녔다는 것은 이치에 부합되지 않는다. 바울의 서한에는 "나는 텐트를 만들어서 생계를 유지했다"라는 기록이 없다. 이와 같이 사도행전의 기록은 굽이굽이 픽션이고, 신빙성을 결여한다.

고전 4:12에는 "손발이 부르트도록 노동을 하고 있습니다"라고 했고, 고전 9:12에는 "우리는 여러분에게서 물질적인 것을 거둘 수 있는 권리가 있지만 이 권리를 행사하지 않았습니다. 오히려 그리스도의 복음을 전파하는데 조금이라도 방해가 되지 않도록 모든 것을 참고 지냈습니다"라고 했고, 살전 2:9에는, "우리는 여러분에게 하나님의 복음을 전하는 동안 누구에게도 폐를 끼치지 않으려고 밤낮으로 노동을 했습니다"라고 했다. 여기 바울 자신의 기술에 의하면 바울은 육체적 노동을 해서 생계를 벌었다. 텐트직조라는 업종은 명시되어 있질 않다.

유대인의 옛 랍비 속담에 "자식에게 장사를 안 가르치는 것은 자식에게 도둑질을 가르치는 것과 같다. He who does not teach his son a trade teaches him banditry."라고 했다. 내가 어릴 때만 해도 "중국거지는 길거리에서 죽어도 가슴을 헤쳐 보면 옷깃 깊숙이 돈이 꼭 숨어있다"라는 항간의 얘기가 있었다. 중국인이나 유대인이나 생계에 대한 준비가 철저한 민족이라는 뜻이다. 바울은 육체적 노동이나 장사나 마다 않고 했을 것이다. 행전 18:3에 나오는 "스케노포이오이*skenopoioi*"(장막을 만드는 것)는 천막제조가 아니라 "가죽가공 혹은 세공"으로 해석될 수도 있다. 가죽가공기술이라면, 그 유명한 철학자 임마누엘 칸트의 아버지가 가난한 말안장 제조업자harness-maker(일종의 가죽가공업)였다는 것을 생각해도, 바울의 직업으로서는 더욱 적합하다 할 것이다.

바울은 가난이나 간난을 마다하지 않았다: "나는 노동과 고역에 시달렸고, 수없는 밤을 뜬눈으로 새웠고, 주리고, 목말랐으며, 자주 먹을 것 없이 지내면서 추위에 떨고 헐벗었습니다."(고후 11:27). 그러나 바울은 자비량의 생활, 자력전도에만 의존하여 산 것은 아니다. 그는 조직활동을 위해 교회의 지원을 받았으며 장기체류 때는 편안한 숙식장소를 제공받기도 했으며, 다양한 공무상의 비서도 두었다. 교회조직의 후원은 매우 중요한 것이었다.

바울이 이 로마서를 쓴 시점은 그가 3차의 전도여행을 통하여 로마제국의 동반부의 주요거점을 다 그의 에클레시아 네트워크 속에 확보한 시점이었다. 소아시아, 마케도니아, 아카이아(그리스 지역) 등 광범위한 지역의 선교를 완성한 그는 이제 관심을 로마제국의 서반부, 히스파니아, 갈리아, 게르마니아 지역으로 돌리고 있었다. 바울은 스페인을 가고 싶어했다. 그러려면 그가 동반부의 전도여행을 안티옥 거점으로 시작했듯이, 새로운 거점이 필요했다.

그 새로운 거점이 바로 로마였다. 로마의 재력과 조직을 먼저 키워서 그 기반 위에서 서반아 선교를 시작하고, 서반아로부터 갈리아, 게르마니아 지역으로 확대해나가면 그는 로마제국을 뛰어넘는 그리스도정신제국을 완성할 수 있었다.

이 모든 구상에 깔려있는 그의 정신세계는 보편주의적 인간론universalistic anthropology을 바탕으로 하고 있다 해도 궁극적으로는 유대인으로서의 그의 애국·애족의 구원론이기도 한 것이었다. 일제강점기 때 일본제국을 무력으로 대항하여 힘으로 일본을 제압하겠다는 생각을 한 사람도 있지만(백범 김구나 약산 김원봉은 의열단운동을 전쟁수행의 효율적 수단으로 생각했다. 그러므로 그것은 테러리즘terrorism이 아니다. 예수시대의 열성당원이나 시카리Sicarii 그룹도 마찬가지였다), 해월 최시형 선생과 같은 선각자는 "개벽"의 새로운 이념, 인간의 존엄성에 대한 새로운 각성으로 일본제국주의를 정신적으로 제압하려 했다. 바울이라고 하는 역사적 인간에게도 그러한 비슷한 상황이 있었을 것이다. 그는 결코 유대인의 구원을 외면하지 않았다.

바울이, 지중해와 에게바다Aegean Sea가 불과 4km의 잘룩한 육지 허리 양 옆으로 극적으로 맞닿아있는, 펠로폰네소스반도 상단의 절묘한 항구도시 고린도(이 도시의 고풍스러운 모습은 1858년의 대지진으로 사라졌다. 그 뒤 새로 건설된 신도시 고린도New Corinth도 1928년의 6.3° 지진으로 크게 파괴되었다. 그 뒤로 1933년에 또 대화재가 났다)에서 이 편지를 쓴 시점은 대략 AD 55년 겨울부터 AD 56년 봄에 걸쳐있다. 이때 그는 고린도에서 바로 배를 타고 로마로 직접 갈 수도 있었다. 프리스카Prisca와 아퀼라Aquila(두 사람은 부부) 같은 도반道伴 사역자가 로마와 고린도, 에베소를 계속 왕래하고 있었기 때문에 마음만 먹으면 로마로 갈 수도 있었다. 그런데 왜 굳이, 그토록 가고 싶어했던 로마를 가지 않고 고난도의 예루살렘행을 택한 것일까?

외면적인 이유는 매우 간단하다. 이 문제에 관해서는 바울 스스로 서신 속에서 명료하게 답하고 있다. 바울은 소아시아, 마케도니아, 헬라스 본토 지역에서 활동하는 동안 예루살렘교회를 위하여 모금을 했던 것이다. 그 성금이 얼마나 될까? 지금 돈으로 계산해서 10억? 1억? 1천만 원? 바울이 모은 성금이라고 해봐야 내가 생각컨대 결코 큰 돈은 아니었을 것이나, 그래도 말하는 톤으로 볼 때 예루살렘교회의 빈궁한 처지에는 크게 도움이 될 만큼의 액수가 모였던 모양이다. 그런데 왜 이방인을 위한 사도로서 선교구역을 다르게 설정했던 바울이 자기 앞가림 제대로 하기에 피곤한 처지에, 그토록 자기선교에 대적적인 예루살렘교회를 위하여 모금을 한단 말인가? 모금을 했다면 그 모금은 당연히 이방인의 선교를 위하여, 그의 스페인 선교(당시 스페인은 동화 속의 나라와 같이 정말 먼 지역이었다)의 꿈을 실현하기 위하여 쓰여졌어야 할 것이 아닌가? 왜 그토록 미래지향적인 원대한 사상가 바울이 예루살렘이라는 썩어가는 등걸에 신경을 써야 할까?

좋다! 이유 불문하고 예루살렘교회를 위한(유대인들에게 예루살렘은 곧 죽어도 예루살렘이니까, 모든 시오니즘적 사유의 중추이니까) 성금이 걷혔다고 하자! 바울은 그 돈을 보낼 수 있는 수단이 많았다. 왜 그 돈을 꼭 직접 전달했어야 할까? 왜 바울이 예루살렘까지 직접 기어갈 필요가 있었을까? 만약 자기가 선교한 이방인 그리스도인들과 예루살렘정통주의를 표방하는 유대인 그리스도인들간에 화해의 제스처로 그 모금이 이루어진 것이라면 당연히 그 돈은 이방지역의 교회대표들이 직접 가지고 가는 것이 더 효과적이었을 것이다.

바울은 그들에게 돈을 맡기고 자기는 새로운 미지의 코스모스를 향한 벤쳐를 곧바로 시작했어야 마땅하다! 도대체 바울은 왜 예루살렘으로 갔을까?

이 문제는 누구도 쉽게 대답할 수 없다. 그러나 바울이 예루살렘에 가서 당한 시련은 행전의 드라마처럼 로마시민권(=미국시민권과도 같은 기능)의 권능을 빌미로 로마관원들의 도움을 받아 로마로 탈출케 되는 그런 극적인 플로트라인보다는 훨씬 더 심각하고 난해하고 잔혹한 고초를 겪어야만 했었을 것이다. 왜 돈을 싸들고 들어가서 그런 고난을 겪는단 말인가?

이러한 문제는 아직도 우리가 초대교회의 제반상황, 그리고 우리가 초대교회라고 부르는 정말 "원초적인primitive," 즉 회중운동congregational movements 이전에 이미 예수 당대에 존재했던 예수운동Jesus Movements이 어떠한 갈래로 발전되어나갔다 하는 것에 관하여 우리의 판단력을 에포케 *epoche*(판단중지의 괄호bracketing) 속에 집어넣는 지혜를 발휘하는 것이 더 현명할 것 같다. 바울이 지금 신약성서의 편집체제상으로 보면 당대 기독운동의 주축인 것처럼 심하게 침소봉대되어 있지만 당대에는 정말 미미한 하나의 갈래였을지도 모른다. 매우 특이한 칼라와 심오한 이념을 갖춘 하나의 줄기였을 것이다. 전 세계의 예수운동의 주류는 아직도 예루살렘교회로 집결되어 있었다. 그 집결의 원점에 예수의 형제 야고보(동생이래도 좋지만 내 생각엔 야고보는 예수의 형님이었던 것 같다. 신화적 표현양식인 마리아 처녀잉태설 때문에 동생이어야만 할 필요는 없다. 원복음이라 말할 수 있는 마가복음에는 탄생설화가 없다)가 있었다.

현재 27서 중에 "야고보의 편지*The Letter of James*"(20번째 서한 야고보서, "James"의 히브리말은 Ya'akov, 희랍어 표현은 Iakob인데 구약에서는 "Jacob"으로 번역되고, 신약에서는 "James"로 번역된다)라는 것이 들어있는데, 여태까지는 바울서한중심적으로 생각하여 이 야고보서를 바울서한에 대한 반동으로 보아 AD 125~150년경의 작품으로 간주해왔다. 다시 말해서 예루살렘교회의 예수형제 야고보와는 무관한 서한으로 보아왔다. 그러나 도마복음서, 쿰란문서, 많은 외경의 새로운 연구, 그리고 예수운동에 대한 오리지날한 이해로 볼 때 야고보서는 바울신학에 오염되지 않은, 최소한 바울 당대의(그러니까 AD 50년대 정도) 작품으로 보아야 한다는 것이 중론이다.

야고보서 속에는 인간의 행위에 대한 신화적 규정성이 없으며, 그 행위를 바라보는 시각이 매우 구체적으로 사회적이다. 신앙을 단순히 추상적 원리나 구원이나 인의認義Justification에 대한 믿음이 아닌 인간평등의 가치관의 사회적 실천 속에서 매우 상식적으로 규정한다. 어찌 보면 야고보서는 신약 27서 중에 가장 신약적 내음새가 나지 않는, 심오한 신학적 이념이 배제된 유대적 사유와 유대적 언어, 그리고 『큐자료』나 『디다케』 같은 문헌과도 상통하는 소박한 인간론적 성격을 지니고 있다. 다시 말해서 야고보서는 바울 당대의 예루살렘교회의 분위기를 전달해주는 위대한 초기문서로 보아야 한다는 것이 최근 사계의 중론이다. 나 역시 야고보서는 다시 새롭게 읽어야만 하는 소중한 초기문헌이라고 확신한다(역사적 야고보와 사해문서, 초기 기독교공동체의 관계를 논한 최근의 역작이 있다. Robert Eisenman, *James the Brother of Jesus*, Penguin Books, 1997. Robert Eisenman, *James the Brother of Jesus and the Dead Sea Scrolls*, 2 Vols. Nashville : Grave Distractions Publications, 2012. 야고보서의 신빙할 만한 주석서는 Martin Dibelius, *James*, Minneapolis : Fortress Press, 1975가 있다).

이러한 문제에 관하여 우리가 너무 깊게 들어가면 또 다시 주제에서 빗나

간다. 야고보와 바울의 대결은 세계선교조직을 둘러싼 이권의 대립이라기보다는 매우 심오하고도 심각한 신학적 이념의 차이가 내재되어 있었다. 그리고 바울이 예루살렘을 몸소 가지 않으면 안되었던 중요한 이유는 서방선교를 시작하기 전에 자신의 신학적 입장이 결코 예루살렘교회의 입장과 상충되지 않는다는 것, 흔히 말하는 바 **믿음에 의한 인의認義**(후에 다시 논의하겠지만, 로마서의 "Justification, *dikaiōsis*, *dikaiosynē*"이라는 용어는 우리나라에서 "의인義認"으로 번역하는 것은 잘못된 것이다. 그것은 하나님께서 "의롭다고 인정하신다"는 뜻인데, 한문은 SVO의 구문구조를 따르므로 "인정한다"는 동사가 앞으로 오는 것이 정당하다)와 **율법적 행위에 의한 인의**(전자를 보통 바울의 입장으로 보고 후자를 보통 야고보의 입장으로 본다)가 상충되는 것이 아니라는 것, 궁극적으로 그것은 심오한 이해의 바닥에 미치지 못하는 데서 생기는 오해일 뿐이라는 것을 설득시킬 수 있는 좋은 기회라 판단하였던 것이다. 더구나 성금을 가지고 간다는 사태에 깃들어 있는 진실이 곧바로 세계교회운동의 통일성과 바울이 전하는 복음의 진리, 그것을 선포하는 바울의 자유를 확보하는 데 큰 도움을 주리라고 판단했던 것이다.

더 중요한 사실은 프리스카와 아퀼라의 기독교신앙이 바울의 선교에 의하여 이루어진 사건이 아니라, 이미 그들이 로마에 있을 때 얻은 깊은 신앙이라는 사실로써 추론해본다면(바울은 그들을 가죽가공업 동업자로서 고린도에서 처음 만났다), 이미 로마교회는 예수살렘교회의 통제 하에 있었다고 보아야 한다. 바울은 로마에 가기 전에 예루살렘교회와 본질적인 화해를 하는 것이야말로 서방세계전도를 위대한 화합의 새출발로 만드는 동력이 된다고 판단했을 것이다. 바울의 이러한 독백을 보라!: **"여러분이 바치는 믿음의 제사와 제물을 위해서라면 나는 그 위에 내 피라도 쏟아 부을 것이며 그것을 나는 기뻐할 것입**

니다. 아니 여러분과 함께 기뻐할 것입니다."(빌 2:17). 바울은 전도여행의 모든 결정적 순간에 자신의 순교를 눈앞에 그리고 있었다. 기실 보른캄의 말대로 로마서는 "바울의 유서"였다.

자아! 생각해보자! 내가 나의 "기철학"을 나를 알지 못하는 사람들에게 총체적으로 설명해야 한다고 생각해보자! 어떤 구체적 사안이나 특정한 주제의식이 없이 그 전체를 전달하는 방법은 무엇이 있을까? 로마서는 바울이 평생 추구해온 모든 주제들의 핵심을 아주 심오하고도 아주 쉬운 방식으로 압축한 작품이다. 로마서는 우선 바울의 서한 중에서 가장 부피가 크다. 바울의 13개 서한의 평균 자수가 1,300단어 정도인데, 로마서는 7,100단어가 된다. 그가 쓴 가장 긴 문장이다. 그리고 로마서는 마지막 제16장이 후대에 첨가된 것이라든가, 타서의 일부가 옮겨진 것이라든가 하는 설이 있지만, 대체로 제16장도 원래 서한의 일부로 봐야 한다는 설이 지배적이다. 로마서 16장은 전체가 일관되어 있으며 치밀한 유기적 구성을 과시하며 진실로 바울이라는 역사적 인간의 숨결을 느끼게 하는, 그 저작성에 전혀 의심이 가지 않는, 걸작이라고 말할 수 있다.

치열하게 사변적이며, 주제가 일반론적generalistic이며, 그만큼 추상적이고 철학적이다. 한 인간의 철학체계를 이토록 짜임새 있는 편지 한 통에 담았다는 것이 매우 경이롭다. 그래서 로마서는 장중하다. 자질구레한 문제를 다루지 않는다. 로마서는 바울이라는 한 인간의 대각大覺(기독교도는 "컨버젼Conversion"이라는 말을 쓰지만, "개종"이니 "회심"이니 하는 따위의 말도 적당치 않고, 그렇다고 "역전逆轉"이라고 말할 수도 없다. 삶과 우주에 대한 근원적 깨달음이지 역방향으로의 회전을 의미하지 않는다)의 몸부림의 역사이며, 그것은 모든 구체적인 상황의 충돌을 넘어서는 보편적이고도 영속적인 타당성을 지니는 문제의 천착이다. 그 천착의 핵심에는 "하나님"이 아닌 "인간"이 놓여있다.

바르트는 그 핵심에 "하나님의 자유"가 놓여있다고 생각했지만 내가 보기에는 "영원한 인간"의 고뇌가 놓여있다고 생각한다. 이것이 바르트와 나를 차별 지우는 분기점이다. 바울은 구원의 "어떻게"를 말하지 않는다. 구원의 "왜"를 말한다. 과연 인간은 왜 구원되어야 하는가? 그 왜에 대한 해답을 천착하는 것이다. 그 왜의 근원에는 인간이라는 존재의 한계상황이 놓여있다. 그 한계상황이 바로 "죄Sin"라는 문제이다.

내가 지금 여기서 뭔 말을 해도 그것은 "구라"일 뿐이고, "사족"일 뿐이다. 그 절박한 생애의 마지막 고비에서, 그 사상의 알파와 오메가를 담은, 위대한 사상가·신앙가·선포자의 2천 년 전의 편지가 옹고로시 남아, 그것을 우리가 읽을 수 있다면 그보다 더 위대한 축복이 어디 있겠는가! 이제 우리가 할 수 있는 유일한 행위는 그 편지를 한 글자 한 글자 읽으면서 그 뜻을 새겨보는 일이다. 나는 반드시 신학적 논쟁을 통해 성서문헌에 접근할 필요는 없다고 생각한다. 우리의 독해력을 보강시키는 수단이기는 하지만, 신학적 주해서는 너무 말장난이 심하고 번쇄하고 추상적이며 문제의 핵심을 우리에게 전하지 않는다. 독일신학은 독일사람들의 문제의식과 시대의식의 반영일 뿐이고, 미국신학은 미국사람들의 문제의식과 시대의식의 반영일 뿐이다. 한국사람은 한국사람의 언어와 생각으로 성서를 소박하게 읽어야 할 것이다.

【강해-롬1:1~7, 인사】

편지에는 반드시 인사말이 앞에 온다. 나는 어렸을 때 아버지에게 편지 쓰는 법을 배웠다. 아버지는 쿄오토제대 의학부에까지 유학한 서의西醫였지만 워낙 한학의 소양이 있었기 때문에 내가 한문투로 글을 쓰지 않는 것을 수치스럽게 아셨다. 그래서 나는 중학교 때부터 한문투로 편지를 썼다.

> **부주전상서**父主前上書
> **춘설**春雪**이 분분**粉粉**하온데 복불심차시**伏不審此時**에 옥체일향만강**玉體一向萬康**하옵시며 가내제절**家內諸節**이 균안**均安**하오니이까 … 불초자불비백**不肖子不備白**하노이다 운운**

나는 중학교 1학년 때 국어선생님이 방학숙제를 내주었는데, 방학기간 동안 선생님께 편지 한 통을 써서 직접 우체통에 넣어 부치는 것이었다. 그래서 나는 한문투로 가득 써서 보냈다. 방학이 끝나고 국어시간에 선생님이 학생들의 편지를 읽으면서 평을 하는데, 갑자기 내 편지를 꺼내 읽는데, 세상이 이렇게 시대감각에 뒤떨어지는 구닥다리 문투를 쓰는 학생이 지금도 있을 수 있냐고 하면서 마음껏 욕을 해댔다. 나는 그때 얼굴이 뜨거워졌고 창피했고, 그 수치감·모욕감은 이루 헤아릴 수가 없었다. 내 인생에서 가장 잊을 수 없는 한 순간이었다. 과연 내가 그토록 잘못했나? 아버지가 나에게 잘못 가르쳐주신 것일까?

국어 선생님의 지적은 내가 너무 고투의 양식에 함몰되어 생생한 자기 삶의 표현을 결하고 있다는 것을 학생들에게 교육적인 샘플로서 거론한 것이지만, 과연 학생 본인이 앉아있는 바로 그 현장에서 그토록 동반학생들과 함께 깔깔대면서 나를 모독하는 것이 옳은 일인지는 잘 판단이 가질 않았다. 아니!

나는 솔직히 말해서 그 편지를 쓰기 위해 타 학생들에 비해 엄청난 노력을 했고, 옥편玉篇을 뒤졌으며 한문고전의 용례를 배웠던 것이다. 그렇다면 내 양식은 그 양식대로 가치가 있다고 인정해주었어야 했다. 나는 선생님의 비아냥에 설복당할 수 없었다. 그리고 문장의 "양식"이라고 하는 문제에 관하여 일평생 해결해야만 할 숙제를 지니게 되었다. 그리고 나는 그로부터 27년이 지난 후 고려대학 교수로서 『여자란 무엇인가』라는 책을 펴내면서 "양식의 근원적 파괴"라고 하는 당대로서는 매우 혁명적인 발상을 구현했다. 그것은 한국사회에 하나의 충격이었다. 이 충격은 기실 알고 보면 내가 중학교 1학년 때 국어 선생님이 나에게 던져준 충격과 모독이 야기한 숙제의 풀이선상에서 일어난 사건이다.

예나 지금이나 편지에는 양식이 있다. 그 언어표현방식이 고투이든 말랑말랑한 신체문장어투이든 다 일정한 양식의 표현이라는 사실에는 변함이 없다.

로마서의 서두도 바울의 타서와 공통된 양식을 표현하고 있지만, 로마서의 서두는 훨씬 더 압축적이고 강렬하고 장엄하고 자기현시적이며 철학적이다.

원어로 보면 제일 처음에 오는 단어는 "파울로스παῦλος"이다. 이 편지는 모르는 사람들에게 쓴 것이다. 그 첫 마디는 "나 바울이요"라는 것이다. 그런데 누가 "바울"을 알 것이냐? 바울이 소뼈다귄지 개뼈다귄지 누가 알 것이냐? "나 도올이요." 이 말을 불란서에서 했다고 치자! 누가 알 것이냐? 홍상수는 알아도 도올은 모른다. 그러면 도올이 누구라는 것을 규정하는 수식어가 붙어야 할 것이다. "나 서울에 사는 철학자 도올 …" 운운. 맥아리 없는 표현이기는 하지만 나는 그 정도 이상 할 말이 없다. 그러나 바울은 분명히 할 말이 있다. "그리스도 예수의 종, 바울은 …" 바울은 제일 먼저 자기 이름을 말하였는데, 바울은 자신을 "사울"이라 부른 적이 없다.

사울과 바울의 구별은 행전저자의 개념적 장난일지도 모른다. 하여튼 "바울"과 "그리스도 예수의 종"이 동격으로 놓여졌다. 개역판에서 "예수 그리스도의 종"이라 번역하였는데, 공동번역·새번역은 다 "그리스도 예수의 종 δοῦλος Χριτοῦ Ἰησοῦ"이라 하였다. 후자가 맞다. 예수 그리스도라는 말도 자주 쓰지만, 여기 처음 쓰는 문장에서는 "그리스도"를 먼저 강조하였다. 인간 "예수"만을 따로 말하는 용례는 거의 없다. 바울이 "예수"만을 호칭으로 쓸 때도 몇 사례 있기는 하지만, 그것은 "그리스도 예수"의 준말일 뿐이다. "그리스도 예수"는 그리스도인 예수, 그리스도 된 예수이며 이것은 예수는 오직 그리스도 됨으로써만 의미를 지니는 예수라는 것이다. "그리스도"란 이미 누차 설명한 대로 "기름부음을 받은 자"의 뜻이며, 히브리어로 "메시아 Messiah"이며, 메시아는 약소민족으로서 핍박을 받으며 통일적 구심점이 없이 살던 이스라엘민족에게는 다윗과 같은 왕King을 의미했다. 왕King이란 지상의 모든 군주를 제압할 수 있는, 기름부어 세워진 이스라엘의 왕을 의미했다. 바울에 있어서의 메시아 개념은 결코 이러한 유대민족사의 역사적 맥락을 떠나지 않는다.

따라서 "메시아인 예수의 종"이라는 표현은 매우 자연스럽다. 메시아가 왕이라면 당연히 왕 이외의 사람은 모두 "종" 즉 "신하"가 된다. 여기 "둘로스 δοῦλος"라는 표현은 "slave"로 번역되기보다는 "servant"로 번역되는 것이 어감이 좋다. 바울은 예수라는 왕에게 써번트가 된 자라는 겸칭으로서 이 편지를 받아보는 모든 사람과 똑같은 종이라고 하는 동질감, 유대감을 표현하고 있는 것이다. 바울은 역사적 예수에 관심이 있질 않다. 바울이 오직 전하고자 하는 것은 그리스도 된 예수다. 예수가 그리스도가 되기 위해서는 예수는 죽어야만 한다. 왜 죽는가? 죽어야 부활이 가능하기 때문이다. 바울은 말한다: "**나는 예수 그리스도와 그가 십자가에 못 박히신 것 이외로는 아무 것도 알지 아니 하기로 작정하였나니라.**"(고전 2:2).

"그리스도가 된 예수의 종, 바울." 그러나 이러한 규정성만으로는 너무 자기의 아이덴티티가 일반론적이다.

다음으로 그가 첨가하는 규정성은 "사도가 되기로 부르심을 받은 바울"이라는 것이다. 바울은 자신의 사도됨apostolicity에 관하여 더 이상 구질구질한 변명이나 비교론적 어법을 사용하지 않는다(내가 자유인이 아니란 말입니까? 내가 사도가 아니란 말입니까? 내가 우리 주 예수를 뵙지 못했단 말입니까? 여러분들은 바로 내가 주님을 위해서 얻은 열매가 아닙니까? 고전 9:1. 나는 그 특출나다는 사도들보다 조금도 못할 것이 없다고 자부합니다. 고후 11:5. 나는 사도들 중에서 가장 보잘것없는 사람이요 하나님의 교회까지 박해한 사람이니 실상 사도라고 불릴 자격도 없습니다. 고전 15:9). 이제 바울은 사도로서의 권위에 관하여서는 더 이상 논란할 필요가 없다. 바울은 이제 장중하게 자신의 사도됨의 권위를 선포할 뿐이다. 로마서가 위대한 것은 바로 그러한 자질구레한 문제에 대한 변명이 없이 사도로서의 자기철학의 대강을 밝히기 때문이다.

"부르심을 받았다κλητὸς"는 것은 초대를 받았다는 것이다. 이것은 바르트가 말하는 대로 하나님의 일방적인 선택이다. 인간이 가고 싶다고 해서 마음대로 얻어낼 수 있는 초대장이 아니다. 그것은 하나님의 의지의 자유에 속하는 것이다. 계시는 하나님의 절대적 주권이다. "부르심을 받았다"고 하는 것은 바울의 생애에서 있었던 사건, 컨버젼Conversion의 체험이다. 그것은 분명 역사적 지평 위에서 일어난 사건이지만 객관화될 수가 없는 카이로스의 사건이다. 그것이 과연 다메섹(다마스커스Damascus)으로 가는 도중에 있었는지 어떠했는지는 알 수가 없다. 그 사건의 화려한 드라마틱한 시말은 오직 사도행전의 기술 속에서만 3번 반복적으로 나타난다(제9장, 제22장, 제26장). 바울 본인은 그 사건을 우회적으로, 철학적으로, 추상적으로만 기술한다. 갈라디아서 1:1은 말한다: "나는 사도직을 사람에게서나, 사람을 통해서 받은 것이 아니라 예수 그리스도와 그 분을 죽은 자들 가운데서 다시 살리신 하나님 아버지께로부터 받았습니다." 또 말한다: "하나님께서는 당신의 아들을 이방인들에게 널리 알리게 하시려고 기꺼이 그 아들을 나에게 나타내 주셨습니다."(갈 1:16).

그 엄청난 컨버젼의 사건이 "아들을 나에게 나타내 주셨다"라는 말 단 한마디로 바울 본인에 의하여 기술되고 있을 뿐이다. 여기 "나타내다ἀποκαλύψαι"는 아포칼립스와 같은 말이다.

행전의 드라마틱한 기술 중에서 중요한 대목이 하나 있다. "사울아, 사울아! 네가 왜 나를 박해하느냐?"라는 음성을 들은 후 바울은 눈은 떴으나 아무것도 볼 수가 없었다. 바울은 사흘 동안 앞을 못 보고 먹지도 못했고 마시지도 않았다. 주님은 다마스커스에 살고 있던 제자 한 사람인 아나니아에게 바울을 찾아가 눈을 뜨게 하는 치료를 하라고 명한다. "그 분이 나를 보내시며 당신의 눈을 뜨게 하고 성령을 가득히 받게 하라고 분부하시었습니다."

> **그러자 곧 사울의 눈에서 비늘 같은 것이 떨어지면서 다시 보게 되었다.**(행 9:18).

여기 이러한 기술의 소설적인 측면을 다 탈색시킨다 할지라도, 두 가지 사태가 중요하다. 하나는 성령으로 충만케 되었다는 것이고, 하나는 눈에서 비늘 같은 것이 떨어지면서 다시 보게 되었다ἀνέβλεψέν는 것이다. 성령이 충만해지면서 다시 보게 된다는 것은 인식의 지평이 전혀 달라지게 되었다는 뜻이다. 불교에서도 "본다*darśana*, *dṛṣṭi*"라는 것이 중요하다. 팔정도八正道의 제1덕목도 "정견正見"(바로 봄)이다. 본다는 것은 사성제四聖諦의 진리를 보는 실천을 의미한다. 관자재보살도 자유자재롭게 본다는 뜻이요, 관세음보살도 고통스러운 세상의 현실을 자비롭게 바라본다는 뜻이다. "비늘이 떨어졌다" "씌웠던 눈꺼풀이 벗겨졌다"는 것은 사견邪見에서 정견正見으로의 역전이 일어났다는 것이고, 그의 사유의 지평이 전적으로 뒤바뀌어지는 사태total reversal가 일어났다는 것이다. 또한 그의 전 생애의 새로운 방향이 생겨났다는 것the complete redirection of his whole life을 의미하는 것이다.

바울 자신이 이 사건을 이렇게 고백한다: "나는 그때 내 동족 중 동년배들 사이에서는 누구보다도 유대교를 신봉하는 데 앞장섰으며 내 조상들의 전통을 지키는 일에 있어서도 훨씬 더 열성적이었습니다. 그러나 하나님께서는 내가 나기 전에 이미 은총으로 나를 택하셔서 불러주셨고 …"(갈 1:14~15). 또 말한다: "나는 이스라엘 백성 가운데서도 베냐민 지파에서 태어났으며 난 지 여드레만에 할례를 받았고, 히브리사람 중의 히브리사람입니다. 나는 율법으로 말하자면 바리새파 사람이며, 열성으로 말하자면 교회를 핍박하던 사람입니다. 율법을 지킴으로써 올바른 사람으로 인정을 받는다면 나는 조금도 흠이 없는 사람입니다. 그러나 나에게 유익했던 이런 것들을 나는 그리스도를 위해서 장해물로 여겼습니다."(빌립보서 3:5~7).

자아! 바울의 사태는 단순한 인식의 지평의 확대가 아니라, 신념의 역전이 일어난 것이 분명하다. 박해자persecutor로부터 선포자proclaimer로, 예수를 저주하던 사람으로부터 찬미하는 사람으로, 예수의 부활을 부정하던 사람으로부터 예수의 부활을 인정할 뿐 아니라 바로 그 사건 속에서 전 인류의 구원의 가능성을 감지한 사람으로의 역전은 보통 예사스러운 역전이 아니다.

그 다메섹사건을 보통 우리말로 "개종"이라 말하는 것은 어폐가 있으나, 개종이라는 의미를 액면 그대로 받아들이면 대체로 세 가지 의미가 있을 수 있다.

첫째는 전혀 종교를 갖지 않았던 사람이 종교를 갖게 되는 정황이다. 새로 믿게 되는 것이다. 둘째는 하나의 종교를 갖고 있던 사람이 다른 종교로 전향하는 사례이다. 성황당 신을 믿다가 알라를 믿는다든가, 예수를 믿다가 부처님을 믿는 등등의 사례이다. 셋째는 한 종교 내에서 다른 신념을 갖게 되는 개종이다. 장로가 믿던 목사에게 배신감을 느껴 그 목사를 쫓아낸다든가, 교황이 나쁜 놈이라 생각되어 종교혁명을 일으킨다든가 등등의 컨버젼이다. 사실 바울의 컨버젼은 상기 첫째, 둘째 상황에는 속하지 않는다. 바울은 본인의 표현을 빌리면, 히브리인 중의 히브리인이었고, 바리새인 중의 바리새인이었다. 그러니까 무종교의 상식인이 아니었고, 지독한 유대인이었고, 지독한 바리새인이었으며 지독한 율법주의자였다. 한마디로 자기는 정통꼴보수의 전형이었다는 얘기다.

그런데 우리가 알아야 할 사실은 당시 유대인들은 하스모니아왕조가 끝나고 헤롯시대와 더불어 로마의 폭정이 가세되면서 점점 국가안위에 대한 조급

함과 불안감을 가지고 있었다. 또다시 바빌론유수와 같은 다이애스포라생활이 도래할지도 모른다는 불안감이 모든 지식인들, 지사들, 종교가들의 의식의 저변을 사로잡고 있었다(이러한 불안감은 AD 70년 티투스 장군의 예루살렘성전 파괴로 현실화되었다). 그리고 또 우리가 알아야 할 사실은 "유대교Judaism"이라는 것 자체가 당시 고정불변의 어떤 체계를 갖춘 것이 아니라, 경전이든 율법이든 관습이든 종교·정치체제든 다 불안한 형성과정에 있었다는 것이다. 역사적 예수를 "갈릴리지방의 한 하씨드a Galilean *Hasid*"라든가, 개명한 갈릴리지방의 "견유학파 사상가Cynic thinker" 혹은 "치유사healer"라고 규정하는 다양한 설이 있지만, 예수를 성서시대의 일반적 관념에 의거하여 유대인으로서 규정해 들어가면 넓은 의미에서 "바리새인pharisees"이라는 카테고리에 속할 수 있는 사람이었다.

바리새인들은 사두개인들에 비하면 훨씬 더 리버랄했다. 율법도 구전전통을 중시하며, 부활이나 천사나 영적존재의 존재를 믿으며(행 23:8), 내세에서의 응보나 아포칼립스적 사유를 믿는 사람들이었다. 예수의 바리새인에 혹독한 질타는 오히려 같은 전승 내에 속한 인간들의 고착성·편협성에 대한 분노일 수도 있다. 역사적 바울을 제롬의 말대로 갈릴리사람이라고 본다면(아버지 고향), 같은 나이에 같은 고향에서 태어난 예수, 더구나 같은 바리새인의 의식을 갖고 있는 예수에 대한 라이벌의식이나 증오감은 각별한 것이었다. 예수의 거침없는, 파격적인 인간구원의 행로는 당시 아슬아슬한 위기의식 속에서 확고히 보전되어야만 하는 유대교의 토대를 허무는 혁명적인 행보였다.

그토록 증오하던 예수, 그토록 열심히 박해하던 예수(실제로는, 예수 사후에 예수를 따르는 사람들에 대한 박해이다)를 어떻게 그토록 가짜가 아닌 진짜 하나님의 아들이라고 공언하고, 입증하고, 전파하고, 그의 존재의미를 전 인류에게 선포하기 위해 전 생애를 봉헌할 수 있단 말인가! 사실 바울의 컨버젼은 앞의 세 종류의 경우에서 세 번째에 해당되는 컨버젼이다. 그는 컨버젼 당시도 기독교를 유대교와 다른 것으로 생각하지 않았을 수도 있다. 그는 컨버젼 이후에도 유대인이라는 아이덴티티를 결코 포기하지 않았다. 진짜 유대인이 되는 바른 길을 찾았다고 생각했을 것이다. 그의 컨버젼은 바리새 유대인a Pharisaic Jew에서 그리스도 유대인a Christian Jew으로 혁신되는 개종이었을 것이다. 그러나 그 컨버젼은 너무도 과격한 리버젼reversion이다. 생각해보라! 지금 광화문에서 태극기를 휘둘러대며 빨갱이박멸을 외치던 사람이 일순간에 눈이 잠깐 멀었다가 떴다는 체험으로 인하여, 북한의 빨갱이 괴수야말로 인류의 새로운 희망이라고 선포하고 그의 빨간 철학의 해설을 위해 평생을 봉헌한다는 사태와 다를 바 없는 바울의 리버젼을 "못 보다가 이제 보게 되었다. Was blind but now I see."는 노래가사대로 "놀라운 은혜Amazing Grace" 덕분으로 돌리고 말면 그 뿐일 것인가!

행전의 저자는 이러한 문제에 대한 보다 역사적인·실존적인 지평의 이해를 위하여 "스테판의 순교"라는 사건을 암시한다(사울은 스테판을 죽이는 일에 찬동하고 있었다. 행 8:1). 그러나 스테판의 순교와 같은 사건이 배울의 생애체험 속에 없다고는 말할 수 없으나 장황하고 설득력 있는 멋있는 일장설교까지 곁들인 스테판의 순교사건은 행전의 저자가 바울의 개종 직전에 삽입한 절묘한 드라마의 한 고리일 뿐이다. 아마도 스테판의 설교내용은 바울이 개종 후에 하였던 한 설교유형을 형상화한 것일지도 모르겠다.

우리는 윌리엄 제임스William James, 1842~1910(하바드대학의 프래그머티즘

철학자, 종교철학자, 심리학자)가 일종의 "포티즘photism"(환시幻視)이라고 표현한 바울의 개종의 실제적 내용, 그 실존적 사건의 의미에 관해서는 여기서 더 묻지 않기로 하고, 이제 로마서 본문으로 직입해야 할 것 같다. 다시 말해서 로마서 인사말(제1절)의 "사도로 부르심을 받았다"는 이 한마디의 내용은 다메섹사건이든지, 아라비아사막에서의 3년 수도의 사건이든지, 하여튼 컨버젼 사건으로부터 십여 년에 이르는 바울의 전 사상역정이 바로 로마서에 압축되어 있다는 것을 암시하는 것이다.

바울은 "그리스도 예수의 종," "사도로서 부르심을 받은 사람"이라는 아이덴티티 규정에 덧붙여 매우 중요한 또 하나의 규정성을 첨가한다. 그것은 "택정함을 입었다ἀφωρισμένος"(to be set apart)는 것이다. "아포리스메노스"라는 표현은 특별한 기능을 부여받았다는 뜻인데, 그것은 종됨과 관련된다. 종이란 본시 기능이 구분되어 있다. 밥하는 종이 있는가 하면, 청소만 하는 종이 있고, 또 마차를 모는 종이 있다. 이렇게 종은 공능功能이 분리되어 있는데 자기에게 특별한 공능이 할당되었다는 것이다. 바울의 특별한 공능? 무엇일까? 당연히 "이방인을 위한 사도"라는 타이틀이 곧 연결될 듯하다.

바울은 과연 무엇을 위하여 택정擇定함을 입었는가? 바울은 여기서 "이방인을 위한"이라는 말을 곧바로 꺼내지 않는다. 매우 더 원초적이고 원론적이며 본질적인 독특한 개념을 끄집어낸다. 바로 "하나님의 복음εὐαγγέλιον θεοῦ"이라는 말이다. 복음은 원래 "기쁜 소식"이다. "굳 뉴스good news"다. 마라톤전투에서 이겼다는 것을 알리러 백리 길을 뛰어온 아테네의 용사 페이디피데스Pheidippides가 가져온 소식, 살라미스해전에서 이겼다는 승전보의 소식, 페르시아대군의 위용에 패전할 수밖에 없다고, 불안과 공포에 떨고있던 아테네 시민에 당도한 소식, 그 소식은 불안의 구름을 걷히우고, 자유와 환희를 가져온다. 이런 소식이 유앙겔리온, 즉 복음이다.

이 유앙겔리온은 로마시대는 황제숭배문화와 직결되어 있었다. 황제의 탄생을 알리거나, 등극을 알리는 것이 모두 유앙겔리온이었다. 이 유앙겔리온은 황제와 더불어 시작되는 새로운 시대, 희망의 시대를 축복하는 것이다. 이 소식을 전하는 사자의 창은 월계수로 장식되며 머리에는 관이 씌워지며, 그 소식이 당도할 때는 제사가 드려지며, 축제와 경기가 펼쳐지고, 모든 신전은 화환으로 장식된다. 이 화려한 유앙겔리온은 복음서에서는 주로 "천국의 복음"이라든가, "예수 그리스도의 복음"이라든가, 혹은 선포의 대상으로서 그냥 단독으로 "복음"으로 쓰였다(가난한 자에게 복음이 전파된다. 마 11:5). 그런데 여기 바울은 이상하게도 "하나님의 복음"이라고 말하고 있는 것이다.

사실, 가만히 생각해보면 "예수 그리스도의 복음"이라는 말은 좀 어폐가 있다. 예수 그리스도라는 존재 그 자체가 복음이지, 예수 그리스도가 복음을 전파하기 위한 수단으로서의 존재는 아니다. 다시 말해서 "그리스도의 복음"은 실제로 "그리스도라는 복음"이다. 그리스도의 많은 속성 중의 하나가 복음은 아닌 것이다. 예수가 선포하는 "천국"은 분명 우리 인간들에게는 "굳 뉴스"이다. 그런 의미에서 "천국의 복음"은 의미가 명료하다.

바울이 "하나님의 복음"이라고 표현한 것은 매우 중요한 의미를 지닌다. 이것은 이미 삼위일체의 모든 가능성을 함축하고 있는 명언이다. 다시 말해서 "하나님의 복음"이란, 하나님이 인간세에 내보내는 굳 뉴스란 의미이다. 뉴스에는 반드시 핵심이 있어야 한다. 핵심이 없으면 뉴스가 아니다. 아무개가 탄핵되었는지 안 되었는지, 인용되었는지 안 되었는지, 그 뉴스에는 핵심이 있어야 한다. 그 핵심은 무엇인가? 바로 그의 아들에 관한 것이다. 그의 아들을 인간세에 인간의 형상으로 내려보낸다고 하는 굳 뉴스다. 마라톤의 승리와도 같은 굳 뉴스다! 바울은 맥락적으로 "그의 아들"의 사건을 유대의 역사 속에서 맥락지우고 있다. 성경에(바이블, 구약) 이미 약속되어 있던 언약의 실현이라는 것이다.

이 아들은 누구인가? "육신으로는κατὰ σάρκα" 다윗의 혈통에서 나셨다고 말한다. "사르카"는 문자 그대로 "살," "고깃덩어리"의 뜻이다. "다윗의 혈통"이라는 것은, 바울이 예수의 족보를 알고 있었다든가, 누가복음의 저자가 말한, 아우구스투스 로마황제의 호적조사명 때문에 요셉 부부는 원적지인 베들레헴에 가서 예수를 낳았어야만 했던 특별한 상황이 있었다는 따위의 드라마지식이 있었다는 것을 의미하지 않는다(눅 2:1~5). 바울에게 있어서 "메시아"의 의미는 유대교적 맥락을 떠나지 않으며, 메시아는 다윗의 혈통에서만 나올 수 있다는 신념을 가지고 있었던 것이다.

최근의 신학적 연구는 바울의 메시아니즘 사상이 매우 짙은 유대문화적 사유와 관련되어 있다는 것을 보고한다. "살"로 말하면 다윗의 혈통이 분명하고(역사적 실존을 말하는 것이다), "성결聖潔의 영靈"으로 말하면 "하나님의 아들"임이 분명하다는 것이다. 지상의 "세속적 킹쉽Kingship"과 "하늘의 적통"이라고 하면 양면을 확보했다는 뜻이다. "성결의 영"이라는 것은 "프뉴마 하기오쉬네스πνεῦμα ἁγιωσύνης"인데 "성스러움의 기氣"라는 뜻이다. 영靈의 뜻으로 쓰인 프뉴마*pneuma*는 "숨breath," "바람wind," "신령한 기운spirit" 등등을 의미하는데 결국 희랍어의 "프뉴마"는 그렇게 지독하게 영적인 측면만을 추상하여 부른 말은 아니었다. 오히려 소크라테스 이전의 철학자들에게 있어서 이 프뉴마는 "우주가 숨쉬는 모습"과 관련된 매우 우주론적 개념이었고, 아리스토텔레스도 이 프뉴마라는 개념을 일상적 의미에서 "공기," "숨," "바람"의 뜻으로 썼으며 그것을 심장의 기능과 연결시켰다. 그리고 프뉴마는 구체적으로 남자가 사출하는 정액의 요소로서 인식하기도 했다. 그러나 이러한 동방철학적 기氣의 개념이 바울에 오면 살*sarx*(사르크스, flesh)에 대비되는 영spirit의 개념으로 이원화된다. 로마서에는 이미 이러한 영·육 이원론적인 틀이 장착되어 있다는 것을 암시하고 있지만, 이것 또한 근세철학적인 영육이원론의 개념적 틀 속에서 논구할 수 없다는 것은 후에 다시 논하기로 하겠다.

육으로는 다윗의 혈통이고, 영으로는 하나님의 아들인데(이것은 주몽이 자신을 천제天帝의 아들이라 한 것과 대차 없다), 하나님의 아들됨은 하나님의 아들로서 인정될 수 있는 조건을 필요로 한다. 그 필요충분조건이 무엇인가? 그 조건은 "죽은 자 가운데서 부활하는 특별한 능력"을 과시했다는 것이다. 죽은 자 가운데서 부활했으니, 이것은 진실로 특별한 능력임에 틀림없다. 부활을 함으로써만이, 그 능력의 과시로써 하나님의 아들임이 인정되었다는 것이다. 이 부활한 예수를 바울은 "그리스도Χριστοῦ"라 부르는 것이다.

바울은 4절에서 "우리 주 예수 그리스도Jesus Christ our Lord"라는 말을 쓰고 있는데, "예수"는 역사적 인간을 부르는 이름이고, "그리스도"는 메시아라는 정치적인 맥락을 떠나지 않는 말이며, 바울에게는 "부활"이라는 개념과 분리되지 않는다. 그리고 "우리 주κυρίον ἡμῶν"는 종과 주인의 관계, 즉 섬김의 대상으로서의 주인의 위상을 나타낸다. 우리 주, 즉 "퀴리오스"는 복음서에서는 종종 하나님을 가리키는데, 여기서는 신앙의 영역으로 들어온 절대적 존재인 그리스도를 뜻한다. 즉 타자화 될 수 없는 우리의 주인이라는 뜻이다. 모든 지상의 주인들을 제압할 수 있는 고양된 절대적 위상을 나타낸다. "우리"가 삽입된 것은 지상의 교회공동체의 형성을 암시한다. "우리 주 예수 그리스도"라는 합칭合稱은 신약전체에서 87회 나타나는데 바울서한에서 68회 나타난다. 바울이 이 표현을 예수의 메시아적 장엄함을 나타내는 말로서 선호했음을 알 수 있다. 하여튼 바울의 용례에서는 "예수" "그리스도" "주"가 각각 독특한 의미체계를 지닌다는 것만을 기억하자.

이렇게 우주론적으로 "하나님의 복음"을 설파한 후에 예수라는 그리스도를 그 틀 속에서 규정하고, 그 부활한 예수를 통하여 자기는 특별한 은총과 사도의 직분을 받았다고 고백한다. 그런데 그 사도의 직분의 가장 중요한 임무는 이방인들로 하여금 예수가 그리스도라는 사실을 믿게 만드는 것이다. 여기에 "오로지 믿음에 의한 인의認義justification by faith alone"라는 주제가 이미 암시되어 있다. 그리고 이 믿음의 핵심은 "복종obedience"이다. 신앙에 내재하는 가장 큰 덕성이 곧 복종, 순종이다. 예수라는 복음을 믿음으로써 하나님께 순종케 되는 것이다. 순종은 인간의 한계상황에 대한 자각이다.

로마에서 하나님의 사랑하심을 입고, 성도로 부르심을 입은 모든 친구들에게 하나님 우리 아버지God our Father와 주 예수 그리스도the Lord Jesus Christ로부터 은혜와 평강이 같이 하기를 비노라 하면서 그의 인사말이 종결된다. 은혜Grace와 평강Peace의 더블 소스로서 "하나님 우리 아버지"와 "주 예수 그리스도"가 병치되었는데, 후자가 새로운 언약, 즉 신약을 강조하고 있다면 전자는 구약적 전승을 나타내고 있다고 할 것이다.

【보설補說】

짧은 인사말 몇 마디에 바울사상의 전모가 압축되어 있다고 해도 과언이 아니다. 그런데 겨우 7절을 해설했을 뿐인데, 그것도 아주 소략하게, 이렇게 많은 지면을 소비하게 되면 나의 강해는 끝날 날이 없을 것이다. 그래서 간단히 내가 바울을 바라보는 시점만을 우선 약술하려 한다.

나는 전도사가 아니다. 다시 말해서 기독교 교리를 신봉하는 자로서, 그 교리를 타인에게 설득시키려고 언어의 실력을 발휘하고 있는 사람이 아니라는 뜻이다. 기독교의 교리는 해체될수록 아름다운 것이다. 내가 바라보는 성서라는 문헌은 무전제적인 지평 위에 놓여있다. 일체의 권위나 연역적 전제가 깔려있지 않다는 뜻이다. 그럴 때만이 성서는 이해될 수 있고, 그 진정한 위대함이 드러나게 된다.

바울의 핵심은 역시 "컨버젼"이다. 나는 이것을 크로쌍처럼 바리새적인 유대교에서 기독교적인 유대교로 전향했다는 식의 가벼운 언어로써 표현하고 싶지는 않다. 그것은 "대각大覺"이다. 그의 세계관, 인생관, 가치관의 토탈한 전복이 일어나는 일대혁명이었던 것이다.

사도행전에 3번이나 기술되어 있는 다메섹사건의 신비체험은 바울의 컨버젼체험을 추측하는 데 많은 좋은 자료를 제공하지만 결코 신빙성 있는 자료는 아니다. 결국 궁극적으로 우리에게 신빙성 있는 자료는 갈라디아서 속의 바울의 진실한 고백이다.

나는 그 때 내 동족 중 동년배들 사이에서는 누구보다도 유다교를 신봉하는 데 앞장섰으며 내 조상들의 전통을 지키는 일에 있어서도 훨씬 더 열성적이었습니다. 그러나 하나님께서는 내가 나기 전에 이미 은총으로 나를 택하셔서 불러주셨고 당신의 아들을 이방인들에게 널리 알리게 하시려고 기꺼이 그 아들을 나에게 나타내 주셨습니다. 그때 나는 어떤 사람과도 상의하지 않았고 또 나보다 먼저 사도가 된 사람들을 만나려고 예루살렘으로 가지도 않았습니다. 나는 곧바로 아라비아로 갔다가 다시 다마스쿠스로 돌아갔습니다. 그리고 삼 년 후에 나는 베드로를 만나려고 예루살렘에 올라가서 그와 함께 보름 동안을 지냈습니다. 그때 주님의 형제 야고보 외에 다른 사도는 만나지 않았습니다. 내가 여러분에게 써 보내는 이 말이 거짓말이 아니라는 것은 하나님께서 알고 계십니다. 그 뒤에 나는 시리아와 길리기아 지방으로 갔습니다. 그래서 유다에 있는 그리스도의 교회들은 나를 직접 대할 기회가 없었습니다. 그들은 다만 전에 자기네를 박해하고 그 교를 없애버리려고 하던 사람이 이제는 그 교를 전파하고 있다는 소문만 듣고 있었습니다. 그리고 그들은 내가 하는 일을 두고 하나님을 찬양하였습니다.(갈 1:14~24).

바울은 자기 컨버젼의 사건을 "하나님께서 당신의 아들을 나에게 나타내 주셨다"라는 말 한마디로 표현했을 뿐이다. 이것이 어디서 언제 어떻게 일어난 사건인지를 구체적으로 기술하지 않았다. 나중에 "다시πάλιν" 다메섹으로 돌아갔다는 표현으로 보아, 다메섹에서 일어난 사건으로 보아서 무방할 것 같다. 여기 "나타내 주셨다"는 원어로 "아포칼륍사이ἀποκαλύψαι"인데, 이는 "베일에 가렸던 것이 드러난다"(to unveil)는 뜻이니 행전에서 "눈에서 비늘 같은 것이 벗겨졌다"(9:18)는 표현과도 상통한다. 무엇인가 애매모호하거나 몽롱했던 것이 확실해졌다는 뜻이니, 우리말로 "각覺"이요 "봄見"이다.

크게 깨달은 것이다. 그런데 갈라디아서의 기록은 그 각覺의 맥락과 목적을 곧바로 명시하고 있다: "당신의 아들을 **이방인들에게 널리 알리게 하시려고**" 나타내주셨다는 것이다. 자기 각의 목표가 "이방인들에게 널리 알리게 한다"라는 유대인만의 지평을 넘어선 어떤 보편주의적 의의를 가지고 있었다는 것을 고백하고 있다. 이 사건은 일시적인 환시photism가 아니라, 바울의 내면적인 어떤 진실이었던 것이 확실하다. 그래서 그는 그 사건에 관하여 어떤 사람과도 상의하지 않았고, 자기보다 먼저 사도가 된 사람들, 즉 성문聲門(역사적 예수의 말을 직접 듣고 접촉한 사람)들을 만날 생각을 하지도 않았다. 그 사건은 그의 내면적 사건이었기에 누구와 상의할 성격의 것이 전혀 아니었기 때문이다.

그래서 예루살렘으로 가지 않고(다시 말해서 성문들의 본부가 예루살렘에 있었다는 것을 의미한다) 곧바로 아라비아로 갔다가 다시 다마스커스로 돌아갔다고 보고한다. 그 다음에 "삼 년 후에" 베드로를 만나려고 예루살렘에 올라갔으며, 그와 보름 동안을 같이 지냈으며 그때 예수의 형(or 동생) 야고보 외에는 어떤 사도도 만나지 않았다고 자상하게 보고한다. 다시 말해서 바울은 자기의 선교계획에 관하여 베드로와 야고보 두 사람과 매우 사적인 밀담을 나누었던 것이다. 그 사적인 밀담의 내용은 전혀 보고되어있질 않으나 그 대강은 맥락적으로 충분히 추론이 가능하다. 처음부터 비전의 차이가 있었음은 분명하고 그 차이가 조정될 수 없는 성격의 것이었음이 분명하다. 그래서 바울은 유대 지방의 그리스도교회를 방문치도 않았으며, 박해하던 자가 그 교를 전파하고 있다는 얘기만 나돌았다고 말한다.

18절의 "삼 년 후"라는 말이 "컨버젼사건 후의 3년"인지, "다시 다메섹으로

역사는 감感이다. 나는 시리아의 고도 다마스커스로 가는 옛길을 찾아 헤맸다. 바울의 컨버젼의 사건이 일어났을 법한 길을 수없이 찾아 헤맸다. 바울이 바로 여기서 대각大覺을 얻었을 것이라고 나에게 감感이 온 곳이 바로 여기였다. 2008년 4월 다마스커스 교외에서.

돌아간 후 3년"인지는 확실치 않으나, 하여튼 아라비아에서 3년 가량을 머물렀다는 것은 확실하다. 이 기간이 대강 AD 33~36년 정도 된다고 보면 가可하다(크로놀로지의 힌트는 갈 2:1의 "14년 뒤에"라는 말과 관련 있다. 그런데 이런 것은 중요하지 않다).

자아! 생각해보자! 바울이 다메섹에서의 각覺의 체험을 "그 아들을 나에게 나타내 주셨다"라는 아주 소박한 한마디로 표현했다는 사실이야말로 바울의 떠벌이지 않는 진실성과 소박한 인품을 나타내준다고 말해야 할 것 같다. 그러나 그 "나타남"의 사건은 정말 대단한 사건이었던 것 같다. 바울은 당대 최고의 지성인이다. 그의 학력에 관해서도 우리는 자세한 전기적 사실을 추구할 수 없지만, 바울은 우선 유대인으로서의 구어인 아람어, 그리고 고전적인 정통 히브리어, 그리고 당시 세계통용어인 코이네 희랍어에 정통했다. 그리고 바울은 당시 로마세계의 통용어인 라틴어에도 정통한 것으로 보인다. 바울에게는 3개의 세계가 있었다. 그 하나는 헬라스문명이었고, 또 하나는 헤브라이즘의 세계였고, 나머지 또 하나는 로마문명이었다. 이 3개의 문명권이, 근동세계의 모든 고문명세계의 전승의 홍류와 함께 한몸에 집결된 문화체가 바로 바울이었다.

이 바울에게 있어서 "각覺"이라는 사건은, 스님들이 오도송을 읊은 후에 3·4년 토굴생활을 하듯이, 혼자서 곱씹어봐야만 하는 어떤 자기 삶의 여정의 당위성이 있었다. 이 "아라비아"라는 것은 페트라Petra를 수도로 하는 나바태안왕국Nabataean Kingdom을 가리키는 것이라고도 하고(당시의 나바태안왕국의 왕은 아레타스 4세Aretas IV, BC 9~AD 40년 재위였다. cf. 고후 11:32~33), 실제로 바울은 이 3년을 시내산(호렙산Mt. Horeb) 부근에서 보냈다고도 한다(라이트N.

T. Wright의 설). 후자의 설은 바울이 독실한 유대교사상가로서 자기의 선포 대사역을 앞두고 모세를 생각했거나, 엘리야 선지를 생각하여(열왕기상 19:1~18) 그 모델을 밟은 것이라는 발상에서 세운 가설이다. 그리고 3년이라는 햇수도, 성문들이 예수의 공생애를 같이 한 3년을 생각해서 그러한 세월을 보냈다고 말하지만 이것은 다 추론이요 낭설일 뿐이다.

내가 생각하기에 바울은 문자 그대로 3년 동안 고독하게 아라비아사막의 텐트나 토굴 속에서 수도를 한 것이다. 명상을 즐긴 것이다. 자기의 각覺을 곱씹고 또 곱씹으면서 새로운 우주를 구상했던 것이다. 이 3년 동안의 사막 선정禪定이야말로 바울이 위대한 전도여행사업을 실현할 수 있었던 에너지의 원천이었던 것이다(다메섹에서 동남쪽으로 조금만 내려가도 바로 아라비아사막이다).

우리나라에서 번역되었고(매우 부실한 번역이다. 그나마 보수교단의 방해로 제대로 유통되지도 못했다) 한때 세계적으로 물의를 일으킨 프레케와 갠디의 『예수비의설秘儀說』("*The Jesus Mysteries*"라는 책명은 예수신비라든가 예수신화라는 식으로 번역될 성격의 것이 아니다)이라는 책이 있다. 간단히 말하자면 예수는 역사적으로 현존한 인물이 아니라 근동에 존재하는 많은 비의종교mystery religions, 그러니까 오시리스Osiris, 디오니소스Dionysus, 아티스Attis, 미트라Mithra 등 컬트종교의 공통된 양식을 복합하여 초대교회의 주류인 영지주의자들이 만든 죽음과 부활의 갇맨godman 신화일 뿐이라는 주장이다. 복음서에 나타난 예수와 관련된 신화의 사건기술은 오시리스-디오니소스 등 근동설화에 나오는 사건기술과 모두 공통되며 그것을 유대교적 언어로 포장했을 뿐이라는 것이다. 그러니까 예수는 역사적 사건이 아니라, "신화적 발명"이라는 것이다. 이 책의 주장은 아주 황당한 것 같지만 그 나름대로의 논리를 가지고 치밀하게 잘 쓰여진 책이며 한국기독교인이 꼭 한번 읽어볼 만한 가치가 있다.

그런데 이 책의 주장에서 가장 중요한 사실은 예수가 픽션이라고 한다면, 그 픽션의 창조자는 바로 바울이 되는 것이다. 복음서기자들은 바울의 픽션을 바울 사후에 소설적 내러티브로 구체화시켰을 뿐이다. 그러니까 바울은 아라비아사막의 토굴 속에서 예수라는 부활픽션을 구상하여 그것을 종교운동으로 믿음운동으로 성령운동으로 구체화시킨 상상력과 철학의 위대한 천재가 되는 것이다.

이러한 기발한 갠디의 주장에 대해 여러분은 어떻게 생각하는가? 나는 이러한 질문도 정당한 질문이라고 생각한다. 결코 묵살될 수 없는 문제제기라고 생각한다. 이러한 모든 문제제기에 대하여 우리가 대답할 수 없다면 우리의 신앙 그 자체가 신화가 되고 마는 것이다.

예수가 역사성을 결한 단순한 픽션이라는 생각Jesus ahistoricity theory은 드퓨즈Charles François Dupuis, 1742~1809, 볼니Constantin-François Volney, 1757~1820, 까릴Richard Carlile, 1790~1843, 브루노 바우어Bruno Bauer, 1809~1882 이래 수많은 학자들이 주장해온 학설이다. 20세기 초에도 독일의 철학자 아써 드류스Christian Heinrich Arthur Drews, 1865~1935는 『그리스도신화*The Christ Myth*』(1909), 『고금의 예수의 역사성 부정*The Denial of the Historicity of Jesus in Past and Present*』(1926)이라는 책을 써서 예수가 단순히 픽션이며 기독교는 근본적으로 원시적 미신primitive superstitions의 한 양태임을 세밀하게 논증하였다. 기독교는 유대교적 영지주의컬트로서 희랍철학의 요소와 삶-죽음-부활의 신들의 다양한 요소를 짬뽕한 미신일 뿐이라고 생각

했다. 레닌은 무신론적 혁명을 수행함에 있어서 드류스의 논리가 매우 유용하다고 생각하여, 그의 『그리스도신화』를 소련말로 번역하여 중·고교, 대학교재 속에 그의 중요한 논지를 반영시켰다.

나는 이 모든 문제제기에 대한 가장 진실한 해답이 바로 바울의 서한이라고 생각한다. 우리의 문제제기와 무관하게 바울의 서한이 엄존하는 것이다. 그리고 그 서한은 2천 년 동안 인류에게 가장 확고한 역사적 현실태를 형성시켰던 것이다. 내가 바울의 서한을 읽는 이유는 바로 이것 하나의 이유뿐이다. 내 편지와 똑같은 한 사람의 편지가 엄존한다면 그것을 우리는 정확히 읽어야 하는 것이다.

생각해보자! 맑스가 레닌이 없었더라면 오늘과 같은 영향력 있는 인물이 되었을까? 사실 오늘 생각해보면 공산주의 같이 황당한 꿈도 없다. 그러나 인류 전체가 20세기 한 세기 동안 공산주의라는 종교적 열망 속에 휩싸여 지냈다. 찬·반을 불문하고!

그런데 맑스는 이론일 뿐이다. 가설일 뿐이다. 양질전환의 프롤레타리아 공산혁명이 곧 도래한다는 메시아니즘의 한 가설일 뿐이다. 인류의 역사를 추동하는 힘은 모순이며, 그 모순은 다름 아닌 생산력*Produktivkräfte*과 생산관계*Produktionsverhältnisse*간의 모순이며, 이 모순의 격화가 필연적으로 사회혁명 즉 계급투쟁의 기운을 격화시킨다는 것이다. 이 유물변증법의 논리 하나로 레닌은 러시아 볼셰비키혁명을 성취시켰다. 레닌은 맑스를 만난 적도 없다. 단지 역사의 가설 하나를 그에게서 배워 실제로 20세기 인류사의 모든 정치혁명의 전범을 만들었다.

자아! 그렇다면 바울은 "그리스도신화"라는 하나의 논리를 가지고서도 로마제국을 뒤엎을 수 있는 혁명의 논리를 아라비아사막에서 곰곰이 구상했을 만도 하지 않겠는가! 자아! 과연 그럴까?

바울을 평생 괴롭힌 문제는 그가 성문聲門이 아니라는 사실, 그로 인하여 사도의 반열에 끼기 어려운 인물이라는 사도성에 관한 논란이었다. 바울이 만난 예수는 사후死後의 예수다. 죽었다가 부활한 예수다! 그는 부활한 예수를 만났다고 주장한다:

> **"나는 내가 전해받은 가장 중요한 것을 여러분에게 전해드렸습니다. 그것은 그리스도께서 성서에 기록된 대로 우리의 죄 때문에 죽으셨다는 것과 무덤에 묻히셨다는 것과 성서에 기록된 대로 사흘만에 다시 살아나셨다는 것과 그 후 여러 사람에게 나타나셨다는 사실입니다. 그리스도께서는 먼저 베드로에게 나타나신 뒤에 다시 열두 사도에게 나타나셨습니다. … 그 뒤에 야고보에게 나타나시고 또 모든 사도들에게도 나타나셨습니다. 그리고 마지막으로 팔삭둥이 같은 나에게도 나타나셨습니다."** (고전 15:3~8).

바울은 부활한 예수를 만났다는 것을 고백하면서 그 부활한 예수가 나타난 사도반열의 최후에 자기가 있다고 주장한다. 그리고 고린도후서 12:1~4에서는 그가 하늘, 제3천第三天에까지 올라가 인간의 언어로써는 형언할 수 없는 체험을 한 사실을 고백한다("14년 전"이라 말하므로 컨버젼사건이 있고나서 그가 아라비아사막에 있을 때의 신비체험일 수도 있다).

하여튼 살아있는 예수를 만나지 못했고, 살아있는 예수의 교설을 직접 듣지 못했다는 현실 속에서 최초의 강력한 기독교선교사가 된다는 사실은 본인에게도 매우 곤혹스러운 사태였을 것이다. 그러니까 이 새로운 선교의 중추적 사태는 "부활한 그리스도"일 수밖에 없었다. 부활한 그리스도라는 하나의 테제를 가지고 아라비아사막 선정의 "화두話頭"로 삼았음이 분명하다. 그 외로는 달리 더 진실한 테제가 있을 수 없었다. 못 본 것을 가지고 본 것처럼 구라칠 수 있는 바울은 아니었다.

자아! 우선 바울의 모든 스테이트먼트 가운데서 가장 리얼한 사실은 그가 예수를 박해한 사람이었다는 사실이다. 왜 그토록 예수팔로우어들을 박해했을까? 왜? 그 박해의 이유가 무엇일까? 결국 컨버젼의 가장 중요한 핵심은 "박해가 잘못되었다"는 사실의 자각일 것이다. 판사가 판결을 잘못 내리고서도 양심의 가책을 받지 않는 자가 대다수이겠지만, 그래도 간혹 그 판결에 대한 양심의 가책을 견디지 못하고 법복을 벗는 자도 있다. 다시 말해서 그 판결의 권위를 스스로 부정하는 것이다. 자기부정Self-Negation이야말로 모든 각覺의 출발점이다.

"컨버젼"이란 꼭 역방향으로의 방향전환이 아니라 의식의 지평의 확대일 수도 있다. 나도 각覺의 체험이 많았던 사람이다. 각覺은 돈頓sudden enlightenment을 말한다. 그러나 어떠한 경우에도 돈頓은 점漸gradual enlightenment을 전제로 한다. 점의 축적이 없는 돈頓은 돈이 아니다. 바르트의 계시는 돈오돈수를 말하는 성철의 입장과 비슷한 측면이 있다. 그러나 나는 돈과 점은 반드시 하나로 융합되어야 한다고 생각한다.

바울은 예수(팔로우어들)를 탄압했다. 왜 탄압했는가? 바울은 예수라는 놈을 매우 괘씸하게 생각했기 때문일 것이다. 왜 괘씸했겠는가?

우선 바울은 자신의 주장대로, 베냐민지파의 정통유대인으로서 지독한 바리새율법주의자였고, 예수추종자들을 탄압할 수 있는 사회적 지위까지 있었으며, 또한 지독한 엘리트주의자였다. 한마디로 바울은 지식의 급이 달랐다. 엄청난 문헌적 지식의 소유자였고 유려한 희랍어를 마음대로 구사할 수 있는 문장가였다(언변은 화려하지 못했던 것 같다). 당시 율법(토라)이란 유대인 중에서도 최상층부의 사람들에게 문제가 되는 규율이었다. 세리들, 창녀들, 가난한 자들, 주린 자들, 억압받는 자들, 교육을 받은 적이 없는 자들, 성경을 읽어본 적도 없고 성경이 있는지도 알지 못하는 자들, 병든 자들, 토라나 미쉬나 *Mishnah*의 규정이 일상생활 속에서 전혀 의미를 가질 수 없는 사람들이 예수의 친구였다. 바울과 같은 엘리트율법주의자의 눈에는 이러한 율법 밖의 사람들에게 메시아가 나타났다고 하는 사태는 이단 중의 상 이단이었다. 용납할 수 없는 사기였고 반역이었고 위대한 율법전통에 대한 도전이었다.

내가 예수 말 중에서 가장 나의 폐부를 찌르는 명언이 하나 있다. 예수는 말한다:

> **"야! 이놈들아! 성한 사람들에 뭔 의사가 필요하겠니? 아픈 사람이래야 의사가 필요하겠지. 나는 덕 있는 자들을 초대하러 온 사람이 아냐! 나는 죄인을 초대하러 왔다!"**(막 2:17).

예수는 근원적으로 율법 밖에 있는 사람들을 위하여 자기 사명을 발견한 사람이다. 바울은 이렇게 아프고 병들고 연약한 자들을 경멸하고 탄압했다. 이러한 탄압이 계속되고 축적되어가는 점의 과정에서 어느 순간, 돈의 역전이 일어난 것이다. 눈꺼풀에서 비늘이 벗겨지듯 자기 생각의 전환이 일어난 것이다. 아프고, 배고프고, 교육 못 받고, 억압받는 자들이 아프고 배고프고 교육 못 받고 억압당한다는 것이 왜 죄인가? 왜 잘못인가? 그들이 잘못한 것은 없지 않은가? 단지 그들이 메시아를 그리워한다는 것이 뭐가 잘못이란 말인가?

"눈에서 비늘 같은 것이 벗겨졌다"는 말은, 곧 하나님께서 구원의 복음을 자기가 경멸했고 핍박했던 그리스도인들에게 허락하셨다는 자각, 구원은 율법 밖에 있는 모든 사람에게도 주어질 수 있다는 자각! 이러한 자각의 회향이 곧 바울의 컨버젼이 아니었을까, 나는 이렇게 생각한다. 여기서 생겨나는 주제는 부활, 율법, 구원 이런 것들일 수밖에 없다. 바울은 아라비아사막에서 이런 문제들을 고민하고 또 고민했을 것이다. 당대 최고의 엘리트로서 자신의 엘리티즘을 거부하는 존재부정이야말로 인류역사의 새로운 에포크를 장식한 바울의 새사람됨의 출발이었다.

컨버젼이란 심리학적으로 말하자면, 일종의 성장통일 수도 있다. 어린이들이 성장기를 거치면서 좁은 세계를 탈피하는 순간에 많은 각覺의 순간들을 거친다. 이 돈오의 각성은 고승들에게만 있는 것이 아니고 모든 인간들에게 있어야만 하는 체험이다. 그 폭과 깊이의 차이가 다를 뿐이다.

그런데 우리 주변에 보면 성인들에게 있어서도 "새사람이 되었다"는 사태는 종종 목도할 수 있다. 도박하던 사람이 도박을 끊었다든가, 아편이나 술에 중독된 사람이 그 벽을 벗어난다든가, 식욕과 성욕의 쾌락의 노예상태로부터 해방된다든가, 그래서 몸이 날씬해지고 건강해진다든가 하는 등등의 사태를 목도할 수 있다. 이것도 역시 엄청난 컨버젼의 사태임이 분명하나, 문제는 지속duration에 있다고 윌리암 제임스는 그의 저서 『종교적 체험의 다양성 *Varieties of Religious Experience*』(1901~1902년, 에딘버러에서의 기포드 렉처Gifford Lectures)에서 갈파한다. 성철의 돈오돈수도 좋으나, 문제는 그 돈의 내용이 얼마나 지속할 수 있느냐에 관한 것이다.

돈오를 했다는 사람이 사회적으로 암울한 메시지만 던지고 있다면, 주변 사람들에게 아무런 모범을 보이지 못한다면 그것은 말짱 꽝이다. 아편을 끊었다는 사람, 도박을 끊었다는 사람이 과연 그 결의를 몇 달이나 지속할 수 있는가? 완벽한 케이스는 극히 적은 사례라고 제임스는 말한다. 나도 전적으로 동감이다. 그러나 바울은 죽을 때까지 자기신념에서 벗어나질 않았다. 그는 그의 각의 내용을 두 방면으로 심화시켰다. 그 하나는 사유였고, 또 하나는 행위였다. 사유의 역정은 바울의 서한에 성실하게 반영되어 있다. 행위의 역정은 그의 전도여행이었다. 로마서는 그가 20여 년 동안 사유하고 전도하면서 겪은 신념의 총화이다.

〈 로마서 1:8~15, 로마에 가고 싶습니다 〉

8First, I thank my God through Jesus Christ for all of you, because your faith is proclaimed in all the world.

8첫째는 내가 예수 그리스도로 말미암아 너희 모든 사람을 인하여 내 하나님께 감사함은 너희 믿음이 온 세상에 전파됨이로다

9For God is my witness, whom I serve with my spirit in the gospel of his Son, that without ceasing I mention you always in my prayers,

9내가 그의 아들의 복음 안에서 내 심령으로 섬기는 하나님이 나의 증인이 되시거니와 항상 내 기도에 쉬지 않고 너희를 말하며

10asking that somehow by God's will I may now at last succeed in coming to you.

10어떠하든지 이제 하나님의 뜻 안에서 너희에게로 나아갈 좋은 길 얻기를 구하노라

11For I long to see you, that I may impart to you some spiritual gift to strengthen you,

11내가 너희 보기를 심히 원하는 것은 무슨 신령神靈한 은사恩賜를 너희에게 나눠주어 너희를 견고케 하려함이니

12that is, that we may be mutually encouraged by each other's faith, both yours and mine.

12이는 곧 내가 너희 가운데서 너희와 나의 믿음을 인하여 피차 안위安慰함을 얻으려 함이라

13I want you to know, brethren, that I have often intended to come to you (but thus far have been prevented), in order that I may reap some harvest among you as well as among the rest of the Gentiles.

13형제들아 내가 여러 번 너희에게 가고자 한것을 너희가 모르기를 원치 아니하노니 이는 너희 중에서도 다른 이방인 중에서와 같이 열매를 맺게 하려 함이로되 지금까지 길이 막혔도다

14I am under obligation both to Greeks and to barbarians, both to the wise and to the foolish;

14헬라인이나 야만이나 지혜 있는 자나 어리석은 자에게 다 내가 빚진 자라

15so I am eager to preach the gospel to you also who are in Rome.

15그러므로 나는 할 수 있는대로 로마에 있는 너희에게도 복음 전하기를 원하노라

【강해】

로마에 있는 교인들을 위한 바울의 감사기도 양식인데 그 핵심은 로마에 가고 싶다는 바울의 간절한 소망을 밝힌 것이다. 당시 로마의 인구는 100만 정도로 추정되는데, 그 중 기독교인이 100여 명 혹은 수백명 정도라고 생각된다. 그런데 그들의 믿음이 온 세상에 전파되고 있다는 것은 약간 "알랑방귀"와 과장이 섞인 표현이다. 역사적으로는 AD 49년에 로마황제 클라우디우스Claudius(재위 AD 41~54. 클라우디우스의 형님의 손자인 네로Nero가 제위를 승계했다. 클라우디우스는 종교문제에 관해서는 합리적인 정책을 폈다)가 로마로부터 유대인을 추방한 칙령이 있었다(the Edict of Claudius). 그것은 종교적 이유라기보다는 유대인들이 정치적으로 소란을 일으켰기 때문에 유대인 시나고그를 폐쇄하고 유대인을 추방하여 정치적 소요의 원인을 제거하려 한 것이다. 이 사건으로 바울은 엄청난 인연을 맺게 된다.

아퀼라Aquila는 원래 소아시아 북부 그러니까 흑해와 연접된 지방인 폰투스Pontus 출신의 유대인 노예인데, 매우 탁월한 인격과 재능의 소유자였다. 아퀼라는 일찍이 로마로 이주하여 왔고, 그곳에서 교양 있는, 그리고 로마시민권을 가지고 있는 프리스카Prisca라는 여인을 만나 결혼을 함으로써 일정한 사회적 신분을 획득한다(프리스카Prisca가 공식적 이름이고 그 애칭이 프리스킬라Priscilla이다. 행전에는 프리스킬라라는 애칭을 쓰지만 바울은 반드시 프리스카라는 이름으로 부른다. 그만큼 존중하는 것이다). 프리스카가 유대인인지 로마인인지는 잘 알 수 없으나 로마인일 것이다(유대인이라도 완벽하게 로마화된 유대인일 것이다). 아퀼라는 재주가 많은 공장工匠이었고, 프리스카는 재력이 있는 여인이었다. 이 두 실력가들이 만나 이들은 제품을 만들어 국제무역을 했다. 이들은 로마와 고린도와 에베소에 자기들의 상회를 가지고 있었다.

그런데 클라우디우스의 칙령에 프리스카는 해당이 되지 않았지만, 원래 유대인 노예출신이었던 아퀼라는 로마를 떠나지 않을 수 없었다. 이 부부가 유대인 폭동에 관련되지는 않았을 것으로 보이지만 이들은 이미 로마기독교운동의 중추세력이었고, 아퀼라는 칙령의 추방대상자였기 때문에 이 부부는 고린도로 활동본부를 옮기게 된다. 바울은 제2차 전도여행 때 최초로 아테네를 거쳐 고린도Corinth에 오게 되었는데, 바울은 고린도에 아퀼라 부부가 있다는 소식을 듣고 곧바로 찾아갔다. 이들과의 만남은 참으로 바울의 삶에 있어서 행운이었고 위안이었고 주님의 복음을 크게 전파할 수 있는 기회였다. 프리스카 부부의 입장에서는 바울과 같은 대석학을 만났을 때, 그리고 그가 그들과 동업의 장인이라는 것을 알았고 또 같은 기독인이라는 사실을 발견했을 때, 더구나 추방된 이역의 도시에서 해후하는 기연을 얻었을 때의 기쁨이란 이루 말할 수 없었을 것이다.

프리스카 부부(바울은 이 부부를 언급할 때 반드시 프리스카라는 여자이름을 앞에 놓는다. 바울은 오늘날 페미니스트의 입장에서는 저주받을 만큼의 여성비하발언을 많이 했는데 프리스카에 대해서는 깍듯한 예의를 갖춘다. 프리스카가 바울 전도여행의 든든한 재정후원자가 된 것은 두말 할 나위가 없다)는 고린도와 에베소에서의 바울의 선교활동을 적극적으로 도왔고 교회를 세우는 물리적 공간을 제공했으며, 기독교의 교리를 선포하는 데 스스로 앞장서기도 했다. 바울의 2·3차 전도여행은 이 부부의 주선과 알선이 큰 힘이 되었던 것이다. 로마서 16장 3·4절에 보면, "프리스카(브리스가)와 아퀼라(아굴라)가 바울의 목숨을 위하여 자기들의 목이라도 내놓는 그런 사람들이며, 나뿐 아니라 이방인의 모든 교회가 다 감사하는 사람들"이라고 말한다. 클라우디우스 황제는 AD 54년에 죽었기 때문에 그의 칙령에서 이 부부는 풀려났다. 이 로마서가 쓰여졌을 때에 이 부부가 로마에 있었을 수도 있고, 에베소에서 살면서 로마를 왕래했을 수도 있다.

하여튼 바울이 8절에서 여러분들의 믿음이 온 세상에 전파되고 있다고 말한 것은 이러한 역사적 배경을 암시하고 있는 것이다. 바울은 프리스카·아퀼라 부부를 통하여 로마교회의 소식을 들었고, 그들의 신앙의 돈독함과 성품의 관대함을 통하여 로마교회의 잠재력을 파악하고 있었던 것이다.

11~12절에 신령한 은사를 나눈다는 말과, 로마의 교인들과 바울의 믿음을 통하여 서로가 서로에게 격려를 받으려 한다는 것은, 바울의 초기교회공동체에 대한 생각이 결코 일방적 전도가 아니었음을 말해준다. "교학상장敎學相長"(가르치는 것과 배우는 것은 서로를 자라나게 한다)이라는 『예기禮記』「학기學記」의 말씀을 연상시킨다. 에클레시아는 목사가 독재하는 곳이 되어서도 아니 되고, 장로가 독재하는 곳이 되어서도 아니 된다. 모든 신도들이 서로 격려를 받는 곳이 되어야 한다.

13절에 로마에 가고 싶어 수차례 애썼으나 길이 막혔다고 한 뜻은 데살로니카전서 2:18에 언급되어 있는 것과도 같이(사탄이 우리의 길을 막았다) 로마행을 가로막은 특별한 사건이 있었던 것은 아니다. 형편상 계속 지연되었다는 뜻이다.

14절의 "헬라인에게나 야만인에게나"는 번역상의 어폐가 있다. 이것은 마치 "하이지분夏夷之分"과도 비슷한 맥락에서 해석될 수 있겠는데, 이夷가 반드시 오랑캐는 아닌 것이다. 원어로는 "Ἕλλησίν τε καὶ βαρβάροις"인데 여기 "바르바로이스"라는 것은, 헬라인이 헬라말을 하지 않는 외국인들의 말이 "브르르브르르"하는 소리처럼 들렸기 때문에 유래한 단어일 뿐이다. NIV는 "I am obligated both to Greeks and non-Greeks"라고 번역했는데, 좋은 번역이라고 생각된다. "헬라인에게나 비헬라인에게나"의 뜻이다. "비헬라인"이라고 해서 야만인은 아니다. "헬라인과 비헬라인"은 유대인 외의 모든 사람을 가리킬 때 쓰는 관용구적 표현이다. 사실 지금 바울은, 서방전도, 즉 비헬라인전도를 소망하고 있는 것이다.

"지혜 있는 자나 어리석은 자에게"도 마찬가지로 어리석음을 비하하는 말은 아니다. "아노에토스ἀνόητος"는 부정불변사 "아ἀ"와 "노에토스"의 합성어인데 이성적 사유가 좀 떨어지는 소박한 사람들이라는 뜻이다. 복음은 헬라인이나 비헬라인, 지혜로운 자나 지혜롭지 못한 자, 모두에게 전파되어야 한다. 복음은 보편주의적 인간관을 전제로 하는 것이다. 그 센터에 로마교회가 있기를 바라는 것이다. 트럼프가 세울려고 하는 장벽들은 복음의 근원적 성격을 망각하고 있는 것이다.

〈 로마서 1:16~17, 복음 안에서 하나님의 의가 계시된다 〉

[16]For I am not ashamed of the gospel: it is the power of God for salvation to every one who has faith, to the Jew first and also to the Greek.
[17]For in it the righteousness of God is revealed through faith for faith; as it is written, "He who through faith is righteous shall live."

[16]내가 복음을 부끄러워하지 아니하노니 이 복음은 모든 믿는 자에게 구원을 주시는 하나님의 능력이 됨이라 첫째는 유대인에게요 또한 헬라인에게로다
[17]복음에는 하나님의 의義가 나타나서 믿음으로 믿음에 이르게 하나니 기록된 바 오직 의인義人은 믿음으로 말미암아 살리라 함과 같으니라

【강해】

이 두 절은 진실로 난해하기가 그지없고 해석상 애매한 구석이 너무도 많아 모든 것을 다 명료하게 이해할 수가 없다. 주석서를 읽게 되면 신학적 개념이 너무도 많이 쏟아져서 머릿속이 혼란 속에 빠져 뭐가 뭔지 도무지 알 수가 없게 된다. 진지하게 공부를 하면 할수록 멍청이가 되고 마는 것이다. 그러나 여기서 우리가 꼭 해석하고 넘어가야 할 주요한 하나의 개념이 있다. 이 개념을 바르게 파악하는 것이야말로 로마서를 바르게 이해하는 것이고, 또 로마서에 나타난 바울의 사상을 유기적 통일성을 지닌 일관된 전체로서 파악할 수 있게 된다.

거두절미하고 요것 하나만 정확하게 이해하자! 요것, 그 요것은 무엇인가? 그것은 17절에 등장하는, "하나님의 의義δικαιοσύνη Θεοῦ *dikaiosynē theou*"라는 말이다. 의義라는 말이 단음절이래서 전달력이 딸리므로 "의로움"이라 말해도 무방할 것 같다. 일본신학계에서는 "카미노기"라 하여 "신의神義"라는

말을 쓰기도 하고, 중국성경은 "上帝的義"라고 번역하기도 하고, 영어로도 "the righteousness of God"이라고 번역하는데, 이런 번역의 가장 큰 문제점은 "의로움"이라는 것을 신의 속성으로 만든다는 것이다. 하나님이라는 저자의 소유격a genitive of authorship이 되고 마는 것이다. "도올의 의로움"이라면 당연히 의로움은 도올의 속성이 되고 만다. "하나님의 의로우심"은 하나님이 말한 언약에 대하여 약속을 잘 지킨다든가, 하나님이 참 성실하다는 의미가 되는 것이다.

그러나 여기 "디카이오쉬네*dikaiosynē*"라는 말은 기본적으로 법정용어이다. "디카이오쉬네"라는 것은 "무죄로 판결난다"는 의미다. 무죄로 판결난다는 것은 그가 "정의롭다"는 것을 입증하는 것이다. 최순실게이트에서 유죄로 판결난 사람들은 정의롭지 못한 사람들이다. 하나님의 의로우심이라 할 때 의로우심을 만약 하나님이라는 존재 자체의 도덕적 속성으로 이해한다는 것은 도무지 어불성설이다. 하나님은 인간의 도덕적 가치판단의 대상이 될 수 있는 존재가 아니다. 하나님을 우리가 의롭다, 의롭지 않다, 도덕적이다, 도덕적이지 않다라고 판단한다면 그것은 이미 하나님이 아니다. 하나님은 우리의 도덕적 판단 너머에 있는 그 무엇이다. 바울에 있어서 의로움이라고 하는 것은 종말론적 사유와 항상 관련이 있다. 이 세상의 종말에는 하나님의 심판이 있게 된다. 그 심판에서 인간은 하나님이라는 재판관 앞에 선다. 그리고 정의롭다라는 무죄판결을 받는다. 이것이 바로 "구원Salvation"이라는 것이다.

다시 한 번 생각해보자! "도올의 의로움"이라는 말은 도올이라는 인간의 도덕적 성품을 말하는 것이 분명하다. 그러나 "판사 도올의 의로움"이라고 하면 의미가 달라진다. 이때의 의로움은 판사 개인의 도덕적 성품을 말하는 것이 아니라, 판사인 도올이 피고인에게 바른 판결을 내리는 능력이 되며, 그것은 판사 개인의 도덕적 행위와는 무관한 것이다. 아무리 판사가 어젯밤에 친구들과 술 먹으면서 깽판을 쳤다 할지라도 오늘 피고인에게 바른 판결을 내렸으면 그는 의로운 판사가 되는 것이다.

"디카이오쉬네 테우*dikaiosynē theou*"라는 말은 하나님의 의로우심이 아니라, 하나님과 인간의 바른 관계설정, 궁극적으로 하나님께서 피고인 인간에게 정의롭다 하는 것을 선포하는 하나님의 권능을 의미하게 된다.

하나님의 법정에 선 인간이 하나님으로부터 무죄판결을 받는 것, 정의로움을 획득하는 것은 엿장수 마음대로일까? 아무리 하나님이라도 판결의 정의로운 기준이 있을 것이 아닌가? 판사 도올도 『육법전서』나 엄청나게 쌓은 판례집을 조사해서 판결을 내릴 것이 아닌가? 이에 바울은 매우 중요한 기준을 하나 제시한다. 『육법전서』에 쓰인 규칙을 어기지 않았다는 법적인 결백성으로는 절대 하나님의 법정에서는 무죄판결을 못 받는다는 것이다.

교통규칙을 안 어긴다는 것은 어길 수도 있다는 가능성을 전제로 한 것이다. 걸릴 짓을 피해가면서만 적당히 모는 것이지 규칙에서 해방되는 것은 아니다. 바울의 초기 편지인 갈라디아서(나는 갈라디아서가 데살로니카전서보다 앞선다고 생각한다. 갈이 살전보다 훨씬 더 오리지날 하고 바울 사상의 핵심이 드러나 있다)의 다음 말을 한번 새겨보자!

> **율법에 따른 덕성의 축적에만 의지하는 자들은 모두 율법의 저주 아래 있도다. 성경에 기록되어 있질 아니 한가! "율법서에 기록된**

모든 것을 한결같이 실천하지 않는 자는 모두 저주를 받는다." 그러니 하나님 앞에서는 아무도 율법으로 의롭게 될 수(δικαιοῦται) **없다는 것은 너무도 명백하다.**(갈 3:10~11).

율법을 지키는 행위works의 축적에 의하여 정의로움을 획득한다는 것을 "행위에 의한 인의認義Justification by Works"라고 하는데 이러한 인의는 근원적으로 불가능하다. 결국 인의가 아닌 저주condemnation 아래 있게 될 뿐이다.

그렇다면 우리는 어떻게 어떻게 정의롭다고 인정받을 수(*dikaiōsis*) 있는가? 그 유일한 길은 바로 믿음*pistis*이다. 이것이 바로 "믿음에 의한 인의 Justification by Faith"라는 것이다.

믿음? 좋다! 뭘 믿는가? 그것은 복음을 믿는 것이다. 복음은 무엇인가? 그것은 굳 뉴스다! 굳 뉴스라니 그 내용이 뭐냐? 그것은 바로 하나님께서 그의 아들을 이 땅에 내려보내셔서 우리의 죄를 대신하여 십자가에 못박혀 죽고 다시 부활하심으로써 그리스도가 되었다는 굳 뉴스다!

십자가에 매달려 죽는다는 것은 저주 받은 자나 겪은 참혹한 형벌인데, 그리스도는 십자가에 달려 저주받은 자가 됨으로써 우리를 율법의 저주로부터 구원해 내셨다는 것이다(갈 3:13).

"내가 율법으로 말미암아 율법을 향하여 죽었나니 이는 하나님을 향하여 살려 함이니라. 내가 그리스도와 함께 십자가에 못박혔나니 그런즉 이제는 내가 산 것이 아니요, 오직 내 안에 그리스도께서 사신 것이라."(갈 2:19~20).

16절의 유대인과 헬라인은, 바울의 의식 속에서 전 인류를 지칭하는 말이다. 그러나 유대인에게 먼저 프라이오리티가 있다는 말은 아니다. 단지 역사적으로 유대인이 복음을 먼저 접했다는 정도의 이야기일 것이다. 17절의 "믿음에서 믿음으로 이른다"는 것은 매우 다양한 학설이 있으나 그냥 "시종일관 믿음뿐이다" 정도로 해석해도 무방하다.

폴란드는 우리처럼 역사가 오래된 나라는 아니지만 정말 저력이 있는 위대한 국가이다. 천문학자 코페르니쿠스를 비롯하여 퀴리 부인, 교황 요한 바오로 2세에 이르기까지 자체의 교육기관의 힘에 의하여 세계사에 기여한 인물을 배출했다. 노벨상 수상자가 15명, 그 중 과학분야가 7명이다. 이 폴란드의 유서 깊은 도시 크라쿠프Krakow의 중앙광장에서 바벨성으로 가는 길목에 웅장한 베드로-바울성당이 있다. 거기에 서있는 12제자의 모습은 정말 매우 인상적이다. 바울은 이 12제자에 끼지 않지만 더 높은 자리에 안치되어 있다. 이 성당은 크라쿠프에 있는 가장 오래된 바로크건축인데 지오바니 데 로시스Giovanni De Rosis에 의하여 설계되었다. 이탈리아 바로크건축의 강한 영향이 느껴진다. 이 성당은 1583년 제수이트가 폴란드에 온 이후에 지어진 것이다. 제수이트교단이 성립하자마자 이렇게 위대한 건축물이 완성되는 것을 보면 당시 폴란드 국력의 저력을 느끼게 한다. 12제자는 이 성당의 앞 펜스 기둥 위에 각각 개성을 지닌 모습으로 서있다. 이 하이얀 통돌로 조각된 12제자상은 다니엘 헬Daniel Hell과 페르디난드 킬찌Ferdinand Kilcz의 작품으로 알려져 있다. 그 표정 하나하나에 깊은 의미가 숨어있는 걸작임을 알 수 있다.

문 양옆의 감실에 있는 베드로 상과
상. 베드로는 십자가를, 바울은 성
들고 있다. 바울은 항상 성서의 저자
고 지성의 힘이 강조되어 있다.

〈 로마서 1:18∼32, 인간의 타락상 〉

18For the wrath of God is revealed from heaven against all ungodliness and wickedness of men who by their wickedness suppress the truth.

19For what can be known about God is plain to them, because God has shown it to them.

20Ever since the creation of the world his invisible nature, namely, his eternal power and deity, has been clearly perceived in the things that have been made. So they are without excuse;

21for although they knew God they did not honor him as God or give thanks to him, but they became futile in their thinking and their senseless minds were darkened.

22Claiming to be wise, they became fools,

23and exchanged the glory of the immortal God for images resembling mortal man or birds or animals or reptiles.

24Therefore God gave them up in the lusts of their hearts to impurity, to the dishonoring of their bodies among themselves,

25because they exchanged the truth about God for a lie and worshiped and served the creature rather than the

18하나님의 진노가 불의不義로 진리를 막는 사람들의 모든 경건敬虔치 않음과 불의에 대하여 하늘로 좇아 나타나나니

19이는 하나님을 알만한 것이 저희 속에 보임이라 하나님께서 이를 저희에게 보이셨느니라

20창세로부터 그의 보이지 아니하는 것들 곧 그의 영원하신 능력과 신성이 그 만드신 만물에 분명히 보여 알게 되나니 그러므로 저희가 핑계치 못할지니라

21하나님을 알되 하나님으로 영화롭게도 아니하며 감사치도 아니하고 오히려 그 생각이 허망하여지며 미련한 마음이 어두워졌나니

22스스로 지혜 있다 하나 우준愚蠢하게 되어

23썩어지지 아니하는 하나님의 영광을 썩어질 사람과 금수와 버러지 형상의 우상偶像으로 바꾸었느니라

24그러므로 하나님께서 저희를 마음의 정욕대로 더러움에 내어 버려두사 저희 몸을 서로 욕되게 하셨으니

25이는 저희가 하나님의 진리를 거짓 것으로 바꾸어 피조물을 조물주보다 더 경배하고 섬김이라 주는 곧 영원히 찬송할

Creator, who is blessed for ever! Amen.
26 For this reason God gave them
up to dishonorable passions. Their
women exchanged natural relations for
unnatural,
27 and the men likewise gave up natural
relations with women and were
consumed with passion for one another,
men committing shameless acts with
men and receiving in their own persons
the due penalty for their error.
28 And since they did not see fit to
acknowledge God, God gave them up
to a base mind and to improper conduct.

29 They were filled with all manner of
wickedness, evil, covetousness, malice.
Full of envy, murder, strife, deceit,
malignity, they are gossips,
30 slanderers, haters of God, insolent,
haughty, boastful, inventors of evil,
disobedient to parents,

31 foolish, faithless, heartless, ruthless.

32 Though they know God's decree that
those who do such things deserve to
die, they not only do them but approve
those who practice them.

이시로다 아멘
26 이를 인하여 하나님께서 저희를 부끄
러운 욕심에 내어 버려 두셨으니 곧 저희
여인들도 순리順理대로 쓸 것을 바꾸어
역리逆理로 쓰며
27 이와 같이 남자들도 순리대로 여인 쓰
기를 버리고 서로 향하여 음욕이 불 일
듯 하매 남자가 남자로 더불어 부끄러운
일을 행하여 저희의 그릇됨에 상당한 보
응을 그 자신에 받았느니라

28 또한 저희가 마음에 하나님 두기를 싫
어하매 하나님께서 저희를 그 상실한 마
음대로 내어 버려두사 합당치 못한 일을
하게 하셨으니
29 곧 모든 불의, 추악, 탐욕, 악의가 가
득한 자요 시기, 살인, 분쟁, 사기, 악독
이 가득한 자요 수군수군하는 자요

30 비방하는 자요 하나님의 미워하시는
자요 능욕하는 자요 교만한 자요 자랑하
는 자요 악을 도모하는 자요 부모를 거
역하는 자요
31 우매愚昧한 자요 배약背約하는 자요 무
정無情한 자요 무자비한 자라
32 저희가 이같은 일을 행하는 자는 사형
에 해당하다고 하나님의 정하심을 알고
도 자기들만 행할 뿐 아니라 또한 그 일
을 행하는 자를 옳다 하느니라

【강해】

인간의 타락상을 논하는 이 단락은 본문이 말해주는 대로 읽고 지나가면 그만이다. 인간의 타락한 모습에 관해서는 예나 지금이나 항상 매한가지의 추태일 뿐이니 뭘 더 말할 것이 있으리오 하고 지나칠 수도 있겠지만, 진실로 이 단락에서 바울이 이야기하고 있는 논리의 본질은 너무도 많은 현대철학의 주제들에 관한 쟁론을 야기시키고 있다. 바울의 문장은 천착하면 천착할수록 너무도 많은 문제problematics들이 중층적으로 쌓여있다. 내가 어쩌자고 이 바울의 문장을 캐는 작업을 시작하였는가 하고 후회도 들지만 어쨌든 독자들과 함께 용감하게 전진할 수밖에 없다.

전단의 주제는 "하나님의 의로우심"이었다. 그런데 본 단의 주제는 "하나님의 진노the wrath of God, ὀργὴ θεοῦ"이다. 하나님의 진노라는 것은 구약의 단골메뉴이다. 이스라엘민족의 계약위반에 대한 하나님의 진노는 구약이라고 하는 구속사를 이끌어가는 원동력이다. 구약의 하나님, 야훼는 질투하시는 하나님이요, 진노하시는 하나님이요, 징벌하시는 하나님이다.

우선 본 단을 읽어보면 바울의 문장력의 유려함에 감복하지 않을 수 없다. "불의, 추악, 탐욕, 악의가 가득한 자요, 시기, 살인, 분쟁, 사기, 악독이 가득한 자요, 수군수군 하는 자요 …" 헬라원어로 읽으면 운이 다 맞는다. 하여튼 바울은 인간의 타락상과 그것이 야기시키는 하나님의 진노를 이야기해야만, 그가 말하려 하는 십자가 구원의 의미가 강력한 논리적 전거를 마련할 수 있다고 생각하는 것이다. 여기서 하나님의 진노는 구체적인 계약을 전제로 한 이스라엘민족에 대한 진노일 수가 없다. 그것은 보편적인 인간의 상황이 될 수밖에 없다. 불의로써 진리(*alētheia*)를 억압하는 인간의 모든 불경不敬과 불의不義에 대하여 나타나는 하나님의 진노인 것이다.

그런데 이 불경과 불의 중에서 가장 심각한 사태가 바로 다신론polytheism이라고 말한다. 독자들은 내가 곧바로 "다신론"이라 말하면 좀 어리둥절해질 것이다. 바울의 본의는 즉, 인간의 불경, 불의는 바로 다신론적 문화환경에서 가장 심각하게 드러나고 있다는 것이다. 이것은 그가 바로 그리스·로마라고 하는 다신론적 문화환경에 편입되어 받은 충격을 토로하는 것으로 인식될 수도 있다. 그러나 사실 바울은 그리스·로마문화적 환경 속에서 자라난 사람이다. 바울이 이러한 주장을 하는데는 오히려 헤브라이즘적인 유일신 문화monotheistic culture의 "어거지성"이라고 할까, 그 "독특함"이 개입되어 있다고도 말할 수 있다. 이러한 나의 해석입장은 불트만이나 바르트와 같은 신학자들이 무조건적으로 절대자를 수용하고 시작하는 신학적 입장과는 분기점을 형성하는 것이다.

생각해보자! 지금 우리나라에서 무당집에 가서 점을 치거나 굿을 하는 소박한 서민과, 대형교회에 나가 유일신앙을 돼지 멱따는 소리로 외치는 개기름 목사의 설교를 듣고 종로통에서 태극기를 뒤흔드는 사람 중에서, 과연 누가 더 불경과 불의의 짓거리들을 하고 있을까? 물론 대답하기 어려운 문제이지만, 바울의 논리대로 다신론이 꼭 유일신론보다 불경스럽다는 이야기는 하기 어렵다.

우리는 지금 바울의 논리를 따라가야 하는 입장에 있는 사람들이지만, 당시 그의 주장은 결코 이스라엘역사의 전승 속에서 확고한 뿌리를 갖는 것도 아니다. 서구의 신학계가 "유대교=유일절대신론"의 도식이 이스라엘역사 속에서 유구한 전통을 갖는 것인 양 착각해왔을 뿐이다.

우리는 모세의 출애굽사건, 여호수아 가나안 정착 이래, 야훼라는 유일신을 섬기기로 약정한 이스라엘민족은 팔레스타인의 토착적 다신론문화(바알등의 농경 다신숭배문화)와 끊임없는 충돌을 일으키면서 대적적 관계를 유지한 것으로 알고 있다. 그러나 실제로 바이블문학 속에서 이스라엘민족이 대적적으로 설정한 모든 신들이 바로 이스라엘민족이 섬겨왔던 신들이라는 것이 오늘날의 구약고고학의 대부분의 학자들이 밝히는 사실이다.

뿐만 아니라 사사기나 열왕기 상하편을 읽어보면 그러한 사실이 잘 수록되어 있다. 여러분들은 열왕기 상에 수록되어 있는, 북이스라엘왕조의 아합왕·이세벨왕비와 대결하는 엘리야의 드라마틱한 이야기를 잘 기억하고 있을 것이다. 엘리야는 혼자서, 바알의 예언자 450명과 아세라의 예언자 400명과 대결을 벌이는데, 결국 이들을 키손 개울로 끌고가 다 도륙해 죽인다. 그런데 아세라의 예언자 400명에 대한 것은 명료한 언급이 없다. 바알의 사제들 450명만 죽인 것이다.

아세라Asherah는 누구인가? 아세라에 대한 언급은 바이블 속에는 왕상 16:33에 나온다. 그런데 이 아세라의 정체는 시리아의 지중해 연안도시 우가리트Ugarit에서 출토된, BC 1400~1300년경의 것으로 확정된 쐐기문자문서에 매우 명료하게 드러나고 있다. 이스라엘정착 이전부터 이미 가나안에 존재하던 판테온의 여성주신the principal female God이었던 것이다. 그리고 아세라는 줄곧 야훼와 더불어 이스라엘 민간신앙의 대상이었다. 야훼는 천상의 남성신이며 이스라엘민족에게는 너무 멀리 있는 신이었다. 『야훼는 부인이 있었다? — 고고학의 성과와 고대 이스라엘 민속종교*Did God Have a Wife? — Archaeology and Folk Religion in Ancient Israel*』의 저자 데버William G. Dever(아리조나대학의 근동고고인류학 교수)는 아세라야말로 야훼의 부인이었으며, 이스라엘민족이 정말 사랑했던 컬트의 대상이었다고 말한다.

데버의 주장의 핵심은 바이블이라는 문헌 자체가 BC 6세기 바빌론유수

이후에 성립된 것이며 그 최종적 편집자들은 정통민족주의 야훼이스트파 orthodox nationalist Yahwist parties에 속하는 사람들이라는 것이다. 그러니까 바이블(=구약)은 유대 민중의 소리가 아니라 매우 이상주의적 지식인 소수의 보고서minority report이며, 따라서 기본적으로 제사장·예언자·서기관·일신론적 종교개혁주의자들 수준의 고급 남성중심의 엘리티즘 문서an elitist document라는 것이다. 따라서 사적이고, 가정적이고, 생활의례적인 여성들의 민속종교folk religion는 다 배제되었다는 것이다. 더구나 최근 200년간의 바이블 스칼라십이 신학적 개념을 중시하는 프로테스탄트 학자들에 의하여 형성된 것이며 이들의 논의는 인류학적인 민간 종교현상을 배제해왔다는 것이다. 예레미야 7:18에 보면 "자식들은 나무를 줍고 아비들은 불은 피우며 부녀들은 가루를 반죽하여 하늘 황후皇后를 위하여 과자들 만들며 …"라는 말이 나오는데, 이 "하늘 황후"야말로 이스라엘민중이 일상생활 속에서 섬겼던 아세라 여신을 가리키며, 편집 때 부주의로 말살되지 않고 살아남은 민중종교의 한 예에 속한다고 말한다.

최근 고고학의 성과로 볼 때 이스라엘 민중종교는 1)비제도적이며, 제사장의 콘트롤 범위에 속하지 않았다. 2)비권위주의적이며 따라서 포섭적이었고 배타적이지 않았다. 3)공적인 제식보다는 사적이고 개인적이며 가정적이며 공동체의 생활리듬을 중시했으며, 신학과 같은 지적 사업이 아닌 소박한 컬트였다. 4)문맹자들의 종교였으며 문헌적 규범에 얽히지 않았다. 5)민속종교와 공적 종교official religion가 이분적 대립이 있는 것처럼 보이지만 실제로는 민속종교야말로 공동체에 속한 개인들의 자연과 사회와의 융합, 그리고 건강, 번영, 궁극적 행복에 더 잘 기여하는 문화적 행위였다라는 등등의 사실이 드러난다는 것이다.

이스라엘종교를 무조건 유일신론으로 간주하는 것은 오류에 속하는 것이며 카발라신비주의, 지혜문학, 기독교의 성령의 강조, 그리고 성모 마리아 컬트 등의 현상 속에 아세라를 섬겼던 이스라엘민족의 민속종교의 연속성이 드러나고 있다고 주장한다. 매우 심오하고도 참신한 주장이라고 나 도올은 생각한다.

이스라엘의 역사에 있어서 유일신론이 등장하기 시작한 것은 남쪽 유다왕국의 아하스의 아들 히스기야Hezekiah(제13대 왕, 재위 BC 716~687)의 종교개혁, 그러니까 이사야시대를 거슬러 올라갈 수가 없다. 결국 민족공식종교로서의 야훼이즘Official Yahwism의 등장, 다신론에서 유일신으로의 전환은 예루살렘성전이 붕괴된 이후, 제사장계급이 붕괴되고, 엘리트계급이 바빌론으로 축출된 이후에 일어난 사건, 그러니까 국가가 멸망한 후에나 국가종교로서의 야훼유일신앙이 확립되었다는 것이다. 이 전후시말은 이미 서론에서 상설하였으므로 반복할 필요가 없다.

그러니까 바울이 여기서 유일신의 문제를 언급하는 것은 매우 새로운 주장이라는 것이다. 그냥 평범한 관념의 전승이 아니라는 것이다. 유대민족이기 때문에 당연히 주장할 입장이라고 생각해서는 안된다는 것이다. 그만큼 바울은 유일신앙에 대해서도 새로운 자기 나름대로의 고민을 한 것이다. 바울은 유일신에 대한 고민을 이렇게 말한다: 이미 창조된 세계, 우리가 일상적으로 경험할 수 있는 세계, 즉 보여지는 세계를 통하여, 보이지 아니 하는 영원한 능력과 신성을 알 수 있거늘 어찌 하여 보여지는 것들만 믿는단 말인가! 어찌하여 이 세계를 창조한 하나님을 믿지 않고 창조된 세계의 물건을 물신론적으로 떠받드는가? 어찌 하여 썩어지지 아니 하는 하나님의 영광을 썩어질 인간이나 새나 짐승이나 뱀 따위의 우상으로 대치한단 말인가?

세계의 조화 속에서 창조주를 묻고, 그 솜씨의 화려함에서 신적 존재를 추론하는 것은 바울이 자신의 묵시론적 사상을 희랍의 스토아철학의 발상에 접목시킨 것으로 보인다. 창조주에 대한 인식은 현상에 대한 이론적 관찰일 뿐 아니라 동시에 법칙의 파악이라는 것은 스토아철학의 로고스사상에 충분히 배태되어 있는 것이다. 이것은 당시 필로의 사상에서도 충분히 엿보이는데 사물의 조화와 목적의 질서 속에서 신적 이성을 유도해내는 것이다. 이것이 나중에 아리스토텔레스의 이론과 결합하여 토마스 아퀴나스의 『신학대전』의 사상의 백본을 이루게 된다. 바울은 이미 이러한 헬라사상과 바빌론유수 이래 형성된 유일신관을 융합시키고 있는 것이다.

이러한 다신론문화가 산출하는 인간의 우행으로 바울은 우상숭배idolatry를 들지만, 이 우상숭배와 더불어 바울이 병치하는 것이 바로 호모섹슈알리티 homosexuality의 병폐이다.

이 병치에 대해 우리는 충격을 받을지도 모른다. 맨해튼에서나 문제될 이야기를 왜 갑자기 바울이 꺼내는가? 지금 바울이 노출된 세계는 희랍·로마 문명세계이다. 이 세계는 호모섹슈알리티라는 측면에서는 인류가 일찍이 겪어보지 못한 수준의 매우 난잡하고 난숙한 호모와 레즈비안들의 광란의 세기였다. 희랍의 고문명은 호모와 더불어 성장했다고 말해도 과언이 아니다. 희랍의 조각들이 다 나체의 형상을 지니고 있는 것도 호모와 관련이 있다. 체육이라는 것 자체가, 즉 짐나스틱스gymnastics라는 것이 "빨개벗고gymnos(귐노스) 훈련한다"는 뜻인데 이것은 이상적인 육체를 단련한다는 뜻도 있지만, 결국은 호모의 구미를 촉진시키기 위하여 국가가 장려하는 문화였다. 아테네는 남성중심적 문화였으며 동성연애란 남성중심의 호모섹슈알리티였다. 레즈비아니즘은 별로 돌출되지 않았다. 아마도 바울 시대에는 레즈비아니즘도 광적으로 보편화되었던 것 같다. 올림픽이라는 것이 여성이 입장할 수 없었다는 것만 보아도 얼마나 모든 것이 남성중심적이었나를 알 수 있다.

희랍어에서 "칼로스*kalos*"라는 말은 "아름답다beautiful"라는 뜻인데, "잘생겼다handsome," "예쁘다pretty," "매혹적이다attractive," "사랑스럽다lovely," "찬양할 만하다admirable," "믿을 만하다creditable," "영예롭다honourable"라는 뜻을 가지는데, 어떠한 경우에도 희랍인들은 한 사람의 도덕성이나, 지성이나, 능력, 성품을 가지고 "칼로스"라는 말을 사용하지는 않았다. "칼로스" 즉 "아름답다"라는 단어는 단지 "한 남성의 육체의 모양, 색깔, 질감, 그 동작"에 대해서만 쓰여지는 표현이었다. 다시 말해서 칼로스의 남성을 남성이 사랑하는 것이다. 사랑이라는 말도 에로스*eros*라든가, 필레인*philein*이라든가 다양한 표현이 있지만, 결국 이 표현들이 모두 육체적으로 "끌린다"는 함의를 벗어나지 않는다. 희랍어에서 "당신은 나를 사랑합니까Do you love me?"라는 말은 "당신은 성적으로 나에게 끌림을 당했습니까?Are you sexually aroused by me?"라는 말과 대차가 없다. 이것은 남자와 남자 사이에서 쓰는 말이다. 그러니까 올림픽경기제전이라는 것도 결국 남성들이 끌리기 위해서 벌이는 대축제인 것이다.

그런데 희랍의 호모섹슈알리티는 동년배의 성인의 남성 사이에서는 존재할 수가 없다. 동년배 사이의 사랑은 매우 괴이한 것으로 치부된다. 호모는 반드시 성인 남성과 어린 남성 사이에서 이루어진다. 어린 남성은 "파이스*pais*"라 부르는데 "보이boy"의 뜻이다. 성인 남성은 능동적 역할을 수행하며 어린 남성은 수동적 역할을 수행한다. 능동적 역할의 수행자를 보통 사랑한다라는 동사의 능동형을 써서 "에라스테스*erastes*"라 하고, 수동적 역할의 담당자를 수동형을 써서 "에로메노스*eromenos*"라고 한다. 에로메노스는 거의 법적으로 나이 제한이 있는데, 12살 이하는 안되며, 또 온몸이 털로 덮혀 성인이 되면 이 관계는 종료되는 것이 정상이다. 이러한 관계를 보통 "파이데라스티아*paiderastia*"(보통 페데라스트리*pederastry*)라고 부르는데 "소년사랑boy love"이라는 뜻이다. 물론 에로메노스는 이러한 페데라스트리의 관계를 통하여 아테네의 시민이 되는 교육을 받고, 신변보호를 받고, 또 사랑을 받으며, 에라스테스는 에로메노스의 롤 모델이 된다. 에라스테스는 에로메노스에게 아름다움과 청춘과 희망을 부여한다.

이 양자의 관계는 매우 특이한 관습처럼 보이는데, 역사적으로 폴리스가 형성되기 이전부터 존재한 씨족사회의 습관에서 유래했다고 한다. 씨족사회의 정치조직이 나이그룹으로 나뉘어져 있었기 때문에 선대그룹이 후대그룹을 지도하는 일종의 이니시에이션 제식과 관련이 있었다고 한다. 플라톤도 호모였다는 설이 있고, 그의 "플라톤적 사랑"이라는 개념도 육욕에 집착하지 않는 사랑 그 자체, 그 이데아의 추구도 남자사랑이 더 절제하기 쉽다는 체험을 바탕으로 해서 이루어진 철학적 승화라는 관점도 있다. 소크라테스도 소년을 끼고 잤어도 소년과 섹스를 하지 않았다는 이야기가 플라톤의 대화편 『심포지움』에 실려있다. 그러나 실제로 이 페데라스트리의 관계는 성인 남자가 뒤쪽에서 어린 남자의 항문에 성기를 박고 섹스를 하거나, 앞쪽에서 가랑이 사이에 끼고 흔들면서 섹스를 하는 가랑이섹스intercrural fornication가 심하게 성행했다는 사실이 다양한 베이스 페인팅vase painting(도기화)에 나타나는, 희랍인들이 일상 속에서 앤조이한 그림들을 통하여 수없이 확인된다.

이러한 음란이 성행한 것은 폴리스가 근본적으로 전쟁국가warring states였다는 사실과도 관련된다. 남성간의 사랑이 실제적으로 전우애를 북돋우고, 사랑하는 사람을 위하여 죽을 수 있다는 용기를 불러일으킨다. 이러한 호모

건장하게 잘 생긴 청년이 무거운 술저장용 항아리(암포라 amphora)를 둘러메고 씩씩하게 걷고 있다. 물론 발기한 자신의 성기를 자랑스럽게 내보이며. 이런 장면이 특수상황에서는 자연스러운 광경이었다.

앉아있는 나이 먹은 남자는 큰 성기를 자랑하고 있고 젊은 남성이 매력을 느끼는 포즈로 머리를 어루만지고 있다.

나이 많이 먹은 남자가 어린 남자의 성기를 만지작거리며 가랑이섹스intercrural copulation를 하기 직전이다. 서로 매력을 느끼고 있는 모습.

성기가 유난히 큰 청년이 술주전자를 들고 어디엔가 급히 가고 있다.

포지션으로 보아 이것은 “vaginal copulation”임을 알 수 있다.

상대는 여성이지만 “anal copulation”이 성행했음을 보여준다.

나이 먹은 남자(에라스테스)가 어린 남자(에로메노스)에게 수탉까지 바치면서 유혹하지만 어린 남자는 전혀 감흥 없는 태도를 보이고 있다.

나이 먹은 남자(에라스테스*erastes*)가 어린 남자(에로메노스*eromenos*)에게 구애하는 장면. 그러나 어린 남자는 거절의 뜻을 표하고 있다.

사랑으로 인한 용전勇戰의 무용담이 고전에 무수히 기록되고 있는 것이다. 독자들이 이 그리스·로마의 호모문화에 관하여 관심을 갖고 탐구하게 되면 그 방면으로 많은 정보를 획득할 수 있는데, 내가 소개하고 싶은 책은 도버K. J. Dover의 『그리스의 호모섹슈알리티*Greek Homosexuality*』(Cambridge: Harvard University Press, 1989)이다. 이 책은 진실로 학문적으로 매우 깊게 천착한 사계의 대표적 명저이다.

우리가 이러한 시대적 배경이나 문화적 차이를 모르게 되면 이 로마서 1장의 "바울의 개탄"을 이해할 수 없다. 이스라엘민족에게는 딸들이 아버지 롯과 성교하여 씨를 받았다는 창세기의 이야기는 있어도, 동성성교의 쾌락이 허용되는 전통은 존재하질 않았다. 동방에도 특이한 사례가 있을지는 몰라도 음·양의 질서를 교란하는 성교는 허용될 수 없었다. 오늘날 서구사회의 동성성교에 관한 것도, 생리적인 필연성이 있다면 관용될 수도 있다. 허나 대부분의 경우, 문명의 인위적 분위기에 휩쓸려 관념적으로 자신을 그렇게 규정하는 어색한 커밍아웃이나 퇴폐적 자기최면을 국가사회가 관용하고 조장할 필요는 없다.

남녀의 사랑이 얼마나 아름다운 것인가? 얼마나 무궁한 음양론의 깊이가 그 사랑 속에 숨어 있는 것이냐? 바울의 지탄의 대상이 되어 마땅하다. 요즈음 서양 신학자 가운데서도 동성연애자들이 많은 것 같다. 바울이 동성연애에 대하여 너무 가혹하고 보수적인 태도를 취했다고 비판하는 자들이 많다. 가소로운 일이다. 그러한 천박한 비판을 할 것이라면 오히려 바울의 유일신론에 관한 깊이 있는 분석을 해야하고, 헤브라이즘의 유일신론의 폐해에 대해 비판적 태도를 유지해야 할 것이다.

바울이 다신론우상숭배와 호모섹슈알리티를 포함한 인간의 음란을 타락의 양대산맥으로 제시한 것은 매우 정당하다. 둘 다 궁극적으로는 훠틸리티 컬트fertility cult(다산숭배)의 원초적 충동과 관련있기 때문이고, 그것은 바울의 헤브라이즘적 가치관, 그 문화적 습성 속에서는 용납되기 어려운 것이었다.

> "여인들이 순리대로 쓸 것을 바꾸어 역리로 쓰며, 남자들도 순리대로 여인 쓰기를 버리고 서로를 향하여 음욕이 불 일 듯하며 남자가 남자로 더불어 부끄러운 일을 행하여 저희의 그릇됨에 상당한 보응을 그 자신에게 받았느리라!"

> "그래서 인간은 온갖 부정과 부패와 탐욕과 악독으로 가득 차있으며, 시기와 살의와 분쟁과 사기와 악의에 싸여서 없는 말을 지어내고 서로 헐뜯고 하나님의 미움만 사고 난폭하고 거만하며 제 자랑만 하고 악한 일을 꾀하고 부모를 거역할 뿐더러, 분별력도, 신의도, 온정도, 자비도 없습니다. 그런 모양으로 사는 자는 마땅히 죽어야 한다는 하나님의 법을 잘 알면서도 그들은 자기들만 그런 짓을 행하는 게 아니라 그런 짓들을 행하는 남들을 두둔하기까지 합니다."

결국 자연의 이치(=하나님의 질서)를 위배하며 사는 인간들, 어린 아리따운 생명을 보면서 그 똥구멍에 무리하게 자기 성기를 박을 생각만 하는 당대의 보편적 남성들! 바울은 인간 타락의 극치라고 보았던 것이다. 이것은 로마문명에 대한 매우 정직한 정면도전이었다. 자기가 사악한 짓을 하는 것까지는 몰라도 타인이 그러한 짓을 하도록 조장하는 문화! 그 문화는 인간성 그 자체의 부정dehumanization이며 하나님의 진노를 인지 못하는 인간의 무지의 나락이었다. 이 나락에서 바울은 "죽음"과 "생명"의 새로운 논리를 발전시켜나가고 있는 것이다.

〈 로마서 2:1～16, 하나님의 공정한 심판 〉

1Therefore you have no excuse, O man, whoever you are, when you judge another; for in passing judgment upon him you condemn yourself, because you, the judge, are doing the very same things.	1그러므로 남을 판단判斷하는 사람아 무론無論 누구든지 네가 핑계치 못할 것은 남을 판단하는 것으로 네가 너를 정죄定罪함이니 판단하는 네가 같은 일을 행함이니라
2We know that the judgment of God rightly falls upon those who do such things.	2이런 일을 행하는 자에게 하나님의 판단이 진리대로 되는 줄 우리가 아노라
3Do you suppose, O man, that when you judge those who do such things and yet do them yourself, you will escape the judgment of God?	3이런 일을 행하는 자를 판단하고도 같은 일을 행하는 사람아 네가 하나님의 판단을 피할 줄로 생각하느냐
4Or do you presume upon the riches of his kindness and forbearance and patience? Do you not know that God's kindness is meant to lead you to repentance?	4혹 네가 하나님의 인자仁慈하심이 너를 인도하여 회개悔改케 하심을 알지 못하여 그의 인자하심과 용납하심과 길이 참으심의 풍성함을 멸시하느뇨
5But by your hard and impenitent heart you are storing up wrath for yourself on the day of wrath when God's righteous judgment will be revealed.	5다만 네 고집과 회개치 아니한 마음을 따라 진노의 날 곧 하나님의 의로우신 판단이 나타나는 그 날에 임할 진노를 네게 쌓는도다
6For he will render to every man according to his works:	6하나님께서 각 사람에게 그 행한대로 보응報應하시되
7to those who by patience in well-doing seek for glory and honor and immortality, he will give eternal life;	7참고 선을 행하여 영광과 존귀와 썩지 아니함을 구하는 자에게는 영생으로 하시고
8but for those who are factious and do not obey the truth, but obey wickedness,	8오직 당黨을 지어 진리를 좇지 아니하고 불의를 좇는 자에게는 노怒와 분憤으

there will be wrath and fury.
9There will be tribulation and distress
for every human being who does evil,
the Jew first and also the Greek,
10but glory and honor and peace for
every one who does good, the Jew first
and also the Greek.
11For God shows no partiality.

12All who have sinned without the law
will also perish without the law, and all
who have sinned under the law will be
judged by the law.
13For it is not the hearers of the law
who are righteous before God, but the
doers of the law who will be justified.
14When Gentiles who have not the law
do by nature what the law requires, they
are a law to themselves, even though
they do not have the law.
15They show that what the law requires
is written on their hearts, while their
conscience also bears witness and their
conflicting thoughts accuse or perhaps
excuse them
16on that day when, according to my
gospel, God judges the secrets of men
by Christ Jesus.

로 하시리라
9악惡을 행하는 각 사람의 영靈에게 환난
과 곤고困苦가 있으리니 첫째는 유대인
에게요 또한 헬라인에게며
10선善을 행하는 각 사람에게는 영광과
존귀와 평강이 있으리니 첫째는 유대인
에게요 또한 헬라인에게라
11이는 하나님께서 외모로 사람을 취하
지 아니하심이니라
12무릇 율법律法 없이 범죄한 자는 또한
율법 없이 망하고 무릇 율법이 있고 범
죄한 자는 율법으로 말미암아 심판審判을
받으리라
13하나님 앞에서는 율법을 듣는 자가 의
인이 아니요 오직 율법을 행하는 자라야
의롭다 하심을 얻으리니
14(율법 없는 이방인이 본성으로 율법의
일을 행할 때는 이 사람은 율법이 없어도
자기가 자기에게 율법이 되나니

15이런 이들은 그 양심良心이 증거가 되
어 그 생각들이 서로 혹은 송사訟事하며
혹은 변명辯明하여 그 마음에 새긴 율법의
행위를 나타내느니라)

16곧 내 복음에 이른 바와 같이 하나님이
예수 그리스도로 말미암아 사람들의 은
밀한 것을 심판하시는 그날이라

【강해】

인간의 어리석은 판단κρίνω, 특히 이방인을 함부로 판단하는 유대인의 어리석음을 지적하는 것으로 시작하여 제16절의 "하나님께서 그리스도 예수로 말미암아 사람들의 은밀한 것까지 모두 심판하시는κρίνεῖ 그날ἡμέρᾳ"로 끝나는 이 단은 분명 최후의 심판the last great assize이라는 종말론적 테제를 전제로 하고 있다. 과연 이 "최후의 심판"이라는 게 도대체 무엇을 말하는 것일까?

하나님의 진노, 인간의 타락을 말한 후에 하나님의 최후의 심판을 말하는 것은 논리적으로 쉽게 이해가 갈 것이다. 타락에 대해서는 심판이 있어야 하는 것이다.

자아! 과연 바울은 아라비아사막의 작은 텐트 속에서 모래바람에 이는 사막의 풍진을 바라보며 과연 무엇을 생각하고 무엇을 고민했을까?

자아! 아주 쉽게 생각해보자! 사실이든 아니든간에 다메섹 도중에서 들린 소리는 바울의 기나긴 삶의 여정에 쌓인 회의감의 한 표현이었을 것이다: **"사울아! 사울아! 네가 어찌하여 나를 핍박하느냐!" "뉘시오니이까? 주여!" "나는 네가 핍박하는 예수라."**(행 9:4~5).

사울은 예수를 따르는 자들을 열심히 핍박했다. 사울은 예수를 잘 모른다. 아니, 예수가 누구인지 전혀 알 수가 없도록 구조 지워진 다른 세계에서, 다른 가치관을 가지고 살아온 사람이다. 그러니까 엄밀히 말하면 사울은 예수를 핍박한 것이 아니라, 예수를 메시아라고 믿고 따르는 사람들을 핍박한 것이다. 그 팔로우어들은 예수가 메시아라고 믿는 바로 그 신념πίστις을 소유한 사람들이다. 그런데 그 신념은 매우 괘씸한 것이다. 바울은 구약(=바이블)의 대학자였으며 전통적으로 유대인들이 믿는 메시아는 예수와 같은 격외格外의 인간일 수 없었으며, 더구나 왕의 모습이 아닌 로마형법에 저촉되어 십자가형에 처해진 범죄자라고 하는 것은 듣기만 해도 몸서리치는 모욕이었다. 십자가에 못박힌 예수는 유대인에게는 비위에 거슬리는 역한 것이고 이방인들에게는 꼴불견인 어리석은 것이라는 바울의 표현(고전 1:23)은 바로 이러한 바울 자신의 솔직한 심정을 표현한 말이다.

그런데 어느 순간에 바로 이 예수가 그리스도 즉 메시아라는 생각이 들었고, 그것이 바울 실존의 확고한 신념이 되었다. 이 사건을 우리가 "컨버젼"이라 부르고 계속 토론해왔는데, 실상 이 컨버젼이 일순간의 환상이나 계시로 된 것인지, 기나긴 각성의 축적에 의한 것인지 그 과정의 내용은 우리가 확정할 길이 없다. 바르트는 계시의 문제에 있어서는 하나님으로부터의 일방성만을 강조하며, 계시의 접점接點도 인간이 덕성의 축적에 의하여 만드는 것이 아니라고 말한다. 접점 그 자체도 오직 신이 만드시는 것이며 그것은 신의 선택이며 신의 자유에 속하는 것이라고 말한다. 그것은 인간의 자연적 인식능력에 의한 지식의 대상이 될 수 없다고 말하지만, 우리는 꼭 바르트의 구라를 또다시 절대적인 진리로 신봉할 필요는 없다. 바울의 대각은 점漸과 돈頓의 두 지평의 융합이다. 자기에게 탄압받는 자들을 정당한 것으로 인정했다고 하는 컨버젼은, 그들이 믿는 신념을 자신의 신념으로 수용했다, 맞아들였다, 다시 말해서 그 신념에 자신의 삶을 컴밋트했다는 것을 의미한다.

예수가 메시아라고 하는 사건은, 오직 예수 사후의 사태에 있어서는, 그가 죽었으나 다시 부활하심으로써 하나님의 아들임을 입증했다고 하는 명제에 의해서만 가능해지는 사건이다. 예수가 죽었다 살아났는지 어쩐지 하는 과학적인과 사실여부의 이야기는 여기서 전혀 문제가 되지 않는다. 오직 문제가 되는 것은 바울이 기독교도들을 탄압하던 시대에 예수가 죽었다 다시 살아났다고 하는 것을 믿고 따르는 광범위한 팔로우어들이 엄존해있었다는 사실이다. 팔로우어 엄존의 사실은 누구도 부정할 수 없는 객관적 사실an objective fact이다. 궁극적으로 이 사실 때문에 바울에게는 컨버젼이라고 하는 극적인 체험이 일어났던 것이다.

따라서 바울의 컨버젼의 논리적 내용은 매우 단순한 것이다. 즉 예수가 곧 그리스도(=메시아)라고 하는 사실을 수용한 것이다. 그런데 이 사실은 십자가에 못박혀 죽었다가 다시 살아났다고 하는 십자가사건과 부활사건을 수용한다는 뜻이다. 따라서 모든 바울의 고민은 이 십자가crucifixion와 부활Resurrection을 해석하는 데 바쳐졌고, 그 해석기간이 대체로 아라비아사막 선정의 3년이었다고 생각하면 될 것이다.

그러나 바울은 자신의 깨달음을 소승 아라한 체험처럼 자기 일개인의 해탈이나 마음의 평화로서 국한시킨 것이 아니라, 인간의 구원이라고 하는 보편주의적 보살행과 관련시켰다. 싯달타의 선정은 자기존재 번뇌의 해탈을 위한 것이며 어떠한 믿음체계를 전제로 하는 것이 아니다. 그러나 바울의 선정은 예수가 메시아라는 사실, 바로 그 복음을 믿는 데 있었으며, 메시아라는 것 자체가 "구세"라는 임무를 전제로 하는 킹십Kingship의 문제였다. 그리고 동시에 이 메시아는 유대인만을 위한 것이 아니라 전 인류, 다시 말해서 유대인을 제외한 모든 이방인Gentiles들을 위한 메시아라는 대승적大乘的 복음을 전달해야 했다. 바로 바울은 깨달음의 순간부터 이 복음은 이방인을 위한 것이라는 사명을 같이 갖게 되었다. 이것이 계시로 이루어진 것인지, 바울의 고민 끝에 바울의 지적 스펙트럼 속에서 생겨난 선교작전의 문제인지는 아무도 모른다. 아니! 그런 것은 아무래도 좋다!

바울은 아라비아의 사막선정을 마치고 예루살렘 선교본부에 가서 협의를 해보았지만, 바울의 입장에서는 진실로 협의가 통했을 리가 없다. 성문이라는 자들은 모두 시골사람이고 어부이고 교육을 받지 못한 사람들이었다. 예수가 만약 바울이라는, 자기를 박해하고 혐오하던 대 지식인 바울을 사도로 삼지 못했더라면 기독교는 인류역사에서 기껏해야 세례 요한의 이야기처럼 몇 줄의 가십으로 사라졌을지도 모른다. 그만큼 지성의 힘은 막강한 것이다. 그래서 바울의 서한이 먼저 생겨났고, 그 서한에 충격을 받은 예수팔로우어들의 다양한 커뮤니티에서 복음서가 생겨났던 것이다.

바울은 협의가 무용하다는 것을 깨달았을 때, 독자적인 선교전략을 수립했다. 이방인을 위한 선교! 그는 안티옥을 베이스 캠프로 하고 우선 그가 친숙한 소아시아지방으로 떠났다! 그가 이방인지역으로 떠났다고 하지만, 그가 최초로 이역땅에서 엉덩이를 부빌 수 있는 곳은 그래도 동민족인 유대인 커뮤니티 사람들일 수밖에 없었다. 한국에서 미국순회공연을 한다고 떠나는 가수들이 결국 교포들을 상대로 투어하는 것과 동일한 현상이다. 한국가수들의 노래를(요즈음 케이팝은 다르지만) 미국사람들이 들어줄 리 없다. 감정이 통하질 않는다. 바울이 자신의 복음을 전하기 시작한 곳은 소아시아 전역의 유대인 다이애스포라에 산재하던 유대인 시나고그synagogue(시나고그, 즉 회당이라는 것 자체가 바울시대에 형성되기 시작했던 새로운 운동이었다. 제사장들의 폐쇄된 공간이 아닌 커뮤니티 센터로서 누구에게든지 개방된 공간이었다)였다. 바울은 이 시나고그를 중심으로 새로운 기독교 에클레시아운동을 일으켰던 것이다.

예수가 그리스도라고 하는 사실을 새롭게 선포하는데, 바울의 전략은 십자가사건과 부활사건을 헬라화 된 유대인들의 구미에 맞게 새롭게 해석하고, 또 그 해석에 맞추어 전통적 유대교와는 다른 제식 즉 예배형식을 만드는 것이었다. 그런데 이러한 것만으로는 장사가 잘 되지 않는다. 설득력이 부족한 것이다. 십자가와 부활의 해석은 너무도 추상적이고 심오해서 그것만으로 교회운동이 이루어지지 않는다. 노래도 한 가수의 성량이 풍부해서 노래를 썩 잘 부른다는 사실만으로는 빅 힛트를 치기 어렵다. 빅 힛트를 치려면 반드시 그 가사의 내용이나 정서, 노래의 질감이 대중현실의 절박한 느낌을 후벼파내는 그 무엇이 있어야 한다. 모든 빅 힛트의 노래는 그 시대정신과 운때가 맞는, 대중다수의 감수성을 자극하는 그 무엇이 꼭 있어야 한다.

자아! 바울은 예수의 성문제자聲聞弟子가 아니다. 그러니까 예수의 말씀내용을 수집해서 선교활동을 한다는 것은 위선이다. 물을 곳도 없고 물어봤자 별 내용이 없다. 바울은 자기의 체험에 충실하고자 했다. 자기가 체험한 것은 일차적으로 자기가 박해한 사람들의 신념이었다. 당시 바리새인들 중에서도 샴마이트 바리새인a Shammaite Pharisee(당대의 가장 율법해석에 있어서 엄격했던 분파)에 속했던 바울의 입장에서는 예수팔로우어들의 신념은 조국의 운명, 그 율법의 정통성을 고수해야만 유지되는 풍전등화와도 같았던 조국의 운명을 뒤흔드는 반역이었다. 그래서 박해를 했는데 어느 순간 그들의 신념이 맞다고 생각한다. 그리고 그들의 신념을 통해 새로운 유대민족의 질서를 정립해야겠다는 역발상에 돌입한다. 그런데 이제는 유대민족만을 대상으로 해서는 희망이 없다. 로마라는 새로운 제국의 질서가 오고 있다. 그는 이 새로운 질서를 변혁시킴으로써 유대민족을 구원할 수 있다고 생각했다. 이것은 실로 그랜드한 발상이다. 그래서 그는 자기가 확신할 수 있었던 가장 단순한 사실, 즉 예수의 그리스도됨의 가장 원초적 사실인 십자가와 부활의 테마를 천착해서 그의 보편적인 철학을 수립하고자 했다. 이 철학은 필연적으로 인간 예수의 구체성과는 거리가 멀다. 따라서 십자가와 부활의 테제는 예수론적이 아니라 인간학적 보편 테마가 되어버리고 만다. 이 인간학적 보편테마에 관한 인간 바울의 평생의 사상투쟁이 드러난 것이 바로 로마서이다.

그런데 이러한 테마는 너무 추상적이었기 때문에 절박함이 부족했다. 힛트 상품이 되기에는 뭔가 몇 프로 부족했다. 자아! 생각해보자!

1) 예수는 십자가에 못박혀 죽었다. 그것은 지상에서 인간으로서의 구체적 사건이었다.
2) 그런데 예언대로 사흘만에 부활하여 무덤을 열고 나왔다.
3) 그리고 그 부활하신 예수는 지상에서 현존해있던 제자들에게 나타나셨다. 그리고 영원히 지상에서 제자들과 같이 살았다면 아무 문제가 없었을 것이다(최근에 이런 것을 주제로 한 제롬 빅스비Jerome Bixby의 연극, 『대지의 사람 *The Man from Earth*』이라는 작품도 있다).
4) 그런데 이 예수는 다시 승천하여 사라졌다. 그러니 좀 섭섭하다! 아~ 그리운 예수! 다시 안 오실까!

죽음 – 부활 – 승천의 드라마는 반드시 "재림parousia, The Second Coming of Christ"이라는 완결편을 가질 수밖에 없다. "부활한 사람이 그냥 사라졌다!"

이것만 가지고서는, 아무리 심오한 철학을 가지고 죽음과 부활을 이야기해도, 별로 멕히질 않는다. 예수는 그리스도로서 반드시 다시 온다! 곧 온다!

그런데 이 재림이라는 사건은 그냥 다시 놀러오는 것이 아니다. 이 재림이라는 사건은 바로 "최후의 심판the Last Judgment"을 의미한다. 그것은 현세의 종료를 의미하며, 모든 세상사람들이 예수 그리스도와 하나님 앞에서 재판을 받는 것이다. 재판을 통하여 악한 자들은 벌을 받고 의로운 자들은 구원을 얻는다는 것이다. 그런데 사실 이 최후의 심판사상은 바울의 발명이 아니라 유대민족이 바빌론유수시기 이후로 생겨난 새로운 신화적 전통이었고(주로 신구약 중간시대intertestamental의 산물로 본다), 엣세네파라고 알려진 쿰란공동체에서 우리는 매우 구체적 사례를 발견한다.

그런데 바울과 같은 대 지성인이 정말 이 재림을 믿었을까? 이것은 하나의 미스테리에 속하는 또 하나의 주제지만 바울은 이 재림을 아주 긴박한 리얼한 예기豫期로서 믿었던 것 같다. 예수가 곧 온다고 생각했던 것이다. 이 재림사상을 우리는 종말론eschatology이라고 부르는 것이다. 우리 동학에도 "개벽사상"이 있지만, 개벽은 "다시개벽"일 뿐이요, 선천개벽이 후천개벽으로 전환하는 것이다. 그래서 개벽은 종료가 아니라, 새로운 시작이다. 그러나 바울의 재림은 시간의 종료를 뜻한다. 이 지상에서의 모든 시간이 소멸하는 것이다. 이 재림사상이 제일 먼저 토로된 것이 데살로니가전서이다. 만약 살전을 신약 최초의 문헌이라고 한다면, 바울은 초대교회운동을 애초로부터 이 재림사상을 깔고 시작했던 것이다. 살전 4:16~17에 나타나는 바울의 설교는 이러하다:

"명령이 떨어지고 대천사의 부르는 소리가 들리고 하나님의 나팔 소리가 울리면, 주님께서 친히 하늘로부터 내려오실 것입니다. 그러면 그리스도를 믿다가 죽은 사람들이 먼저 살아날 것이고, 다음으로는 그때에 살아남아 있는 우리가 그들과 함께 구름을 타고 공중으로 들리어 올라가서 주님을 만나게 될 것입니다. 이렇게 해서 우리는 항상 주님과 함께 있게 될 것입니다."(살전 4:16~17).

"보라! 내가 너희에게 비밀을 말하노니 우리가 다 잠 잘 것이 아니요, 마지막 나팔에 순식간에 홀연히 다 변하리니 나팔소리가 나매 죽은 자들이 썩지 아니 할 것으로 다시 살고 우리도 변화하리라!"(고전 15:51~52).

하여튼 그날the Day of Judgment에 하늘로부터 예수팀이 빅 밴드를 동원하고 빵빠레를 울리면서 내려오면 우리는 황공·황망하게도 하늘로 붕 떠올라가서 예수를 마중하여 내려와 지상의 역사를 다 끝낸다는 것이다. 과연 이것을 어떻게 해석할까?

바울은 "긴박한 재림imminent *parousia*"을 믿었다. 이 문제에 관해서는 더 이상 구질구질한 논의가 필요하지 않다. 어쨌든 바울 선교전략의 최고 힛트가 된 논리적 구성요소이므로 나는 여기에 시비를 걸고 싶지 않다. 그러나 이 바울의 재림구상 때문에 기독교는 인류에게 희망과 절망을 동시에 안겨주는 종교가 된 것이다. 기독교의 종말론적 성격은 요한계시록에서 생겨난 것이 아니라, 바울의 선교전략에서 이미 장착된 것이고, 그것이 기독교라는 초대교회의 모든 케리그마를 지배했다. 그리고 예수에 관한 모든 담론에 종말론적 색깔을 드리웠다. 바울은 "종말론적 기독교"의 원흉이다. 싯달타는 대각의 카리스마를 선포했어도, 인간의 심령의 자각에 호소했을 뿐 시간의 종말을 선포하지는 않았다. 공자는 대동大同사회의 희망을 선포했어도 인간세의 종말을 위협하지는 않았다. 역사는 영원히 지속될 뿐이다. 바울의 종말론은 불트만이 제아무리 실존주의적 해석을 가한다 해도 그것이 인류사에 끼친 해악에 관해서는 쉽게 시비를 논할 수 있는 문제가 아니다.

서울역에서 기차가 밤 10시에 떠난다고 할 때 그 전에 몇 시간은 그 출발시각에 맞추어 매우 긴장감 있는 시간을 보내야 한다. 짐도 꾸려야 하고 정리할 것도 정리해야 하고 … 절대적인 시점을 앞둔 생활은 그러한 시점(카이로스)이 없는 생활과는 전혀 성격이 다르다. 십자가와 부활의 논리는 파루시아와 결합할 때 그 실천의 긴장감이 강화되는 것이다. 그 종말에 대한 소망이 바로 바울이 그의 교인들의 새로운 삶의 질서를 이끌어간 권면의 핵심이었다. 그리고 그것은 "오중복음과 삼중구원"이라는 매우 현세적인 축복의 유앙겔리온과는 달리, 기본적으로 현세부정적인 성격의 것이다.

우선 바울의 텍스트에 즉하여 이야기하면, 그가 앞서 제1장에서 말한 유일신론의 주장과 여기 제2장의 최후의 심판사상은 논리적으로 매우 밀접하게 연결되어 있다. 인간세에 유일신론은 존재론적으로 존재할 수 없다. 그것은 특정 그룹의 주장일 뿐이다. 우리가 믿는 야훼가 유일하다고 믿는다 해서 최영 장군이 사라지거나 제우스가 없어지거나 알라가 없어지거나 단군이 사라지거나 하지는 않는다. 야훼가 유일해도 지구상의 모든 성황당은 여전히 존재한다. 『야훼는 부인이 있었다?』의 저자 데버는 그 무지막지하게 위압적인 남성신인 야훼만 남기고, 남성사제만 남긴 남성가부장제의 하이어라키적 종교를 유일신앙이라고 찬양하는 것은 우선 인류의 반인 여성에게서 그들의 신성을 박탈하는 것과도 같다고 말한다. 유대민족에게 있어서도 다신론에서 유일신론으로의 전향은 결코 건강한 변화가 아니었다고 개탄하는 것이다. 우리는 얼마든지 하나님 어머니라고 말할 수 있는데도 "하나님 아버지God the Father"라고만 말하고 있지 않은가?

어떤 의미에서 인류사에서 진정한 모노테이즘의 철학을 최초로 만든 사상가로서 우리는 바울을 꼽아야 할지도 모른다. 바울의 유일신신앙은 곧바로 최후의 심판과 연결되어 있다. 최후의 심판은 전 인류의 심판이며, 전 인류의 역사의 장의 종결이다. 이러한 전 인류적 심판이 가능한 것은 오직 신이 하나래야 가능한 것이다. 올림푸스 신들처럼 신들이 많으면 이 소리 저 소리 많아서 재판이 공정하게 이루어질 수가 없다. 다신론은 보다 민주적이기도 하지만, 전 인류를 포섭하는 보편주의의 논리를 만들기는 어렵다. 로마서 제2장의 주제는 하나님의 공정한 판단God's impartial judgment이다. 유대인과 이방인을 막론하고 하나의 잣대로서 전 인류를 공평하게 재판하신다는 것이다.

그런데 유대인에게는 율법이라는 재판의 잣대가 있다. 1:17절에서 "하나님의 의"를 말할 때 내가 미리 율법으로는 구원을 얻기 힘들다고 말했지만, 그것은 바울신학의 근본입장을 말한 것이고, 상식적 차원에서 율법을 유일한 삶의 기준으로 알고 선행을 실천하는 건강한 유대인들의 구원의 가능성을 부정하는 것은 아니다. 단지 유대인들이 율법을 소유하고 있다는 사실, 회당에서 율법의 낭독을 듣는다는 사실만으로는 구원에 아무런 도움을 주지 못한다. 율법은 반드시 행위로써 실천되어야만 하는 것이다(13절). 바울은 항상 율법의 폐지가 아닌 율법의 완성을 말하지만, 그것은 실천을 전제로 하는 것이고, 그 실천의 궁극에는 믿음이 자리잡고 있다. 믿음에까지 도달하지 못하는 실천은 결코 율법의 완성에 이를 수 없다. 하나님은 공평하시다. 율법을 가지지 못한 채 죄를 지은 사람들은 율법과는 관계없이 망할 것이고(이방인의 경우), 율법을 가지고도 죄를 지은 사람들은 그 율법에 따라 심판받을 것이다(유대인의 경우). 그러니까 유대인이 율법(토라)을 가졌다는 이유로 용서받을 수 있는 것도 아니요, 이방인은 율법이 없기 때문에 용서받지 못한다는 것도 어불성설이다. 다 같이 똑같은 잣대로써 공평하게 판정받는다. 이방인의 경우에는 율법이 없더라도 그 마음에 기록된 "양심"이라는 율법이 있다.

"양심"이라는 말은 구약에 나오지 않는다. 바울은 이 양심이라는 말을 자주 쓰는데 이것만 보아도 바울은 당대의 스토아학파의 학설에 심각한 영향을 받고 있음을 알 수 있다. 양심이란 말의 원어는 "쉰에이데시드συνείδησις" 인데, 이것은 "함께"라는 의미의 전치사 "쉰*syn*"과 "보다," "인식하다"라는 뜻의 동사 "에이도*eidō*"의 합성어이다. 이것은 "다른 이들과 함께 보다," "다른 이들과 함께 인식한다"는 뜻이다. 현재 영어의 "conscience"도 "같이," "함께"라는 뜻의 "콘con"과 "안다"라는 뜻의 "사이언스science"가 결합한 것이다. "같이 안다"는 뜻이다. 우리말의 "상식常識"(항상된 인식)이라는 말과도 상통한다. 그러니까 무엇이 옳고 그른지는 독자적인 판단이 아니라 누구든지 알 수 있는 것이라는 뜻이다. 인간의 이성은 우주의 순리를 파악할 수 있는 능력이다. 우리 인간은 그러한 로고스에 의거하여 자연의 순리에 따라 모든 욕정을 억제하는 부동심(아파테이아*apatheia*)의 경지에 도달할 수 있으며 무감동無感動의 평온에 들어갈 수 있다고 믿었다. 하여튼 이 스토아학파의 로고스사상이 서양 자연법의 원리가 된 것이다. 여기서 바울은 자연법적인 논리를 펼치고 있다.

"내가 전하는 복음이 말하는 대로 하나님께서 예수 그리스도를 통하여 사람들의 비밀을 심판하시는 그날에 그들의 양심이 증인이 되고 그들의 이성이 서로 고발도 하고 변호도 할 것입니다." (2:16).

율법과 양심을 등치시키는 바울의 논리는 이미 기존의 어떠한 종교적 논리와도 차원을 달리하는 것이다. 율법은 외재적 법규가 아니라 이미 내면화 된 양심의 차원으로 승화되고 있는 것이다. 하나님의 심판 앞에 인간의 거짓 출구는 존재하지 않는다.

〈 로마서 2:17~3:8, 유대인의 문제점 〉

CHAPTER 2

[17]But if you call yourself a Jew and rely upon the law and boast of your relation to God

[18]and know his will and approve what is excellent, because you are instructed in the law,

[19]and if you are sure that you are a guide to the blind, a light to those who are in darkness,

[20]a corrector of the foolish, a teacher of children, having in the law the embodiment of knowledge and truth—

[21]you then who teach others, will you not teach yourself? While you preach against stealing, do you steal?

[22]You who say that one must not commit adultery, do you commit adultery? You who abhor idols, do you rob temples?

[23]You who boast in the law, do you dishonor God by breaking the law?

[24]For, as it is written, "The name of God is blasphemed among the Gentiles because of you."

[25]Circumcision indeed is of value if you obey the law; but if you break the law, your circumcision becomes uncircumcision.

제 2 장

[17]유대인이라 칭하는 네가 율법을 의지하며 하나님을 자랑하며

[18]율법의 교훈을 받아 하나님의 뜻을 알고 지극히 선한 것을 좋게 여기며

[19]네가 율법에 있는 지식과 진리의 규모를 가진 자로서 소경의 길을 인도하는 자요 어두움에 있는 자의 빛이요

[20]어리석은 자의 훈도訓導요 어린 아이의 선생이라고 스스로 믿으니

[21]그러면 다른 사람을 가르치는 네가 네 자신을 가르치지 아니하느냐 도적질 말라 반포頒布하는 네가 도적질 하느냐

[22]간음하지 말라 말하는 네가 간음하느냐 우상을 가증히 여기는 네가 신사神社 물건을 도적질 하느냐

[23]율법을 자랑하는 네가 율법을 범함으로 하나님을 욕되게 하느냐

[24]기록된 바와 같이 하나님의 이름이 너희로 인하여 이방인 중에서 모독을 받는도다

[25]네가 율법을 행한즉 할례가 유익하나 만일 율법을 범한즉 네 할례가 무할례가 되었느니라

[26]So, if a man who is uncircumcised keeps the precepts of the law, will not his uncircumcision be regarded as circumcision?

[26]그런즉 무할례자가 율법의 제도를 지키면 그 무할례를 할례와 같이 여길것이 아니냐

[27]Then those who are physically uncircumcised but keep the law will condemn you who have the written code and circumcision but break the law.

[27]또한 본래 무할례자가 율법을 온전히 지키면 의문儀文과 할례를 가지고 율법을 범하는 너를 판단치 아니하겠느냐

[28]For he is not a real Jew who is one outwardly, nor is true circumcision something external and physical.

[28]대저 표면적 유대인이 유대인이 아니요 표면적 육신의 할례가 할례가 아니라

[29]He is a Jew who is one inwardly, and real circumcision is a matter of the heart, spiritual and not literal. His praise is not from men but from God.

[29]오직 이면적 유대인이 유대인이며 할례는 마음에 할지니 신령神靈에 있고 의문儀文에 있지 아니한 것이라 그 칭찬이 사람에게서가 아니요 다만 하나님에게서니라

CHAPTER 3

제 3 장

[1]Then what advantage has the Jew? Or what is the value of circumcision?

[1]그런즉 유대인의 나음이 무엇이며 할례의 유익이 무엇이뇨

[2]Much in every way. To begin with, the Jews are entrusted with the oracles of God.

[2]범사凡事에 많으니 첫째는 저희가 하나님의 말씀을 맡았음이니라

[3]What if some were unfaithful? Does their faithlessness nullify the faithfulness of God?

[3]어떤 자들이 믿지 아니하였으면 어찌하리요 그 믿지 아니함이 하나님의 미쁘심을 폐하겠느뇨

[4]By no means! Let God be true though every man be false, as it is written,

> "That thou mayest be justified in thy words,
> and prevail when thou art judged."

[4]그럴 수 없느니라 사람은 다 거짓되되 오직 하나님은 참되시다 할지어다 기록된 바

> 주께서 주의 말씀에 의롭다 함을 얻으시고 판단 받으실 때에 이기려 하심이라

함과 같으니라

[5]But if our wickedness serves to show the justice of God, what shall we say? That God is unjust to inflict wrath on us? (I speak in a human way.)
[6]By no means! For then how could God judge the world?
[7]But if through my falsehood God's truthfulness abounds to his glory, why am I still being condemned as a sinner?
[8]And why not do evil that good may come?—as some people slanderously charge us with saying. Their condemnation is just.

[5]그러나 우리 불의가 하나님의 의를 드러나게 하면 무슨 말 하리요 내가 사람의 말하는대로 말하노니 진노를 내리시는 하나님이 불의하시냐
[6]결코 그렇지 아니하니라 만일 그러하면 하나님께서 어찌 세상을 심판하시리요
[7]그러나 나의 거짓말로 하나님의 참되심이 더 풍성하여 그의 영광이 되었으면 어찌 나도 죄인처럼 심판을 받으리요
[8]또는 그러면 선을 이루기 위하여 악을 행하자 하지 않겠느냐 (어떤이들이 이렇게 비방하여 우리가 이런 말을 한다고 하니) 저희가 정죄 받는 것이 옳으니라

【강해】

1장에서 이방인의 타락상에 관하여 신랄한 언어가 쏟아졌다. 그리고 최후의 심판에 관한 이야기가 나왔다. 바울의 종말론적 사상을 살펴보았다. 바울의 종말론은 문자 그대로 신화적인 비젼으로 묘사되고 있지만 그것이 실제로 의미하는 것은 우리 삶의 상식적 지평이라는 데 그 특징이 있다. 그래서 불트만은 "우리의 삶의 모든 순간이 종말론적이다"라는 말을 했는데, 우리는 그만큼 절박하게 우리 삶의 가치를 인식해야 할 것 같다. 나도 지금 이 책을 긴박하게 제한된 시간 속에서 쓰고 있다. 나는 3월 15일 미국대학으로 떠나는 비행기표를 끊어놓았는데, 지금 2월 24일이다! 나는 완간된 이 책을 들고 인천공항을 떠날 생각이다. 이것은 사소한 하나의 예일지는 모르지만, 그리고 독일신학자들은 자기들이 말하는 신학적 용어로서의 종말론이 그렇게 일상

적인 것이 아니라고 말할지는 모르지만, 나는 그냥 소박하게 생각한다. 우리 삶은 이와 같이 항상 종말론적 전제가 있다고.

윗 단 2:13절에 이런 말이 있었다: **"하나님 앞에서는 율법을 듣는 자가 의인이 아니요, 오직 율법을 행하는 자라야 의롭다 함을 얻으리라."**

이 말은 최후의 심판의 날에도 유대민족들은 토라를 소유하고 있다(그 얘기를 항상 듣고 있다)는 것만으로 의롭다 함을 얻을 수는 없다는 것이다. 오직 율법이 지시하고 있는 것을 삶 속에서 실천하는 자만이 의롭다 함을 얻을 수 있다는 것이다. 다시 말해서 인의認義justification는 율법의 소유possession가 아니라 율법의 실천performance에서만 생겨나는 사건이다. 그런데 유대인은 율법으로써는 결코 의로움을 얻지 못한다. 율법을 온전하게 실천하는 것은 율법 그 자체의 근거 위에서는 근본적으로 불가능하기 때문이다.

본 단의 내용은 율법을 소유하고 있다는 것으로 인하여 자만하고 우월감을 느끼며 하나님과의 관계를 독점하고 있다고 자부하는 율법주의자 유대인의 삶을 신랄하게 고발하고 있는 것이다. 희랍인의 다신론과 자연의 규율을 파괴하는 음란한 동성성교를 신랄하게 비판하는 바울은 이제 화살을 바로 자기의 과거, 선택받았다고 느끼는 동족의 실상으로 돌리고 있는 것이다. 그 신랄한 언어는 오늘날 우리나라 사회의 대형교회파, 대형교회를 나가면서 정계(집권정당)와 법계(정치검찰)와 상계(대기업)를 장악하고 있다고 자부하는 자들의 치부를 고발하는 것 같다.

"율법에서 모든 지식과 진리의 근본을 터득하였으므로 무식한

사람에게 지도자가 되고, 철없는 자들의 스승이 될 수 있다고 자신합니다.

그런 사람이 남을 가르치면서 왜 자기 자신은 가르치지 못합니까?

또 남더러는 도둑질을 하지 말라고 설교하면서 왜 자신은 도둑질을 합니까?

남더러는 간음을 하지 말라고 하면서 왜 자신은 간음을 합니까?

또 우상을 미워한다고 하면서 왜 그 신전의 물건은 훔쳐냅니까?

율법을 가졌다고 자랑하는 사람이 왜 율법을 범하여 하나님을 욕되게 합니까?" (롬 2:19~23).

여기 율법과 더불어 유대인의 문제점으로 크게 부상한 주제가 바로 "할례 περιτομή, circumcision"("페리토메"나 영어의 "써컴시전"이나 다 자지 둘레를 자른다는 말이니 결국 같은 표현이다)라는 문제이다. 왜 이렇게 신약성서에서 특히 바울의 편지에서 "할례"의 문제가 크게 부상하는지 그 역사적 배경을 좀 이해할 필요가 있다.

앞서 말했듯이, 바울의 이방선교는 완전히 처음부터 이방인들만을 위한 선교가 아니라 다이애스포라에 사는 헬라화 된 유대인들을 대상으로 하여 시나고그 중심으로 발전되어 나갔다. 그런데 시나고그에 모이는 사람들의 주류가 헬라화는 되었지만 유대인의 관습을 유지하고 싶어 하는 짙은 색깔의 유대인들이었다. 이 유대인들은 물론 예수를 메시아라고 받아들이는 사람들이다. 그런데 이 사람들은 기독교를 기독교라고 독립적으로 이해하지 않았다. 그것은 유대교의 새로운 방식이라고 생각했거나, 예수라는 메시아를 통하여 재건되는 유대교reconstructed Judaism라고 생각했다. 이들은 기독교인이면서도 모세의 율법을 철저하게 지킬 것을 요구했다. 이 사람들을 교회사에서는 "유대화파Judaizers"라고 부른다.

그런데 바울이 전도의 대상으로 삼은 것은 이들 유대인이라기보다는, 헬라인이고, 로마인이고, 비유대비헬라계의 모든 이방인이었다. 따라서 바울의 포교정책에 따라 이방인들이 시나고그에 모이기 시작했다. 그들도 그들 문화, 그레코-로망 사회의 타락상에 진저리가 났을 것이다. 그런데 유대화파 교인들은 이방인 교인들Gentile Christians에게 할례를 요구했다. 물론 이 유대화파들의 이념적 종주가 바로 예루살렘교회였기 때문에 바울은 이 문제가 보통 골치 아픈 문제가 아니었다. 자아! 도대체 할례란 무엇인가?

여러분들은 이 할례를 그냥 "포경수술"이라고 이해하면 안된다. 이 페리토메는 단순히 남자의 음경 귀두를 덮고 있는 포피包皮를 잘라내는 수술이라고 생각하면 안된다. 20세기 말까지만 해도 포경수술은 선진국가의 당연한 선진시술인 것처럼 찬양되어왔으나 지금은 아무런 의학적 권고사항이 되지 않는다. 포피를 잘라내는 수술은 온전한 신체를 상하게 하는 것으로 지금은 오히려 장려되지 않는다. 이 책을 읽는 독자들 중에서도 자식에게 포경수술은 베풀지 않는 것이 좋다는 것쯤은 알아두는 것이 좋겠다.

그런데 왜 할례가 그렇게 문제가 되는가? 할례는 우선 동양관습이 아니다. 할례는 이집트의 제사장계급에게 행하여졌던 예식이며, 시리아와 팔레스타인지역의 서부 셈족 그룹에 존재하는 예식이다. 그 근원적 유래나 이유에 관해서는 확고한 지식이 없다. 대체적으로 퍼틸리티 컬트fertility cult와 관련된다고 말할 뿐이다. 이집트에서 발견된 BC 2300년경의 돌조각에 120명의 남자가 할례를 받는 장면이 새겨져 있다. 기원전 5세기, 페리클레스와 동시대의 역사가 헤로도토스도 할례는 이집트에서 유래하여 지중해를 거쳐 페니키아에 전래되었다고 기록하고 있다. 히브리사람들도 과연 언제부터 이 할례가 모든 남성의 필수처럼 관습화되었는지는 확실히 알 수가 없다. 아브라함의 전승 자체가 후대의 기록이기 때문이다.

여러분들이 창세기 17장을 펼쳐보면 아브라함이 99살 때에 하나님의 언약을 받는 동시에(아브람의 이름이 아브라함으로 변한다) 할례를 받는 장면이 나온다. 아브라함은 자기자신만 할례를 받은 것이 아니라, 아들 이스마엘(하갈의 아들)도, 또 아브라함 집에 있는 모든 남자들, 집에서 난 씨종이나 외국인에게서 돈주고 산 종도 모두 함께 할례를 받았다. 그러니까 하나님이 90살이 된 사라에게 아들을 낳게 해준다고 하면서(사라는 월경이 끊어졌기에 이 말을 안 믿었다) 아브라함에게 할례를 요구했던 것이다. 그러니까 아브라함은 할례를 받고나서야 비로소 이삭을 낳을 수 있었던 것이다.

이 이삭의 후손이 이스라엘민족이 된 것은 여러분들이 잘 알 것이다. 그러니까 할례를 받는다는 것은 곧 이스라엘민족으로서의 아이덴티티를 획득한다는 것이며, 하나님께서 축복하신 후손을 얻는 생산의 제식에 참여한다는 의미를 갖는다. 어느 모임에 회원자격을 얻으려면 회원카드가 있어야 하듯이, 유대교의 멤버십은 할례가 없이는 획득될 수가 없다고 생각했던 것이다. 행 15:1에는 바울에 반대하는 선동가가 "모세의 율법이 명하는 할례를 받지 않으면 구원을 얻지 못한다"고 교인들에게 으름장을 놓고 있는 장면이 묘사되고 있다. 바울의 입장에서는 이 율법의 장애가 이방선교의 최대 걸림돌이 되었다. 전혀 예기치 못했던 율법주의의 구체적 문제상황이 부상하게 된 것이다.

어릴 때, 생후 8일만에 할례를 받으면 본인은 잘 모르고 지나가지만 예수가 그리스도라는 것을 믿게 된 헬라인이 기독교인으로 살려고 작정을 했는데 할례를 받으라고 하면, 과연 그 할례라는 제식의 정당성이 이해가 될 것인가?

우선 성인의 입장에서는 공포스럽다. 사람들이 보는 앞에서 자지를 꺼내놓고 껍질을 도려내는 예식은 피범벅이 되는 제식이었다. 유대지방의 단단한 짙은 자색의 사막 차돌을 잘라서 할례석을 만드는데 그것으로 포피를 도려내는 과정은 아프기 그지없었고 또 위생상의 문제가 크게 대두되었다. 그때는 살균개념이 없었기 때문에 이 할례 때문에 곪아터져서 사망에 이르는 경우가 허다했다. 성인할례는 정말 문제가 많은 제식이었다. 유대화파 사람들로서는 피를 흘리는 이 이니시에이션 제식을 거치지 않는 이방인들을 같은 에클레시아 멤버로 수용할 수 없다는 완고한 입장을 취하는 것이 너무도 당연하다고 생각되었다.

그러나 바울은 이 할례문제는 복음의 본질에 속할 수 없다고 생각했다. 어떻게 그리스도의 복음이 자지껍질에 있단 말인가? 어떻게 그렇게 말단적인 제식의 문제가 복음의 실존적 의미를 흐리게 할 수 있단 말인가? 바울이 아라비아사막에서 고민할 때는 이런 문제는 안중에도 없었다. 그런데 교회조직을 만들어가는 과정에서 바울은 이 문제의 심각성을 인식하게 되었고, 바울이 점점 더 예루살렘의 선교방향과 멀어지고, 더 격렬하게 율법주의를, 부활의 의미와 관련하여 부정하게 되는 사상투쟁을 겪게 된다. 결과적으로 이러한 사상투쟁을 통하여 바울은 살아있던 예수가 고민했던 문제를 실존 속에서 다시 체험하게 되는 것이다.

우선 바울은 갈라디아서에서 할례는 하나님의 사람이 되는 멤버십의 자격이 될 수 없다고 말한다. 성령을 받는 것은 오직 복음을 믿어서만 가능한 것이다. 율법을 지키는 것으로 성령을 받을 수는 없는 일이다(갈 3:1~5). 아브라함을 위대하게 만든 것, 이스라엘의 조상으로 만든 것은 오직 그의 믿음 때문이지, 율법의 실행 때문이 아니다. 아브라함은 할례를 받기 전부터 이미 믿음의 인간이었다. 그리고 생각해보라! 그 어렵게 난 자식을 다시 제물로 바치라 했을 때 그대로 실행하는 것은 율법이 아니라 믿음이다. 아브라함의 의로움의 인장*sphragis*은 믿음이지 율법이 아니다.

바울은 또 말한다. 예수 그리스도는 아브라함에게 하신 모든 하나님의 언약을 성취시키기 위하여 오신 것이다. 구원의 역사의 단계가 다르다. 아브라함의 시대의 구원의 방식과 지금의 구원의 방식은 다르다. 할례는 아브라함 시대의 역사적 환경 속에서 요구되었던 한 제식일 뿐이다. 이제는 그러한 표증이 요구되질 않는다. 지금 요구되고 있는 것은 자지껍질의 할례가 아니라 마음의 할례요, 영혼의 할례다. 이제 더 이상 물리적인 율법의 실천에 의하여 인의認義(칭의稱義라는 표현도 우리 신학계에서 쓴다)가 될 수는 없는 것이다.

요번 단에서 가장 중요한 메시지는 이것이다: "유대인의 겉모양만 갖추었다 해서 참 유대인이 되는 것도 아니고, 몸에 할례의 흔적을 지녔다고 해서 참

할례를 받았다고 할 수도 없습니다. 오히려 유대인의 속마음을 지녀야 진정한 유대인이 되며, 할례도 법조문을 따라서가 아니라 성령으로 말미암아 마음에 받는 할례가 참 할례입니다. 이런 사람은 사람의 칭찬을 받는 것이 아니라 하나님의 칭찬을 받습니다."

육신의 할례가 아닌 마음의 할례! 이것은 유대전통에 대한 위대한 반역이었으며, 유대교를 인류사의 보편적 지평 위로 끄집어낸 바울의 사상적 결단이었다. 만약 바울이 이 할례문제에 애매한 태도를 취했더라면 그의 "이방인을 위한 선교"는 한낱 물거품이 되었을 것이고, 또 오늘의 기독교는 존재하지 않았을 것이다. ***Viva Paul!***

〈 로마서 3:9~20, 모두가 죄인이다 〉

9What then? Are we Jews any better off? No, not at all; for I have already charged that all men, both Jews and Greeks, are under the power of sin,

10as it is written:

"None is righteous, no, not one;

11 no one understands, no one seeks for God.

12 All have turned aside, together they have gone wrong;

no one does good, not even one."

13 "Their throat is an open grave, they use their tongues to deceive."

"The venom of asps is under their lips."

14 "Their mouth is full of curses and bitterness."

15 "Their feet are swift to shed blood,

16 in their paths are ruin and misery,

17 and the way of peace they do not know."

18 "There is no fear of God before their eyes."

19Now we know that whatever the law says it speaks to those who are under the law, so that every mouth may be stopped, and the whole world may be held accountable to God.

20For no human being will be justified in his sight by works of the law, since through the law comes knowledge of sin.

9그러면 어떠하뇨 우리는 나으뇨 결코 아니라 유대인이나 헬라인이나 다 죄 아래 있다고 우리가 이미 선언하였느니라

10기록한 바

의인義人은 없나니 하나도 없으며

11 깨닫는 자도 없고 하나님을 찾는 자도 없고

12 다 치우쳐 한가지로 무익하게 되고 선을 행하는 자는 없나니 하나도 없도다

13 저희 목구멍은 열린 무덤이요 그 혀로는 속임을 베풀며 그 입술에는 독사의 독이 있고

14 그 입에는 저주와 악독이 가득하고

15 그 발은 피 흘리는데 빠른지라

16 파멸과 고생이 그 길에 있어

17 평강의 길을 알지 못하였고

18 저희 눈앞에 하나님을 두려워함이 없느니라

함과 같으니라

19우리가 알거니와 무릇 율법이 말하는 바는 율법 아래 있는 자들에게 말하는 것이니 이는 모든 입을 막고 온 세상으로 하나님의 심판 아래 있게 하려 함이니라

20그러므로 율법의 행위로 그의 앞에 의롭다 하심을 얻을 육체가 없나니 율법으로는 죄를 깨달음이니라

【강해】

자아~ 여태까지 바울은 철학과 지혜를 자랑하는 헬라인의 타락을 말하였고, 또 율법의 권위와 선민으로서의 특권을 자랑하는 유대인의 타락을 말하였다. 이 논리의 결론은 무엇인가? 인간 모두가, 전 인류가 죄인이라는 것이다. 바울의 명제는 "모든 사람이 죄를 범하였다. All have sinned."라는 것이다(롬 3:23). 이 단의 첫 줄에 이 말은 이렇게 나타난다.

"우리 유대인이 타 민족보다 더 낫다구? 웃기지 마라! 유대인이나 헬라인이나(=비유대인 전체) 가릴 것 없지! 나는 선언하노라! 우리 모두가 죄 아래 있다고! πάντας ὑφ' ἁμαρτίαν εἶναι"

여기 "휘프 하마르티안"(under sin)이라는 말은 바울 사상의 매우 중요한 기둥을 형성한다. 인간은 죄 아래 있다, 인간은 죄의 권능 아래 있다, 인간은 하나님의 죄에 대한 의로운 심판 아래 있다, 등등으로 번역할 수 있는 이 말은 6:20에는 인간이 죄에 팔려 죄의 노예가 되었다는 "인간의 죄의 노예됨 enslavement to sin"이라는 관념으로 나타나기도 하고, 끝에는(16:20) "사탄 Satan"으로 표현되기도 한다. 이 죄의 현존으로 인한 인간의 곤경에 관해서 7:7~25에 매우 강렬하게 표현되어 있다.

대체적으로 보자면 인간이라는 존재는 죄인이라는 자각이 있어야만 비로소 "구원Salvation"의 당위성이 생겨난다. 그러기 때문에 바울로서는 어떻게 해서든지 인간에게 스스로의 죄에 대한 자각적 인식을 불어넣는 것이 지금부터 진행되는 모든 논리의 추동력을 보장하는 강렬한 에너지가 된다.

앞서 말했듯이 "죄의 노예됨"은 "죄라는 감옥에 갇힌다"는 뜻이다. 죄가 간수장인 감옥에 갇히게 되면 인간은 자유의지를 죄에게 구속당하고 죄가 하라는 대로 하게 된다. "죄의 노예됨"이라는 말은 실로 매우 파워풀한 말이다. 생각해보라! 감옥에 갇힌 사람이래야 출소의 그날을 그리워한다. 감옥을 벗어나는 그날을 그리워하는 것이다. "그리움"처럼 강렬한 에너지는 없다. 일제의 구속을 당해봐야 우리는 해방의 기쁨을 안다. 구원이란 해방이요, 자유다! 결국 굳 뉴스란 죄의 감옥에 갇힌 사람들에게 해방과 자유의 소식인 것이다. 생각해보라! 8·15 그날! 전 국민이 길거리에 나와 태극기를 휘두르며 얼마나 기뻐했는가! 나의 어머니께서도 8·15 그날처럼 기뻤던 날은 다시없었다고 하셨다! 아마도 지금 살아계셔서 내 원고가 탈고되는 순간을 같이하신다면 얼마나 기뻐하실까 하고 살그머니 생각해본다. **人生一悲恨**!

그런데 여기 9절의 "휘프 하마르티안" 이라는 말의 "하마르티아*hamartia*"는 어떠한 구체적, 개인의 도전적 행위를 지칭하는 것이 아니라 보편적 인간의 존재양식a state of existence을 가리키는 것이다. 인간이라는 조건, 휴먼 본디지human bondage를 가리키고 있는 것이다. 여태까지 바울 이전의 모든 유대교의 교사들, 기독교운동의 선각자들은 한결같이 하마르티아를 하나님의 율법에 대한 인간의 어김을 의미하는 것으로 해석했다. 그러나 바울은 어떠한 경우에도 죄를 "개인의 행동"이라는 차원에서 고민하지 않는다. 하마르티아는 모든 인간을 통섭하는 인간의 조건이고 상태이다.

자아! 하마르티아*hamartia*란 무엇인가? 바울은 로마서에서 "하마르티아"라는 단어를 48번이나 쓴다. 그리고 "파라프토마*paraptōma*"(범함, transgression, trespass)라는 명사형을 9번, "하마르타노*hamartanō*"(죄를 저지르다, to sin)라는 동사를 7번, "하마르토로스*hamartōlos*"(죄인, sinner)라는 명사를 4번, "카코스*kakos*"(나쁜, bad)라는 형용사를 15번, "아디키아*adikia*"(정의롭지 못함, unrighteousness)라는 명사를 7번 쓴다. 하마르티아는 그의 논리의 중심축이었다.

우선 "죄罪"라고 하면 우리 동방에서는 추상적 의미로 별로 쓰이지 않는다. 토인비의 책을 읽다 보면, 서양선교사들이 중국사람들에게 포교할 때 "당신은 죄인이오"라고 말하면, "우리가 언제 형법에 저촉되는 죄를 저지른 적이 있소?"하고 강력하게 항변했다고 한다. 그 내면의 의미가 전달되지 않는 것이다. 서양에서 "죄罪Sin"라는 말은 "인간의 한계상황"이라는 매우 원초적인 존재양식과 관련되어 있다. 아담의 원죄는 개인의 행위의 근원이라기보다는 인간이라는 존재 그 자체에 이미 태생적으로 침투되어 있는 한계상황, 뭐 그런 것을 의미한다. 그런데 동양사람들은, 특히 한문문화권의 사람들은 선·악에 관하여서도 실체론적 사유를 하지 않았다. 선이 하나의 실체가 아니라면 악도 하나의 독립적인 실체가 아닌 것이다. 선신善神에 대하여 악신惡神이 따로 존재한다면 문제는 간단하지만, 유일신론에 있어서는 그러한 이원성二源性은 허용될 수가 없다. 그럼에도 불구하고 유대민족의 사유는 바빌로니아유수 이후 페르시아문명의 영향하에 조로아스터교적인 사유, 즉 인간세를 아후라 마즈다Ahura Mazda의 쌍둥이 아들인 선신 스펜타 마이뉴Spenta Mainyu(생성하는 신Bounteous Spirit)와 악신 앙그라 마이뉴Angra Mainyu(파괴하는 신Destructive Spirit)가 대결하는 그랜드한 역사의 장으로 보는 2원론적인 사유가 구약·신약 곳곳에 숨어있다.

하여튼 동방인은 선에 대결하는 악이 없다. "선善"에 대하여 악은 실체성이 없으며, 단지 "불선不善"이라고 표현할 뿐이다. 중국고전에 "선善·악惡"의 개념적 대비는 없다. "선善·불선不善"의 대비만 있을 뿐이다. "이 사람은 선하다"라고 부르는 것에 대비하여, "저 사람은 악하다"라고 부르는 것은 온당치 못하다. 악인惡人이라는 개념은 "악惡"을 실체화하기 때문에 동방적 사유에서는 허락될 수가 없다. "그는 선하다"에 대하여 "그는 선하지 못하다"라는 명제만 있을 수 있고, "그는 착하다"에 대하여 "그는 착하지 못하다"라는 명제만 있을 수 있다. "불선不善"은 근원적으로 선과 악을 실체화하지 않는 사유에서 나온 것이다.

그러면 혹자는 물을 것이다. 맹자의 성선性善이란 명제가 있는가 하면 순자의 성악性惡이란 명제가 있지 않냐고 반문할 것이다. 순자는 성악을 말한 적이 없다. 인간의 본성이 악하다고 규정한 적이 없다. 그는 "성오性惡"를 말했을 뿐이다. "오惡, *wu*"는 아름다움을 뜻하는 "미美"의 상대개념이며 추하다는 뜻이다. 순자의 성오는 왜 인간이 그렇게 미운 행동을 하는가에 대한 탐색일 뿐이다. 순자는 성선性善의 선善은 "위僞"일 뿐이라고 말한다. 그것은 후천적 예의禮義의 교육에 의하여 교육되는 것일 뿐, 자연적으로 그렇게 되는 것이 아니라고 말한다. 법가적 사유의 원조인 순자는 후천적인 교육을 강조한다. 배고프면 배부르게 먹고 싶어하는 것은 인간의 자연스러운 본성이라고 말한다(今人之性, 飢而欲飽, 寒而欲煖, 勞而欲休, 此人之情性也). 그런데 배고픈데도 어른이나 더 배고픈 자를 보고 먹을 것을 양보하는 것은 후천적 교육으로만 될 수 있는 일이라고 말한다. 그것은 성性에 반反하는 것이고, 정情에 패悖하는 것이다. 그러므로 선善이란 위僞라고 말한다(其善者僞也).

선·불선이나 미美·오惡의 대비적 개념은 모두 실체성을 거부하는 사유에서 나온 것이다. 그런데 이러한 동방적 사유가 모두 근대에 들어서서 서구적 사유, 특히 기독교적 사유에 접하면서 모두 실체론적 해석으로 바뀐 것이다.

그런데 내가 말하고자 하는 것은 바울 신학을 좀 깊이있게 공부한 사람이라면 바울이 결코 실체론적 사유의 소유자는 아니라는 것을 알게 될 것이다.

"하마르티아"는 누누이 말했지만, 실체론적인 죄의 덕성이나 덕목, 죄 그 자체의 존재론적 규정을 말하는 단어가 아니다. 나는 아침마다 내 서재 방청소를 나 스스로 하는데, 그때마다 먼지를 쓸어내면서 생각하곤 한다. 내 서재방 온돌 장판 위에 있을 때는 그 먼지는 악惡이지만 그 동일한 물건이 화단에 놓일 때는 선善이 된다. 완벽하게 동일한 물체가 놓인 자리에 따라 선이 되고 악이 되는 것이다. 그러니 그것을 어찌 악이라 말할 수 있겠는가? 그저 "불선不善"이라 말해야 옳다!

"하마르티아*hamartia*"는 본시 "과녁을 빗나간다"는 뜻이다. 다시 말해서 죄라는 것은 실체가 아니라, 소기의 목표를 달성하지 못하는 인간의 행위를 의미하는 것이다. 그 행위의 내용을 정확히 실체론적으로 규정하는 말은 아니다. 하나님이 한 인간의 삶에 정해놓으신 목표를 달성하지 못하는 삶을 살 때 그 인간은 빗나가는 것이고 죄를 짓는 것이다.

자아! 그런데 우리의 삶에 목표로 설정된 과녁이 과연 무엇이었던가? 바울은 그 과녁이 바로 토라, 율법, 즉 계명이라고 말한다. 야훼는 이스라엘민족의 의로움의 기준으로서 토라를 설정해놓으신 것이다. 그러므로 토라를 잘 지키는 사람은 의롭다함을 얻고, 토라를 지키지 못하는 사람은 의롭지 못하게 되며, 곧 죄인이 되는 것이다. 그러나 토라의 계율을 완벽하게 지키는 사람은 아무도 없다. 왜 고해성사가 필요한가? 인생의 가치관을 토라에 의존하는 사람들은 매일 토라를 어길 수밖에 없다. 그래서 매일 속죄를 해야한다. 율법은 죄를 방지하지 못한다. 오히려 죄를 조장한다.

우리의 머릿속에 아예 율법이 장착되어 있지 않으면 오히려 우리는 죄를 저지를 가능성이 적다. 아니 율법의 의식이 없으면 죄의식조차 없다. 남녀가 섹스를 하는 것은 자연스러운 일인데, 섹스를 해서는 아니 된다고 하는 율법적 의식이 생기면 섹스를 더 하고 싶어진다. 극단적으로 말하자면, 간음하지 말라는 계율이 있음으로써 간음을 더 하게 된다.

로마서 7:9절에 "전에 율법을 깨닫지 못했을 때에는 나는 잘 살았다. 그런데 계명이 나의 삶에 들어오자 오히려 죄는 살아나고 나는 죽었도다. 생명에 이르게 할 그 계명이 내게 대하여 오히려 사망에 이르게 하는 것이 되었도다"라고 말한 것은 바로 율법의 의식 자체가 나를 살리는 것이 아니라 나를 죽음에 이르게 한다는 뜻이다. 율법이라는 인생의 타겟 자체가 우리에게 하마르티아(빗나감)를 일으킨다. 궁극적으로 말하자면 모든 규범윤리는 인간을 구원하지 못한다. 죄인으로 만들 뿐이다. 율법이라는 과녁을 향한 존재, 그 존재라는 인간의 조건이 곧 인간은 모두 죄인이다라는 바울의 명제가 되는 것이다.

그래서 본 단의 마지막에서 바울은 통탄한다: **"그러므로 율법을 지키는 것만으로는 아무도 하나님과 정의로운 관계를 가질 수가 없습니다. 율법은 단지 무엇이 죄가 되는지를 알려줄 따름입니다."**(3:20). 이것이 바로 율법의 행위에 의한 "인의認義justfication"는 근본적으로 불가능하다는 것을 재차 천명한 것이다. 그렇다면 인간이 죄에서 벗어나는 길은 무엇이 있을 수 있겠는가? 그토록 본질적으로 모든 인간이 죄의 권능 하에 사로잡혀 있다면, 바울의 언어를 빌리면, 의로움의 제약으로부터 벗어나 자유를 획득하면 곧 죄의 노예가 되고마는 인간 존재 앞에, 무슨 구원의 길이 있을 수 있단 말인가! *Alas!*

바울의 고향 다소 전경. 앞에 보이는 교회가 성 바울교회St. Paul's Church.

〈 로마서 3:21~31, 율법에서 믿음으로 〉

[21]But now the righteousness of God has been manifested apart from law, although the law and the prophets bear witness to it,
[22]the righteousness of God through faith in Jesus Christ for all who believe. For there is no distinction;
[23]since all have sinned and fall short of the glory of God,
[24]they are justified by his grace as a gift, through the redemption which is in Christ Jesus,
[25]whom God put forward as an expiation by his blood, to be received by faith. This was to show God's righteousness, because in his divine forbearance he had passed over former sins;
[26]it was to prove at the present time that he himself is righteous and that he justifies him who has faith in Jesus.
[27]Then what becomes of our boasting? It is excluded. On what principle? On the principle of works? No, but on the principle of faith.
[28]For we hold that a man is justified by faith apart from works of law.

[21]이제는 율법 외에 하나님의 한 의義가 나타났으니 율법과 선지자들에게 증거를 받은 것이라

[22]곧 예수 그리스도를 믿음으로 말미암아 모든 믿는 자에게 미치는 하나님의 의니 차별이 없느니라
[23]모든 사람이 죄를 범하였으매 하나님의 영광에 이르지 못하더니
[24]그리스도 예수 안에 있는 구속救贖으로 말미암아 하나님의 은혜로 값 없이 의롭다 하심을 얻은 자 되었느니라
[25]이 예수를 하나님이 그의 피로 인하여 믿음으로 말미암는 화목和睦 제물로 세우셨으니 이는 하나님께서 길이 참으시는 중에 전에 지은 죄를 간과看過하심으로 자기의 의로우심을 나타내려 하심이니

[26]곧 이 때에 자기의 의로우심을 나타내사 자기도 의로우시며 또한 예수 믿는 자를 의롭다 하려 하심이니라
[27]그런즉 자랑할 데가 어디뇨 있을 수가 없느니라 무슨 법으로냐 행위로냐 아니라 오직 믿음의 법으로니라

[28]그러므로 사람이 의롭다 하심을 얻는 것은 율법의 행위에 있지 않고 믿음으로 되는줄 우리가 인정하노라

[29]Or is God the God of Jews only? Is he not the God of Gentiles also? Yes, of Gentiles also,
[30]since God is one; and he will justify the circumcised on the ground of their faith and the uncircumcised through their faith.
[31]Do we then overthrow the law by this faith? By no means! On the contrary, we uphold the law.

[29]하나님은 홀로 유대인의 하나님 뿐이시뇨 또 이방인의 하나님은 아니시뇨 진실로 이방인의 하나님도 되시느니라
[30]할례자도 믿음으로 말미암아 또는 무할례자도 믿음으로 말미암아 의롭다 하실 하나님은 한 분이시니라

[31]그런즉 우리가 믿음으로 말미암아 율법을 폐하느뇨 그럴 수 없느니라 도리어 율법을 굳게 세우느니라

【강해】

이제 우리는 율법을 통하여서는 구원은 있을 수 없다는 바울의 확신을 이해할 수 있게 되었다. 그런데 이 확신은 그 자체로서는 매우 모순적인 것이다. 왜냐하면 구원이라는 의식 자체가 율법에서 생겨난 것이고, 율법은 또 인간의 하마르티아를 전제로 한 것이다. 죄, 율법, 구원은 하나의 영속적 고리를 형성하여 인간은 그 굴레에서 벗어날 길이 없다. 기독교, 서구적 인간관은 대체적으로 성오설性惡說을 전제로 한다고 말할 수밖에 없다. 인간의 본성을 선善하다고 말하는 맹자의 입장을 따르면 인간의 본성 내에 이미 온전한 인간의 구원의 가능성이 내재하므로, 칼 바르트나 루돌프 불트만의 절박한 언어가 먹히질 않는다. 성선에 대하여 성오를 주장해야만 비로소 구원의 가능성이 생겨나는데, 우리 동방인의 입장에서 보면, 이러한 구원은 의타적 구원이 된다. "의타적 구원"이야말로 바울기독교가 노린 영적 운동Christian spiritual movement이었다.

성선이 되면 구원은 의타가 아닌 자력이 되고, 온전한 본성 내의 내적 사건 intrinsic event이 된다. 기독교나 바울이 가장 저주하는 것은 인간의 자족성의 예찬이다. 인간본성 내에 모든 구원의 가능성이 구족具足하다고 하면 바울은 전도여행을 할 수도 없다. 아니, 할 필요가 없다. 바울은 물론 그러한 인간의 가능성을 상상도 하지 못했을 것이다. 바울이 중국으로 전도여행을 왔더라면 결코 성공하지 못했을 것이다. 나의 이러한 논의는 서양신학자들 사이에서는 있어본 적도 없는 생소한 언어들이다. 그들은 기독교신앙을 전제로 해서만 모든 학문적 논의를 하기 때문에 바울을 이해하지 못한다.

바울은 오늘날의 서구신학자들이 말하는 그리스도신앙을 가진 사람이 아니다. 바울은 신앙을 가진 사람이 아니라 신앙을 만든 사람이다. 그는 신앙을 창조한 사람이다. 그는 예수사건을 무전제의 지평 위에서 그리스도화 하고 있는 것이다. 그래서 사실 그러한 무전제의 지평에 도달하지 못하면 바울 그 인간의 진정한 실존적 스트러글을 이해할 수 없다. 신학은 신앙의 포장을 깨쳐버릴 때만이 참으로 강렬한 실상의 언어를 만날 수 있다. 그리고 무전제의 지평이라는 것은 인간의 모든 가능성 앞에 겸허해지는 것을 말하는 것이다.

인성의 구족함, 온전함을 신봉하게 되면 인간구원Salvation에 관한 모든 의타적 언어는 개소리가 되고 만다. 그래서 이러한 인간의 자족성을 바울은 인간의 자기기만, 인간의 가장 무서운 죄악으로 간주한다. 아마도 이것은 헤브라이즘의 복종의 사상에서 전승된 것이기도 하겠지만, 바울에게 있어서는 이것은 희랍적 사유의 한 갈래, 보다 콘템퍼러리한 인간학적 사유를 표출한 것일 수도 있다. 그것은 바로 영웅hero의 휘브리스ὕβρις(arrogance, over-confidence, wantonness, intentionally dishonouring behavior)와 관련된 사유일 수도 있다. 희랍비극에서 하마르티아라는 주제는 이 휘브리스와 깊은 관련을 맺고 있다. 인간의 자족성에 대한 신념은 인간의 오만의 표상이다. 바울이 맹자孟子를 만났더라면 그 오만함에 충격을 받았을 것이다. 맹자는 바울을 터무니없이 초라한, 저차원의 생각을 하는 인물이라고 깔보았을 것이다.

바울이 노리는 것은 무엇일까? 우리는 바울을 어떻게 이해해야 할 것인가?

한번 이렇게 생각해보자! 우리가 길을 가다가 넘어졌다고 하자! 흙길에 넘어져 가벼운 상처가 났을 때는 피가 흘러도 자기 혼자 얼른 일어나 자족적인 해결을 할 수가 있다. 그러나 차돌밭에 넘어져 심하게 상처를 입고 도저히 자기 스스로 해결할 수 없을 만큼 피가 콸콸 흐른다고 하자! 이때는 인간은 도저히 스스로 문제를 해결할 수 없다. 누군가의 도움의 손길을 요청하게 된다.

이와 같이 인생의 여정旅程이란 너무도 복잡다단해서, 자력自力과 의타依他라는 주제를 일양적一樣的으로 주장할 수만은 없다. 도깨비방망이에 얻어맞은 것처럼 벼락 같이 미국의 노예로 끌려온 아프리카의 흑인들은 "스위트 채리엇Sweet Chariot"을 기다릴 수밖에 딴 방도가 없었다. "**달콤한 수레여! 조용히 덜커덩 거리며 오라! 나를 고향으로 실어갈 수레여 오라! 오라! Swing low, sweet chariot, Coming for to carry me home. Swing low, sweet chariot, Coming for to carry me home.**"

그들은 도저히 자력으로 수레를 만들 수는 없었다. 자력종교의 대명사라 하는 불교도, 아미타불阿彌陀佛의 본원本願의 힘이나 미륵하생彌勒下生을 염원하는 타력신앙을 공존共存시키게 마련이다.

상기의 인생의 길에 관한 단상은 내가 아우구스티누스Augustinus of Hippo, AD 354~430의 『고백론』과 『신국론』을 읽으면서 얻은 영감의 고백인데, 아우구스티누스는 바울의 사상을 가장 잘 표현한 사람으로 꼽힌다(카톨릭 사상가 성염 교수님의 우리말 번역이 매우 훌륭함).

바울의 용어 중에서 "하나님의 의로우심the righteousness of God, *dikaiosynē theou*"과 "정의롭게 하심justification, *dikaiōsis*"이라는 말을 명료하게 이해할 필요가 있다. 후자 즉 디카이오시스를 내가 "인의認義" 혹은 "칭의稱義"라고 번역하는 것인데, 영어로도 "justificaion"은 "to justify, δικαιόω"라는 동사의 동명사형인데, 디카이오쉬네나 디카이오시스는 결국 크게 다른 의미가 아니다. 디카이오쉬네는 영어로 "righteousness"라는 표현을 쓰고 디카이오시스는 영어로 "justification"이라고 번역하지만, 결국 원어상으로는 모두 "의롭다," "정직하다," "무죄다"라는 뜻의 "디카이오스δικαιος"와 같은 어원에서 유래하는 단어들이다. 정확하게 "디카이오시스"라는 표현은 신약성서에서 로마서 4:25절과 5:18절에 딱 두 번밖에 나오지 않는다. "디카이오시스"도 하나님의 법정에 관한 용어이며, 그것은 하나님에 의한 "무죄의 선언"이라는 뜻이다. 하나님의 법정에 선 피고의 결백이 입증되었다는 뜻이다(디카이오시스는 "justification" 이외로도 "vindication"으로 번역될 수도 있다).

"율법의 행위에 의하여서는 무죄판결이 날 가망성이 없다"는 것을 여태까지 바울은 논구해왔다. 이것을 보통 신학계에서는 "율법행위에 의한 인의Justification by the works of Law"는 불가능하다는 표현을 써서 말한다. 이 "율법의 행위에 의한 인의認義"가 아닌 다른 방도의 디카이오시스는 무엇이 있겠는가? 율법의 행위도 인간존재의 심연에 깔린 매우 근원적인 문제이므로 그것을 극복하는 새로운 방법도 이전의 인간관과는 전혀 다른 차원의 길을 모색하지 않으면 아니 된다. 여기에 바울이 제시하는 새로운 방법이 바로 "믿음에 의한 인의認義Justificaion by faith"라는 것이다.

"믿음," 즉 "피스티스πίςτις"는 우리말로 "신앙"이라는 말로 표현되면 안 된다. 신앙信仰은 대체로 기독교 교리의 기성체계에 대한 복종이나 봉사를 의미하는 매우 후대에 형성된 제도사적 의미내용을 포섭한다. 신앙심이 깊다, 신앙이 탁월하다는 등등의 의미는 대체로 일요일날 교회 잘 나가고, 연보돈 많이 내는 사람에게 잘 쓰이는 표현이다. 어떤 사람들은 나 보고 신앙심이 부족하다고 빈정댄다. 과연 이 땅에 누가 감히 나 보고 신앙심이 없다고 말할 것인가? 나는 말한다: 그런 자들이 말하는 신앙심이 사라질수록 한국교회는 희망이 생겨나고, 바울의 진면목이 드러나게 될 것이다. 신앙심은 없어질수록 좋다!

그럼, 믿음이라는 것은 무엇인가? "피스티스"는 "믿는다," "신용한다," "신뢰한다," "확신한다," "맡긴다"를 의미하는 "피스테우오πιστεύω"의 명사형이다. 우리나라 사람들은 흔히 "예수를 믿는다"고 말한다. "기독교인"의 증표됨으로써 "예수를 믿는다"고 말한다. 그런데 과연 "예수를 믿는다"는 말이 무슨 뜻인가? 예수는 역사적 개인을 지칭한 말이므로 "예수를 믿는다"는 말은 "도올을 믿는다"는 말과 대차가 없다. "도올을 믿는다"는 말이 도대체 뭔 뜻인가? 도올이 자기에게 잘 해줄 것을 믿는다는 말일까? 도올이 한국역사 속에서 좋은 일을 계속 해줄 것이라는 것을 믿는다는 말일까?

어느 독자에게 검사 친구가 있다고 하자! 그리고 그 독자는 모종의 재판에 걸려있다고 하자! 그러면 검사인 친구에게, "야! 너만 믿어"라고 했다면, 그 말은 그 검사 친구에게 재판의 결과가 자기에게 유리하게 나오도록 부탁했다는 의미일 것이다. 그대가 나에게 배신 안 때릴 것을 믿는다는 말이다. 대개 우리 일상언어에서 "누굴 믿는다"는 의미는 그 누구가 자기에게 배신 안 때릴 것이라고 믿는다는 얘기다.

우리나라 사람들이 "예수를 믿는다"는 뜻은 대강 이런 의미맥락과 대차가 없다. 내가 예수를 믿으니, 예수는 나에게 배신 안 때릴 것이라는 얘기다. 추상적으로 말하자면 하나님의 법정에서 예수가 나에게 좋은 판결이 나오게 하도록 빽 좀 써놓았다는 의미이고, 세속적으로 말하자면 내가 예수를 믿으니, 예수가 나에게 세속적 권세와 부를 가져다 줄 것이라는 믿음을 토로하는 것이 된다. 매우 개인적이고 화복적이고 세속적이며 운명적이고 판결유도적이다. 그러나 바울이 말하는 의롭게 하심 즉 "믿음에 의한 인의認義"는 이러한 세속적 의미와는 전혀 관계가 없다. 바울이 말하는 믿음은 신앙이 아니며, "율법Law"과도 완벽하게 단절된 새로운 차원의 사건이다. 그리고 그것은 개인의 개별적 실존의 문제가 아닌, 전 인류적 실존의 문제이다. 그것은 나 단독자의 문제인 동시에 전 인류의 죽음과 삶과 직결된 중대한 사태이다.

바울이 "믿는다"는 것은 "예수에게 뭔가 잘 부탁한다"는 뜻이 아니다. 그는 예수를 믿는다고 말한 적이 없다. 그렇다면 믿는다는 것은 과연 무엇을 뜻하는가?

바울이 믿는다는 것은, 자신의 실존적 체험을 독백하는 것이다. 소설도 소설가가 자신의 체험을 이야기할 때 가장 진실한 이야기가 된다. 바울의 모든 신학체계도 분해해놓고 보면 모두가 결국 자기 컨버전체험의 풀이라고 해도 과언이 아니다.

여러분들이 잘 기억하는 바울의 문장 중에 고린도전서 13장의 사랑장이라는 아름다운 언어가 있다. 앞부분에 "**산을 옮길 만한 완전한 믿음을 가졌다 할지라도, 사랑이 없다면 나는 아무것도 아니요.**"라는 말이 나오고, 제일 마지막에는 "**그런즉 믿음, 소망, 사랑, 이 세 가지는 항상 있을 것인데 그 중에 제일은 사랑이라**"라는 말로 마감된다. 여기서 사랑으로 쓰인 말은 "에로스*eros*"나 "필로스*philos*"가 아니고 "아가페*agapē*"라는 말이다. 아가페는 신의 깊은 애정을 의미하기도 하지만, 크리스찬들 상호간의 관계에 대해서도 쓰였다. 그런데 믿음, 소망, 사랑 세 가지 중에 사랑이 가장 위대하다고 했는데, 바울 전체 신학의 논리로 볼 때 이러한 언급은 좀 과격하다고 할까, 실제정황에 잘 어울리지 않는다.

믿음, 소망, 사랑 중에 무게로 말하자면 타 이자가 믿음을 능가할 수는 없다. 믿음은 바울의 덕목 중에서 가장 중요한 것이다. 그래서 혹자는 고린도전서 13장의 믿음은 로마서의 "믿음"(구원론적 믿음saving faith)과는 차원을 달리하는 것이라고 주석을 달지만, 나는 그렇게 생각하지 않는다. 고린도전서 13장의 바울의 언급은 바울의 매우 인간적인 면모, 그의 상황적 변통이랄까, 하여튼 매우 말랑말랑한 사고를 보여주는 파격이라고 나는 생각한다. 그러나 "인의justification"에 있어서 율법의 행위와 대비되는 믿음의 문제는 바울신학의 알파·오메가와도 같은 것이다.

믿음이란 명사화된 신앙이 아니다. 영원히 동적인 그냥 "믿는다"는 동사일 뿐이다. 믿는다, 도대체 무엇을 어떻게 믿는다는 것인가! 예수라는 역사적 존재, 그 실체의 존재성을 믿는 것도 아니다. 예수를 믿는 것도 아니다. 그러면 무엇을 믿는다는 것인가?

믿는다는 것은 예수를 대상화하여 믿는 것이 아니라, "예수가 바로 그리스도라는 그 사실"을 믿는 것이다. 바울은 역사적 예수, 그 인간을 탄압하지 않았다. 한 인간이 십자가상에서 못박혀 죽었다 한들, 그것은 로마의 폭정 아래서 수없이 반복된 사건에 지나지 않는다. 바울이 탄압한 예수는 단순히 죽은 예수가 아니라, 메시아 된 예수이다. 메시아 즉 그리스도 된 예수란 무엇을 의미하는가? 로마서의 첫머리에서 이야기했듯이(1:4), 죽은 자 가운데서 부활하심으로써, 하나님만에게 있을 수 있는 권능을 나타내어 하나님의 아들되심을 인정받은 자로서의 예수를 말하는 것이다. 기독교인이 된다는 것은 바로 이 부활사건을 믿는 것이다. 그렇다면, 기독교인이 된다는 것은 예수의 부활이라는 비과학적인 기적사태를 믿는 것을 의미하는가? 그렇지 않다! 부활이라는 **기적**을 믿는 것이 아니라, 부활의 **의미**를 믿는 것이다. 하나님의 아들이 사람의 형상으로 지상에 태어나 아무 죄도 없음에도 불구하고 죄의 형틀에 못박힌 사건은, 단순한 죽음의 사태가 아니라, 아담 이래 인간 전체의 죄악을 대속한 사건인 것이다. 예수 한 사람이 인류 전체의 죄를 대속한 사건이라니 도대체 그것이 뭔 말인가?

인간은 죽는다. 그러나 바울은 인간의 죽음을 단순한 크로노스χρόνος, *chronos*의 사건으로 파악하지 않는다. 기계적 시간의 추이에 의한 유기체의 분해로 이해하지 않는다. 바울은 인간의 죽음을 정면으로 해석한다. 여태까지 아무도 해석하지 않았던 새로운 방식으로 인간의 죽음에 대하여 의미를 부여하는 것이다.

우선 바울에게 있어서 삶(조에*zōē*)이란 지상에서의 삶, 생명, 생활을 의미하지만, 비오스*bios*와는 달리 단순한 물리적 생존material existence을 의미하지 않는다. 그것은 물리적 생존보다 더한 것, 베르그송이 말하는 "엘랑 비탈*élan vital*"이라고나 할까, 약동하는 유니크한 삶의 질, 그냥 살아있기만 하다는 것은 무의미한 것이다, 그러므로 그것은 반드시 믿음과 결합되는 가치가 되어야 한다.

따라서 이것과 상대되는 죽음, 즉 타나토스*thanatos*도 단순히 지상에서의 물리적 삶의 종료를 의미하지 않는다. 죽음 그 자체가 가치이며 삶의 지배양식mode of reign이다. 죽음은 반드시 삶에 대비되는 것이며, 믿음에 대비되는 가치이다. 믿음에 대비되는 인간의 삶의 양식이 곧 죄sin라는 것이고, 죽음은 반드시 죄의 삯으로 초래되는 것이다. 따라서 인간이 죽는다고 하는 보편명제도 단순한 사실이 아니라 그것은 한 사람의 죄의 삯으로 초래된 사건이다. 그것을 바울은 아담의 원죄라고 부르는 것이다. 아담으로 인하여 인간은 죽음의 노예가 되었고, 죄의 노예가 되었고, 율법의 노예가 되었다. 그래서 인간은 불타가 말하는 대로 "일체개고一切皆苦"의 번뇌 속에서 살게 되었다. 번뇌라는 것은 바울의 말대로 하자면, 율법의 악순환이다. 그러나 인간의 자력自力적 노력으로는 이 악순환의 고리를 끊을 수 없다. 술 안 먹겠다고 그렇게 다짐하면서도 또다시 술자리에 앉으면 무기력해지고, 과식 안 하겠다고 그렇게 발버둥치면서도 밤새 어그적어그적 처먹고 비만환자가 되고, 섹스를 안 하겠다고 하는 금욕주의자가 성욕의 화염에 금방 굴복해버리고 마는 것이다. 바울은 말한다:

"육정이 빚어내는 일은 명백하지요. 곧 음행, 추행, 방탕, 우상숭배, 마술, 원수 맺는 것, 싸움, 시기, 분노, 이기심, 분열, 당파심, 질투, 술주정, 흥청대며 먹고마시는 것, 그 밖에 그와 비슷한 것들이지요." (갈 5:19~21).

오! 연약한 자! 인간이여! Oh! Frailty, thy name is human! 그런데 대사건이 발생했다. 이 대사건은 두 번 다시없는 굳 뉴스, 유앙겔리온이다!

한 사람의 죄로 인하여 전 인류가 죽음의 지배를 받아왔다. 이것을 모든 인간들은 숙명처럼 받아들였다. 그런데 예수가 십자가에 못박히는 사건은 그와 정반대의 사건이다. 그래서 바울은 예수를 "제2의 아담the Second Adam"이라고 부르기도 하고 "마지막 아담the Last Adam"이라고 부르기도 한다. 아담 한 사람의 죄로 인하여 인간에게는 죽음의 숙명이 씌워졌다. 그런데 예수는 전혀 죄가 없는 사람인데 십자가에 못박힘으로써 모든 인간의 죄를 같이 십자가에 못박았다. 그리고 예수는 그것을 입증하는 증표로써 죽음으로부터 다시 살아났다. 다시 말해서 죽음의 지배에 있는 인간에게, 예수로 인하여 그것을 근원적으로 벗어날 수 있는 가능성이 생겨났다.

고린도전서 15:21절에 다음과 같은 바울의 언어가 있다.

a) 사망이 한 사람으로 말미암아 생겨났다.

b) 같은 논리로, 죽은 자의 부활도 한 사람으로 말미암아 생겨났다.

다음 절 15:22는 연이어 이렇게 설파된다.

c) 아담 안에서는 모든 사람이 죽는다.

d) 같은 논리로, 그리스도 안에서는 모든 사람이 생명을 얻으리라.

바울은 희랍인들의 수사학적 방식을 매우 명료하게 활용하고 있다.

그렇다면 우리는 이러한 질문을 던져볼 수 있다. 아담 한 인간에 의하여 모든 인류가 보편적 죽음의 죄를 물려받았듯이, 예수 그리스도 한 인간에 의하여 모든 인류가 보편적 생명의 구원을 얻었단 말인가?

내가 평생 교회 안에 걸린 예수의 십자가상 중에서 가장 감명을 받은 작품으로 폴란드 크라쿠프 센트룸(중앙광장)에 찬연하게 빛나고 있는 성마리아 대성당 안에 있는 십자가상을 꼽을 수 있다. 십자가상을 바라보는 우리의 시각도 "십자가에 못박힌 예수"라는 명사를 바라봐서는 아니 된다. "크루시픽션crucifiction" 즉 "못박히심"의 행위로서, 즉 현재 진행중인 동사로서 바라봐야 한다. 성모마리아 성당의 독특한 에메랄드 색감의 루드 아치rood arch를 배경으로 그 중앙에 걸려있는 이 상은 1512년경의 작품인데 내가 본 십자가상으로서는 최고의 걸작품이었다. 카롤 보이티와Karol Józef Wojtyl, 1920~2005는 여기서 주석했다. 바로 그가 교황 요한 바오로 2세이다.

바울 신학은 이렇게 간단하지는 않다. 예수 그리스도의 십자가사건은 이미 구원이 성취된 현재완료형의 사건이 아니라, 그것은 십자가에 못박히심으로써 율법의 죄에서 모든 인간이 근원적으로 해탈될 수 있는 **가능성**을 제시한 사건인 것이다. 따라서 그 십자가사건이 우리에게 **의미**를 지니기 위해서는 "믿음"을 통하여 예수십자가에 우리도 반드시 동참해야만 한다. 나! 개체적 실존의 나가 예수의 십자가에 더불어 못박혀야 한다. 다시 말해서 나의 죄악을 모두 철저히 십자가에 못박음으로써 비로소 나는 부활의 생명을 얻을 수 있게 되는 것이다. 이것을 "다시 태어남Being born again"이라고 부른다. 바로 이 "다시 태어남"을 동학의 창시자 최수운은 "다시 개벽"이라고 불렀다. 그리고 이 "다시 태어남"이야말로 바울의 컨버젼의 실제 내용인 것이다.

"다시 태어남"이 없는 십자가는 십자가가 아니다. 내가 탄압하던 예수가 바로 그리스도라는 인식의 혁명, 그 대각大覺은 반드시 다시 태어남, 다시 말해서 나의 삶 그 자체가 죽음의 지배에서 생명의 지배로 전환되는 계기를 동반해야 한다. 갈라디아서에 내가 아주 사랑하는 바울의 설교가 있다. 나는 약관의 나이에 이 구절을 천안중앙장로교회 새벽기도회에서 강론하면서 눈물을 펑펑 쏟았다:

> **"내가 그리스도와 함께 십자가에 못박혔나니 그런즉 이제는 살고 있는 것은 내가 아니요, 오직 내 안에서 그리스도께서 살고 계신 것이라. 이제 내가 나의 몸 안에서 살고 있는 것은, 나를 사랑하사 나를 위하여 당신의 몸을 버리신 하나님의 아들을 믿는 믿음 안에서 사는 것이라."** (갈 2:20).

나는 믿는다.

↓

나는 예수를 믿는다.

↓

나는 예수가 그리스도임을 믿는다.

↓

예수는 십자가에 못박혀 인류의 죄를 대신 뒤집어썼다.

↓

그리고 다시 부활함으로써 인류에게 진정한 생명의 길을 제시하였다.

↓

예수가 그리스도임을 믿는다는 것은 단순히 관념의 유희가 아니라 나의 모든 죄를 그리스도의 십자가에 더불어 못박음으로써 그리스도의 십자가에 동참하는 대각의 행위이다.

↓

기독교인이 된다는 것은 바로 이러한 삶의 양식, 즉 다시 태어남의 부활 양식을 나의 실존의 지평에 받아들이는 것이다.

↓

예수가 그리스도라는 것을 나의 삶의 지평에 받아들이는 사건, 그 사건이 바로 복음이다.

한국의 기독교인이 깨달아야 한다. 기독교인이 된다는 것은 예수라는 어떠한 대상을 믿는 것이 아니고, 예수가 구현한 부활사건을 내 몸속에 구현하여 새사람이 된다는 것을 의미하는 것이다. 나는 이 "새로 태어남"을 "돈오頓悟"라고 규정한다.

내 평생을 괴롭힌, 갈라디아서 끝부분에 나오는 해석이 영 안되는 바울의 설교가 있다. 어느 주석가도 나에게 속시원하게 이 구절을 해석해주지 못한다. 희랍어원문이 매우 애매하게 쓰여졌기 때문이다.

> **그러나 내게는 우리 주 예수 그리스도의 십자가 외에 결코 자랑할 것이 없으니, 그리스도로 말미암아 세상이 나를 대하여 십자가에 못박히고 내가 또한 세상을 대하여 그러하니라.**(갈 6:14).
>
> ἐμοὶ δὲ μὴ γένοιτο καυχᾶσθαι εἰ μὴ ἐν τῷ σταυρῷ τοῦ κυρίου ἡμῶν Ἰησοῦ Χριστοῦ, δι᾽ οὗ ἐμοὶ κόσμος ἐσταύρωται κἀγὼ τῷ κόσμῳ.

물론 여기서 세상 즉 코스모스라고 하는 것은 아름다운 현세가 아니라, 죽음의 가치가 지배하는 죄의 생활양식, 구원을 방해하는 모든 세속적 가치를 상징한다. 여기 해석이 제일 어려운 대목은 "에모이*emoi*"라고 하는 1인칭 단수 여격 인칭대명사인데, "나를 대하여, unto me"라고 개역판에 번역되었다. "그리스도로 말미암아 세상이 나를 대하여 십자에게 못박혔다"라는 말은 도대체 뭔 말인가? 나는 이 말이 잘 이해되질 않았다. 공동번역은 "그리스도께서 십자가에 못박히심으로써 세상은 나에 대해서 죽었고 나는 세상에 대해서 죽었습니다"라고 했는데 이것도 석연히 이해되질 않는다. 최근 새번역은 "그리스도로 말미암아, 내 쪽에서 보면 세상이 죽었고, 세상 쪽에서 보면 내가 죽었습니다"라고 했는데 조금 더 명료해진 느낌이 든다.

이것은 바울의 독백이다. 자기로서는 예수 그리스도의 십자가 이외로는 아무것도 자랑할 것이 없다라는 실존의 고백이다. 즉 본인이 예수가 그리스도라는 것을 깨닫게 됨으로써 십자가의 의미를 대각하게 된 것이야말로 자기 인생의 최대의 성과이며 더 이상 없는 최고의 가치라는 것이다.

"그리스도로 말미암아"라는 것은 예수를 그리스도로써 해후하게 되는 그 사건을 말한다. 그 사건으로 인하여, 나의 입장에서 보면 바로 이 세계 전체가 십자가에 못박혀 버렸다는 뜻이다. 다시 말해서 죄가 지배하는 코스모스가 십자가와 더불어 사라졌다는 뜻이다. 또 세상의 입장에서 보면 내가 곧 십자가에 못박힌 사건이 되는 것이다. 대부분의 주석가들이 이 대목을 세계와 나의 타협할 수 없는 격절을 의미하는 것으로 해석하는데, 그러한 주석은 틀린 것이다. 나와 세계는 격절된 것이 아니라 하나다.

나는 세계에 속해있고, 세계는 나에 속해있다. 궁극적으로 나의 십자가에 못박힘은 반드시 전 코스모스가 십자가에 못박히는 사건이 되어야 한다. 나의 십자가와 이 세계의 십자가는 하나다. 내가 십자가에 못박히는 사건은 나 개인의 사건으로 종결될 것이 아니라 바로 전 코스모스가 십자가에 못박히는 사건으로 나타나야 한다. 오직 이 양자의 못박힘으로 살아남는 것은 예수의 십자가 하나뿐이다. 그것은 새로운 질서요 새로운 창조이다.

전 코스모스의 십자가가 나 개인의 실존의 십자가가 되어야 한다. 이 코스모스는 나 속에 있고 나는 코스모스 속에 있다. 나의 십자가 사건은 곧 이 세계의 혁명을 의미해야만 하는 것이다. 바울에게는 이러한 정신혁명과 세계혁명이 하나가 되는 개벽사상이 있었다고 나는 판단하는 것이다.

그리스도가 내 속에 있고, 내가 그리스도 속에 있다. 그리스도의 삶의 지평과 나의 삶의 지평이 하나로 융합되는 사건, 그 사건이 바로 바울의 대각이었던 것이요, 돈오였던 것이다.

불트만은 그의 명저『케리그마와 신화*Kerygma and Myth*』속에서 바로 이 갈라디아서 6:14절을 언급하면서(p.37) 그리스도의 십자가사건은 이제 크로노스의 한 시점의 사건이 아니라, 기독교인의 일상적 삶의 항존하는 실재an ever-present reality in the everyday life of the Christians가 되었다고 말한다. 십자가 사건은 우리의 일상적 삶 속에서 동참해야만 하는 사건이며 시간 밖의 종말론적 사건이라기보다는 항상 현재에 있는 사건이라고 말한다. 초대교회의 모든 성찬, 세례의식이 바로 그리스도의 죽음을 선포하는 일상의식이었다고 말한다.

이 단에서 가장 중요한 메시지는, "사람이 의롭다 하심을 얻는 것은 **율법의 행위**에 있지 않고 **믿음**으로 되는 줄 우리가 인정하노라"(28절)라는 것이다. 여기서 바로 율법의 행위에 의한 인의認義와 믿음에 의한 인의認義가 구분된다. 전자를 점漸에 비유한다면 후자는 돈頓이 되겠으나, 불교의 논의와는 달리, 점과 돈은 완전히 단절된 사태이다. 바울의 돈은 한 시점에 이 코스모스가 십자가와 더불어 소멸되는 대역전인 것이다. 그럼에도 불구하고 31절에서는 "그런즉 우리가 믿음으로 말미암아 율법을 폐하느뇨? 그럴 수 없느니라! 도리어 율법을 굳게 세우느니라"라고 말한다.

여태까지 진행되어온 믿음faith, *pistis*의 논리에 역행하는 발언을 하고 있다. 이것은 바울의 불철저성이 아니라, 포용성을 나타낸다. 바울이 유대인이라는 태생적 입장을 나타낸 것이며 또 기독교운동이 그들의 협조가 없이는 성공할 수 없다는 것을 잘 알고 있었던 것이다. 따라서 바울은 자기의 입장을 강렬하게 드러내면서도 항상 "정치적인 발언"을 잊지 않는다. 이것은 그의 포용적 위대성이다. 그의 시대에 "율법"은 매우 유동적인 사태였다. 모세의 5경이 확고하게 문헌으로서 정착된 것도 아니었고, 율법에 관한 논의는 구전口傳oral tradition을 포함하여 다양했다.

따라서 바울은 율법을 확립하는 것은 오히려 믿음을 통하여 그것을 완성시키는 일이라고 믿었을 수도 있다. 바울이 말하는 부활의 케리그마의 개벽적 사태에 이르게 되면 율법은 더 이상 죄의 근원이 되지 않는다. 율법에 대한 인간의 인식 그 자체가 차원을 달리하게 되는 것이다. "율법을 굳게 세운다"(31절)는 표현은 바로 그러한 인식의 고양을 의미하는 것이라고 나 도올은 생각한다.

〈 로마서 4:1~12, 아브라함의 믿음 〉

1 What then shall we say about Abraham, our forefather according to the flesh?

2 For if Abraham was justified by works, he has something to boast about, but not before God.

3 For what does the scripture say? "Abraham believed God, and it was reckoned to him as righteousness."

4 Now to one who works, his wages are not reckoned as a gift but as his due.

5 And to one who does not work but trusts him who justifies the ungodly, his faith is reckoned as righteousness.

6 So also David pronounces a blessing upon the man to whom God reckons righteousness apart from works:

7 "Blessed are those whose iniquities are forgiven, and whose sins are covered;

8 blessed is the man against whom the Lord will not reckon his sin."

9 Is this blessing pronounced only upon the circumcised, or also upon the uncircumcised? We say that faith was reckoned to Abraham as righteousness.

10 How then was it reckoned to him? Was it before or after he had been circumcised? It was not after, but before he was circumcised.

1 그런즉 육신으로 우리 조상된 아브라함이 무엇을 얻었다 하리요

2 만일 아브라함이 행위로써 의롭다 하심을 얻었으면 자랑할 것이 있으려니와 하나님 앞에서는 없느니라

3 성경이 무엇을 말하느뇨 아브라함이 하나님을 믿으매 이것이 저에게 의로 여기신 바 되었느니라

4 일하는 자에게는 그 삯을 은혜로 여기지 아니하고 빚으로 여기거니와

5 일을 아니할지라도 경건치 아니한 자를 의롭다 하시는 이를 믿는 자에게는 그의 믿음을 의로 여기시나니

6 일한 것이 없이 하나님께 의로 여기심을 받는 사람의 행복에 대하여 다윗의 말한 바

7 그 불법을 사하심을 받고 그 죄를 가리우심을 받는 자는 복이 있고

8 주께서 그 죄를 인정치 아니하실 사람은 복이 있도다

함과 같으니라

9 그런즉 이 행복이 할례자에게뇨 혹 무할례자에게도뇨 대저 우리가 말하기를 아브라함에게는 그 믿음을 의로 여기셨다 하노라

10 그런즉 이를 어떻게 여기셨느뇨 할례시냐 무할례시냐 할례시가 아니라 무할례시니라

[11]He received circumcision as a sign or seal of the righteousness which he had by faith while he was still uncircumcised. The purpose was to make him the father of all who believe without being circumcised and who thus have righteousness reckoned to them,
[12]and likewise the father of the circumcised who are not merely circumcised but also follow the example of the faith which our father Abraham had before he was circumcised.

[11]저가 할례의 표를 받은 것은 무할례시에 믿음으로 된 의義를 인印친 것이니 이는 무할례자로서 믿는 모든 자의 조상이 되어 저희로 의로 여기심을 얻게 하려 하심이라
[12]또한 할례자의 조상이 되었나니 곧 할례 받을 자에게 뿐아니라 우리 조상 아브라함의 무할례시에 가졌던 믿음의 자취를 좇는 자들에게도니라

【강해】

이제는 바울의 사상의 강령綱領(주자학의 개념: 대체적으로 고경에서는 강령이 앞에 나오고 그 뒤에 그 의취意趣를 펼쳐나가는데 그것을 전傳이라고 말한다)의 대단大端을 파악하였으므로 간결히 요점만을 술해述解하겠다.

아브라함은 이스라엘민족의 조상이다. 우리민족으로 말하면 "단군檀君" 정도 되는 사람이다. 단군의 아버지 환웅은 하느님(=환인: 음성학적 어원이 하느님과 상통한다)의 아들로서 홍익인간弘益人間의 이념을 가지고 신단수神壇樹 밑에 이르러 신시神市를 베풀었다. 그리고 그의 아들 단군은 평양에 도읍하여 조선이라 일컬었는데, 이때 "평양平壤"이라 함은 "너른 평평한 땅"을 말하는 것인데 저 바이칼호수로부터 대흥안령에 이르는 너른 땅을 의미했다. 바이칼호수로부터 대흥안령을 거쳐 백두대간에 이르는 광활한 단군의 여정

이나, 아브라함이 갈대아 우르에서 메소포타미아 훠틀 크레센트를 거쳐 이집트로 갔다가 다시 가나안에 정착하는 과정이나 다 유사한 족장들의 이야기이다. 환인은 환웅에게 지상의 통치권을 다 주었지만, 야훼는 아브라함에게 믿음과 순종을 강요하였다. 야훼는 유대민족을 독점하지 않으면 존재감이 상실되는 위기감을 항상 가지고 있었던 것이다. 서로가 서로를 독점하는 계약관계가 실로 율법의 출발이었다. 우리민족에게는 그런 독점적 진노의 절대자가 존재하지 않았다.

바울은 이러한 독점계약의 유일신관의 문화환경에서 태어나고 자라났다. 그런데 컨버젼을 계기로 그는 율법의 준수로는 인간은 정의롭게 될 길이 없다는 것을 깨달았다.

유대민족에게서 아브라함이 문제가 되기 시작한 것은 물론 바빌론유수 이후의 사건이었다. 그 이전에는 아브라함의 존재감은 유대민족에게서조차 그렇게 강렬하지 않았다. 바울과 아브라함도 실제로 거리가 그렇게 멀지가 않다. 족장 아브라함 이야기의 야훼문서(J문서) 버전은 유수기간 동안에 쓰여진 것이고, 제사장문서(P문서) 버전은 유수에서 돌아온 이후에 한참 늦게 기록된 것으로 보인다(John Van Seters, *Abraham in History and Tradition*, Yale University Press, 1957, p.310).

하여튼 아브라함이 중요한 의미를 지니게 되는 것은 그가 인류 최초의 유일신론자monotheist라는 사실에 있다. 따라서 바울에게 있어서는 아브라함은 유일신과 계약을 맺은 최초의 사람이며, 따라서 논리적으로 그는 **이스라엘 민족만의 족장이 아니라 전 인류의 조상이 되는 것**이다. 유일신은 유대인에게나 비유대인에게나 똑같은 잣대로 재판하시기 때문이다.

전 인류의 조상인 아브라함의 이야기에서 중요한 것은, 그가 할례라는 율법을 준수했다는 사실 이전에 이미 그는 "믿음"으로써 하나님의 선택을 받았고, 계약을 맺었고, 축복을 받았다는 사실이다. 그가 할례를 받은 것은 믿음으로 선택받은 후, 14년 후의 일이었다. 할례는 단지 그의 믿음에 대한 증표일 뿐이다.

> **"아브라함은 할례를 받기 전에 이미 믿음을 통하여 하느님과 정의로운 관계를 가지게 되었습니다. 그 뒤 그것을 확인하는 증표로서 그는 할례를 받았던 것입니다. 이리하여 할례를 받지 않고도 믿음으로써 정의로운 사람이라고 인정받는 모든 사람들(이방인)의 조상이 되었습니다."**(11절).

아브라함이 이삭을 번제물로 바치기 위해 모리아Moriah땅의 산에 올라갔던 것도 율법이 아니라 믿음이다. 믿음은 순종이요 복종이다. 예수가 그리스도라는 것을 나의 삶의 지평으로 받아들이는 것도 순종이다. 할례와 관련된 상징성에도 부활의 의미가 내포된다. 할례는 일종의 훠틸리티 컬트fertility cult와 관계 있다고 말했는데, 할례를 받을 때 그의 나이 이미 99세였고, 그의 부인 사라의 자궁(90살)도 이미 죽음의 땅이었다. 아무도 그 자궁에서 생명이 잉태되리라는 것은 믿지 않았다. 그러나 아브라함은 믿었다. 그 믿음이 그 자궁의 부활을 가져온 것이지, 할례가 부활을 가져온 것은 아니었다.

〈 로마서 4:13～25, 믿음으로 이루어지는 인의認義 〉

13 The promise to Abraham and his
descendants, that they should inherit the
world, did not come through the law
but through the righteousness of faith.
14 If it is the adherents of the law who
are to be the heirs, faith is null and the
promise is void.
15 For the law brings wrath, but where
there is no law there is no transgression.
16 That is why it depends on faith, in
order that the promise may rest on
grace and be guaranteed to all his
descendants—not only to the adherents
of the law but also to those who share
the faith of Abraham, for he is the
father of us all,
17 as it is written, “I have made you
the father of many nations”—in the
presence of the God in whom he
believed, who gives life to the dead and
calls into existence the things that do
not exist.
18 In hope he believed against hope, that
he should become the father of many

13 아브라함이나 그 후손에게 세상의 후
사後嗣가 되리라고 하신 언약은 율법으
로 말미암은 것이 아니요 오직 믿음의
의로 말미암은 것이니라
14 만일 율법에 속한 자들이 후사이면 믿
음은 헛것이 되고 약속은 폐하여졌느니라

15 율법은 진노를 이루게 하나니 율법이
없는 곳에는 범犯함도 없느니라
16 그러므로 후사가 되는 이것이 은혜에
속하기 위하여 믿음으로 되나니 이는 그
약속을 그 모든 후손에게 굳게 하려 하
심이라 율법에 속한 자에게 뿐아니라 아
브라함의 믿음에 속한 자에게도니 아브
라함은 하나님 앞에서 우리 모든 사람의
조상이라
17 기록된 바 내가 너를 많은 민족의 조상
으로 세웠다 하심과 같으니 그의 믿은 바
하나님은 죽은 자를 살리시며 없는 것을
있는 것 같이 부르시는 이시니라

18 아브라함이 바랄 수 없는 중에 바라고
믿었으니 이는 네 후손이 이같으리라 하

nations; as he had been told, "So shall your descendants be."

신 말씀대로 많은 민족의 조상이 되게 하려 하심을 인因함이라

19He did not weaken in faith when he considered his own body, which was as good as dead because he was about a hundred years old, or when he considered the barrenness of Sarah's womb.

19그가 백세나 되어 자기 몸의 죽은 것 같음과 사라의 태의 죽은 것 같음을 알고도 믿음이 약하여지지 아니하고

20No distrust made him waver concerning the promise of God, but he grew strong in his faith as he gave glory to God,

20믿음이 없어 하나님의 약속을 의심치 않고 믿음에 견고하여져서 하나님께 영광을 돌리며

21fully convinced that God was able to do what he had promised.

21약속하신 그것을 또한 능히 이루실 줄을 확신하였으니

22That is why his faith was "reckoned to him as righteousness."

22그러므로 이것을 저에게 의로 여기셨느니라

23But the words, "it was reckoned to him," were written not for his sake alone,

23저에게 의로 여기셨다 기록된 것은 아브라함만 위한 것이 아니요

24but for ours also. It will be reckoned to us who believe in him that raised from the dead Jesus our Lord,

24의로 여기심을 받을 우리도 위함이니 곧 예수 우리 주를 죽은 자 가운데서 살리신 이를 믿는 자니라

25who was put to death for our trespasses and raised for our justification.

25예수는 우리 범죄함을 위하여 내어줌이 되고 또한 우리를 의롭다 하심을 위하여 살아나셨느니라

【강해】

본 단에서 바울은 아브라함의 믿음을 매우 구체적으로 논한다. 그것은 제1장의 인간의 타락상의 논의와 다음과 같이 대비된다.

4:17 아브라함은 죽은 자를 살리시고 없는 것을 있게 만드시는 창조주, 생명의 근원 유일신 하나님을 믿었다.	1:20~25 하나님은 창조주임이 분명한데도 불구하고 사람들은 그를 무시했다. 창조주 대신 피조물을 받들어 모셨다.
4:19 아브라함의 몸은 이미 죽은 사람이나 마찬가지였다. 사라의 자궁도 죽었다. 그러나 아브라함은 새 생명에 대한 하나님의 약속을 믿었다.	1:24 인간들의 몸이 욕망으로 더럽혀지고 우상숭배로 수치스럽게 되었다.
4:20 아브라함은 하나님의 약속을 믿고 의심하지 않았고 더욱 굳게 믿으며 하나님을 찬양하였다.	1:21 인간들은 창조주 하나님의 모든 징표가 명백하게 드러나 있음에도 불구하고 하나님을 하나님으로서 찬양하지 않았다.
4:21 아브라함은 하나님께서 약속하는 것을 능히 이루어주리라고 확신하였다.	1:20 인간들은 하나님의 권능을 알 수 있었다. 그러나 하나님을 찬양하지 않았다.
4:19 아브라함과 사라는 생명을 창조할 수 있는 권능을 부여받았다. 음양의 조화를 따랐다.	1:26~27 인간들은 자연스러운 육체관계를 거부하고, 호모와 레즈비안의 색욕을 불태웠다. 그래서 그들의 몸을 더럽혔다.

(cf. N. T. Wright, *NIB Commentary, Romans*, p.413)

이러한 논의는 실로 "부활"이라는 문제의 실존적 의미에 관하여 현대사회에서조차 많은 논의의 실마리를 제공할 수 있다. 아브라함과 사라의 몸은 거의 "죽은 거나 마찬가지였다." 그럼에도 불구하고 "믿음"으로써 그 죽은 몸을 생명잉태의 장으로 만들었다. 예수부활도 단순히 물리적인 의미에서 십자가 사건(정치적 역사사건)이라기보다는 이미 우리 삶에 내재하는 문제로서 승화되며, 새로운 추상성이 도입되고 있는 것이다. 나의 몸이라고 하는 물리적 상태와는 다른 차원에서, 죽음이 지배하는 몸인가, 생명이 지배하는 몸인가 하는 문제는 매일 일상에서 부닥칠 수 있는 물음이다. 그러나 물론 바울에게 있어서 부활은 무조건 받아들여져야만 하는 실존의 지평이다.

하나님께서는 이런 믿음을 보시고 아브라함을 "의로운 사람으로 인정하셨습니다." "의로운 사람으로 인정하셨다" 하는 말씀은 비단 아브라함만을 두고 하신 것이 아니라 우리를 두고 하시는 말씀이기도 합니다. 곧 우리 주 예수를 죽은 자들 가운데서 다시 살리신 분을 믿는 우리들까지도 의로운 사람으로 인정해주신다는 말씀입니다.
예수는 우리의 죄 때문에 죽으셨다가 우리를 하나님과 의로운 관계에 놓아주시기 위해서διὰ τὴν δικαίωσιν **다시 살아나신 분이십니다**(4:22~25).

1. 예수는 우리의 죄 때문에 죽었다.
2. 그런데 다시 살아난 것은 분명한 이유가 있다. 그 부활의 목적은 무엇인가?
3. 그것은 우리 존재의 디카이오시스*diakiōsis*(무죄선포, 우리와 하나님과의 정의로운 관계설정)를 위한 것이다.

이 디카이오시스를 공동번역은 "우리를 하나님과 올바른(의로운) 관계에 놓이도록 한다"라고 일관되게 번역했는데 문맥에 따라 말이 너무 길어 전달력이 없는 것이 흠이지만, 좋은 번역이라고 생각한다.

이 디카이오시스는 순전히 신중심의 관념a purely theocentric notion도 아니고 또 배타적으로 인간중심적 관념an exclusively anthropocentric idea일 수도 없다. 인의認義는 오직 인간과 신의 관계설정이며 양방향에서 참여하여 이루어지는 사건이다. 바르트나 불트만이나 너무 편향되게 한 방향만을 고집한다고 볼 수 있다. 그리스도의 구속적 사건은 **하나님의 그의 언약에 대한 성실함**faithfulness과 **믿는 자의 개벽적 대각**이 함께 작용하여 의미를 갖는 것이다.

〈 로마서 5:1~11, 그리스도를 통한 하나님과의 화해 〉

1Therefore, since we are justified by faith, we have peace with God through our Lord Jesus Christ.

2Through him we have obtained access to this grace in which we stand, and we rejoice in our hope of sharing the glory of God.

3More than that, we rejoice in our sufferings, knowing that suffering produces endurance,

4and endurance produces character, and character produces hope,

5and hope does not disappoint us, because God's love has been poured into our hearts through the Holy Spirit which has been given to us.

6While we were still weak, at the right time Christ died for the ungodly.

7Why, one will hardly die for a righteous man—though perhaps for a good man one will dare even to die.

8But God shows his love for us in that while we were yet sinners Christ died for us.

9Since, therefore, we are now justified by his blood, much more shall we be saved by him from the wrath of God.

1그러므로 우리가 믿음으로 의롭다 하심을 얻었은즉 우리 주 예수 그리스도로 말미암아 하나님으로 더불어 화평和平을 누리자

2또한 그로 말미암아 우리가 믿음으로서 있는 이 은혜에 들어감을 얻었으며 하나님의 영광을 바라고 즐거워하느니라

3다만 이뿐 아니라 우리가 환난 중에도 즐거워하나니 이는 환난은 인내를,

4인내忍耐는 연단鍊鍛을, 연단은 소망所望을 이루는 줄 앎이로다

5소망이 부끄럽게 아니함은 우리에게 주신 성령으로 말미암아 하나님의 사랑이 우리 마음에 부은 바 됨이니

6우리가 아직 연약할 때에 기약대로 그리스도께서 경건치 않은 자를 위하여 죽으셨도다

7의인을 위하여 죽는 자가 쉽지 않고 선인을 위하여 용감히 죽는 자가 혹 있거니와

8우리가 아직 죄인 되었을 때에 그리스도께서 우리를 위하여 죽으심으로 하나님께서 우리에게 대한 자기의 사랑을 확증하셨느니라

9그러면 이제 우리가 그 피를 인하여 의롭다 하심을 얻었은즉 더욱 그로 말미암아 진노하심에서 구원을 얻을 것이니

[10]For if while we were enemies we were reconciled to God by the death of his Son, much more, now that we are reconciled, shall we be saved by his life.
[11]Not only so, but we also rejoice in God through our Lord Jesus Christ, through whom we have now received our reconciliation.

[10]곧 우리가 원수怨讐 되었을 때에 그 아들의 죽으심으로 말미암아 하나님으로 더불어 화목和睦되었은즉 화목된 자로서는 더욱 그의 살으심을 인하여 구원을 얻을 것이니라
[11]이뿐 아니라 이제 우리로 화목을 얻게 하신 우리 주 예수 그리스도로 말미암아 하나님 안에서 또한 즐거워하느니라

【강해】

이제는 사실 나의 설명이 없이도 본문만 독자들이 스스로 정독해도 충분한 자기 나름대로의 해석을 할 수 있을 것이다. 우리에게는 문헌학이라든가 주석학의 전통이 너무 빈곤한 상태에서 기독교를 받아들였기 때문에 기독교는 신앙의 대상일 뿐 엄밀한 사유의 대상이 되질 못했다. 조선왕조 후기의 사상조류가 노론중심의 정통주자학 도그마가 팽배하여 시대의 흐름을 따라가지 못했고, 더구나 임진왜란으로 인하여 명군(=천병天兵)이 개입한 것을 "재조지은再造之恩"이라고 규정하여 모화사상을 키웠기 때문에 조선 말기까지도 숭정연호를 쓰는 등, 너무도 시세의 조류에 완악한 바보짓을 많이 했다. 만약 북학파와 같은 개방적 사상조류가 주류를 이루어 청조의 학문을 적극 수용했더라면 우리나라도 고증학이 발달했을 것이고, 주석학 같은 것이 고도의 수준을 유지했을 것이다. 개명한 군주라 하는 정조와 같은 사람도 주자학의 질곡에서 한 치도 벗어나지 못했다.

그래서 정조의 치세 아래서 학문을 대성한 사람들이 그나마 정조 생시에는

관대한 대접을 받았지만 정조 사후에는 세도정치의 무질서한 논리에 희생당하고, 서학의 죄목으로 귀양가거나 목숨을 잃곤 했으니, 경주 김씨 정순왕후가 주동한 신유사옥辛酉邪獄 이래의 기독교탄압은 한국의 기독교를 피세적이며 초월주의적이며 축자무오류적이며 극도의 정신광란적인 펀더멘탈리즘의 보루 속으로 휘몰아갔을 뿐이다. 그 여파에 일제의 탄압이 가세하고, 해방 후엔 이승만 무리의 집권세력이 반공친미보수정책의 장려수단으로 기독교를 활용하기만 하였으니, 우리나라 기독교는 찬란한 전도와 부흥의 역사를 가지고는 있으나 과연 그것이 진정한 기독교인지 뭔지는 알 수 없게 되어버렸다.

우리나라 기독교인들은 우선 "예수를 믿는다"는 말과 "하나님을 믿는다"는 말도 마구 혼동해서 쓰고 있다. 뭘 믿는지를 모르는 것이다. 앞서 말했듯이 사실 우리는 역사적 예수를 실체화하여 믿음의 대상으로 삼고 있는 것은 아니다. 바울은 예수를 믿지 않았다. 바울은 예수를 인간적으로, 개인적으로 알지를 못했다. 베드로는 예수 옆에서 같이 밥도 먹고 그의 말을 들으면서 예수가 방귀를 뀌는 내음새도 맡았을 것이다. 그러나 바울에게는, 최소한 "기독교Christianity" 커뮤니티를 최초로 형성시킨 바울에게는 베드로와 같은 그러한 인간적 체험이 없다. 바울에게는 그것이 전혀 관심의 대상도 되지 않는다. 바울은 부활한 예수가 친히 그 모습을 자기에게도 드러냈다고 확언한다(고전 15:8). 그러나 그것은 어디까지나 부활한 예수다. 아마도 그것이 사실이라면 일종의 환상 같은 체험이었을 것이다.

바울의 종교적 관심의 궁극적 대상은 역시 "하나님God"이다. 예수는 바울 당대에 등장한 동년배의 인간이다. 역사적 예수는 믿음의 대상이 아니다. 역사적 예수 그 자체는 불트만의 말대로 불가지론의 괄호 속에 있다. 그러나 한

가지 확실한 사실은 예수가 곧 하나님의 아들이라고 하는 많은 증표를 지니는 상징체로서 바울의 의식의 지평 위에 등장했다는 사실이다. 바울은 그 상징체를 해석했다. 예수는 자신이 "하나님의 아들"이라든가, 자신이 "메시아"라든가 하는 의식이 없이 평범하게 산 위대한 인격체(갈릴리의 하씨드 a Galilean *Hasid*)였을지도 모른다. 그런데 이것은 바울에게는 용납될 수가 없다. 예수는 하나님의 아들이어야만 한다. 예수는 부활한 구세주이어야만 한다. 바로 이 "어야만 한다must"가 기독교라는 일대종교운동을 일으킨 것이다.

나는 예수가 하나님의 아들이라고 생각한다. 그러나 바울은 동년배의 예수를 하나님의 아들로 만든 위대한 사상가라고 동시에 생각한다. 바울의 "만듦"이 없이는 기독교는 존재하지 않았다. 이것이 궁극적으로 바울의 위대함이요 또한 바울이 인류사에 남겨놓은 비극이다.

지금 우리가 제5장 1절에서 11절까지 읽으면서 느끼는 소박한 감상은 예수는 어디까지나 중보자Mediator로서 규정되고 있다는 것이다. 우리가 여태까지 논의해온 "인의認義justification"의 주체는 어디까지나 예수라는 미디에이터이다. 앞서 말했듯이 인의는 인간과 신의 관계를 바르게 설정하는 것이다. 그 관계가 바르게 설정되려면 우선 율법이 주제가 되면 안된다. 율법이 아닌 믿음이 되어야 하는데, 믿음의 궁극적 근거는 예수일 수밖에 없다. 예수의 십자가·부활사건으로 인하여 하나님과 인간의 관계가 바르게 설정될 수 있는 새로운 길이 열린 것이다. 그 새로운 관계설정justification의 최초의 성과 즉 혜택이 바로 인간이 누리게 되는 하나님과의 평화peace with God이다. 여기 평화로 쓰인 "에이레넨εἰρήνην"은 "평화," "화평," "화합," "건강" 등의 포괄적 의미를 갖는 "에이레네εἰρήνη"의 목적격이다. 일차적으로 "평화"는

"전쟁"의 반대이다.

사실 전쟁을 위해서 존재했던 희랍의 폴리스나, 끊임없이 전쟁에 시달렸던 약소민족인 유대인들에게 있어서는 이 "평화"라는 문제는 매우 그리운 그 무엇이었다. 그러나 여기 바울이 말하는 "평화"는 히브리사람들이 말하는 일상적인 "샬롬shalom"과 상통하는 뜻으로 쓴 것인데, 그것은 삶에 있어서 "충돌이나 부조화의 부재"나 "평온함tranquility" "만족감contentment" 같은 것을 의미한다. 그러나 여기 "에이레네"의 궁극적 의미는 존재의 온전함, 충만함, 정신적·신체적 건강을 포섭하는 강건함, 영어로 "completeness"를 의미한다. 즉 예수 그리스도를 통하여 우리는 보다 온전한 관계를 하나님과 누리게 되었다는 것이다. 이 온전함은 나의 존재가 하나님의 온전함에 다가가는 느낌, 그 평화일 것이다. 그리스도를 통하여서 하느님께서 주시는 선물이므로, 이것은 믿음을 가진 자의 특권임을 선포한 것이다.

그러나 이 하나님과의 평화peace with God가 반드시 사람과의 평화peace with man를 보장하지는 않는다. 적의로 둘러싸인 세계 속에서 예수의 십자가를 걺어진다는 것은 결코 쉬운 일이 아니요, 쾌적한 일이 아니다. 그것은 우리에게 고통suffering과 환난tribulation을 불러온다. 그러나 그리스도인은 고통을 당해도 기뻐한다. 왜냐? 고통은 인내endurance를 낳고, 인내는 시련을 이겨내는 끈기, 즉 연단鍊鍛을 낳고, 연단은 소망을 이룬다. 미래에 하나님의 영광에 참여할 수 있는 희망을 안고 기뻐하는 삶을 살아가기 때문이다. 희망이 없는 삶이 무슨 가치가 있겠는가? 제6절의 "때"가 바로 카이로스*kairos*, καιρός이다. 죄 많은 인간들이 절망에 빠져 헤매고 있을 바로 그 결정적인 타이밍에 죽으셨다. 그리스도는 자기의 "때"를 알았고, 그 타이밍에 우리를 구원하시기 위해 죽으셨다는 것이다.

아주 냉정하게 올곧은 사람을 위해 죽는 사람은 별로 없다. 인간적으로 착한 사람을 위해 죽겠다고 나설 사람은 더러 있을지도 모르겠다. 그러나 죄 많은 인간을 위해서 죽는다는 것은 참 있을 수 없는 일이다. 그런데 그리스도는 너무도 죄 많은 우리 인간을 위해서 죽었다. 하나님께서 그토록 사랑하시는 자기 친아들을 우리 죄인을 위하여 죽게 만들었다는 사실은 하나님의 사랑을 확실하게 보여준 것이다. 여기 "하나님의 사랑"이라는 말은 "하나님의 의"와 상통한다. 그러므로 우리 인간은 그리스도의 피흘림으로써 하나님과 올바른 관계를 갖게 된 것이다.

자아! 내가 이렇게 해설해 들어가면 너무 목사설교처럼 들릴지 모르겠다. 성경이 위대하게 느껴지는 것은 바울의 언어의 핍진逼眞함이다. 바울은 그의 논리적 가설을 생생한 삶의 언어로 바꾸는 천재적 역량의 소유자이다. 문학으로 말한다 할지라도 이것은 정말 최고의 문학이라 말해야 한다. 이 단의 최후 결론은 이것이다: 우리 인간은 예수 그리스도의 덕분으로 하나님과 화해케 되었다는 것이다. 여기 인의의 최종적 결과는 하나님과 인간의 화해 reconciliation인데, 이 화해*katallagē*, *katallassō*라는 개념은 바울신학의 한 중핵을 이루는 것이다. 크게 말하자면, 하나님과 인간 사이에 내재하던 적대감이 그리스도의 죽음으로 인하여 평화로운 관계로 회복된 것을 의미한다. 이 화해도 궁극적으로는 인간의 노력에 의한 것이 아니라 하나님의 사랑에 의한 것이다. 화해의 주체는 어디까지나 하나님이며, 하나님은 화해의 대상이 될 수가 없다. 평화와 화해는 우리의 믿음에 주어지는 최대의 선물이라 할 수 있다.

〈 로마서 5:12~21, 아담과 그리스도 〉

[12]Therefore as sin came into the world through one man and death through sin, and so death spread to all men because all men sinned—

[13]sin indeed was in the world before the law was given, but sin is not counted where there is no law.

[14]Yet death reigned from Adam to Moses, even over those whose sins were not like the transgression of Adam, who was a type of the one who was to come.

[15]But the free gift is not like the trespass. For if many died through one man's trespass, much more have the grace of God and the free gift in the grace of that one man Jesus Christ abounded for many.

[16]And the free gift is not like the effect of that one man's sin. For the judgment following one trespass brought condemnation, but the free gift following many trespasses brings justification.

[17]If, because of one man's trespass, death reigned through that one man, much more will those who receive the abundance of grace and the free gift of righteousness reign in life through the one man Jesus Christ.

[12]이러므로 한 사람으로 말미암아 죄가 세상에 들어오고 죄로 말미암아 사망이 왔나니 이와 같이 모든 사람이 죄를 지었으므로 사망이 모든 사람에게 이르렀느니라

[13]죄가 율법 있기 전에도 세상에 있었으나 율법이 없을 때에는 죄를 죄로 여기지 아니하느니라

[14]그러나 아담으로부터 모세까지 아담의 범죄와 같은 죄를 짓지 아니한 자들 위에도 사망이 왕노릇하였나니 아담은 오실 자의 표상表象이라

[15]그러나 이 은사는 그 범죄와 같지 아니하니 곧 한 사람의 범죄를 인하여 많은 사람이 죽었은즉 더욱 하나님의 은혜와 또는 한 사람 예수 그리스도의 은혜로 말미암은 선물이 많은 사람에게 넘쳤으리라

[16]또 이 선물은 범죄한 한 사람으로 말미암은 것과 같지 아니하니 심판은 한 사람을 인하여 정죄에 이르렀으나 은사는 많은 범죄를 인하여 의롭다 하심에 이름이니라

[17]한 사람의 범죄를 인하여 사망이 그 한 사람으로 말미암아 왕노릇 하였은즉 더욱 은혜와 의의 선물을 넘치게 받는 자들이 한 분 예수 그리스도로 말미암아 생명 안에서 왕노릇 하리로다

[18]Then as one man's trespass led to condemnation for all men, so one man's act of righteousness leads to acquittal and life for all men.
[19]For as by one man's disobedience many were made sinners, so by one man's obedience many will be made righteous.
[20]Law came in, to increase the trespass; but where sin increased, grace abounded all the more,
[21]so that, as sin reigned in death, grace also might reign through righteousness to eternal life through Jesus Christ our Lord.

[18]그런즉 한 범죄로 많은 사람이 정죄에 이른것 같이 의의 한 행동으로 말미암아 많은 사람이 의롭다 하심을 받아 생명에 이르렀느니라
[19]한 사람의 순종치 아니함으로 많은 사람이 죄인 된것 같이 한 사람의 순종하심으로 많은 사람이 의인이 되리라

[20]율법이 가입加入한 것은 범죄를 더하게 하려 함이라 그러나 죄가 더한 곳에 은혜가 더욱 넘쳤나니
[21]이는 죄가 사망 안에서 왕노릇 한 것 같이 은혜도 또한 의로 말미암아 왕노릇 하여 우리 주 예수 그리스도로 말미암아 영생永生에 이르게 하려 함이니라

【강해】

이 단의 논의에 관한 핵심논리의 분석은 이미 앞에서 믿음을 이야기하면서 충분히 행하여졌으므로 강해의 언설을 절약하려 한다. 원문에 충실하여 이해하는 것이 좋다. 그리고 이 5장의 논의는 고린도전서 15장과 같이 대조해 보는 것이 좋다. 실제로 "아담"이라는 말을 바울이 사용한 것은 그의 서한 전체에서 7번밖에 되지 않는다(롬 5:14절에서 두 번, 고전 15:22, 45절에서 두 번, 딤전 2:13, 14). 그러나 아담과 그리스도의 아날로지는 결혼, 죄, 죽음, 인성, 종말론적 희망 등등의 주제에 매우 풍요로운 담론을 제공한다. 아담/그리스도의 아날로지는 낡은 사람old man/새 사람new man(롬 6:6, 골 3:9~10), 겉 사람outer man/속 사람inner man(고후 4:16, 롬 7:22, 엡 3:15), 옛 본성old nature/새 본성new nature(롬 6:6, 엡 4:22, 골 3:9), 육의 사람physical man/영의 사람spiritual man(고전

2:14~16), 육의 몸physical body / 영의 몸spiritual body(고전 15:42~44) 등등의 표현과 깊은 관계를 맺고 있다.

아담은 하나님의 첫 창조에 속하며 타락한 인성fallen humanity을 상징하고, 그리스도는 새로운 창조에 속하며 구원 받은 인성redeemed humanity을 상징한다. 이러한 바울 기독론Paul's Christology은 골로새서 1:15~20에 잘 요약되어 있다. 참고해볼 만하다(하나님의 아들이신 그리스도는 이미 태초에 인간을 포함한 만물의 창조에 관여하셨다. 따라서 구원자로서의 그리스도의 역할은 만물을 하나님께 화해시키는 신성한 이니시어티브의 일환이다. 그의 수육도 하나님의 그랜드한 이야기의 한 부분이다).

아담과 그리스도의 아날로지를 아예 첫 창조와 새로운 창조로서 규정하는 우주론적 사유cosmological thinking는 인류 종교적 사유의 근원에 함침涵浸되어 있는 인간사유패턴의 한 전형이라고도 말할 수 있다. 그러니까 "우주의 창조"라는 말 자체가 사실은 영원히 과학적 사실명제일 수 없으며, 그 창조Creation 자체가 인간의 삶의 가치투영의 한 패턴일 뿐이다. 빅뱅Big Bang도 스테디 스테이트Steady State도 비록 수학적 언어나 물리학적 언어를 써서 말한다 할지라도 그것은 궁극적으로 인간의 가치의 투영이다. 그 실상은 궁극적으로 불가지론에 속한다.

바울에게 있어서 첫 창조는 낡은 죽음의 인성의 창조이고, 새로운 창조New creation, *kainē ktisis*(고후 5:17, 갈 6:15)는 새로운 생명의 인성New humanity, *kainos anthrōpos*(엡 2:15, 4:23~24, 골 3:9~10)을 창조하는 것이다. 이러한 논의는 우리 동학사상에도 내함內涵되어 있으니, 선천개벽/후천개벽이라 하는 말이 바로 그것이다.

“개벽開闢”이라는 말은 원래 “개천벽지開天闢地”의 줄임말로서 천지창조를 의미하는 말이다. 이 “개벽”이라는 말은 본시 『사기史記』의 「삼황기三皇紀」에 나오고 서한西漢의 사상가 양웅揚雄, BC 53~18(사천성 성도成都 비도구郫都區 사람. 『법언法言』『태현太玄』이라는 저작이 유명)의 『법언法言』 속에 그 용례가 발견되지만, 그 시원을 거슬러 올라가면 춘추시대의 도가사상가들의 글 속에서도 그 사유가 발견될 수 있다. 그 대표적인 사례가 『열자列子』의 「천서天瑞」편이다.

기철학적 세계관, 정확하게는 우주발생론cosmogony, *kosmogonia*적 사유에 의하여 우주는 무로부터 발생하는 것이 아니고, 태초에 혼원渾元한 한 기운一氣이 있었는데, 만물은 기氣와 형形과 질質이 미상리未相離된 혼륜渾淪으로부터 발생하는 것이라 했다. 이 혼륜한 상태를 표현하는 말로서 “태역太易,” “태초太初,” “태시太始,” “태소太素”가 열거된다.

천지창조라는 것은 이 혼륜한 기운이 “일一”이 되면서 분화되어 나가기 시작한다. 매우 복잡한 상수학적 논의가 있으나 그것은 생략하고 일기一氣로부터 청경淸輕한 기는 가벼우니까 위로 떠서 하늘, 즉 천天이 되고, 탁중濁重한 기는 무거우니까 아래로 내려가서 땅, 즉 지地가 되고, 가운데 충화沖和한 기운은 사람, 즉 인人이 된다. 이런 것쯤은 『주역』적 세계관(삼재론三才論)을 인식하는 사람이라면 누구나 알 수 있는 것이다. 이때 혼원한 일기로부터 청경자와 탁중자가 갈라지는 최초의 계기, 그 갈라짐의 계기를 “개벽”이라고 불렀다. 개벽으로부터 모든 “형날形埒”(구획을 지닌 형상)이 발생하는 것이다.

그런데 이러한 열자列子의 사상은 거의 똑같이 한대의 역위易緯에도 나타난다. 역위라는 것은 역경易經에 대비되는 것인데 경經을 날줄이라 한다면 위緯는 씨줄을 의미한다. "역易"이라는 거대한 우주에 대하여 경을 논한다면 위를 또 논해야 한다는 의미인데 대체적으로 이 역위의 사상이 송대의 상수학象數學을 형성시켰다. 나는 대학교 때 『역위건착도易緯乾鑿度』라는 책을 몹시 재미있게 읽었는데 지금도 서재에 그 책이 꽂혀 있다. 사실 우리나라의 『천부경天符經』 같은 것이 모두 역위에서 유래한 것이다.

하여튼 수운 최제우崔濟愚, 1824~1864는 이러한 상수학의 영향을 받아 "개벽"을 말했는데, 그러니까 선천개벽이라는 것은 이 우주, 이 천지가 만들어진 최초의 계기를 말하는 것이다. 아담의 죄악으로 첫 창조는 죄와 사망의 지배세상이 되었듯이, 최수운 역시 최초의 개벽, 즉 선천개벽 이후로 이 세계는 폭압과 불평등이 지배하는 세상이 되었다고 보았던 것이다. 그러니 당연히 "다시 개벽"이 필요하다고 생각하게 되었다. 이 "다시 개벽"을 후천개벽이라 부른다. 실상 바울이 말하는 아담/그리스도의 아날로지와 마찬가지로, 수운이 강조하는 바 또한 선천개벽이 천지의 창조였다고 한다면 후천개벽은 새로운 문명의 창조라는 것이다.

그런데 사실 수운은 선천개벽이니 후천개벽이니 하는 용어를 쓰지 않았다. 『동경대전東經大全』에 그런 말은 없다. 단지 그러한 용어는 해월 최시형崔時亨, 1827~1898을 거쳐 의암 손병희孫秉熙, 1861~1922 때에 정형화되는 것으로 보인다. 해월은 말한다:

先天後天之運, 相交相替, 理氣相戰。萬物皆戰, 豈無人戰乎? 天地

日月, 古今不變, 運數大變, 新舊不同。新舊相替之時, 舊政旣退, 新政未佈, 理氣不和之際, 天下混亂矣。

선천과 후천의 기운이 서로 엇갈리어 리와 기가 서로 싸우는지라. 만물이 다 싸우니 어찌 사람인들 싸우지 않을까보냐? 천지일월은 고금이 불변하나 이미 운수가 크게 변하여 새 것과 낡은 것이 같지 아니 한지라. 새 것과 낡은 것이 서로 갈아드는 이때에 구태의연한 정치는 이미 힘을 잃었는데도 새로운 정치가 기운을 펴지 못하고 있고, 리기가 불화하니, 천하가 혼란할 수밖에 더 있겠느뇨?

하여튼 새로운 질서가 정착해야 한다는 당위를 말한 것이다. 예수·바울의 시대나 수운·해월의 시대가 모두 신구상체지시新舊相替之時라는 것은 명백하다. 수운의 "개벽"에 관한 언급은 오직 한글가사인 「용담가龍潭歌」에 나온다.

기장奇壯하다 기장하다
이 내 운수 기장하다
하늘님 하신 말씀
개벽 후 오만 년에
네가 또한 첨이로다
나도 또한 개벽이후
노이무공勞而無功 하다가서
너를 만나 성공成功하니
나도 성공 너도 득의得意
너희 집안 운수로다
이 말씀 들은 후에

심독희心獨喜 자부自負로다

어화 세상 사람들아

무극지운無極之運 닥친 줄을

너희 어찌 알까보냐!

여기서 수운은 자신의 대각大覺체험을 고백하면서 절대자인 "하늘님"("한울님"이라고 쓰는 것은 야뢰夜雷 이돈화李敦和, 1884~? 등 후대 동학사상가들의 왜곡이다. 수운은 "ᄒᆞ놀님" "하놀님"이라고만 썼다)을 의인화 하여 대화를 진행한다. 선천개벽 후 오만 년만에 수운과 같이 다시 개벽할 수 있는 인물을 처음 만난다는 하늘님의 포고이다. 자기도 수운 같은 인물을 못 만나 노력은 했으나 성과 없이 어영부영 지냈는데 너를 만나 공을 이루게 되었다는 것이다. 이 말 듣고 수운이 홀로 기뻐하며 자부하게 된다. 즉 새로운 케리그마를 선포하는 것이다. 그 케리그마는 이것이다: **"드디어 무극대운無極大運이 당도하였다!"**

경주 가정리, 수운 최제우의 묘. 그가 태어난 동네에 모셔져 있다.

수운의 대각은 바울이 "사울아 사울아 네가 어찌 하여 나를 핍박하느냐?" 라는 소리를 들은 것과는 너무 대조적이다. 수운이 몸시 춥고 떨리면서 밖으로는 접령하는 기운이 있고 안으로는 강화降話의 가르침이 있으되 보아도 보이지 않고視之不見, 들어도 들리지 않는다聽之不聞. 마음이 몸시 떨리고 이상한 생각이 들어 수운은 자세를 곧게 하고 수도를 하면서 하늘님에게 대놓고 묻는다: "**어찌 하여 그러하시니이까?**何爲若然也?"

이때 수운에게 하늘에서 또박또박 말소리가 들려왔다:

> "**내 마음이 곧 네 마음이니라. 세상사람들이 어찌 이 소중한 이치를 깨달았으리오? 세상사람들이 천지를 알면서도 귀신을 알지 못하였도다! 귀신이라는 것이 곧 나를 일컬음이라!** 吾心卽汝心也。人何知之? 知天地而無知鬼神。鬼神者, 吾也。"

수운의 대각의 최종 언사는 바로 이것이다. "내 마음이 곧 네 마음이다." "내 마음"은 여기서 하느님의 마음이다. "네 마음"은 곧 인간의 마음이다. 하느님은 수운이라는 인간에게, 너의 마음이 곧 하느님의 마음이라는 것을 선포한 것이다. 수운의 하느님은 하느님의 전권을 인간에게 위임한 것이다.

인간인 너의 마음이 곧 나 하느님의 마음이다. 이것이 후대에 인내천人乃天(수운은 "인내천"이라는 말을 쓰지 않았다. 이 개념도 손병희 때에 만들어진 것이다) 이라고 부르게 된 동학이념의 조형이며 디프 스트럭처이다. 내 마음이 곧 네 마음이다! 이 순간 수운에게는 모든 수직적 관계가 수평적 관계로 바뀌고 모든 사회적 불평등 관계가 평등관계로 변해야 한다는 "다시 개벽"의 깨달음을 획득한다. 그것이 바로 수운의 마음에 새롭게 자리잡은 "무극대도無極大道"(한계가 없는, 불평등의 극을 지니지 않은 큰 도라는 뜻)였다.

바울과 수운의 대각에는 신관의 근원적 차이가 있기는 하지만, 아담의 창조에서 발생한 죽음의 지배를, 그리스도를 계기로 하는 새로운 창조는 생명의 지배로 변혁해야 한다, 아담이 선악과를 먹기 이전의 오리지날한 인성의 상태를 회복해야 한다는 그 복음의 진리는 후천개벽사상과 크게 다를 바 없다. 수운의 맥을 이은 박중빈은 선천개벽/후천개벽을 음세계/양세계로 바꾸어 표현하기도 했는데 음은 어둠이요 양은 밝음이니, 바울이 말하는 죽음과 생명의 대비와 대차가 없다. 원불교는 또 "참문명세계"를 말하고 "용화회상"을 말하는데, 용화회상은 모든 인간이 미륵불이 된 평등세계를 말하는 것이다.

바 울	
아담	그리스도
죽음(죄, 율법)	생명(부활, 은총)
수 운	
선천개벽	후천개벽
수직구조	수평구조
불평등사회	평등사회

제20절에, 율법*nomos*이 가입함으로써(끼어들어오다) 범죄가 더하게 되었다 했는데, "범죄"는 "파라프토마*paraptōma*"의 번역인데, 그것은 일정한 한계를 넘는다는 뜻이다. "하마르티아"가 과녁에 빗나간다는 뜻이라면 "파라프토마"는 도가 지나치다는 의미이다. 그러나 죄(하마르티아*hamartia*)가 많은 곳에는 아이러니칼하게도 은총 또한 넘치게 되었다고 말한다. 은총은 "카리스*charis*"이다. "카리스마*charisma*"와 상통하는 의미이다.

21절 죄(하마르티아)는 세상에 군림하여 죽음을 가져다주었지만 은총(카리스)은 군림하여 우리 주 예수 그리스도로 말미암아 모든 사람을 하나님과 정의로운 관계에 있게 한다. 그 새로운 관계로 인하여 인간은 영원한 생명ζωὴν αἰώνιον(조엔 아이오니온)에 이르게 된다. 여기 "군림한다"는 표현은 "바실류오*basileuō*," 왕 노릇한다는 뜻인데, 이것은 복음서에서 천국을 "바실레이아βασιλεία"라고 한 것과 동일한 어원의 말들이다. 지금 여기 두 왕이 있다. 하나는 죄가 왕인 세계가 있고 하나는 은총이 왕인 세계가 있다.

그런데 죄가 왕인 세계에서는 모든 사람이 죽음에 이른다. 이것은 전칭全稱이다. 그런데 은총이 왕 노릇하는 세계에서는 사람은 특칭特稱이다. 제한된 사람에게만 은총이 임하는 것이다. 이 은총은 반드시 주 예수 그리스도의 인의역할을 통과해야만 하는데 그 인의justification의 주체인 예수를 나의 삶의 지평으로 수용하는 믿음을 가진 자에 한하여 이 은총이 왕 노릇할 수 있는 세계가 열린다. 은총은 선택적이다. 은총은 오직 예수 그리스도의 의롭게 하심으로써만 초래된다. 그 복음을 수용하는 믿음을 가진 자는 사망 대신 영생(영원한 생명)을 얻는다. 참으로 파워풀한 메시지라 아니 할 수 없다.

죄 왕 King of Sin	은총 왕 King of Grace
모든 백성 All	그리스도를 수용한 백성 Some
죽음 Death	영생 Eternal Life

바울은 여기서 은혜가 왕 노릇하는 자의 삶은 영생에 이르는 반면, 죄가 왕 노릇하는 자의 삶은 사망을 재촉할 뿐임을 명확하게 선포하고 있는 것이다.

〈 로마서 6:1~14, 그리스도와 함께 죽고 함께 살지어다 〉

1What shall we say then? Are we to
continue in sin that grace may abound?
2By no means! How can we who died
to sin still live in it?
3Do you not know that all of us who
have been baptized into Christ Jesus
were baptized into his death?
4We were buried therefore with him
by baptism into death, so that as Christ
was raised from the dead by the glory
of the Father, we too might walk in
newness of life.

5For if we have been united with him
in a death like his, we shall certainly be
united with him in a resurrection like
his.
6We know that our old self was
crucified with him so that the sinful
body might be destroyed, and we might
no longer be enslaved to sin.
7For he who has died is freed from sin.

8But if we have died with Christ, we
believe that we shall also live with him.
9For we know that Christ being raised
from the dead will never die again;
death no longer has dominion over him.
10The death he died he died to sin, once
for all, but the life he lives he lives to
God.

1그런즉 우리가 무슨 말 하리요 은혜恩惠
를 더하게 하려고 죄에 거하겠느뇨
2그럴 수 없느니라 죄에 대하여 죽은 우
리가 어찌 그 가운데 더 살리요
3무릇 그리스도 예수와 합하여 세례洗禮
를 받은 우리는 그의 죽으심과 합하여
세례 받은 줄을 알지 못하느뇨
4그러므로 우리가 그의 죽으심과 합하여
세례를 받음으로 그와 함께 장사葬事되
었나니 이는 아버지의 영광으로 말미암
아 그리스도를 죽은 자 가운데서 살리심
과 같이 우리로 또한 새 생명 가운데서
행하게 하려 함이니라
5만일 우리가 그의 죽으심을 본받아 연합
한 자가 되었으면 또한 그의 부활復活을
본받아 연합한 자가 되리라

6우리가 알거니와 우리 옛 사람이 예수
와 함께 십자가에 못 박힌 것은 죄의 몸
이 멸하여 다시는 우리가 죄에게 종노릇
하지 아니하려 함이니
7이는 죽은 자가 죄에서 벗어나 의롭다
하심을 얻었음이니라
8만일 우리가 그리스도와 함께 죽었으면
또한 그와 함께 살 줄을 믿노니
9이는 그리스도께서 죽은 자 가운데서
사셨으매 다시 죽지 아니하시고 사망이
다시 그를 주장하지 못할 줄을 앎이로라
10그의 죽으심은 죄에 대하여 단번에 죽
으심이요 그의 살으심은 하나님께 대하여
살으심이니

[11]So you also must consider yourselves dead to sin and alive to God in Christ Jesus.
[12]Let not sin therefore reign in your mortal bodies, to make you obey their passions.
[13]Do not yield your members to sin as instruments of wickedness, but yield yourselves to God as men who have been brought from death to life, and your members to God as instruments of righteousness.
[14]For sin will have no dominion over you, since you are not under law but under grace.

[11]이와 같이 너희도 너희 자신을 죄에 대하여는 죽은 자요 그리스도 예수 안에서 하나님을 대하여는 산 자로 여길지어다
[12]그러므로 너희는 죄로 너희 죽을 몸에 왕노릇하지 못하게 하여 몸의 사욕私慾을 순종치 말고
[13]또한 너희 지체肢體를 불의不義의 병기兵器로 죄罪에게 드리지 말고 오직 너희 자신을 죽은 자 가운데서 다시 산 자 같이 하나님께 드리며 너희 지체를 의의 병기로 하나님께 드리라
[14]죄가 너희를 주관치 못하리니 이는 너희가 법 아래 있지 아니하고 은혜 아래 있음이니라

【강해】

이미 바울이 세계와 인간을 바라보는 인간학적인 보편지평이 충분히 독자들에게 료해되었으므로 이 단의 바울의 논설은 나의 해설이 없이도 쉽게 이해될 것이다. 바울이 말하는 그리스도의 부활사건은 종말론적 함의가 항상 강하게 비치고 있다. 그러나 바울의 종말은 파루시아(긴박한 재림)의 종말인 동시에 항상 새로운 시작이라는 인간학적 의미를 포기하지 않는다. 그러므로 바울의 종말은 항상 인간 현존의 일상적 지평을 떠나지 않는다. 그래서 나는 바울이 말하는 부활은 "다시 개벽"의 성격을 지닌다고 주장하였던 것이다. 후천개벽은 종말이 아닌 새로운 시작이다. 그것은 세상의 개벽인 동시에, 개벽된 "나의 삶"이다.

개벽은 물론 문명의 개벽, 사회의 변혁, 정치적 혁명을 지향하기는 하지만 그보다 사회변혁을 가져올 수 있는 "인간의 혁명"이 더 중요하다고 바울은 생각했다. 그런데 바울의 인간혁명은 개개인의 실존적 결단을 촉구하여 쌓아 나가는 것이 아니다. 단번에 전 인류의 삶이 개벽되는 어떤 참신한 구상을 한 것이다. 전 인류를 대상으로 하고, 일시에 인간이 개벽된다는 것이 정말 가능할까? 여기에 바울이 전하는 복음의 인간학적 아이러니는 항상 존재한다. 바울은 이 전 인류가 일시에 개벽되는 계기로서 그리스도의 십자가를 선포한 것이다.

예수는 한 개인을 위하여 죽은 것이 아니라 전 인류를 죄의 압제에서 해방시키기 위해 죽은 것이다. 그리고 그의 죽음은 단 일회의 사건이며 예수는 그 일회의 사건을 통하여 인류의 죄를 일시에 단절시킨 것이다.

자아! 이러한 케리그마의 문제점은 나중에 다시 이야기하기로 하고, 이 단에서 말하는 그리스도의 죽으심과 그리스도 살으심, 즉 십자가사건과 부활사건에 대하여 보다 진지한 각성을 할 필요가 있다. 우리나라 기독교인들은 예수 믿고 죄사함 얻고 복락을 누리다 영생을 얻는다는 생각만 한다.

부활은 십자가사건이 선행하지 않으면 있을 수 없는 사건이다. 다시 말해서 죽음이 없이는 다시 사심이 있을 수 없다. 죽지 않으면 죽은 자 가운데서 다시 사심이 없다. 다시 말해서 부활은 십자가 이후의 사태이며, 바울이 십자가에 특별한 의미를 부여하기 위하여 설정한 사건이다. 가장 리얼한 것은 십자가일 뿐이다. 십자가의 의미를 살려내기 위해 바울은 부활사건을 해후하고 해석하였던 것이다. 바울이 "연약한 가운데서 온전하여진다"고 자신의 신앙을 고백한 것도 십자가의 진정한 의미를 깨달은 자의 고백일 뿐이다.

그런데 한국의 기독교인들은 십자가를 도외시하고 부활이라는 결말만을 중시하고, 찬양하고, 자신의 축복으로 받아들이는 것이다. 한국교회의 오류는 바로 십자가를 망각했다는 데 있다. 이것은 바울을 배척하고 예수를 믿음으로써 해결될 문제는 아니다.

십자가는 "세례baptism" 같은 상징적 의례에 의하여 체화되는 것이 아니라, 오직 내 삶의 믿음, 그 실존적 행위로써 체화되어야 하는 것이다. 8절에 만일 "우리가 그리스도와 함께 죽었으면 또한 그와 함께 살 것을 믿노니"라고 했는데, 여기서 "만일"(에이εi)로 시작되는 구문은 가정적 조건절이 아니라 직설법적 사건이다. 조건절에서 쓰인 "죽었다, 아페다노멘ἀπεθάνομεν"이라는 표현은 완전히 죽은 상태로 들어간 것을 나타낸다. 죽음이라는 완벽한 기존의 사실로써만 인하여 우리는 그리스도와 함께 다시 살 수 있다는 믿음을 가질 수 있다.

"다시 살 수 있다"는 것은 미래형이며 미래적 사건을 나타낸다. 그것은 사실화된 실현태가 아니라 내 삶의 미래적 가능성일 뿐이다. 믿음은 오직 그 가능성에 대한 믿음일 뿐이다. 11절의 "여길지어다"도 영어로 "to reckon" "to consider"로 번역된 "로기제스데λογίςεσθε"의 우리말 번역인데, 이는 "로기조마이λογίςομαι"의 2인칭 복수 현재명령형인데, 확인 가능한 사실에서 출발하여 합당한 결론을 내리는 이성적 활동을 의미한다. 다시 말해서 잘 합리적으로, 이성적으로 생각해보라는 것이다. 죽은 자만이 참으로 살 수 있다는 것을 잘 계산해보라는 것이다.

다시 말해서 그리스도인이 된다는 것의 핵심은 **부활**에 있는 것이 아니라 **십자가**에 있다. 십자가를 내 삶의 지평으로 수용하는 실천적 행위를 통해서만 믿음은 의미를 갖는다, 그런데 기실 이 십자가의 행위는 매우 고통스러운 것이다. 그것은 죽음에 있어서 그리스도와 같아지는 것을 의미하는 것이다. 말틴 루터의 말대로, 우리가 그리스도를 안다는 것은 그리스도의 수난과 고통과 자기부정을 안다는 것이다. 십자가의 궁극적 의미는 나의 모든 죄를 못박는 일시적이고도 철저한 사건이며 따라서, 이것은 불교에서 말하는 "멸집滅執"과 대차가 없다. 다시 말해서 나의 모든 욕망의 집착을 멸하는 것이다. 그것은 나를 죽이는 것이다.

나를 그리스도와 더불어 십자가에 못박는 것이다. 이것은 바로 "무아無我"의 실현이다. 한국의 기독교는 무아의 실천을 가르치지 않고 부활의 복락만을 가르쳤다. 역사적 지평에서의 현실적 십자가사건을 가르치지 않고, 역사적 지평을 떠난 초시간적 부활만을 가르쳤다. 이것은 기독교가 아니다. 이것은 가짜 기독교다! 이것은 사이비 예수쟁이 집단의 광란일 뿐이다. 바카날리아*Bacchanalia*에서 사랑하는 아들을 갈기갈기 찢어 죽여 그 몸체를 뜯어먹으며 춤추며 바카스의 환생을 노래하는 미친 바칸테스*Bacchantes*들의 지랄과 하등의 차이가 없다(김승중, 『한국인이 캐낸 그리스 문명』, pp.115~7).

기독교인이 된다는 것은 어려운 것이다. 그것은 그냥 믿으면 되는 것이 아니다. 교리문답에 답하고 세례를 받으면 기독교인이 되는 것이 아니다. 기독교인은 반드시 그리스도 **안에서** 그리스도의 고난과 죽음을 자기 삶의 지평으로 수용하고, 그 십자가에 행동으로써 동참해야만 하는 것이다. 그리스도의 영광스러운 부활은 아직 실현이 되지 않은 미래적 사건일 뿐이다. 10절에서 바울이 죽으심에 대해서는 과거시제를 쓰고, 살으심에 대해서는 현재시제를 쓴 것은 시사하는 바가 크다. 예수의 죽으심은 과거에 단 한 번 있었던 일이지만, 그의 살으심은 현재도 계속되는 사역이다. 예수의 부활은 하나님의 구속사를 온전하게 구현하기 위한 현재진행형의 부활인 것이다.

나는 10절에 "그의 죽으심은 죄에 대하여 단번에 죽으심이요The death he died he died to sin, once for all,"라는 문장에서 "에파팍스*ephapax*"라는 이 한 마디를 매우 중시한다. "단번에" "단박에" "한 번에" "한 빵에"라는 의미를 지니는 이 말은 "죽으심"의 철저성을 나타낸다. 이 "에파팍스"라는 말이 내가 바울의 사상을 "돈頓" 혹은 "돈오頓悟"라고 표현하는 궁극적 근거이다. 예수가 "죄에 대하여 죽었다"는 말은, 예수가 인간의 죄의 영역에서 그 중압을 다 수용하면서 눌려 죽음으로써 죄의 영역을 벗어났다는 뜻이다. 그는 죽어도 아주 철저히 죽음으로써 죽음의 영역을 벗어났다는 것이다. 이러한 "돈頓"의 경지는 기실 범인이 실현하기 어려운 경지이다. 담배 하나도 끊겠다고 결심한 인간이 곧 쓰레기통을 뒤지고, 도박을 끊겠다고 결심하여 손가락을 자른 인간이 내일이면 또다시 연기 자욱한 도박장에 앉아있기가 일쑤고, 색욕에서 벗어나겠다고 그렇게 다짐한 인간이 끊임없이 색욕의 구렁텅이에서 뒹구는 인간! 그 연약한 인간이 죽음의 영역에서 죽음을 벗어난다는 것은 쉬운 일이 아니다.

그래서 결국 인간의 죽음과 삶의 드라마는 일시적으로 종결되는 드라마가 아니라 끊임없이 계속되는 과정일 수밖에 없다는 것을 바울도 잘 알았던 것 같다. 그래서 부활에 대한 확신을 강조하면서도 부활을 현재시제화 한 것이다. 그리고 교인들의 믿음의 깊이의 층차를 말한다. 믿음도 성장해야 한다고 말한다(살후 1:3, 고후 10:15, 8:7). 믿음이 곧 구원의 패스포트는 아니다. 한국의 기독교인들이여! 꼭 깨달아다오! 그대의 부활은, 그대의 영생은, "낱 옡Not yet"이라는 것을!

십자가Cross	부활Resurrection
죽음Death	생명Life
죄Sin	은총Grace
낡은 자아Old Self	새로운 자아New Self
지금Now	아직Not yet
돈頓Sudden Enlightenment	점漸Gradual Enlightenment

서구신학은 바울을 그가 전개한 에클레시아운동의 현장성 속에서 이해하지 않고, 단지 기성종교화된 기독교의 조직적 교리의 틀 속에서 그 배경으로서 그를 바라보기가 일쑤다. 그러나 바울신학의 다이내미즘은 인간존재의 모든 모순을 역동적으로 내포하고 있다는 그 현장성에 위대함이 있는 것이다. 아까 사회혁명과 인간혁명의 이야기를 하다 말았는데, 우리 동학의 경우에도 동학의 흐름이 만약 동학농민혁명에 의하여 좌절되지 않았더라면 동학도 바울의 신학이 궁극적으로 로마제국을 지배하는 것과도 유사한 힘을 발휘했을 것이다.

동학혁명사를 얘기하는데 남접과 북접을 대립적으로 논구하는 모든 발상은 근원적으로 잘못된 것이다. 우리의 위대한 민중혁명사를 크게 왜곡하는 것이다. 근원적으로 남접과 북접의 이원적 구획은 동학에 존재하지 않았다. 수운이 자신의 죽음이 가까워진 것을 알고 해월에게 도통을 전수하면서(1863년 7월 23일~8월 14일) 최경상崔慶翔에게 "해월海月"이라는 도호와 "북도중주인北道中主人"이라는 조직상의 명호를 내렸는데, 이 "북도중주인"이라는 말은 원래 수운이 살던 경주 용담에서 해월이 거처로 삼고 있었던 마북동馬北洞 검등꼴劍谷이 북쪽에 있었기 때문에 붙인 이름에 불과했다.

이 "북도중주인"이 "북도주," 혹은 "도주인道主人," "주인主人," 등으로 불리다가 "북접주인北接主人," "북접대도주北接大道主," "월성도주月城道主" 등으로 불리었다. 그리고 6임제六任制가 성립한 이후로는(1887년 10월 이후) "최법헌崔法軒"("최버퍼리"라는 애칭이 공식화된 명칭), "북접법헌北接法軒" 이라고 불렸다. 북접이라는 것은 남접에 대한 것일 수 없고, "북도중주인"이라는 말의 변양에 불과하다. 내가 말하려 하는 것은 전국의 포접조직은(수운 생시에 이미 제도는 확립된 것) 기실 해월이 보따리 하나 걸머지고 다니면서 만든 것이다. 해월의 동학운동은 기실 바울의 전도여행보다 더 장시간에 걸친 것이며 더 많은 탄압을 받았으며, 더 많은 성과를 얻었다. 최수운이 1864년 3월 10일 대구 남문 밖 관덕당 뜰에서 참수된 사건은, 신도수 한 3천 명에 불과한, 경상도 지역의 매우 로칼한, 역사적으로 의미가 두드러지지 않은 사소한 십자가사건에 불과했다.

그런데 1894년 전국의 동학조직이 기포起包한 거국적 혁명사태는 바르 코크바의 반란보다는 훨씬 더 조직적이고 참여인구도 많았다. 그 30년간의 숨은 공로는 기실 전봉준과 무관하다. 전봉준은 해월이 정신적으로 닦아놓은 후천개벽의 토양을 전라도에서 활용한 사람일 뿐이다. 그가 일으킨 정치혁명, 폭압에 대한 항거는 역사적으로 큰 의미가 있다. 그러나 그를 남접의 대표인 양 바라보는 시각은 넌센스이다. 해월은 끊임없이 이동했다. 그러나 그의 거소가 주로 단양, 목천, 보은, 진천, 옥천 등 충청도중심이었기 때문에 전라도지역에서 정치적 혁명이 일어났을 때, 마치 해월을 전라도 남접에 대하여 보수적인 북접의 주인인 것처럼 기술한 것이다. 그러나 이것은 넌센스 중의 넌센스이다. 해월이야말로 바울 이상으로 심오한 인간학적 고뇌에 젖는, 수운의 십자가를 가슴속에서 되새기고 되새긴 철인이었다.

전국의 동학조직을 완성한 해월의 입장에서는 전봉준의 거사가, 동학이 지향하는 인간혁명을 좌절시키는 소요로 끝나고 말 가능성이 있으며, 1894년이라는 시점은 아직 카이로스(때)가 아니라고 판단했다. 그러나 결국 청일전쟁의 발발로 국체가 흔들리는 사태에 직면하여 옥천군 청산면 문바위골에 도소를 차리고 있었던 해월은, 1893년 9월 18일 전국기포를 명命한다. 그의 마지막 한마디는 "**천명天命이다**"였다.

이리하여 손병희 통령統領과 전봉준 장군將軍이 논산論山에서 회동하여 공주 우금치牛禁峙(개돌빼기)로 향한다. 그들에게는 가차없이 가혹한 일군의 기관총사격이 기다리고 있을 뿐이었다. 그리고 더욱 한심한 것은 기관총 사이사이에 숨어있는 같은 민족 관군의 총부리였다. 일본의 38식 연발총은 사정거리 2백 보였는데, 동학군이 가진 화승총은 조준거리 2·30보에 불과했다. 시체는 산처럼 쌓였고, 동학군은 시체를 넘고 넘어 전진했다. 우금치전투에 임한 우리 민중은 5만이 넘었다. 전봉준의 공초供招기록에 의하면 4차 접전 후 살아남은 자 불과 5백여 명이라고 했다.

어두운 형장으로 끌려가는 전봉준, 그의 마지막 외침은 이러하다: "*나를 죽일진대 종로 네거리에서 목을 베어 오고가는 사람에게 내 피를 뿌려주는 것이 가할진대 어찌 컴컴한 적굴 속에서 암연暗然히 죽이는가?*" 나는 이러한 녹두의 희생이 헛되다고 생각하지 않는다. 그러나 해월의 보다 깊은 조직활동이 계속 되었더라면 보다 웅장한 우리민족의 "쿼바디스 도미네" 울림이 있었을 것이다. 이 땅의 신학도들이여! 우리 민족의 역사를 좀 더 깊이있게 이해하자!

충북 옥천군을 가면 청산면 한곡리 문바위골이라는 곳이 나온다. 1894년 9월 기포 당시 해월 최시형 선생은 여기 계셨다. 그는 당시 여기에서 1년 이상 머물면서 전국의 동학 포접조직을 지도했다. 동학의 최고지도부가 바로 여기에 있었던 것이다. 이 동네를 문바위골文岩里이라고 부르는 것은 동학기포에 참여한 이 동네사람들 8명의 이름이 여기에 새겨져 있기 때문이다. 목숨 걸고 이름을 파놓고 싸우러 나갔던 것이다. 나는 여기 이 바위 밑에서 기포명령을 내리는 해월 선생의 주저와 결단, 그 천명의 고독을 마음에 새기며, 또 바울의 외로운 투쟁을 연상하였다. 한국인이라면 이러한 우리 민족의 진정한 성지를 가보고 또 우리 역사의 의미를 되새겨봐야 하지 아니 할까!

〈 로마서 6:15~23, 예속과 자유 〉

15What then? Are we to sin because we are not under law but under grace? By no means!

16Do you not know that if you yield yourselves to any one as obedient slaves, you are slaves of the one whom you obey, either of sin, which leads to death, or of obedience, which leads to righteousness?

17But thanks be to God, that you who were once slaves of sin have become obedient from the heart to the standard of teaching to which you were committed,

18and, having been set free from sin, have become slaves of righteousness.

19I am speaking in human terms, because of your natural limitations. For just as you once yielded your members to impurity and to greater and greater iniquity, so now yield your members to righteousness for sanctification.

20When you were slaves of sin, you were free in regard to righteousness.

21But then what return did you get from the things of which you are now ashamed? The end of those things is death.

15그런즉 어찌하리요 우리가 법 아래 있지 아니하고 은혜 아래 있으니 죄를 지으리요 그럴 수 없느니라

16너희 자신을 종으로 드려 누구에게 순종하든지 그 순종함을 받는 자의 종이 되는 줄을 너희가 알지 못하느냐 혹은 죄의 종으로 사망에 이르고 혹은 순종의 종으로 의에 이르느니라

17하나님께 감사하리로다 너희가 본래 죄의 종이더니 너희에게 전하여 준바 교훈의 본本을 마음으로 순종하여

18죄에게서 해방되어 의에게 종이 되었느니라

19너희 육신이 연약하므로 내가 사람의 예例대로 말하노니 전에 너희가 너희 지체肢體를 부정不淨과 불법不法에 드려 불법에 이른것 같이 이제는 너희 지체를 의에게 종으로 드려 거룩함에 이르라

20너희가 죄의 종이 되었을 때에는 의에 대하여 자유하였느니라

21너희가 그 때에 무슨 열매를 얻었느뇨 이제는 너희가 그 일을 부끄러워하나니 이는 그 마지막이 사망임이니라

22But now that you have been set free from sin and have become slaves of God, the return you get is sanctification and its end, eternal life.
23For the wages of sin is death, but the free gift of God is eternal life in Christ Jesus our Lord.

22그러나 이제는 너희가 죄에게서 해방되고 하나님께 종이 되어 거룩함에 이르는 열매를 얻었으니 이 마지막은 영생이라
23죄의 삯은 사망이요 하나님의 은사恩賜는 그리스도 예수 우리 주 안에 있는 영생이니라

【강해】

죄에서 해방된 자는 의義의 종이 된다(18절). 물론 의에서 해방된 자는 죄의 종이 된다(20절). "의에서 해방되었다"는 말을 20절에서는 "의에 대하여 자유롭게 되었다ἐλεύθεροι ἦτε τῇ δικαιοσύνῃ"라고 표현한다. 우리말 감각으로는 언뜻 이해하기 어려운 말인데, 당시 자유, 종이니 하는 말들은 구체적으로 자유민과 노예신분이라는 상태와 관련된 말이므로 이러한 표현이 바울 당대에는 매우 파워풀하게 사람들 가슴에 와닿았을 것이다. 이러한 자유는 인간이 누릴 수 있는 최악의 자유이다. "최순실-박근혜 자유"라고나 할까? 그의 자유 때문에 얼마나 많은 사람들이 고통스러운 세월을 보내야했는지를 생각해보라!

"죄의 삯은 사망이요." 이 "삯," "옵소니온ὀψώνιον"은 헬라스나 로마군대에서 군인에게 지급하던 급료, 봉급, 생계수당을 의미하는 것으로 매우 중립적인 언어이다. 받을 권리가 있는 보수이며, 그 권리가 침해당하면 소송을 제기할 수도 있는 급료를 의미한다. 그래서 더욱 바울의 표현은 코믹하고 펍진하다. 죄의 진영에서, 죄의 군대에서 열심히 행군하며 복무한 사람이 받는 급료가

"사망"이라는 뜻이다. 죄에 헌신하고 충성하는 자들이 받는 보수가 사망이라는 뜻이다.

본 단의 내용은 이와 같다.

죄Sin	의Righteousness
열매를 맺지 못함 fruitlessness	열매를 맺음 fruitfulness
부끄러움 shame	거룩함 sanctification
죽음 Death	생명 Life

바울이 3년 동안 선정禪定한 곳, 아라비아 사막.

〈 로마서 7:1~6, 율법의 지배에 대한 혼인의 비유 〉

1Do you not know, brethren—for I am speaking to those who know the law—that the law is binding on a person only during his life?

1형제들아 내가 법 아는 자들에게 말하노니 너희는 율법이 사람의 살 동안만 그를 주관하는 줄 알지 못하느냐

2Thus a married woman is bound by law to her husband as long as he lives; but if her husband dies she is discharged from the law concerning the husband.

2남편 있는 여인이 그 남편 생전에는 법으로 그에게 매인 바 되나 만일 그 남편이 죽으면 남편의 법에서 벗어났느니라

3Accordingly, she will be called an adulteress if she lives with another man while her husband is alive. But if her husband dies she is free from that law, and if she marries another man she is not an adulteress.

3그러므로 만일 그 남편 생전에 다른 남자에게 가면 음부淫婦라 이르되 남편이 죽으면 그 법에서 자유케 되나니 다른 남자에게 갈지라도 음부가 되지 아니하느니라

4Likewise, my brethren, you have died to the law through the body of Christ, so that you may belong to another, to him who has been raised from the dead in order that we may bear fruit for God.

4그러므로 내 형제들아 너희도 그리스도의 몸으로 말미암아 율법에 대하여 죽임을 당하였으니 이는 다른이 곧 죽은 자 가운데서 살아나신 이에게 가서 우리로 하나님을 위하여 열매를 맺히게 하려 함이니라

5While we were living in the flesh, our sinful passions, aroused by the law, were at work in our members to bear fruit for death.

5우리가 육신에 있을 때에는 율법으로 말미암는 죄의 정욕情慾이 우리 지체 중에 역사役事하여 우리로 사망을 위하여 열매를 맺게 하였더니

6But now we are discharged from the law, dead to that which held us captive, so that we serve not under the old written code but in the new life of the Spirit.

6이제는 우리가 얽매였던 것에 대하여 죽었으므로 율법에서 벗어났으니 이러므로 우리가 영靈의 새로운 것으로 섬길 것이요 의문儀文의 묵은 것으로 아니할지니라

【강해】

남편이 죽으면 남편에 대한 예속에서 벗어난다. 그런데 남편이 살아있는 동안 딴 남자와 섹스를 하면 그 여자는 "음부淫婦, 모이칼리스μοιχαλὶς"라고 불린다. 히브리, 헬라, 로마사회에서 여자는 이혼소송의 자격이 없다. 남편이 문제 있으면 죽기만을 기다려야 한다. 죽어야 비로소 해방된다. 남편이 살아있는 동안 절대 딴 남자와 섹스할 수 없다. 간음죄로 엄중한 처벌을 받는다. 함무라비법전 이래 근동의 모든 법률에 의하여 금지되었다.

그런데 남자가 죽으면 해방되어 다른 남자하고 섹스를 해도 "음부"소리를 듣지 않는다. 그 예속된 남자와는 다른 세계에 속하게 된 것이다.

율법에 얽매여 있었던 부자유스러운 상태로부터 벗어나 영의 새로운 삶을 살게 되었다는 것을 설명하는데, 남편이 죽어서 이제 새 남편을 얻어 섹스를 해도 음부소리를 듣지 않는다는 것으로 아날로지를 삼는 해석방식은 우리 감각에는 영 어색하고 아름답지 못하다. 그러나 이러한 설명방식이 아주 잘 먹히는 어떤 언어적 매력이 있었을 것이다. 우리 언어감각, 우리 생활습관감각으로는 잘 료해되지 않지만, 당대 로마의 독자들에게는, 특히 여성들에게는 가슴에 와 닿는 표현이었을지도 모르겠다.

율법에서의 해방을 결혼법령의 숙명적 구속으로부터로의 해방으로 설명하는 것은 폭압적인 남편이 많았던 당대 그리스·로마사회, 그리고 유대인사회에서 여자들에게 아주 솔깃한 표현방식이었을 것이다. 바울의 언어는 매우 쿨하다. 바울은 우리가 생각하는 것보다는 매우 유머러스한 감각이 있던 사람일지도 모르겠다.

〈 로마서 7:7~25, 오호라! 나는 곤고한 사람이로다! 〉

7 What then shall we say? That the law is sin? By no means! Yet, if it had not been for the law, I should not have known sin. I should not have known what it is to covet if the law had not said, "You shall not covet."

8 But sin, finding opportunity in the commandment, wrought in me all kinds of covetousness. Apart from the law sin lies dead.

9 I was once alive apart from the law, but when the commandment came, sin revived and I died;

10 the very commandment which promised life proved to be death to me.

11 For sin, finding opportunity in the commandment, deceived me and by it killed me.

12 So the law is holy, and the commandment is holy and just and good.

13 Did that which is good, then, bring death to me? By no means! It was sin, working death in me through what is good, in order that sin might be shown to be sin, and through the commandment might become sinful beyond measure.

14 We know that the law is spiritual; but I am carnal, sold under sin.

7 그런즉 우리가 무슨 말 하리요 율법이 죄냐 그럴 수 없느니라 율법으로 말미암지 않고는 내가 죄를 알지 못하였으니 곧 율법이 탐내지 말라 하지 아니하였더면 내가 탐심을 알지 못하였으리라

8 그러나 죄가 기회를 타서 계명誡命으로 말미암아 내 속에서 각양各樣 탐심貪心을 이루었나니 이는 법이 없으면 죄가 죽은 것임이니라

9 전에 법을 깨닫지 못할 때에는 내가 살았더니 계명이 이르매 죄는 살아나고 나는 죽었도다

10 생명에 이르게 할 그 계명이 내게 대하여 도리어 사망에 이르게 하는 것이 되었도다

11 죄가 기회를 타서 계명으로 말미암아 나를 속이고 그것으로 나를 죽였는지라

12 이로 보건대 율법도 거룩하며 계명도 거룩하며 의로우며 선하도다

13 그런즉 선한 것이 내게 사망이 되었느뇨 그럴 수 없느니라 오직 죄가 죄로 드러나기 위하여 선한 그것으로 말미암아 나를 죽게 만들었으니 이는 계명으로 말미암아 죄로 심히 죄되게 하려함이니라

14 우리가 율법은 신령神靈한줄 알거니와 나는 육신에 속하여 죄 아래 팔렸도다

15 I do not understand my own actions. For I do not do what I want, but I do the very thing I hate.
16 Now if I do what I do not want, I agree that the law is good.
17 So then it is no longer I that do it, but sin which dwells within me.
18 For I know that nothing good dwells within me, that is, in my flesh. I can will what is right, but I cannot do it.
19 For I do not do the good I want, but the evil I do not want is what I do.
20 Now if I do what I do not want, it is no longer I that do it, but sin which dwells within me.
21 So I find it to be a law that when I want to do right, evil lies close at hand.

22 For I delight in the law of God, in my inmost self,
23 but I see in my members another law at war with the law of my mind and making me captive to the law of sin which dwells in my members.
24 Wretched man that I am! Who will deliver me from this body of death?
25 Thanks be to God through Jesus Christ our Lord! So then, I of myself serve the law of God with my mind, but with my flesh I serve the law of sin.

15 나의 행하는 것을 내가 알지 못하노니 곧 원하는 이것은 행하지 아니하고 도리어 미워하는 그것을 함이라
16 만일 내가 원치 아니하는 그것을 하면 내가 이로 율법의 선한 것을 시인하노니
17 이제는 이것을 행하는 자가 내가 아니요 내 속에 거하는 죄니라
18 내 속 곧 내 육신에 선한 것이 거하지 아니하는 줄을 아노니 원함은 내게 있으나 선을 행하는 것은 없노라
19 내가 원하는 바 선은 하지 아니하고 도리어 원치 아니하는 바 악은 행하는도다
20 만일 내가 원치 아니하는 그것을 하면 이를 행하는 자가 내가 아니요 내 속에 거하는 죄니라
21 그러므로 내가 한 법을 깨달았노니 곧 선을 행하기 원하는 나에게 악이 함께 있는 것이로다
22 내 속 사람으로는 하나님의 법을 즐거워하되
23 내 지체 속에서 한 다른 법이 내 마음의 법과 싸워 내 지체 속에 있는 죄의 법 아래로 나를 사로잡아 오는 것을 보는도다
24 오호라 나는 곤고困苦한 사람이로다 이 사망의 몸에서 누가 나를 건져 내랴
25 우리 주 예수 그리스도로 말미암아 하나님께 감사하리로다 그런즉 내 자신이 마음으로는 하나님의 법을, 육신으로는 죄의 법을 섬기노라

【강해】

이 단은 특별히 공동번역이나 새번역보다는 개역판으로 읽는 것이 좋다. 우리말의 아름다움이 극도로 잘 표현되어 있다. 고풍스러운 기품이 없는 문장은 아무리 의미전달이 잘되어도 되씹히지를 않는다.

"오호라! 나는 곤고한 사람이로다. 이 사망의 몸에서 누가 나를 건져내랴!"

이 말을 가지고 많은 주석가들이 "누가 나를 건져내랴!"는 외침은 아무도 건져낼 수 없다는 절망적 외침이 아니라, 자신을 건져낼 수 있는 누군가가 있을 것이라는 기대를 가지고 외치는 탄식이라고 에둘러댄다. 바울과 같은 위대한 믿음의 사람이 이런 절망을 토로할 리가 없다는 "예수쟁이"들의 심려에서 나온 엉터리 주석이다.

나는 진실로 로마서에서 이 7장의 독백이 없다면 바울은 엉터리라고 생각한다. 내가 어린 약관의 나이에 바울에게 감동한 것은 밑도끝도 보이지 않는 존재의 절망의 심연을 나에게 내보여주었기 때문이다. 황량하고도 싸늘한 북풍과도 같은 그의 절망의 탄식이 오히려 나의 가슴의 열정을 불태웠다.

"내가 원하는 바 선은 행치 아니 하며
오히려 원치 아니 하는 바 악을 행하는도다!"

Alas! 이 이상의 정직한 인간의 고백이 어디 있는가? 절망을 절망으로 느낄 수 있을 때만이 인간은 참된 희망을 발견할 수 있다. 나도 젊은 날, 얼마나 끝도 없는 절망의 심연을 헤매었는가! 누군가 건져주리라는 기대가 있다구!

웃기지 마라! 그런 기대감에 이런 탄식을 내뱉었다면 바울은 바울이 아니다. 바울은 결코 인류역사를 개벽하는 인물이 되지 못했다.

이 장에서 철학적으로 크게 문제가 되는 주제는 25절의 "나"가 "마음, 누스*nous*"와 "육신, 사르크스*sarx*"로 나뉘었다는 것이다. 그리고 24절의 "사망의 몸"이라고 할 때의 "몸"은 "소마*soma*, σῶμα"로 표현했다. 소마는 보다 일반적인 의미로 쓰였는데, 사르크스는 확실히 물질적인 의미가 강하다. 그러나 과연 마음(누스)과 육신(사르크스)이 오늘 우리가 생각하는 데카르트적인 2원론의 정신(mind)과 물질(matter)과 같은 2원 실체일까? 마음과 육신은 항상 대립되는 것일까? 바울의 언어를 오늘 우리가 생각하는 심신이원론Body-Mind Dualism의 언어로 환원시키면 대부분 맞아떨어지는 측면도 없는 것은 아니지만 바울의 원의를 상실할 때가 많다.

"그런즉 내 자신이 마음으로는 하나님의 법을, 육신으로는 죄의 법을 섬기노라."

나*Ego*	
육신*sarx*	마음*nous*
죄의 노모스 νόμῳ ἁμαρτίας	하나님의 노모스 νόμῳ θεοῦ

그렇다면 나의 죄는 오직 나의 육신의 탓일까? 과연 모든 죄를 나의 육신의 탓으로 돌리고, 나의 정신은 항상 깨끗하다고 말할 수 있겠는가? 정신도 타락한

정신이 있고, 몸도 성령의 몸이 있을 수 있다. 그가 육신을 말하는 것은 불교식으로 말하자면 집執이 육신의 타성에 많다는 뜻이지만 집은 오히려 정신의 집이 더 무서운 나의 파멸을 가져올 수도 있다. 사르크스와 누스는 동시적일 수밖에 없다. 죄라는 것은 인간의 한계상황이며 그것이 반드시 육욕에 국한되는 것은 아니다.

기독교가 이러한 이원론에 빠져있게 되면 한없는 위선에 빠질 뿐이다. 그것은 맹자의 말씀대로, 내가 사람을 찔러 죽이면서 칼이 한 짓이라고 둘러대는 오류(是何異於刺人而殺之曰, 非我也, 兵也。「양혜왕」상3)와도 같은 것이다.

바울에게 이미 플라토니즘적인 희랍사상의 오염이 강하게 나타나는 것은 사실이다. 그리고 서구의 신학자들은 대체적으로 심신이원론적 발상을 소급해서 바울에게 적용하고 있다. 바울의 "몸"은 그렇게 이원실체화된 몸이 아니다. 바울의 "몸"을 전체적인 인격을 나타내는 말로서 일단 간주하고, 바울의 문장을 해석하는 것이 더 심층적 의미를 드러낸다고 나 도올은 확신한다.

〈 로마서 8:1~17, 성령이 주시는 생명 〉

1 There is therefore now no condemnation for those who are in Christ Jesus.

2 For the law of the Spirit of life in Christ Jesus has set me free from the law of sin and death.

3 For God has done what the law, weakened by the flesh, could not do: sending his own Son in the likeness of sinful flesh and for sin, he condemned sin in the flesh,

4 in order that the just requirement of the law might be fulfilled in us, who walk not according to the flesh but according to the Spirit.

5 For those who live according to the flesh set their minds on the things of the flesh, but those who live according to the Spirit set their minds on the things of the Spirit.

6 To set the mind on the flesh is death, but to set the mind on the Spirit is life and peace.

7 For the mind that is set on the flesh is hostile to God; it does not submit to God's law, indeed it cannot;

8 and those who are in the flesh cannot please God.

9 But you are not in the flesh, you are in the Spirit, if in fact the Spirit of

1 그러므로 이제 그리스도 예수 안에 있는 자에게는 결코 정죄함이 없나니

2 이는 그리스도 예수 안에 있는 생명의 성령의 법이 죄와 사망의 법에서 너를 해방하였음이라

3 율법이 육신으로 말미암아 연약하여 할 수 없는 그것을 하나님은 하시나니 곧 죄를 인하여 자기 아들을 죄 있는 육신의 모양으로 보내어 육신에 죄를 정하사

4 육신肉身을 좇지 않고 그 영靈을 좇아 행하는 우리에게 율법의 요구를 이루어지게 하려 하심이니라

5 육신을 좇는 자는 육신의 일을, 영을 좇는 자는 영의 일을 생각하나니

6 육신의 생각은 사망이요 영의 생각은 생명과 평안이니라

7 육신의 생각은 하나님과 원수가 되나니 이는 하나님의 법에 굴복치 아니할 뿐 아니라 할 수도 없음이라

8 육신에 있는 자들은 하나님을 기쁘시게 할 수 없느니라

9 만일 너희 속에 하나님의 영이 거하시면 너희가 육신에 있지 아니하고 영에

God dwells in you. Any one who does not have the Spirit of Christ does not belong to him.

있나니 누구든지 그리스도의 영이 없으면 그리스도의 사람이 아니라

10 But if Christ is in you, although your bodies are dead because of sin, your spirits are alive because of righteousness.

10 또 그리스도께서 너희 안에 계시면 몸은 죄로 인하여 죽은 것이나 영은 의를 인하여 산 것이니라

11 If the Spirit of him who raised Jesus from the dead dwells in you, he who raised Christ Jesus from the dead will give life to your mortal bodies also through his Spirit which dwells in you.

11 예수를 죽은 자 가운데서 살리신 이의 영이 너희 안에 거하시면 그리스도 예수를 죽은 자 가운데서 살리신 이가 너희 안에 거하시는 그의 영으로 말미암아 너희 죽을 몸도 살리시리라

12 So then, brethren, we are debtors, not to the flesh, to live according to the flesh—

12 그러므로 형제들아 우리가 빚진 자로되 육신에게 져서 육신대로 살 것이 아니니라

13 for if you live according to the flesh you will die, but if by the Spirit you put to death the deeds of the body you will live.

13 너희가 육신대로 살면 반드시 죽을 것이로되 영으로써 몸의 행실을 죽이면 살리니

14 For all who are led by the Spirit of God are sons of God.

14 무릇 하나님의 영으로 인도함을 받는 그들은 곧 하나님의 아들이라

15 For you did not receive the spirit of slavery to fall back into fear, but you have received the spirit of sonship. When we cry, "Abba! Father!"

15 너희는 다시 무서워하는 종의 영을 받지 아니하였고 양자養子의 영을 받았으므로 아바 아버지라 부르짖느니라

16 it is the Spirit himself bearing witness with our spirit that we are children of God,

16 성령聖靈이 친히 우리 영으로 더불어 우리가 하나님의 자녀인 것을 증거하시나니

17 and if children, then heirs, heirs of God and fellow heirs with Christ, provided we suffer with him in order that we may also be glorified with him.

17 자녀이면 또한 후사 곧 하나님의 후사後嗣요 그리스도와 함께한 후사니 우리가 그와 함께 영광을 받기 위하여 고난도 함께 받아야 될 것이니라

【강해】

8장 1절에서 27절까지 내가 세어본 바로는 성령Spirit(프뉴마πνεῦμα, 그냥 "영"으로 번역된 것 포함)이라는 단어가 21번 나온다. 자아! 왜 이 말이 여기서 집중적으로 등장하고 있는가? 로마서 1장에 8장까지를 일관되게 지배하는 사상적 주제는 뭐니뭐니 해도 "하나님의 의로우심*diakiosynē theou*"과 그것과 연결된 "인의認義*dikaiōsis*"의 문제였다. 아마도 헬라스문명과 로마문명에서는 "재판"이라는 것이 매우 일상적인 것이었기 때문에, 우리에게는 이해하기 어려운 측면이 있어도, 당대인들에게 매우 아필되는 용어방식이었을 것이다. 우리는 재판문화를 지배세력의 폭압의 수단, 형법집행, 포도청의 만행으로만 인식하여 근원적으로 기피하기만 했으나, 희랍의 배심제도로부터 유래하는 서구인들의 재판은 무엇인가 인간의 권리를 쟁취하는 수단으로서, 인간세의 정의*diakiosynē*를 밝히는 장으로서 사람들에게 인식되었던 것 같다. 로마서만 보아도 법에 대한 사유가 우리와 매우 다르다는 것을 알 수 있다.

"인의認義"라고 하는 것은 쉽게 표현하자면 하나님이 판사인 재판정에서 예수라는 특별한 변호사로 인하여 피고인인 우리가 "무죄판결"을 받는 것을 의미한다. 예수라는 변호사의 십자가사건으로 인하여, 우리 모두의 죄가 벗겨지고, 죄의 종됨에서 해방되어, 하나님의 의로우심이 실현되고, 우리가 자유인이 된다는 것이다. 이것이 로마서의 가장 큰 테마라고 할 수 있다.

자아! 내가 지독한 죄인이었다. 그런데 하나님의 법정에서 예수라는 변호사(중보자)로 인하여 무죄판결을 받았다. 그런데 과연 무죄판결 석방을 받았다고 해서 그 이후로도 죄를 안 저지르고 완결무흠의 무죄인의 삶을 산다는 것이 과연 가능할까? 이토록 나약한 인간에게 그러한 보장이 계속해서 성립할 수 있을까?

여기에 크게 두 가지 문제가 있다. 첫째는 인간이라는 존재의 허약함, 그 죄악의 타성inertia에 관한 문제이다. 그러나 더 큰 또 하나의 문제는 이 재판이 언제 어떻게 열렸냐는 것에 관한 것이다. 자아! 생각해보자! 바울이 말하는 재판은 최후의 심판이다. 파루시아(재림)의 때에 열리는 전 인류의 대 재판정이다. 다시 말해서 바울은 이 재판에 관한 얘기가 모두 오늘 이 시점에서 아주 긴박하게 전개되는 현재적 사건, 개별적 사건인 것처럼 이야기하지만, 사실 엄밀하게 따지면 이러한 논의는 논리적으로 모순이 있고, 때로는 좀 기만성도 있어 보인다.

왠가? 재판은 아직 열리지 않았다! 아직 열리지 않은 미래적 사건을 바울은 오늘 나의 실존의 지평에서 현재 카이로스화 하고 있는 것이다(카이로스에 관해서는 김승중 교수의 『한국인이 캐낸 그리스 문명』 제2장, "카이로스: 고대 그리스의 시간혁명과 서양문화의 토대"에 매우 자세히 해설되어 있다). 그러나 그것은 사실 아직 열리지 않았으므로 픽션일 뿐이다. 그러나 십자가사건은 얘기가 다르다. 십자가사건은 우리의 크로노스적 시간인식의 지평 위에 이미 일어난 사건이다. 그 사건은 과거 한 시점에 일어난 사건이며, 이미 완료된 사실이다. 그리고 역사적 예수는 십자가 위에서 죽었고 그리고 죽음을 극복하고 부활하였다. 다시 말해서 예수의 죽음과 부활은 그를 하나님의 아들로서 우리에게 인증시킨 기성의 사실이다. 그 역사적 지평 위의 사실을 나의 실존적 지평으로서 수용하는 것을 "믿음"이라고 부른다.

예수의 죽음과 부활은 나의 확고한 믿음이 되었다. 그러나 나의 죽음과 부활은 예수의 그 사건과 동시적으로 일어난 사건이 아니다. 그것은 아직(Not yet) 올 실제사건의 보장이다. 그리스도의 재림과, 죄와 사망의 세력으로부터의 우리의 완전한 해방은, 미래에 닥칠 사건이다. 이 종말과 무죄판결은 나의 "소망"에 머물러있다. 내가 구원받을 것이다라는 것은 아직 성취되지 않은 소망이다.

여기 "성령"이란 무엇인가? 왜 필요로 하는 것일까? 왜 바울의 논리의 지평 위에 이 성령이라는 새로운 과제상황이 등장하는가? 이것은 바로 인간의 연약한 한계상황과 관련이 있다. 아무리 내가 무죄판결을 받았다 할지라도, 즉 예수가 그리스도임을 나의 실존의 지평으로 수용하였던 할지라도 궁극적으로 나의 죽음과 나의 부활은 시차가 있다. 나의 죽음은 현재적 사건이다. 나는 끊임없이 나의 모든 죄를 십자가에 못박아야 한다. 나는 끊임없이 죽어야 한다. 그러나 나의 죽음이 온전한 나의 부활을 보장할 수 있는 수준으로 유지된다는 것은 결코 쉬운 일이 아니다. 도박쟁이가 철저히 도박을 끊는 컨버젼을 체험한다 할지라도, 철저히 도박을 끊는 생활을 유지하기 위해서는, 끊임없이 도박의 유혹과 싸워야만 한다. 예수 그리스도를 믿음으로써 내가 사망의 권세로부터 벗어났다 할지라도, 오호라! 나는 곤고한 사람이로다! 내가 원치 아니 하는 악을 행하는도다! 아~ 나는 자아를 속박하는 악마적 저력과 끊임없이 결투를 해야 한다!

이 결투를 끊임없이 감행할 수 있기 위해서는 나에게 에너지가 필요하다! 기氣가 필요하다! 이 기氣를 바울은 프뉴마*pneuma*, 즉 성령이라고 불렀는데, 그것은 성스러운 기氣라는 뜻이다. 프뉴마는 우리말의 기氣와 동일하다. 프뉴마는 "숨breath," "바람wind," "마음의 상태," "기질"을 뜻하는 말인데, 우리말의 기氣가 "숨"에서 온 것과 동일하다. "숨"쉰다는 것은 "생명"의 보장이다. 이 "숨"에서 "영," "생명," "하나님의 영," "성령," "심령," "영혼," "마음," "생기" 등의 다양한 뜻이 내포된다. 다시 말해서 우리가 구원의 생명을 유지하기 위해서는 예수의 기氣를 받아야 한다. 그래야 온전한 부활의 그날까지 나는 온전한 생명을 유지할 수 있다. 성령이여! 오소서! 이것은 내가 그리스도 예수 안에 삶으로써, 그리스도 예수의 영기를 받는 것을 의미한다. 그리스도 예수의 영기는, 곧 하나님의 영기를 받는 것과 마찬가지다. 예수는 곧 하나님의 아들이기 때문이다. 바로 이러한 의미를 바울은 "이는 그리스도 예수 안에 있는 생명의 성령의 노모스가 죄와 사망의 노모스로부터 너를 해방시켰다"(2절)라고 표현했다. 이 새로운 노모스가 영과 생명의 은사를 나에게 선사하는 것이다. 프뉴마의 세계에서만 참된 생명이 나올 수 있는 것이다.

우리의 고전인 『동의보감』에 인간을 정精·기氣·신神으로 논한 대목이 있다. 정精은 인간 존재의 땅적인 부분이며 하초下焦를 담당한다. 정精은 땅에 있어서의 인간의 번성을 담당하며 신기腎氣의 영역에 속한다. 정욕과 색정이 다 하초에 속하며 자손을 번창케 한다. 기氣는 중초中焦이며 인간의 소화기능영역을 담당한다. 비위脾胃의 영역이다. 그것은 땅의 영역이 아닌 사람(인人)의 영역에 속한다. 그리고 신神은 상초上焦에 속하여 인간의 신비로운 모든 능력, 사유, 이성, 언어, 로고스적 활동을 생산하는데 이것은 폐肺의 영역이며 하늘의 영역에 속한다. 다시 말해서 인간은 이 상·중·하의 삼초三焦로 구성되어 있는 존재이다. 바로 이 삼초의 스트럭쳐가 바로 인간이 소우주가 되는 까닭이다. 인간의 몸은 곧 우주이다. 바울의 인간관의 정수는 이러한 삼초사상과 크게 다르지 않다.

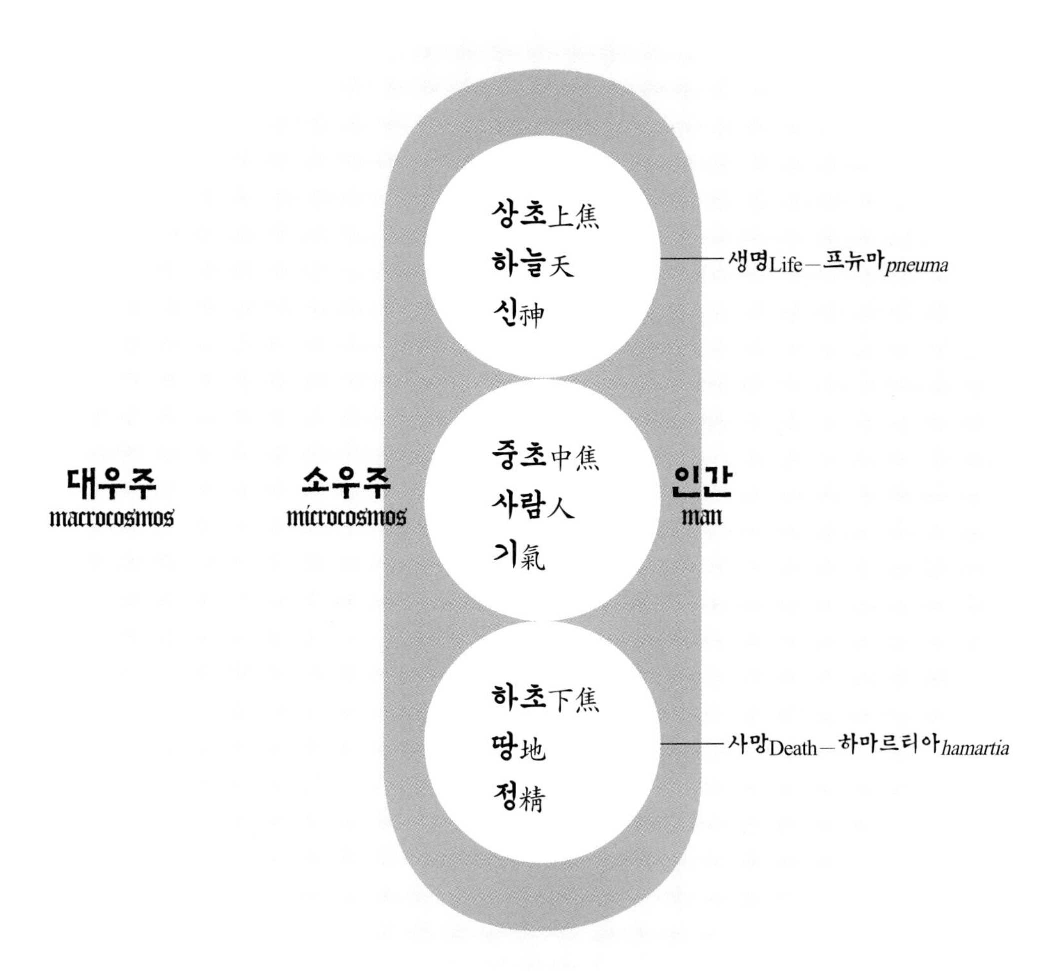

중초의 기氣는 정화精化도 되고 신화神化도 된다. 이 신화神化된 상초의 기를 바울은 프뉴마*pneuma*라고 부르고 있는 것이다. 인간의 상초는 대우주의 하늘과 직결되어 있는 통로이다. 그 통로를 거쳐 그리스도의 생명의 영이 깃들게 되는 것이다.

> **육신을 좇는 자는 육신의 일을, 영을 좇는 자는 영의 일을 생각하나니, 육신의 생각은 사망이요, 영의 생각은 생명과 평화이니라.**(5~6절).

한번 생각해보라! 여기 8장의 바울의 언어들을 모두 데카르트 이후의 근대 철학의 심신이원론으로 해석한다면, 육신과 영을 각각 독립된 실재로서, 자기원인*causa sui*적 실체Substance로서 생각한다면, "몸은 죄로 인하여 죽은 것이나, 영은 의로 인하여 산 것이다"라는 바울의 명제는 근원적으로 나의 존재에서 성립할 수가 없다. 나의 죄로 인하여 나의 몸이 죽었다면, 어떻게 내 몸이 죽었는데 나의 영이 살 수 있겠는가! 그 영은 허깨비phantom가 아니고 무엇이란 말인가! 나의 몸이 죽었는데 어떻게 내가 나의 생명을 유지할 수 있단 말인가! 결국 몸과 영은 나의 존재의 항시 공존하는 두 측면, 두 상징일 뿐이다. 실체론적 실재가 아니다. 몸과 영은 우리 인간관이 말하는바, 하초(정精)와 상초(신神)의 다른 이름일 뿐이다. 나 존재의 복합적 중층구조를 상징화한 말일 뿐이다. 인간에게는 성선性善과 성오性惡가 항상 공존하는 것이다.

sōma **몸** *sarx*	**영** *pneuma*
하초下焦	**상초**上焦
정精	**신**神
땅地	**하늘**天
번식과 죽음 Death	**생명과 부활**Resurrection
성오性惡	**성선**性善
순자荀子**적 측면**	**맹자**孟子**적 측면**

이 도표를 이해하고 9절부터 읽어보라!

"만일 너희 속에 하나님의 영이 거하면 너희가 육신에 있지 아니하고 영에 있나니, 누구든지 그리스도의 영이 없으면 그리스도의 사람이 아니라.

또 그리스도께서 너희 안에 계시면 몸은 죄로 인하여 죽은 것이나 영은 의를 인하여 산 것이니라.

예수를 죽은 자 가운데서 살리신 이의 영이 너희 안에 거하시면, 그리스도 예수를 죽은 자 가운데서 살리신 이가 너희 안에 거하시는 그의 영으로 말미암아 너의 죽을 몸도 살리시리라." (9~11절).

11절의 "예수를 죽은 자 가운데서 살리신 이의 영"은 "하나님의 영"을 그냥 풀어쓴 것이다. 이 하나님의 영이 우리 안에 거하게 되면, 그리스도 예수를 죽은 자 가운데 살리신 이(이이도 하나님인데, 부활의 행위가 강조되어 있다)가 "너희 안에 이미 거하고 있는 당신의(하나님의) 영을 활용하여 죽을 수밖에 없는 너의 몸까지도 살려낼 것"이라는 뜻이다.

다시 말해서 우리 몸 속에는 항상 "하나님의 영αὐτοῦ πνεύματος"이 몸의 기층으로써 항존하는 것을 의미하는 것이다. 이것이 곧 나의 몸의 상초上焦인 것이다. 이 상초, 이 하나님의 프뉴마야말로 나의 몸이 부활할 수 있는 항존의 기저the permanent substratum of the resurrection-life인 것이다.

"너희도 또 다시 공포에 떨 수밖에 없는 노예살이의 영을 받은

것이 아니라, 너희를 친자녀로 삼으시는 영πνεῦμα υἱοθεσίας을 받았으므로, 우리는 그 영에 힘입어 하느님을 압바 아버지라 부르짖느니라."(15절).

바울신학을 우리 입장에서 평가할 때 최대의 문제점은, 그의 모든 보편주의적 구원의 논거로서 철저한 유일신관을 내세우는 것은 이해가 가는 일이지만, 유일신관이 진정으로 유일신이 되려면 그것이 인격적 존재자로서 실체화 되어서는 아니 된다는 데 있다. 유일신은 전체이지 하나가 아니다. 다시 말해서 일자로서 대상화될 수가 없다. 그것은 대상화될 수 있는 실체성을 다 끊어버리는 절대絶對이다. 절대絶對란 모든 대對, 즉 개념적 분별을 끊는다(絶)는 의미이니, 진정한 절대자가 되려면 우리의 언어나 사유의 건너편에 있을 수밖에 없다. 즉 절대적 타자The Wholly Other가 될 수밖에 없다. 절대적 타자는 인격신이 될 수 없다. 인격신이 되면 대상화되고 나의 분별적 개념 속으로 들어오기 때문이다.

절대자와 인격신의 이 모순을 아예 과감하게 해결하는 바울신학의 논리가 바로 "압바 호 파테르Αββα ὁ πατήρ"라는 절규이다.

"압바"는 우리말의 "아빠"와도 같은 아주 친근한 호칭이다. 그 뒤의 "파테르"는 희랍어의 "아버지"란 표현이다. 좀 공식적인 표현이다. 그런데 이 "압바"는 아버지의 아람어이며, 그것은 바울이 무의식적으로 사용하는 자기의 일상언어이다. "압바"는 대상화 되는 개념적 존재가 아니다. 동사로 쓴 "크라조멘κράζομεν"은 "울부짖는다"의 뜻인데 이것은 고통의 심연에서 그냥 인간이 보호와 도움을 필요로 할 때 외치는 무의식적인 발출의 뜻을 가지고 있다. 이것은 의식적인 것이 아니라 무의식적인 무아경의 절규이다. "압바" 야말로 절대적인 타자에 대한 어떤 무아경의 호소를 나타내는 것이다. 양자의 영을 받은 자들이 하나님 즉 절대적 타자를 "압바"라고 대상화될 수 없는 친근감으로 울부짖는다는 것은 곧 그 울부짖는 자가 예수 그리스도와 대등한 자격을 갖게 되었음을 의미하는 것이다. 죽을 수밖에 없었던 죄인에게 이 이상의 축복이 있으랴!

단 17절의 중요한 메시지가 있다. 우리가 그리스도와 더불어 공동상속자가 되기 위해서는 우리는 그리스도가 받았던 고난에 동참해야 한다. 기독교인은 십자가의 의미를 삶의 핵심에 놓아야 한다는 것이다.

> **"우리가 그리스도와 함께 영광을 받기 위해서는 반드시 그의 고난도 함께 받아야 될 것이니라."** (17절).

한국기독교가 그 가슴에 깊이 새겨야 할 바울신학의 테제이다. *Amen.*

〈 로마서 8:18~30, 종말론적 영광에 대한 소망 〉

18 I consider that the sufferings of this present time are not worth comparing with the glory that is to be revealed to us.

19 For the creation waits with eager longing for the revealing of the sons of God;

20 for the creation was subjected to futility, not of its own will but by the will of him who subjected it in hope;

21 because the creation itself will be set free from its bondage to decay and obtain the glorious liberty of the children of God.

22 We know that the whole creation has been groaning in travail together until now;

23 and not only the creation, but we ourselves, who have the first fruits of the Spirit, groan inwardly as we wait for adoption as sons, the redemption of our bodies.

24 For in this hope we were saved. Now hope that is seen is not hope. For who hopes for what he sees?

25 But if we hope for what we do not see, we wait for it with patience.

26 Likewise the Spirit helps us in our weakness; for we do not know how to pray as we ought, but the Spirit himself intercedes for us with sighs too deep for words.

18 생각건대 현재의 고난은 장차 우리에게 나타날 영광과 족히 비교할 수 없도다

19 피조물의 고대하는 바는 하나님의 아들들의 나타나는 것이니

20 피조물이 허무한 데 굴복하는 것은 자기 뜻이 아니요 오직 굴복케 하시는 이로 말미암음이라

21 그 바라는 것은 피조물도 썩어짐의 종노릇한 데서 해방되어 하나님의 자녀들의 영광의 자유에 이르는 것이니라

22 피조물이 다 이제까지 함께 탄식하며 함께 고통하는 것을 우리가 아나니

23 이뿐 아니라 또한 우리 곧 성령의 처음 익은 열매를 받은 우리까지도 속으로 탄식하여 양자 될 것 곧 우리 몸의 구속救贖을 기다리느니라

24 우리가 소망으로 구원을 얻었으매 보이는 소망이 소망이 아니니 보는 것을 누가 바라리요

25 만일 우리가 보지 못하는 것을 바라면 참음으로 기다릴지니라

26 이와 같이 성령도 우리 연약함을 도우시나니 우리가 마땅히 빌 바를 알지 못하나 오직 성령이 말할 수 없는 탄식으로 우리를 위하여 친히 간구하시느니라

27 And he who searches the hearts of
men knows what is the mind of the
Spirit, because the Spirit intercedes for
the saints according to the will of God.
28 We know that in everything God
works for good with those who love
him, who are called according to his
purpose.
29 For those whom he foreknew he also
predestined to be conformed to the
image of his Son, in order that he might
be the first-born among many brethren.
30 And those whom he predestined he
also called; and those whom he called
he also justified; and those whom he
justified he also glorified.

27 마음을 감찰監察하시는 이가 성령의 생
각을 아시나니 이는 성령이 하나님의 뜻
대로 성도聖徒를 위하여 간구하심이니라

28 우리가 알거니와 하나님을 사랑하는
자 곧 그 뜻대로 부르심을 입은 자들에
게는 모든 것이 합력合力하여 선을 이루
느니라
29 하나님이 미리 아신 자들로 또한 그
아들의 형상을 본받게 하기 위하여 미리
정하셨으니 이는 그로 많은 형제 중에서
맏아들이 되게 하려 하심이니라
30 또 미리 정하신 그들을 또한 부르시고
부르신 그들을 또한 의롭다 하시고 의
롭다 하신 그들을 또한 영화榮華롭게 하
셨느니라

【강해】

이 단에서 바울은 바울의 서신 어느 곳에서도 말하지 않았던 웅장한 우주의 드라마를 제시한다. 이 단의 언어는 바울의 매우 독창적인 사상으로 간주해야 할 것이다. 많은 주석가들이 구약의 종말론적 사유가 재현된 것으로 이해하나 실제적 함의는 전적으로 새로운 것이며, 독창적인 것이다. 현재 우리가 겪는 고난은 장차 우리에게 나타날(아포칼륖데나이ἀποκαλυφθῆναι) 영광(독사δόξα: 플라톤철학에서는 "천박한 감각적 견해opinion"를 나타내는 매우 부정적인 의미를 가진 말이었는데, 신약에서는 드러남, 영광, 찬란함, 광휘, 장엄, 광채 등의 좋은 의미로 쓰인다)에 비하면 아무것도 아니다. 바울은 계속해서 교인들에게 종말론적 영광에 대한 소망을 가질 것과, 그 소망 속에서 인내하여야 함을 권고하고 있는 것이다. 그런데 여기 종말론적 영광은 갑자기 차원을 바꾸어 우주적 사변으로 비화한다.

"피조물의 고대하는 바는 하나님의 아들들이 나타나는 것이니."(19절).

어떻게 해서 이 코스모스의 모든 피조물, 즉 산천초목 만물이 하나님의 아들들(원문에는 휘온υἱῶν으로 되어있으므로 "아들들"인데 너무 남성중심적 표현이라서 공동번역에서는 "자녀"로 바꾸었다)이 나타나기를 기다린단 말인가! 여기 "하나님의 아들들이 나타난다"는 표현은 죄에서 해방되어 온전하게 된 인간들이 출현하는 시점, 즉 종말의 영광, 그 카이로스를 말하고 있는 것이다.

그런데 여태까지는 "구원Salvation"이라는 것은 안트로포스*anthrōpos*, ἄνθρωπος, 즉 인간에 국한된 사건으로만 이해되었다. 그러나 바울은 하나님의 구원역사의 절박함을 나타내기 위하여 그것을 전 우주적 차원으로 고양시켰다. 구원을 간절히 기다리는 것은 인간일 뿐 아니라 산천초목의 대자연, 하나님의 피조물에게 더욱 간절하다는 것이다. 이것은 매우 통명스럽게 삐져나온 말처럼 들리지만 실로 우리 동방인에게는 더 이해가 쉽다. 우리 동방인의 사유에는 천인합일론天人合一論, 천인화해天人和諧사상이 있어, 자연사와 인간사에는 공통성이 있다고 믿어왔다. 천재지변도 천명을 받은 통치자의 부덕不德과 연결시켜 이해했다. 인간세에 최순실과 같은 사邪가 끼면 산천초목도 말라비틀어진다.

구약의 「창세기」도 인류의 타락을 이와 같이 묘사한다.

> **"아담에게 이르시되, 네가 네 아내의 말을 듣고 내가 너더러 먹지 말라 한 나무 실과實果를 먹었은즉, 땅은 너로 인하여 저주詛呪를 받고 너는 종신토록 수고受苦하여야 그 소산所產을 먹으리라. 땅이 네게 가시덤불과 엉겅퀴를 낼 것이라."**(창 3:17~18).

다시 말해서 선천개벽세는 사망과 죄가 지배하여 산천초목도 왜곡된 세계를 살았다는 것이다. 이제 후천개벽세는 죄로부터 해방된 인간이 출현하여 더 이상 가시덤불과 엉겅퀴가 지배하지 않는 새로운 코스모스로 탈바꿈transformation하게 되는 것이다. 다시 말해서 선천개벽세에는 죄 많은 인간들이 자연을 왜곡하고 남용하고 학대하여왔다. 이제 후천개벽세에는 "피조물로 멸망의 사슬에서 풀려나 하나님의 자녀들이 누리는 영광스러운 자유에 참여하게 된다."(21절).

바울의 사상을 단순한 "종말론"으로만 처리하는 것은 오류다.

나는 이 "전 우주의 대망"이라는 8장의 테마를 "에콜로지칼한 사유"의 한 전범으로 재해석해야 한다고 생각한다.

종말은 시간의 종료가 아니라, 새로운 땅, 새로운 하늘의 출발이다. 그것은 새로운 천지의 창조인 것이다. 전 피조물, 태양도 달도 바다도, 하늘도 새도, 동물도, 식물도 모두 하나님의 자녀들이 하나님의 영광된 인간 에이전트로 나타나서 이 세계를 새롭게 다스리기를 갈망한다는 것을, "다시 창조"와 "인간지배"라는 생각을 접고 인간이 겸손하게 이 우주와 다시 화해한다는 뜻으로 재해석해야 할 것이다. 천지대자연의 새로와짐이 없이는 인간의 구원이란 헛소리가 되고 만다. 온전한 구원complete salvation은 창조된 이 세계의 구원과 동시적으로 이루어져야 한다.

26절의 "우리가 마땅히 빌 바를 알지 못하니"는 바울이 예수의 "주기도문"을 몰랐다는 것을 예증한다.

〈 로마서 8:31~39, 하나님의 사랑 〉

31 What then shall we say to this? If God is for us, who is against us?

32 He who did not spare his own Son but gave him up for us all, will he not also give us all things with him?

33 Who shall bring any charge against God's elect? It is God who justifies;
34 who is to condemn? Is it Christ Jesus, who died, yes, who was raised from the dead, who is at the right hand of God, who indeed intercedes for us?
35 Who shall separate us from the love of Christ? Shall tribulation, or distress, or persecution, or famine, or nakedness, or peril, or sword?
36 As it is written,

> "For thy sake we are being killed all the day long;
> we are regarded as sheep to be slaughtered."

37 No, in all these things we are more than conquerors through him who loved us.
38 For I am sure that neither death, nor life, nor angels, nor principalities, nor things present, nor things to come, nor powers,

31 그런즉 이 일에 대하여 우리가 무슨 말 하리요 만일 하나님이 우리를 위하시면 누가 우리를 대적하리요
32 자기 아들을 아끼지 아니하시고 우리 모든 사람을 위하여 내어주신 이가 어찌 그 아들과 함께 모든 것을 우리에게 은사로 주지 아니하시겠느뇨
33 누가 능히 하나님의 택하신 자들을 송사하리요 의롭다 하신 이는 하나님이시니
34 누가 정죄하리요 죽으실 뿐아니라 다시 살아나신 이는 그리스도 예수시니 그는 하나님 우편에 계신 자요 우리를 위하여 간구하시는 자시니라
35 누가 우리를 그리스도의 사랑에서 끊으리요 환난이나 곤고나 핍박이나 기근이나 적신赤身이나 위험이나 칼이랴

36 기록된 바

> 우리가 종일 주를 위하여 죽임을 당케 되며 도살할 양羊 같이 여김을 받았나이다

함과 같으니라
37 그러나 이 모든 일에 우리를 사랑하시는 이로 말미암아 우리가 넉넉히 이기느니라
38 내가 확신하노니 사망이나 생명이나 천사들이나 권세자들이나 현재 일이나 장래 일이나 능력이나

39 nor height, nor depth, nor anything else in all creation, will be able to separate us from the love of God in Christ Jesus our Lord.

39 높음이나 깊음이나 다른 아무 피조물이라도 우리를 우리 주 그리스도 예수 안에 있는 하나님의 사랑에서 끊을 수 없으리라

【강해】

앞 30절에서 소명召命과 인의認義와 영화榮華glorification을 말함으로써 하나님의 구원의 섭리가 일관되게 차질 없이 진행되고 실현되고 있음을 보여준다. 본 단의 시작인 31절은 이렇게 시작한다: "**그러니 이제 무슨 말을 더 하겠습니까? 하나님께서 우리 편이 되셨으니 누가 감히 우리와 맞서겠습니까?**"

그리고 마지막 절은 이렇게 끝난다.

> "**나는 확신합니다. 죽음도 생명도 천사들도 권세의 천신들도 현재의 것도 미래의 것도 능력의 천신들도 높음도 깊음도 그 밖의 어떤 피조물도 우리 주 그리스도 예수를 통하여 나타날 하나님의 사랑에서 우리를 떼어놓을 수 없습니다.**"

바울의 언어는 그 자체로서 엄청난 감성적 호소력을 갖는다. 그는 사상가이자 대 문호이다. 로고스의 화신이자 파토스의 마술사다. 본 단은 그리스도 신앙인의 전 인격적 투쟁의 최후승리에 대한 확신을 고취시키고 하나님의 인간에 대한 사랑을 최상급으로 예찬하고 있다. 그 내용은 단 한 줄 이것이다: "이 우주의 그 무엇도 우리를 하나님의 사랑으로부터 갈라놓을 수 없다. Nothing will separate us from God's love!"

〈 로마서 9:1～18, 나의 동포 이스라엘사람들에 관하여 〉

1 I am speaking the truth in Christ, I am not lying; my conscience bears me witness in the Holy Spirit,

1 내가 그리스도 안에서 참말을 하고 거짓말을 아니하노라 내게 큰 근심이 있는 것과 마음에 그치지 않는 고통이 있는 것을 내 양심이 성령 안에서 나로 더불어 증거하노니

2 that I have great sorrow and unceasing anguish in my heart.

2 (1절에 포함되어 있음)

3 For I could wish that I myself were accursed and cut off from Christ for the sake of my brethren, my kinsmen by race.

3 나의 형제 곧 골육의 친척을 위하여 내 자신이 저주를 받아 그리스도에게서 끊어질지라도 원하는 바로라

4 They are Israelites, and to them belong the sonship, the glory, the covenants, the giving of the law, the worship, and the promises;

4 저희는 이스라엘 사람이라 저희에게는 양자 됨과 영광과 언약들과 율법을 세우신 것과 예배와 약속들이 있고

5 to them belong the patriarchs, and of their race, according to the flesh, is the Christ. God who is over all be blessed for ever. Amen.

5 조상들도 저희 것이요 육신으로 하면 그리스도가 저희에게서 나셨으니 저는 만물 위에 계셔 세세世世에 찬양을 받으실 하나님이시니라 아멘

6 But it is not as though the word of God had failed. For not all who are descended from Israel belong to Israel,

6 또한 하나님의 말씀이 폐하여진 것 같지 않도다 이스라엘에게서 난 그들이 다 이스라엘이 아니요

7 and not all are children of Abraham because they are his descendants; but "Through Isaac shall your descendants be named."

7 또한 아브라함의 씨가 다 그 자녀가 아니라 오직 이삭으로부터 난 자라야 네 씨라 칭하리라 하셨으니

8 This means that it is not the children of the flesh who are the children of God, but the children of the promise are reckoned as descendants.

8 곧 육신의 자녀가 하나님의 자녀가 아니라 오직 약속의 자녀가 씨로 여기심을 받느니라

9 For this is what the promise said, "About this time I will return and Sarah shall have a son."

10 And not only so, but also when Rebecca had conceived children by one man, our forefather Isaac,

11 though they were not yet born and had done nothing either good or bad, in order that God's purpose of election might continue, not because of works but because of his call,

12 she was told, "The elder will serve the younger."

13 As it is written, "Jacob I loved, but Esau I hated."

14 What shall we say then? Is there injustice on God's part? By no means!

15 For he says to Moses, "I will have mercy on whom I have mercy, and I will have compassion on whom I have compassion."

16 So it depends not upon man's will or exertion, but upon God's mercy.

17 For the scripture says to Pharaoh, "I have raised you up for the very purpose of showing my power in you, so that my name may be proclaimed in all the earth."

18 So then he has mercy upon whomever he wills, and he hardens the heart of whomever he wills.

9 약속의 말씀은 이것이라 명년 이 때에 내가 이르리니 사라에게 아들이 있으리라 하시니라

10 이뿐 아니라 또한 리브가가 우리 조상 이삭 한 사람으로 말미암아 잉태하였는데

11 그 자식들이 아직 나지도 아니하고 무슨 선이나 악을 행하지 아니한 때에 택하심을 따라 되는 하나님의 뜻이 행위로 말미암지 않고 오직 부르시는 이에게로 말미암아 서게 하려 하사

12 리브가에게 이르시되 큰 자가 어린 자를 섬기리라 하셨나니

13 기록된 바 내가 야곱은 사랑하고 에서는 미워하였다 하심과 같으니라

14 그런즉 우리가 무슨 말 하리요 하나님께 불의가 있느뇨 그럴수 없느니라

15 모세에게 이르시되 내가 긍휼矜恤히 여길 자를 긍휼히 여기고 불쌍히 여길 자를 불쌍히 여기리라 하셨으니

16 그런즉 원하는 자로 말미암음도 아니요 달음박질하는 자로 말미암음도 아니요 오직 긍휼히 여기시는 하나님으로 말미암음이니라

17 성경이 바로에게 이르시되 내가 이 일을 위하여 너를 세웠으니 곧 너로 말미암아 내 능력을 보이고 내 이름이 온 땅에 전파되게 하려 함이로라 하셨으니

18 그런즉 하나님께서 하고자 하시는 자를 긍휼히 여기시고 하고자 하시는 자를 강퍅剛愎케 하시느니라

【강해】

이제 바울은 자기의 동족인 이스라엘민족의 운명에 대하여 참담한 심정을 토로한다. 바울의 하나님은 바울의 신학구조상으로 볼 때, 이미 구약의 하나님이 아니다. 구약의 하나님은 율법의 하나님이요 종족의 하나님이요 진노와 질투의 하나님이지만 신약의 하나님은 사랑의 하나님이요 이스라엘민족의 편협한 울타리를 벗어난 전 인류의 하나님이요 정의로운 하나님이다. 그러나 여기서 보면 바울의 하나님은 결국 유대민족의 종족신 야훼의 뿌리를 한 치도 벗어나지 않는다. 바울은 하나님과의 관계에 있어서 이스라엘민족이 지닌 모든 프라이오리티를 주장한다. 그런 의미에서 그는 유대민족주의자이다. 그러나 그는 동시에 이스라엘사람들의 과오와 죄악을 폭로함에 주저치 않는다.

그 과오의 가장 결정적인 측면은 예수를 하나님의 아들, 구세주로서 인식하지 못함으로써, 구원의 길로부터 소외되었다는 사실에 있다.

나의 동족 이스라엘사람들은 하나님의 자녀가 되는 특권이 있고, 하나님을 모시는 영광이 있고, 하나님과 맺은 계약이 있다. 그들에게는 율법이 있고 성전예배의 전통이 있고 또 하나님의 약속이 있다. 예수 그리스도도, 인성으로 말하자면, 그들의 핏줄에서 나왔다.

그럼에도 불구하고 자기 동족인 유대인들이 예수를 하나님이 보내신 메시아로 받아들이지 않는 것을 보고 매우 슬퍼한다. 그리고 그는 말한다. 참된 이스라엘사람이란 아브라함의 핏줄을 받은 육체적인 후손이 아니라, 아브라함의 믿음을 계승한 약속의 자녀들이 될 수밖에 없다.

이스라엘사람들의 잘못은 예수 그리스도의 복음을 믿음으로써 수용하지 않고, 오로지 율법에 순종하는 행위의 축적으로써 하나님 앞에서의 그들 자신의 의로움만을 입증하려 했다는 데 있다. 그러나 결국 바울의 논리는 하나님이 결코 이스라엘민족을 임의적으로 내버리시지는 않을 것이라는, 하나님의 그랜드한 우회전략을 시사하는 방향으로 진행된다. "하나님의 선택을 받고 안 받는 것은 인간의 의지나 노력에 달려있는 것이 아니라 오직 하나님의 자비에 달려있는 것입니다"(16절)라는 바울의 말은 하나님의 구원의 역사의 보편주의를 시사함과 동시에 하나님의 선택, 즉 구원은 인간의 바램이나 노력과는 전혀 무관하다는 것을 선언한다.

따라서 하나님의 구원의 역사는 특정한 개인이나 그룹에 국한되는 것일 수 없다. 아무리 유대민족이 프라이오리티를 가지고 있다 할지라도 그것이 민족구원의 특권이 될 수가 없다. 이 16절의 논리는 바르트신학의 핵심을 형성한다. 구원은 인간의 소원과 노력에 속하지 않는다. 오직 하나님의 자비에 속한다. 구원은 하나님의 절대적 주권에 속하는 것이다. 그만큼 공평하다는 것을 말하고 있는 것이다. 하여튼 이 단의 바울의 논리는 이스라엘민족에 대한 애증의 갈등이 표현되어 있다고 할 것이다.

〈 로마서 9:19~33, 하나님의 절대주권에 의하여 긍휼의 그릇으로서 선택된 자 〉

19 You will say to me then, "Why does
he still find fault? For who can resist his
will?"
20 But who are you, a man, to answer
back to God? Will what is molded say
to its molder, "Why have you made me
thus?"
21 Has the potter no right over the clay,
to make out of the same lump one
vessel for beauty and another for menial
use?
22 What if God, desiring to show his
wrath and to make known his power,
has endured with much patience the
vessels of wrath made for destruction,
23 in order to make known the riches
of his glory for the vessels of mercy,
which he has prepared beforehand for
glory,
24 even us whom he has called, not
from the Jews only but also from the
Gentiles?
25 As indeed he says in Ho-se'a,
"Those who were not my people
I will call 'my people,'
and her who was not beloved
I will call 'my beloved.'"
26 "And in the very place where it was
said to them, 'You are not my
people,'

19 혹 네가 내게 말하기를 그러면 하나님
이 어찌하여 허물하시느뇨 누가 그 뜻을
대적對敵하느뇨 하리니
20 이 사람아 네가 뉘기에 감히 하나님을
힐문詰問하느뇨 지음을 받은 물건이 지
은 자에게 어찌 나를 이같이 만들었느냐
말하겠느뇨
21 토기장이가 진흙 한 덩이로 하나는 귀
히 쓸 그릇을, 하나는 천히 쓸 그릇을 만
드는 권이 없느냐

22 만일 하나님이 그 진노를 보이시고 그
능력을 알게 하고자 하사 멸하기로 준비
된 진노의 그릇을 오래 참으심으로 관용
하시고
23 또한 영광 받기로 예비하신 바 긍휼의
그릇에 대하여 그 영광의 부요富饒함을
알게 하고자 하셨을지라도 무슨 말 하리요

24 이 그릇은 우리니 곧 유대인 중에서
뿐아니라 이방인 중에서도 부르신 자니라

25 호세아 글에도 이르기를
내가 내 백성 아닌 자를 내 백성이라,
사랑치 아니한 자를 사랑한 자라 부르
리라

26 너희는 내 백성이 아니라 한 그 곳에
서 저희가 살아 계신 하나님의 아들이라
부름을 얻으리라

they will be called 'sons of the
living God.'"
27And Isaiah cries out concerning
Israel: "Though the number of the sons
of Israel be as the sand of the sea, only
a remnant of them will be saved;
28for the Lord will execute his sentence
upon the earth with rigor and dispatch."
29And as Isaiah predicted,
"If the Lord of hosts had not left
us children,
we would have fared like Sodom and
been made like Go-mor'rah."
30What shall we say, then? That
Gentiles who did not pursue right-
eousness have attained it, that is,
righteousness through faith;
31but that Israel who pursued the
righteousness which is based on law
did not succeed in fulfilling that law.
32Why? Because they did not pursue
it through faith, but as if it were based
on works. They have stumbled over the
stumbling stone,
33as it is written,
"Behold, I am laying in Zion a stone
that will make men stumble,
a rock that will make them fall;
and he who believes in him will not
be put to shame."

함과 같으니라
27또 이사야가 이스라엘에 관하여 외치
되 이스라엘 뭇 자손의 수가 비록 바다
의 모래 같을지라도 남은 자만 구원을
얻으리니
28주께서 땅 위에서 그 말씀을 이루사
필畢하시고 끝내시리라 하셨느니라
29 또한 이사야가 미리 말한 바
만일 만군의 주께서 우리에게 씨를 남겨
두시지 아니하셨더면 우리가 소돔과
같이 되고 고모라와 같았으리로다
함과 같으니라
30그런즉 우리가 무슨 말 하리요 의를
좇지 아니한 이방인들이 의를 얻었으니
곧 믿음에서 난 의요
31의의 법을 좇아간 이스라엘은 법에 이
르지 못하였으니
32어찌 그러하뇨 이는 저희가 믿음에 의
지하지 않고 행위에 의지함이라 부딪힐
돌에 부딪혔느니라
33기록된 바
보라 내가 부딪히는 돌과 거치는 반석
을 시온에 두노니 저를 믿는 자는 부
끄러움을 당치 아니하리라
함과 같으니라

【강해】

결국 긍휼의 그릇으로 선택되는 자들은 편견이 없는 이방인들과 복음의 진리를 받아들이는 유대인들이다. 하나님의 부르심에는 일체의 차별이 존재하지 않는다. 바울은 그 자신이 유대인이면서도 대부분의 유대인들이 가지고 있던 특권의식을 배제하였다. 하나님의 구원은 특정한 민족과의 특별한 관계에 있는 것이 아니라, 그리스도를 삶의 지평으로 받아들이는 자들에게만 일어나는 사건이다. 31절에 "율법에 근거하여 의義를 추구한 이스라엘민족은 결코 율법을 완성하지 못하였다"라고 말한 것은 바울이 계속해서 이스라엘민족의 과오를 애석하게 생각하고 있음을 나타낸다. 유대민족이 율법의 소이연을 실현하는 데 실패한 것, 하나님의 구원의 방법을 거부한 것, 하나님께서 보내신 그리스도를 거부한 것을 바울이 지적한 이 논지는 향후 기독교화 된 서구역사에서 이스라엘사람들이 탄압을 받는 논거의 원천이 되기도 하였다.

유대인과 이방인의 문제는 이 편지를 받아보는 로마공동체의 사람들에게 특별한 의미가 있었을지는 몰라도 로마서의 치열하고도 치밀한 논리의 얼개 속에서는 좀 느슨한 부분으로 느껴진다.

〈 로마서 10:1~21, 구원은 만민에게 〉

1 Brethren, my heart's desire and prayer to God for them is that they may be saved.

2 I bear them witness that they have a zeal for God, but it is not enlightened.

3 For, being ignorant of the righteousness that comes from God, and seeking to establish their own, they did not submit to God's righteousness.

4 For Christ is the end of the law, that every one who has faith may be justified.

5 Moses writes that the man who practices the righteousness which is based on the law shall live by it.

6 But the righteousness based on faith says, Do not say in your heart, "Who will ascend into heaven?"(that is, to bring Christ down)

7 or "Who will descend into the abyss?"(that is, to bring Christ up from the dead).

8 But what does it say? The word is near you, on your lips and in your heart (that is, the word of faith which we preach);

9 because, if you confess with your lips that Jesus is Lord and believe in your heart that God raised him from the dead, you will be saved.

1 형제들아 내 마음에 원하는 바와 하나님께 구하는 바는 이스라엘을 위함이니 곧 저희로 구원을 얻게 함이라

2 내가 증거하노니 저희가 하나님께 열심이 있으나 지식을 좇은 것이 아니니라

3 하나님의 의를 모르고 자기 의를 세우려고 힘써 하나님의 의를 복종치 아니하였느니라

4 그리스도는 모든 믿는 자에게 의를 이루기 위하여 율법의 마침이 되시니라

5 모세가 기록하되 율법으로 말미암는 의를 행하는 사람은 그 의로 살리라 하였거니와

6 믿음으로 말미암는 의는 이같이 말하되 네 마음에 누가 하늘에 올라가겠느냐 하지 말라 하니 올라가겠느냐 함은 그리스도를 모셔 내리려는 것이요

7 혹 누가 음부陰府에 내려가겠느냐 하지 말라 하니 내려가겠느냐 함은 그리스도를 죽은 자 가운데서 모셔 올리려는 것이라

8 그러면 무엇을 말하느뇨 말씀이 네게 가까와 네 입에 있으며 네 마음에 있다 하였으니 곧 우리가 전파하는 믿음의 말씀이라

9 네가 만일 네 입으로 예수를 주主로 시인하며 또 하나님께서 그를 죽은 자 가운데서 살리신 것을 네 마음에 믿으면 구원을 얻으리니

10For man believes with his heart and
so is justified, and he confesses with his
lips and so is saved.
11The scripture says, "No one who
believes in him will be put to shame."
12For there is no distinction between
Jew and Greek; the same Lord is Lord
of all and bestows his riches upon all
who call upon him.
13For, "every one who calls upon the
name of the Lord will be saved."
14But how are men to call upon him
in whom they have not believed? And
how are they to believe in him of whom
they have never heard? And how are
they to hear without a preacher?
15And how can men preach unless
they are sent? As it is written, "How
beautiful are the feet of those who
preach good news!"
16But they have not all obeyed the
gospel; for Isaiah says, "Lord, who has
believed what he has heard from us?"
17So faith comes from what is heard,
and what is heard comes by the
preaching of Christ.
18But I ask, have they not heard? Indeed
they have; for

> "Their voice has gone out to all the earth,
> and their words to the ends of the world."

19Again I ask, did Israel not understand?

10사람이 마음으로 믿어 의에 이르고 입
으로 시인하여 구원에 이르느니라
11성경에 이르되 누구든지 저를 믿는 자
는 부끄러움을 당하지 아니하리라 하니
12유대인이나 헬라인이나 차별이 없음이
라 한 주主께서 모든 사람의 주가 되사
저를 부르는 모든 사람에게 부요하시도다
13누구든지 주의 이름을 부르는 자는 구
원을 얻으리라
14그런즉 저희가 믿지 아니하는 이를 어
찌 부르리요 듣지도 못한 이를 어찌 믿으
리요 전파하는 자가 없이 어찌 들으리요
15보내심을 받지 아니하였으면 어찌 전
파하리요 기록된 바 아름답도다 좋은 소
식을 전하는 자들의 발이여 함과 같으
니라
16그러나 저희가 다 복음을 순종치 아니
하였도다 이사야가 가로되 주여 우리의
전하는 바를 누가 믿었나이까 하였으니
17그러므로 믿음은 들음에서 나며 들음
은 그리스도의 말씀으로 말미암았느
니라
18그러나 내가 말하노니 저희가 듣지 아
니하였느뇨 그렇지 아니하다

> 그 소리가 온 땅에 퍼졌고 그 말씀이
> 땅끝까지 이르렀도다

하였느니라
19그러나 내가 말하노니 이스라엘이 알지

First Moses says,
"I will make you jealous of those who are not a nation;
with a foolish nation I will make you angry."
20Then Isaiah is so bold as to say,
"I have been found by those who did not seek me;
I have shown myself to those who did not ask for me."
21But of Israel he says, "All day long I
have held out my hands to a disobedient
and contrary people."

못하였느뇨 먼저 모세가 이르되
내가 백성 아닌 자로써 너희를 시기猜忌나게 하며 미련한 백성으로써 너희를 노엽게 하리라
하였고
20또한 이사야가 매우 담대하여 이르되
내가 구하지 아니하는 자들에게 찾은 바 되고 내게 문의問議하지 아니하는 자들에게 나타났노라
하였고
21이스라엘을 대하여 가라사대 순종치
아니하고 거스려 말하는 백성에게 내가
종일 내 손을 벌렸노라 하셨느니라

【강해】

이스라엘민족이 믿음에 의존하지 않고 율법의 행위에 의존함으로써 하나님의 의義를 성취하는 데 실패했음을 말한다. 이 단의 핵심은 이것이다: "유대인이나 이방인이나 아무런 구별이 없다. 같은 주님께서 만민의 주님이 되시고, 당신의 이름을 부르며 찾는 모든 사람에게 풍성한 복을 내리신다. 주님의 이름을 부르는 사람은 누구든지 구원을 얻으리라!"

바울은 내면에서 유대인들이 배타적 선민의식을 버리고 예수 그리스도를 주님으로 수용할 것을 간절히 호소하고 있는 것이다.

〈 로마서 11:1～36, 이스라엘의 구원과 하나님의 심오한 경륜 〉

1 I ask, then, has God rejected his
people? By no means! I myself am an
Israelite, a descendant of Abraham, a
member of the tribe of Benjamin.
2 God has not rejected his people whom
he foreknew. Do you not know what the
scripture says of Eli′jah, how he pleads
with God against Israel?
3 "Lord, they have killed thy prophets,
they have demolished thy altars, and I
alone am left, and they seek my life."
4 But what is God's reply to him? "I
have kept for myself seven thousand
men who have not bowed the knee to
Ba′al."
5 So too at the present time there is a
remnant, chosen by grace.
6 But if it is by grace, it is no longer on
the basis of works; otherwise grace
would no longer be grace.
7 What then? Israel failed to obtain what
it sought. The elect obtained it, but the
rest were hardened,

8 as it is written,

> "God gave them a spirit of stupor,
> eyes that should not see and ears
> that should not hear,
> down to this very day."

9 And David says,

1 그러므로 내가 말하노니 하나님이 자기
백성을 버리셨느뇨 그럴 수 없느니라 나
도 이스라엘인이요 아브라함의 씨에서
난 자요 베냐민 지파라
2 하나님이 그 미리 아신 자기 백성을 버
리지 아니하셨나니 너희가 성경이 엘리
야를 가리켜 말한 것을 알지 못하느냐
저가 이스라엘을 하나님께 송사하되
3 주여 저희가 주의 선지자들을 죽였으며
주의 제단들을 헐어버렸고 나만 남았는
데 내 목숨도 찾나이다 하니
4 저에게 하신 대답이 무엇이뇨 내가 나
를 위하여 바알에게 무릎을 꿇지 아니한
사람 칠천을 남겨 두었다 하셨으니

5 그런즉 이와 같이 이제도 은혜로 택하
심을 따라 남은 자가 있느니라
6 만일 은혜로 된 것이면 행위로 말미암
지 않음이니 그렇지 않으면 은혜가 은혜
되지 못하느니라
7 그런즉 어떠하뇨 이스라엘이 구하는 그
것을 얻지 못하고 오직 택하심을 입은
자가 얻었고 그 남은 자들은 완악頑惡하
여졌느니라
8 기록된 바

> 하나님이 오늘날까지 저희에게 혼미
> 昏迷한 심령心靈과 보지 못할 눈과 듣
> 지 못할 귀를 주셨다

함과 같으니라
9 또 다윗이 가로되

"Let their table become a snare and
a trap,
a pitfall and a retribution for them;
10 let their eyes be darkened so that
they cannot see,
and bend their backs for ever."
11 So I ask, have they stumbled so as to
fall? By no means! But through their
trespass salvation has come to the
Gentiles, so as to make Israel jealous.
12 Now if their trespass means riches
for the world, and if their failure means
riches for the Gentiles, how much more
will their full inclusion mean!
13 Now I am speaking to you Gentiles.
Inasmuch then as I am an apostle to the
Gentiles, I magnify my ministry
14 in order to make my fellow Jews
jealous, and thus save some of them.
15 For if their rejection means the
reconciliation of the world, what will
their acceptance mean but life from the
dead?
16 If the dough offered as first fruits is
holy, so is the whole lump; and if the
root is holy, so are the branches.
17 But if some of the branches were
broken off, and you, a wild olive shoot,
were grafted in their place to share the
richness of the olive tree,
18 do not boast over the branches. If
you do boast, remember it is not you
that support the root, but the root that

저희 밥상이 올무와 덫과 거치는 것과
보응이 되게 하옵시고

10 저희 눈은 흐려 보지 못하고 저희
등은 항상 굽게 하옵소서
하였느니라
11 그러므로 내가 말하노니 저희가 넘어
지기까지 실족하였느뇨 그럴 수 없느니
라 저희의 넘어짐으로 구원이 이방인에게
이르러 이스라엘로 시기나게 함이니라
12 저희의 넘어짐이 세상의 부요함이 되
며 저희의 실패가 이방인의 부요함이 되
거든 하물며 저희의 충만함이리요

13 내가 이방인인 너희에게 말하노라 내
가 이방인의 사도인만큼 내 직분을 영광
스럽게 여기노니
14 이는 곧 내 골육을 아무쪼록 시기케 하
여 저희 중에서 얼마를 구원하려 함이라
15 저희를 버리는 것이 세상의 화목이 되
거든 그 받아들이는 것이 죽은 자 가운
데서 사는 것이 아니면 무엇이리요

16 제사하는 처음 익은 곡식 가루가 거룩
한즉 떡덩이도 그러하고 뿌리가 거룩한
즉 가지도 그러하니라
17 또한 가지 얼마가 꺾여졌는데 돌감람
나무인 네가 그들 중에 접붙임이 되어
참감람나무 뿌리의 진액을 함께 받는 자
되었은즉
18 그 가지들을 향하여 자긍自矜하지 말라
자긍할지라도 네가 뿌리를 보전하는 것이
아니요 뿌리가 너를 보전하는 것이니라

supports you.
19You will say, "Branches were broken off so that I might be grafted in."
20That is true. They were broken off because of their unbelief, but you stand fast only through faith. So do not become proud, but stand in awe.
21For if God did not spare the natural branches, neither will he spare you.
22Note then the kindness and the severity of God: severity toward those who have fallen, but God's kindness to you, provided you continue in his kindness; otherwise you too will be cut off.
23And even the others, if they do not persist in their unbelief, will be grafted in, for God has the power to graft them in again.
24For if you have been cut from what is by nature a wild olive tree, and grafted, contrary to nature, into a cultivated olive tree, how much more will these natural branches be grafted back into their own olive tree.
25Lest you be wise in your own conceits, I want you to understand this mystery, brethren: a hardening has come upon part of Israel, until the full number of the Gentiles come in,
26and so all Israel will be saved; as it is written,

"The Deliverer will come from Zion,

19그러면 네 말이 가지들이 꺾이운 것은 나로 접붙임을 받게 하려 함이라 하리니
20옳도다 저희는 믿지 아니하므로 꺾이우고 너는 믿으므로 섰느니라 높은 마음을 품지 말고 도리어 두려워하라

21하나님이 원 가지들도 아끼지 아니하셨은즉 너도 아끼지 아니하시리라
22그러므로 하나님의 인자仁慈와 엄위嚴威를 보라 넘어지는 자들에게는 엄위가 있으니 너희가 만일 하나님의 인자에 거하면 그 인자가 너희에게 있으리라 그렇지 않으면 너도 찍히는바 되리라

23저희도 믿지 아니하는 데 거하지 아니하면 접붙임을 얻으리니 이는 저희를 접붙이실 능력이 하나님께 있음이라

24네가 원 돌감람나무에서 찍힘을 받고 본성을 거스려 좋은 감람나무에 접붙임을 얻었은즉 원 가지인 이 사람들이야 얼마나 더 자기 감람나무에 접붙이심을 얻으랴

25형제들아 너희가 스스로 지혜 있다 함을 면키 위하여 이 비밀을 너희가 모르기를 내가 원치 아니하노니 이 비밀은 이방인의 충만한 수가 들어오기까지 이스라엘의 더러는 완악하게 된 것이라
26그리하여 온 이스라엘이 구원을 얻으리라 기록된 바

구원자가 시온에서 오사 야곱에게서

he will banish ungodliness from Jacob";
27 "and this will be my covenant with them
when I take away their sins."
28 As regards the gospel they are enemies of God, for your sake; but as regards election they are beloved for the sake of their forefathers.
29 For the gifts and the call of God are irrevocable.
30 Just as you were once disobedient to God but now have received mercy because of their disobedience,
31 so they have now been disobedient in order that by the mercy shown to you they also may receive mercy.
32 For God has consigned all men to disobedience, that he may have mercy upon all.
33 O the depth of the riches and wisdom and knowledge of God! How unsearchable are his judgments and how inscrutable his ways!
34 "For who has known the mind of the Lord,
or who has been his counselor?"
35 "Or who has given a gift to him
that he might be repaid?"
36 For from him and through him and to him are all things. To him be glory for ever. Amen.

경건치 않은 것을 돌이키시겠고
27 내가 저희 죄를 없이 할 때에 저희
에게 이루어질 내 언약이 이것이라
함과 같으니라
28 복음으로 하면 저희가 너희를 인하여 원수 된 자요 택하심으로 하면 조상들을 인하여 사랑을 입은 자라
29 하나님의 은사와 부르심에는 후회하심이 없느니라
30 너희가 전에 하나님께 순종치 아니하더니 이스라엘에 순종치 아니함으로 이제 긍휼을 입었는지라
31 이와 같이 이 사람들이 순종치 아니하니 이는 너희에게 베푸시는 긍휼로 이제 저희도 긍휼을 얻게 하려 하심이니라
32 하나님이 모든 사람을 순종치 아니하는 가운데 가두어 두심은 모든 사람에게 긍휼을 베풀려 하심이로다
33 깊도다 하나님의 지혜와 지식의 부요함이여, 그의 판단은 측량치 못할것이며 그의 길은 찾지 못할 것이로다
34 누가 주의 마음을 알았느뇨 누가 그의 모사謀士가 되었느뇨
35 누가 주께 먼저 드려서 갚으심을 받겠느뇨
36 이는 만물이 주에게서 나오고 주로 말미암고 주에게로 돌아감이라 영광이 그에게 세세에 있으리로다 아멘

【강해】

로마서의 제1장부터 제8장까지가 바울신학의 총강이라고 한다면, 제9장에서 제11장까지는 유대인과 이방인의 문제가 계속 무게 있게 다루어지고 있다. 이 글을 집필하던 중, 그제와 어제(2017년 3월 2일과 3일 양일에 걸쳐) 안국동 조계사 조계종 총무원 교육원에서 뜻있는 스님들 250명을 대상으로 중국의 문제(첫날 4시간 동안)와 바울신학: 기독교란 무엇인가(둘째 날 4시간 동안)를 열강하는 뜻 깊은 자리가 마련되었는데, 내가 십자가 – 부활 – 재림의 바울의 핵심사상을 돈오와 연관 지어 이야기할 때에는 정신을 바짝 차리고 잘 듣던 스님들이 그 배경의 이스라엘역사나 팔레스타인의 정치적 상황을 이야기할 때는

아이러니칼하게도 내 바울신학강의를 제일 먼저 들은 사람들은 목사님들이 아니라 조계종 스님들이다. 나는 바울신학을 불교의 무아無我와 돈오頓悟라는 관점에서 치열하게 해설하였는데 스님들은 부담 없이 받아들였다. 우리나라 기독교계의 가장 큰 문제는 독선과 배타이다. 나는 우리나라 선불교의 위대한 전통을 스님들이 잘 지켜줄 것을 호소하였다. 조선 선불교는 세계종교사상 가장 세련된 담박미를 자랑하는 위대한 전승이다.

다수가 조는 것이었다. 십자가/부활사건은 인간의 보편적 실존지평의 문제이기 때문에 시공을 초월하여 인간학적 의미를 지니지만, 그 역사적 배경에 관해서 내가 이야기할 때는 스님들이 그것을 리얼하게 느끼기에는 그 세계가 너무도 멀리 있었던 것이다.

1~8장의 내용은 매우 치밀하고 치열한 논리가 전개되고 있지만 9~11장의 논리는 매우 느슨하고, 엉성하고, 논리적 설득력도 박약한 것처럼 보인다. 그리고 근본적으로 모순투성이의 역사적 현실문제일 뿐이다.

유대인이 도대체 무엇인가? 사실 우리나라의 기독교인들은 만 명이면 만 명, 유대인을 잘 모른다. 진짜 그들이 어떤 생활을 하는 사람이며, 어떤 가치관을 가지고 사는 사람인지, 그들의 신앙체계가 어떠한지, 과연 율법이라는 것이 무엇인지, 그들의 일상적 삶에 침투되어 느껴본 사람이 거의 없다. 나는 일찍이 대만유학 시절에(1970년대) 이스라엘 텔아비브대학으로부터 타이뻬이대학으로 유학 온 정통 이스라엘 탈무드학자를 만나 그와 격렬한 사상투쟁을 벌인 우정의 체험이 있어, 우리나라의 누구보다도 일찍이 유대인문화에 깊게 침투해본 사람이다.

사실 9~11장의 바울의 논의는 우리나라 기독교인들의 가슴에 와 닿는 메시지가 별로 없다. 그리고 우리나라의 신학계는 이 3장의 기술을 모두 기독교신앙이라고 하는 기성종교의 틀 속에서 이해하고 해석하고 하나님의 은총이니 영광이니 하는 판에 박힌 소리들만 늘어놓는다. 사실 이 유대인 관련 3장의 논의는 우리나라 기독교인들이 고민해야 할 문제가 별로 없다. 이것은 기본적으로 유대인의 문제며, 자기자신을 철저하게 유대인이라고 규정하고 들어가는 바울이라는 한 역사적 개인의 문제일 뿐이다. 신학자들은 이런 속시원한 얘기를 아무도 하지 않는다. 그리고 유대인문제가 바울신학의 "구원론"의 중요한 추상적 테제인 것처럼 허황된 말만 한다.

자아! 생각해보자! 바울의 컨버젼은 바울의 실존 내면의 인식의 총체적 "다시 개벽"을 의미하는 사건이지만, 그 컨버젼은 실제로 바울이 처한 역사적 환경, 그가 같이 숨쉬던 사회적 환경 속에서, 그것은 실로 민족 전체에 대한 반역이었다. 바울과 같은 대 지식인, 산헤드린의 멤버이며(이런 가능성이 있거나 유사한 위상이 있었다고 본다), 골수 율법주의 바리새인이며, 구약의 메시아니즘의 신봉자인 명망 있는 사회적 리더가 유대인 다수가 웅샤웅샤 해서 데쓰 페널티의 중형으로 휘몰아간 저 골고다언덕의 십자가의 죄인 예수를, 바로 유대의 전 역사가 고대하던, 킹 다윗을 뛰어넘는 진정한 메시아라고 주장하는 바울의 논리를 수긍할 수 있는 유대인은 실로 극소수였다. 갈릴리의 지평에서 지팡이도 없이, 속옷 여벌도 없이, 전대도 없이, 가죽 샌달조차 신지 않고 맨발로 걸어가던 완벽한 무소유의 힐러, 하씨드! 그 예수와 같이 웃고 울고, 같이 술 마시고 게걸스럽게 먹으면서, 그가 병자를 고쳐주고 진리를 설파하는데 동참同參, 동감同感, 동련同憐 하던 사람들은 소수에 지나지 않았다(이어오병의 설화를 가장 과장된 사례로 간주한다면 예수 팔로우어들은 5천 명 규모를 넘지 않았을 것이다). 게다가 바울은 이들과도 별다른 컨택이 없었다.

오늘날, 우리나라의 의식 있는 진보진영도 마찬가지겠지만, 결국 바울의 주변에서 사회적으로 의식 있는 행동을 하는 자라면 결국 두 가지 행보밖에는 취할 길이 없었다. 그 하나는 민족단결의 근거이며 민족화합의 가치적 자산, 그리고 유대민족의 유일신인 야훼와의 계약의 증표인 율법을 철저히 고수하는 민족주의(선민주의)적 태도를 유지하는 것이며, 또 하나는 유대민족을 또 다시 파국으로 휘몰아가고 있는 로마제국주의에 물리적으로 항거하여 조직적인 무력투쟁을 전개하는 것이었다. 그러나 바울의 태도는 율법주의자의 우파적 시각에서도, 무력투쟁의 좌파적 시각에서도 전혀 개념으로 잡히지 않는 파격이었으며 파국이었고, 또한 생존과 파멸이 풍전등화와 같은 기로에 놓여있는 민족에 대한 반역이었다.

여기 한번 생각해보자! 어느 스님이 전대미문의 대각을 이루었다고 하자! 그런데 그 대각의 내용이 누가 봐도 민족사에 반역행위를 도모하는 것이라면 그것을 과연 우리는 대각으로 인정하고 수용할 수 있을 것인가? 바울의 정치적 입장은 오히려 친로마적이었다. 바울은 유대인에 의한 정치혁명의 가능성은 제로라고 보았다. 그리고 그의 컨버젼 체험 이후로는 자기가 속한 유대교집단이 얼마나 비젼 없고 부패하고 완악하고 융통성 없는 죄악의 집단인지를 점점 더 생생하게 깨닫기 시작했다.

그가 애초로부터 "이방인의 사도"를 자처한 것은 그의 대각의 체험의 성격과 무슨 관련이 있을지는 모르겠으나, 하여튼 자신이 대각한 바를 도저히 민족주의적 색채가 있는 유대인집단에게는 설득시킬 방도가 없었기 때문이었다. 입 뻥끗 했다가 돌팔매 맞고 죽는 것은 도무지 현명한 처사가 아니었다. 바울은 이미 완벽하게 헬라화 된(희랍어를 완벽하게 구사했다) 사상가이며 집사인 스테판의 죽음을 통하여 이방선교의 가능성을 보았을지도 모른다.

철저한 유대인으로서, 유대인의 전승을 한 몸에 구현한 베냐민지파의 바리새인으로 자처한 바울에게 논리적으로 본다면, 아무리 자신을 "이방인의 사도"로 선택함을 입은 자로서 규정한다 할지라도, 하나님의 구원은 "이방인 먼저Gentiles first"가 아니라 "유대인 먼저Jews first"가 되어야 마땅하다. 그러나 유대인들이 바울의 교회에 먼저 올 리가 만무하다. 우선 유대인들의 입장에서는 예수가 그리스도(메시아)라는 사실, 그리고 그것이 부활사건으로 입증되었다고 하는 사실, 전체적으로 조감해봐도 바울이 말하는 복음의 진리를 자기들의 율법화 된 삶의 지평에 갑자기 수용한다는 것은 참으로 무리가 많았다. 빈터에는 새 집을 짓기 쉽지만(이방인의 경우), 역사적으로 오래된 완고한 그리고 하자 없는 듯이 보이는 찬란한 석성을 무너뜨리고 그 곳에 새집을 짓는다는 것은 너무도 어려운 일이다(유대인의 경우).

현실적으로 바울의 선교가 소아시아지역과 헬라스지역에서 크게 성공한 것은 헬라화 된 유대인들의 회중이 버팀목이 되었기 때문이라는 것은 이미 누차 해설한 바대로다. 그런데 이들은 예수의 복음에 관한 바울의 가르침을 유대교의 새로운 국면으로 이해했고 독자적인 새로운 종교의 탄생으로 이해하지 않았다. 더구나 바울이 말하는 최종적 구원의 심판, 하나님의 의義의 구원이 아브라함에게 제시한 커비난트covenant(계약)의 실현이라는 전통적 관념에서 크게 벗어나질 않았다. 하여튼 이방인과 유대화파(혹은 순수정통 유대인)의 문제는 초대교회에서 끊임없는 문제를 유발시켰다. 할례의 문제는 이미 충분히 이야기했고 바울이 그 해결책으로 "마음의 할례"라는 단안까지 내렸다면 이미 논리적으로 바울은 좁은 유대인의 민족사적 지평이나 정통 유대교의 율법주의 지평을 완전히 이탈·해탈·초탈했다고 보아야 한다. 그러나 그렇다고 해서 그리스도의 복음을 거부하고 토라(율법)만을 고집하는 유대인은 하나님의 구원의 은총의 권역 내에서 완벽하게 제외된다고 속 시원하게 말해버리면, 그것은 바울이 인간적으로 완벽하게 유대역사의 지평에서 "반역도"가 되는 것이며, 동시에 바울이 믿는 하나님(결국 야훼)의 존재 자체를 거부하는 논리적 모순에 빠진다. 결국 바울이 믿는 하나님은 구약의 하나님과 신약의 하나님으로 나누어지는 별개의 하나님일 수가 없다.

이 지구상에서 최초의 본격적인 유일신론 사상가라고 말할 수 있는 바울에게서, 구약의 하나님과 신약의 하나님이 다를 수는 없었다. 그런데 이 하나의 하나님은 계약의 하나님이며 그 계약은 일차적으로 아브라함의 후손, 이스라엘과 맺은 것이다. 예수라는 그리스도의 출현도 이스라엘이라는 민족사의 지평에서 나온 사건이다. 따라서 예수의 출현으로 인하여 바울이 전하게 된 복음은 이방인에게 전파되는 결과를 낳았지만 이것은 근원적으로 하나님의 계약의 확대이지, 이스라엘에 대한 계약의 파기가 아니니다.

만약 이스라엘민족이 예수사건을 수용치 않는다고 하여 하나님께서 이스라엘을 구원의 대상에서 제외한다고 한다면, 하나님은 "나쁜 놈"이 된다. 아브라함에게 지킨 언약을 스스로 끝까지 책임 안 지는 "비겁한 놈"이 된다. 다시 말해서 하나님의 언약 자체의 성실성faithfulness이 확보되지 않는 것이다. 그렇게 거짓말을 밥 먹듯이 하는 게 도대체 하나님 자격이 있느냐?

이 모순을 해결하기 위하여 쉽게 생각할 수 있는 것은 유대인을 위한 구원의 방식과 이방인을 위한 구원의 방식이 다르다고 이원론적 이론을 내놓을 수도 있다. 전자의 방식은 율법의 방식이고 후자의 방식은 그리스도 복음의 방식이다라는 식으로. 그러나 이렇게 되면 바울신학의 일관성은 사라지고, 바울의 인간구원의 논리도 맥없는 사탕발림이 되고 만다. 유일신사상 속에서는 모든 신학체계도 일원적이어야 한다.

바로 9장 16절에서 "하나님의 선택을 받고 안 받는 것은 인간의 의지나 노력에 달려있는 것이 아니라 오직 하나님의 자비에 달려있다"고 한 말, 칼 바르트에 의하여 하나님의 절대주권적 자유의 신학의 핵심으로 인식된 그 바울의 발언은, 기실 절대적 타자Wholly Other라고 하는 추상적 테제를 설파하기 위한 것이 아니라, 이방인과 유대인의 문제에 있어서 야기되는 모든 이원성의 모순을 해결하는 가장 현명한 논리였던 것이다. 하나님의 구원은 민족적 경계나 단위를 놓고 이루어지는 사건일 수 없으며, 그것은 궁극적으로 임의적이며 복음수용, 즉 컨버젼의 결단의 문제라는 것이다. "인간의 의지나 노력에 달려있지 않다" 해도 그리스도사건의 수용은 하나님의 선택과 무관하게 나 실존이 선택해야만 할 결단이다. 이 결단을 내리지 않는 유대인들이 거저 구원받을 길은 전무하다! 그렇다면 바울은 궁극적으로 끊임없이 제기되는 유대인과 이방인의 문제를 과연 어떻게 해결할 것인가? 이 고민이 9~11장의 과제상황인 것이다. 로마교회의 한 주축이었던 아퀼라가 유대인이었다는 사실로 추측해보아도 이 유대인/이방인 문제는 로마교회에 있어서도 난해의 문제였을 것이다. 따라서 바울은 이 문제에 대한 총체적인 청사진을 제시하지 않으면 아니 되었던 것이다.

하나님과 의로운 관계를 추구하지 않던 이방인들은 오히려 하나님과 의로운 관계를 획득했다. 그것은 믿음으로써 이루어진 것이다. 그런데 이스라엘은 하나님과 정의로운 관계를 설정하는 율법을 추구하였지만 끝내 그 법을 찾지 못했다. 왜 그렇게 되었을까? 그들은 믿음을 통하여 구원을 얻으려 하지 않고 율법의 공로를 쌓음으로써 하나님의 의를 얻으려 했기 때문이다(9:30~32). 이들은 지금도 그 완악함으로 인하여 점점 하나님에게서 멀어져만 가고 있다. 이것이 바로 유대인의 현실이다.

그런데 기실 이러한 실상은 바울 자신의 과거의 모습이다. 컨버젼 이전의 자기의 모습을 객관화시키고 있는 것이다. 그러나 11장의 초입 부분에서 바울은 "은총으로 뽑힌 사람들이 남아있다"(11:5)고 말한다. 다시 말해서 유대인들 모두가 100% 다 완악한 것은 아니며, 하나님의 은총을 받을 수 있도록 마음이 열린(물론 이것은 자기 공로로 인하여 뽑힌 것은 아니다) 사람들이 있다는 것이다. 그러나 이들은 소수다! 긴박한 재림은 시간을 다툰다. 여기서 바울은 매우 현실주의적 혁명가적 발상을 한다.

바울을 순수하게 레닌과 같은 정치적 혁명가로서, 단신으로 인류 최대의 문화혁명을 일으킨 사상가로서 조망한 알랭 바디우Alain Badiou, 1937~(사르트르 이래 불란서 철학계를 이끌고 있는 고등사범학교École normale supérieure 출신의 현대철학자. 그는 공산주의의 근본관념이 부활되어야 한다고 믿는다)의 『사도 바울*Saint Paul — la fondation de l'universalisme*』(1997. 우리나라에서는 새물결에서 역본이 나왔다. 현성환 옮김)이라는 책도 있다. 꼭 한번 참고해볼 만하다. 이탈리아의 영화감독이며 시인이며 철학자인 파솔리니Pier Paolo Pasolini, 1922~1975가 만들려고 했던 바울의 삶에 관한 영화의 대본이야기도 무척 흥미롭다. 파솔리니에게 바울은 사회적 불평등, 제국주의, 노예제도에 기반한 사회모델을 혁명적으로 타파하려는 사람이었다. 그에게는 파괴에 대한 성스러운 의지가 있었다. 바울은 로마제국과 싸웠다. 바울의 발언은 시공을 초월하여 정당하다(『사도 바울』번역본, pp.76~78).

물론 내가 바울을 바라보는 입장은 보다 신학적이며, 보다 바울의 내면의 진리의 실상을 상식의 지평 위에서 분해하는 작업이지만 그의 혁명적 발상을 그의 신학에서 배제할 수는 없다.

여기서 내가 말하는 바울의 "혁명전략"이란, 소수의 구원의 가능성은 남아 있다 해도(바알신 앞에 무릎 꿇지 않은 사람 7천 명에 비유. 왕상 19:18, 롬 11:4) 일반적 유대인은 너무 완고하므로 그들의 마음을 여는 작업은 너무 어렵고 시간이 걸린다. 유대인은 구원의 열정에 사로잡혀 있기 때문에 상대하기가 너무 어렵다. 그 열정 자체가 왜곡된 열정a mistaken zeal(10:2)이다. 그들은 끊임없이 잘못된 종류의 의로움(디카이오쉬네)을 추구하도록 구조 지워져 있다. 그들에게는 이미 의로움에 대한 자기들만의 기준이 설정되어 있어, 새롭게 설정된 예수 그리스도의 새 기준을 받아들이지 않는다. 즉 믿음을 가질 수가 없도록 완악하다.

이들과 무리한 씨름을 계속 벌이는 것은 시간낭비일 뿐이다. "유대인 먼저, 이방인 다음"이라는 혁명전략은 온당치 못하다. 효율적 혁명전략은 "이방인 먼저, 유대인 다음"이라는 방식으로 그 순서가 바뀌어야 한다. 바울은 어떠한 경우에도 유대인이 구원의 역사에 있어서 배제될 수 없는 특권을 가진다는 생각을 버리지 않았다. 궁극적으로 유대인 전체가 아브라함에게 주신 하나님의 언약의 정통상속인이라는 생각을 버리지 않았다. 그들이 언약의 주체라는 사실은 예수 그리스도의 도래사건으로도 입증되었다.

혁명방법론으로서는 "이방인 먼저, 유대인 다음"이지만 그 원칙으로 말하면 유대인이 시종일관 구원의 주체세력이다. 이러한 바울의 민족주의적 입장은 그 유명한 11장의 참올리브나무와 그 잘린 가지에 접붙여진 야생(돌)올리브나무가지의 비유이다. 물론 참올리브나무 본체는 유대인이다. 접붙여진 야생가지들이 이방인이다. 어디까지나 주체는 유대인이다. 이 접붙임의 계기가 바로 예수 그리스도이다. 다시 말해서 예수 그리스도의 도래로 인하여 이방

알랭 바디우와 나, 서울 동숭동 나의 연구실에서. 2013년 10월 1일.

인에게 이스라엘의 커비넌트covenant가 확대되는 계기가 생겨난 것이다. 그러므로 이방인들은 이스라엘사람들에게 항상 감사해야 한다. 이스라엘의 특권과 우선권 때문에 이방인에게 복음이 확대될 수 있었던 것이다. 그래서 이스라엘은 시종일관 하나님의 플랜과 목표의 대 드라마에서 빼놓을 수 없는 중심축을 차지하고 있다. 그러므로 이방인들은 항상 이스라엘에 대한 하나님의 선약先約을 인정하고 감사해야 한다.

이방인에게 복음이 전파되는 동안에도 유대인은 완악한 마음을 열지 않을 것이다. 그러나 이방인의 복음 수용이 급속도로 진행되면, "새로운 이스라엘 a new Israel," "다시 태어난 이스라엘a renewed Israel"의 가능성이 열린다.

이방인이 복음을 수용하고 행복하고 위대해지면 유대인들도 질투심이 나서 점점 완악한 마음을 버리고 구원의 대열에 동참케 될 것이라고 바울은 믿었다. 이것은 그의 민족주의적 입장과 보편주의적 입장을 융합한 것이다. 바울은 말한다: "**이전에 하나님께 순종하지 않았던 여러분이**(이방인) **이제 이스라엘사람들의 불순종 때문에 하나님의 자비를 받게 되었습니다. 이와 같이 지금은 순종하지 않고 있는 이스라엘사람들도 여러분이 받은 하나님의 자비를 보고 회개하여 마침내는 자비를 받게 될 날이 올 것입니다. 하나님께서는 모든 사람을 불순종에 사로잡힌 자가 되게 하셨습니다. 그러나 결국은 그 모두에게 자비를 베푸셨습니다.**"(11:30~32).

바울의 신학체계에 있어서 유대인은 방편(우빠야*upāya*)적인 "보류"만 있었을 뿐, 배척되지는 않았다. 그의 이방인을 위한 사도됨은 구극적으로 이스라엘을 위한 것이었다. 그의 교회운동의 구극적 목표는 이스라엘의 배척이 아닌

온 이스라엘의 회복the restoration of all Israel이다.

바울의 전도여행은 로마제국을 복음화시키는 혁명전략이었다. 그는 이방인선교를 통하여 유대인을 포위하려는 작전을 세웠다. 그리하여 궁극적으로는 이방인과 유대인이 모두 구원을 얻는 "다시 개벽"을 꿈꾸었던 것이다. 이것이 내가 9장, 10장, 11장의 담론을 해석하는 개략이다. 이 개략을 알면 바울의 언어가 쉽게 이해될 것이다.

자아! 이제 우리는 최종적으로 바울의 혁명전략의 실제적 결과에 대하여 물음을 던져야 한다. 바울은 단신으로 로마제국과 싸웠다. 많은 사람이 바울을 오직 정신혁명을 일으킨 사람이라고 말할지 모르지만, 바울은 수운보다는 해월에 가까운 사람이다. 바울을 우리가 혁명가로서 보아야 하는 이유는 사막에서의 선정의 결과를 책으로 써놓은 것이 아니라, 행동으로 실천했다는 데 있다. 국제적 조직인 에클레시아 활동을 했다는 데 그 핵심이 있다. 그는 교회라는 혁명조직체를 만들었고, 그 조직멤버의 활약이 로마제국의 허약한 정신문명을 압도하리라고 믿었던 것은 확실하다. 그리고 에클레시아 공동체의 로마제국의 장악이 궁극적으로 유대민족의 해방을 가져오리라고 믿었다.

물론 유대민족에 대한 바울의 궁극적 신념은 실현되지 않았다. 그는 그리스도의 복음에 유대교가 동화되리라고 믿었다. 그러나 인류사에서 유대교와 기독교는 적대관계를 유지했다. 유대교의 신념체계는 조금도 복음화 되지 않았다. 유대교에서는 지금도 예수를 메시아로 인정하지 않는다. 유대교는 민족적 유일신의 편협한 아성 속에 지금도 아我와 적敵, 선과 악을 대립시키는 이원론의 질곡 속에 온 인류를 끊임없이 대립과 알륵과 상살의 비극으로 휘몰아가고 있다. 역사적으로 유대인의 행동양식은 그 나름대로 형성될 수밖에 없었던 필연이 있다 해도 하나님의 커버넌트는 결코 인류에게 평화를 선사하지 못했다. 유대교/기독교의 유일신론적인 편협한 가치관은 강력한 구원의 메시지가 되기도 하지만, 다양성을 포용하지 못하는 배타와 독선의 주범이 된다. 그 폐해는 여전히 계속되고 있다.

안티옥에 있는 성 베드로·성 바울 정교회Orthodox Church of St. Peter and St. Paul. 갈라디아서 2:11~14에 나오는 극적인 장면의 현장이 바로 이곳이다. 베드로는 이곳을 방문하여 유대화파 할례주장자들의 눈치를 보며 비겁한 태도를 취했다. 바울은 베드로를 가식적이라고 호되게 비판한다. 하여튼 이곳이 베드로와 바울이 만난 곳으로 상정되는 초대교회자리이다. 이곳에서 "크리스찬"이라는 개념이 최초로 발생하였다. 안티옥은 바울 전도여행의 본거지였다.

〈 로마서 12:1~21, 몸의 영적 예배 〉

1 I appeal to you therefore, brethren, by the mercies of God, to present your bodies as a living sacrifice, holy and acceptable to God, which is your spiritual worship.

2 Do not be conformed to this world but be transformed by the renewal of your mind, that you may prove what is the will of God, what is good and acceptable and perfect.

3 For by the grace given to me I bid every one among you not to think of himself more highly than he ought to think, but to think with sober judgment, each according to the measure of faith which God has assigned him.

4 For as in one body we have many members, and all the members do not have the same function,

5 so we, though many, are one body in Christ, and individually members one of another.

6 Having gifts that differ according to the grace given to us, let us use them: if prophecy, in proportion to our faith;

7 if service, in our serving; he who teaches, in his teaching;

8 he who exhorts, in his exhortation; he who contributes, in liberality; he who gives aid, with zeal; he who does acts of mercy, with cheerfulness.

1 그러므로 형제들아 내가 하나님의 모든 자비하심으로 너희를 권하노니 너희 몸을 하나님이 기뻐하시는 거룩한 산 제사로 드리라 이는 너희의 드릴 영적 예배니라

2 너희는 이 세대를 본받지 말고 오직 마음을 새롭게 함으로 변화를 받아 하나님의 선하시고 기뻐하시고 온전하신 뜻이 무엇인지 분별하도록 하라

3 내게 주신 은혜로 말미암아 너희 중 각 사람에게 말하노니 마땅히 생각할 그 이상의 생각을 품지 말고 오직 하나님께서 각 사람에게 나눠주신 믿음의 분량대로 지혜롭게 생각하라

4 우리가 한 몸에 많은 지체를 가졌으나 모든 지체가 같은 직분을 가진 것이 아니니

5 이와 같이 우리 많은 사람이 그리스도 안에서 한 몸이 되어 서로 지체가 되었느니라

6 우리에게 주신 은혜대로 받은 은사恩賜가 각각 다르니 혹 예언이면 믿음의 분수分數대로,

7 혹 섬기는 일이면 섬기는 일로, 혹 가르치는 자면 가르치는 일로,

8 혹 권위勸慰하는 자면 권위하는 일로, 구제하는 자는 성실함으로, 다스리는 자는 부지런함으로, 긍휼을 베푸는 자는 즐거움으로 할 것이니라

9 Let love be genuine; hate what is evil, hold fast to what is good;

10 love one another with brotherly affection; outdo one another in showing honor.

11 Never flag in zeal, be aglow with the Spirit, serve the Lord.

12 Rejoice in your hope, be patient in tribulation, be constant in prayer.

13 Contribute to the needs of the saints, practice hospitality.

14 Bless those who persecute you; bless and do not curse them.

15 Rejoice with those who rejoice, weep with those who weep.

16 Live in harmony with one another; do not be haughty, but associate with the lowly; never be conceited.

17 Repay no one evil for evil, but take thought for what is noble in the sight of all.

18 If possible, so far as it depends upon you, live peaceably with all.

19 Beloved, never avenge yourselves, but leave it to the wrath of God; for it is written, "Vengeance is mine, I will repay, says the Lord."

20 No, "if your enemy is hungry, feed him; if he is thirsty, give him drink; for by so doing you will heap burning coals upon his head."

21 Do not be overcome by evil, but overcome evil with good.

9 사랑엔 거짓이 없나니 악을 미워하고 선에 속하라

10 형제를 사랑하여 서로 우애하고 존경하기를 서로 먼저 하며

11 부지런하여 게으르지 말고 열심을 품고 주를 섬기라

12 소망 중에 즐거워하며 환난 중에 참으며 기도에 항상 힘쓰며

13 성도들의 쓸 것을 공급하며 손 대접하기를 힘쓰라

14 너희를 핍박하는 자를 축복하라 축복하고 저주하지 말라

15 즐거워하는 자들로 함께 즐거워하고 우는 자들로 함께 울라

16 서로 마음을 같이 하며 높은 데 마음을 두지 말고 도리어 낮은 데 처하며 스스로 지혜 있는 체 말라

17 아무에게도 악으로 악을 갚지 말고 모든 사람 앞에서 선한 일을 도모하라

18 할 수 있거든 너희로서는 모든 사람으로 더불어 평화하라

19 내 사랑하는 자들아 너희가 친히 원수를 갚지 말고 진노하심에 맡기라 기록되었으되 원수 갚는 것이 내게 있으니 내가 갚으리라고 주께서 말씀하시니라

20 네 원수가 주리거든 먹이고 목마르거든 마시우라 그리함으로 네가 숯불을 그 머리에 쌓아 놓으리라

21 악에게 지지 말고 선으로 악을 이기라

【강해】

나는 약관에도 못 미치는 나이에 로마서를 강의하고 바울의 정신세계와 씨름하면서 제7장의 "오호라! 나는 곤고한 사람이로다! 이 사망의 몸에서 누가 나를 건져내랴!"와 본 장의 "영적 예배"와 고린도후서 12장 9절의 "내 힘은 약한 데서 온전하여짐이라"하신 말씀에 대한 바울의 깨달음, 이 세 마디로 나의 바울관을 형성시켰다. 이 세 마디는 망망대해를 항해하는 나의 청춘의 에너지요, 방향이요, 방법이요, 목표였다. 그래서 12장은 나에게 익숙하기 그지없고 평생 나의 십자가의 좌표로서 나의 의식의 문간을 지켜왔다. 나는 일체 신학적 해설에 의존치 아니 하고 내가 느낀 바를 간결이 설파하겠다. 그리고 이 제12장이 나의 어머니가 가장 좋아하신 성구였다는 것만을 첨기해둔다.

"그러므로"라는 연결사는 9장~11장의 유대인과 이방인이 다함께 구원받는 세상이 오리라는 이야기하고만 연결되는 것이 아니라, 제1장부터 제11장까지의 전체내용과 관련되는 것이다. 여태까지 바울이 힘써 논한 모든 논리의 결과로 우리는 새로운 개벽세상에서 어떻게 살아야 할 것인가에 대한 새로운 지침이 있어야 한다. 아담의 세상이 아닌 그리스도의 세상에서의 생활, 그리스도 안에서의in Christ 나의 생활은 과연 어떻게 되어야 할 것인가? 여기 "권한다*parakaleō*"는 것은 강력하게 권고한다, 강하게 호소한다는 뜻을 내포하고 있다. 예수 안에서의 새로운 삶은 최소한 이러한 원칙을 실천해야 한다는 것이다.

그토록 강권할 수 있는 근거는 "하나님의 모든 자비하심"이다. 그것은 불교에서 말하는 "자비"와도 통하는 말이며, 인간을 죄와 비참으로부터 해방시키는 예수를 통한 하나님의 구원의 역사His saving activity in Christ를 가리킨다. 그 자비에 의거하여 내가 강력하게 권고한다. 그 권고의 내용은 무엇일까?

그것은 "너희 몸을 하나님이 기뻐하시는 거룩한 산 제사로 드리라"는 권면이다. 여기서 "몸"은 "사르크스*sarx*"(신체, 살)가 아니라 "소마*sōma*"이다. 앞서 "프뉴마*pneuma*"에 대립적으로 설정되었던 신체가 아니라, 전인적全人的 인격의, 그 토탈리티를 가리키는 것이다.

중국고전에서도 "심心"과 "신身"은 반드시 대립적인 것으로 나타나지 않는다. 불교가 들어오면서 심心은 유식적 작용으로서 독자적인 시니피앙이 되었지만, 심과 신은 결코 대립적인 것이 아니었다. 우리가 "수신修身"이라 할 때에도 단지 "몸을 닦는다"는 뜻이 아니라 "인격 전체를 연마한다"는 뜻이다. 『대학大學』은 수신·제가·치국·평천하를 말하였지만 제가(가정이라는 사회 단위를 가지런히 하고), 치국(나라를 다스리고), 평천하(천하를 평정한다)의 모든 인간의 활동이 그 궁극에는 "수신修身"으로 귀결된다고 하였다. "천자로부터 서인에 이르기까지 한결같이 모두 수신을 근본으로 삼는다自天子, 以至於庶人, 壹是皆以修身爲本."라고 말한 것이 그것이다. 몸은 가家와 국國과 천하天下를 포섭한다. 수신이야말로 인간이 지선至善에 이르게 되는 첩경이다. 수신이란 내 몸 속에 깃들어있는 "밝은 덕明德"을 밝히는 과정이다. 그래서 예로부터 명덕을 천하에 밝히고자 하는 사람은 먼저 그 나라를 다스리고先治其國, 그 나라를 다스리고자 하는 자는 먼저 그 집안을 가지런히 하고先齊其家, 그 집안을 가지런히 하고자 하는 자는 먼저 그 몸을 닦아야 한다先修其身고 했던 것이다.

"몸"이야말로 모든 것의 근본이다. 그 근본이 어지럽고서 그 끝이 다스려지는 경우는 존재하지 않는다其本亂而末治者, 否矣.

이것은 『대학』의 경經에 있는 말이요, 조선주자학의 총강이라고 할 수 있는 성언聖言이다.

"몸을 제사로 드린다"는 표현은 구체적으로 양 같은 제물을 죽여 그 내장을 태우는 컬트의 행위인데 그렇다면 나를 죽여서 내 육고기를 번제로 드린다는 말일까? 이것은 십자가에 못박혀 죽는다, 나의 죄를 못박는다는 것의 다른 상징일까? 앞서 얘기했지만 여기서 "몸"은 나의 육체가 아니다. 나의 육고기가 아니라, 내 인격 전체, 즉 살아있는 인격체 그 일상적 삶의 총체를 가리킨다. 이 몸의 모든 행위가 제사가 되는 것이다. 그것은 선천개벽세의 옛 삶의 모든 죄악을 벗어버린, 성스러운 의지에 순종하는 거룩한 삶, 그 삶은 곧 나의 몸이 완벽하게 정화되었음을 의미한다. 그것은 나의 몸이 신성한 의지에 따라 순종한다는 것을 의미하므로, 그것은 나의 몸이 악(=오)의 관성체계를 벗어난 자유의 순결체가 되었다는 것을 의미한다. 그러한 성스러운 몸을 희생으로서 바치는 제사야말로, 죽은 고기를 바치는 제사가 아니므로 "산 제사"가 된다. 이 산 제사a living sacrifice야말로 하나님께서 기뻐하시는 거룩한 산 제사이다. 이것이 바로 너희가 드려야 할 "영적 예배spiritual worship"이다. 예배는 교회 나가서 연보돈 내는 것이 예배가 아니다. 예배는 오직 나의 몸을 바치는 산 제사이다. 다시 말해서 나의 전 생애의 모든 액티비티가 바로 제사요 예배이다. 바로 이것이 『대학』에서 말하는 수신이다.

여기 "영적 예배"라는 말의 "영적"은 원어로 "로기켄λογικὴν"인데 "로기코스λογικός"라는 형용사의 변형이다. "프뉴마티코스πνευματικός" 같은 형용사를 쓰지 않고 "로기코스"를 쓴 것은 이성적인 함의를 지니고 있다. "영적 예배"의 본 뜻은 "합리적 예배rational worship"라는 뜻이다. 영적 예배는 합리적 예배다. 일상적 삶에 있어서의 합리적 판단과 관련이 있다. 바카날리아의 트랜스가 아니요, 한국 대형교회나 보수성향의 교회의 신령한 광란이 아니다. 탁월하게 합리적인 삶, 지적으로나 영적으로 탁월하게 이성적인 삶, 예수 안에서 항상 새로워지는 삶을 말한 것이다.

제1절의 이러한 "영적 예배"의 권유는 제2절의 사회와의 관계에서의 합리성을 암시하고 있다.

Do not be conformed to this world.

얼마나 내 인생에서 이 한마디의 영어문장을 수억만 번 뇌까렸던가! 이 세대를 본받지 말라! 이것은 나의 해설이 필요치 않다. "이 세대"는 이 세계, 즉 나의 삶을 둘러싸고 있는 움벨트Umwelt이다. 그러나 이 생활세계는 항상 죄에 오염되어 있다. 권세와 부귀와 압제와 욕망으로 왜곡되어 있다. 그 세계에 나의 삶이 환원되면 나의 몸은 곧 오염되고 만다. 그리고 세계의 관성체계의 노예가 되고 만다.

그러나 이 세대를 본받지 않을 수 있는 길은 단순한 극기가 아니다. 끊임없이 내 마음을 새롭게 해야 한다. "새롭게 함"은 일시적인 행위가 아니요, 끊임없는 삶의 과정이다. "마음"은 무한히 새로워질 수 있는 은총의 심연이다.

『대학』에서는 이것을 "명명덕明明德"(밝은 덕을 밝게 한다)과 관련지어 "신민新民"이라 표현했다. 신민은 "백성을 새롭게 함"이다. 탕왕湯王의 반명盤銘(목욕하는 그릇에 새긴 글)에는 이와 같이 쓰여져 있었다: "진실로 날로 새로워져라! 날로날로 새로워져라! 또 날로 새로워져라! 苟日新, 日日新, 又日新。" 처음에는 "구苟"를 넣었고, 그 다음에는 "일日"을 넣었고, 그 다음에는 "우又"를 넣었다. "진실로, 날로, 또 날로." 날로날로 새로워짐은 쉴 수 없는 끊임없는 생명의 과정Process of Life임을 말한 것이다. 우리 모두의 삶이 날로날로 새로워질 때만이 국가공동체도 그 명命이 새로워진다(其命惟新).

바울은 "마음을 새롭게 함으로써 변화를 받는다"고 했는데, "변화를 받는다"는 것은 "메타모르푸스테μεταμορφοῦσθε"(metamorphosis)인데 이것은 모르페μορφή가 변한다는 뜻이다. 모르페는 단지 외형만을 뜻하는 것이 아닌 내면의 본질적 요소까지 변한다는 뜻이다. 생각과 의지와 욕망 등의 내적 활동이 본질적으로 변화를 일으킨다는 뜻을 내포한다.

이러한 메타모르포시스를 통하여 우리는 하나님의 선하시고 기뻐하시고 온전하신 뜻이 무엇인지를 분별해야 한다! 아멘!

바울이 말하는 "사랑"은 궁극적으로 사랑하는 아들 그리스도의 희생적 죽음으로 표현된 하나님 자신의 사랑이다. 이 사랑은 하나님의 성령이 나에게 충만할 때 변화된 삶의 에너지로부터 발출하는 생명의 약동 같은 것이다. 단순히 타인을 위해 봉사한다든가, 희사한다든가 하는 의미가 아니다. 그리스도에 대한 믿음이 충만한 삶을 창출하여 타인을 사랑하는 것으로 자연스럽게 표출된 것이다. "사랑"이란 오직 성령으로 인하여 새로운 삶이 이루어지고 더 이상 죄와 자사自私의 욕망에 지배되지 않을 때, 그 새 생명이 자연스럽게 외부로 표출되는 것이다. 그것은 그리스도 안에서의 새로운 삶의 표현이며, 복음에 있어서의 하나님의 은총에 대한 기쁨의 표출이다. 사랑은 그리스도에 대한 감사의 표시이며, 타인을 사랑한다는 것은 신적인 사랑에 대한 감사를 표현하는 하나의 방식이다.

본 장은 이와 같이 끝난다: **"악에게 굴복하지 말고 선으로써 악을 이기라!"** 아멘!

지금 다소에서 바울의 족적을 찾기는 쉽지 않다. 내가 걷고 있는 이곳은 다소 시내에 남아있는 바울 시대의 옛길Antik Yol이다. 바울은 말한다: "나는 유대인이다. 소읍小邑이 아닌 길리기아 다소성의 시민이다"(행 21:29). 고향 다소에 대한 바울의 프라이드가 잘 드러나 있다. 이 길만 해도 6.5m 폭으로 포장되어 있을 뿐 아니라 양쪽으로 하수시설이 되어 있다. 바울은 이 길을 수도 없이 걸었다.

〈 로마서 13:1~14, 인간세의 권력Civil Authority에 관하여 〉

1Let every person be subject to the governing authorities. For there is no authority except from God, and those that exist have been instituted by God.
2Therefore he who resists the authorities resists what God has appointed, and those who resist will incur judgment.
3For rulers are not a terror to good conduct, but to bad. Would you have no fear of him who is in authority? Then do what is good, and you will receive his approval,
4for he is God's servant for your good. But if you do wrong, be afraid, for he does not bear the sword in vain; he is the servant of God to execute his wrath on the wrongdoer.

5Therefore one must be subject, not only to avoid God's wrath but also for the sake of conscience.
6For the same reason you also pay taxes, for the authorities are ministers of God, attending to this very thing.
7Pay all of them their dues, taxes to whom taxes are due, revenue to whom revenue is due, respect to whom respect is due, honor to whom honor is due.

1각 사람은 위에 있는 권세權勢들에게 굴복하라 권세는 하나님께로 나지 않음이 없나니 모든 권세는 다 하나님의 정하신 바라
2그러므로 권세를 거스리는 자는 하나님의 명을 거스림이니 거스리는 자들은 심판을 자취自取하리라
3관원官員들은 선한 일에 대하여 두려움이 되지 않고 악한 일에 대하여 되나니 네가 권세를 두려워하지 아니하려느냐 선을 행하라 그리하면 그에게 칭찬을 받으리라
4그는 하나님의 사자使者가 되어 네게 선을 이루는 자니라 그러나 네가 악을 행하거든 두려워하라 그가 공연히 칼을 가지지 아니하였으니 곧 하나님의 사자가 되어 악을 행하는 자에게 진노하심을 위하여 보응하는 자니라
5그러므로 굴복하지 아니할 수 없으니 노怒를 인하여만 할 것이 아니요 또한 양심을 인하여 할 것이라
6너희가 공세貢稅를 바치는 것도 이를 인함이라 저희가 하나님의 일군이 되어 바로 이 일에 항상 힘쓰느니라
7모든 자에게 줄 것을 주되 공세를 받을 자에게 공세를 바치고 국세國稅 받을 자에게 국세를 바치고 두려워할 자를 두려워하며 존경할 자를 존경하라

8Owe no one anything, except to love one another; for he who loves his neighbor has fulfilled the law.
9The commandments, "You shall not commit adultery, You shall not kill, You shall not steal, You shall not covet," and any other commandment, are summed up in this sentence, "You shall love your neighbor as yourself."
10Love does no wrong to a neighbor; therefore love is the fulfilling of the law.
11Besides this you know what hour it is, how it is full time now for you to wake from sleep. For salvation is nearer to us now than when we first believed;
12the night is far gone, the day is at hand. Let us then cast off the works of darkness and put on the armor of light;
13let us conduct ourselves becomingly as in the day, not in reveling and drunkenness, not in debauchery and licentiousness, not in quarreling and jealousy.
14But put on the Lord Jesus Christ, and make no provision for the flesh, to gratify its desires.

8피차 사랑의 빚 외에는 아무에게든지 아무 빚도 지지 말라 남을 사랑하는 자는 율법을 다 이루었느니라
9간음하지 말라, 살인하지 말라, 도적질하지 말라, 탐내지 말라 한 것과 그 외에 다른 계명이 있을지라도 네 이웃을 네 자신과 같이 사랑하라 하신 그 말씀 가운데 다 들었느니라
10사랑은 이웃에게 악을 행치 아니하나니 그러므로 사랑은 율법의 완성이니라
11또한 너희가 이 시기時機를 알거니와 자다가 깰 때가 벌써 되었으니 이는 이제 우리의 구원救援이 처음 믿을 때보다 가까왔음이니라
12밤이 깊고 낮이 가까왔으니 그러므로 우리가 어두움의 일을 벗고 빛의 갑옷을 입자
13낮에와 같이 단정端正히 행하고 방탕과 술취하지 말며 음란과 호색好色하지 말며 쟁투爭鬪와 시기하지 말고
14오직 주 예수 그리스도로 옷입고 정욕情慾을 위하여 육신의 일을 도모하지 말라

【강해】

로마서 13장은 자세하게 주석하기가 난감한 문서이다. 모든 글이란 그 글이 처한 시대적 환경이 있고 그 글을 받아보는 사람과의 특별한 관계에서 성립하는 인간학적 과제상황이 깔려있다. 그러한 과제상황은 말로 다 표현될 수 없는 감정적 얽힘이나 우려 등등의 사태를 다 포섭하는 것이다.

성서는 어떠한 경우에도 하나님의 말씀이 아니다. 우리나라의 모든 보수주의자들이 하늘처럼 받들어 모시는 칼 바르트도 이 점을 명확히 한다: "성서는 하나님의 말씀이 아니다." 성서는 사람의 말을 기록한 것일 뿐이다. 성서는 하나님의 말씀과 동일시되어서는 안된다. 하나님의 말씀은 성서라는 하나의 물건이 아니라 살아있는 사건이다. 성서는 하나님의 말씀이라는 살아 생동하는 사건의 기록이며, 사건 그 자체는 아니다. 그림 안의 새는 날아가지 못한다. 정지되고 고정되어 있는 성서를 살아서 움직이는 하나님 말씀 그 자체와 혼동해서는 안된다. 바르트는 성경을 하나님의 말씀과 동일시하는 근본주의Fundamentalism를 로마카톨릭과 자유주의Liberalism에 다음가는 "제3의 이단"이라고 맹렬히 규탄한다.

근본주의의 문자주의적 해석은 계시를 동결시키려는 것이요, 성서를 오히려 불신하고, 인간이 계시의 주인이 되려고 하는 불경일 뿐이다. 계시는 인간이 소유할 수 있는 어떤 것이 아니라, 하나님이 주님으로 임하시고, 하나님의 주도권 아래 일어나는 사건일 뿐이다. 에밀 브루너Emil Brunner, 1889~1966(스위스의 프로테스탄트 신학자. 칼 바르트와 더불어 변증신학운동을 주창함. 취리히대학의 조직신학교수. 에큐메니칼운동의 주창자. 프린스턴신학대학 방문교수. 일본ICU 방문교수)도 인간의 말로 표현된 하나님의 말씀은 직접적 계시가 아니고 간접적 계

브루너(좌)와 칼 바르트(우). 에밀 브루너는 스위스의 빈테르투르Winterthur에서 태어나 스위스의 추리히에서 세상을 떴으니 스위스사람이다. 칼 바르트보다 3살 어린데, 두 사람은 평생 지속적 우정을 유지했다. 브루너는 취리히대학에서 "종교적 지식에 있어서의 상징요소"라는 논문으로 박사학위를 받았고 취리히대학의 조직신학 교수가 되었다(1924). 브루너는 바르트와 더불어 변증신학운동을 전개했는데, 브루너는 바르트가 미국에 알려지기 전부터 이미 국제적으로 대중적 인기를 끌었다. 브루너는 20세기 신학계에서 바르트만한 천재는 없다고 공언한 바 있다.

시에 불과하다고 말한다. 성서는 하나님의 말씀이신 예수 그리스도에 대한 사도들의 증언이다. 원原 말씀은 예수 그리스도이며 성서가 아니다. 성서는 다만 원 말씀에 대한 보고이며 증언이기 때문에 간접적 계시다. 오직 예수 그리스도만이 무조건적 권위를 가진다. 성서를 하나님의 말씀과 동일시하는 것은 성서를 종이교황으로 만드는 것으로써 근본주의Fundamentalism가 범한 중대한 오류이다. 성서의 권위는 증언하는 이의 권위가 아니고, 증언되는 이 즉 예수 그리스도의 권위다. 살아계신 인격이신 예수 그리스도와 그와 관한 책일 뿐인 성서를 동일시할 수 없다(남기철, 『현대신학해제』, pp.31~36).

이것은 우리나라 교계가 성서를 새롭게 인식해야만 하는 중요한 신학적 관점이다. 성서를 곧바로 하나님의 말씀이라고 물신숭배화 하며 축자무오류설을 주장하는 그릇된 이단적 견해가 우리 교계를 지배하는 한 우리나라에는 신학이 근원적으로 발달할 수가 없다. 성서에 관한 해석의 지평이 무한히 개방되어야만 비로소 신학이 가능해지는데, 우리나라는 돼지 멱따는 소리를 지르는 몇몇 당회장류의 꼴통들 때문에 도무지 신학이 학문으로서 가능해지질 않는 것이다.

성경이 곧 하나님 말씀이라는 오류, 축자무오류설의 오류를 가장 결정적으로 깨어버린 사건이 바로 "공동번역 성서"의 출현이다(1977년에 대한민국 천주교와 개신교에서 에큐메니컬운동의 일환으로 공동구성한 성서공동번역위원회가 펴냄). 공동번역의 출현은 진실로 혁명적인 사건이었다. 그 혁명적 사건에 뒤따라 많은 다른 역본이 출판되었지만 어떠한 판본도 의미를 쉽게 전달하는 포괄적 능력과 래디칼한 의역의 과감성에 있어서 공동번역을 따라가지 못한다. 공동번역은 원어의 편협성에 구애되지 않고(원어의 일관성을 유지하지 않음으로써 많은 신학적 불편을 제기한다고도 말할 수 있다) 실제로 한국인의 가슴에 와 닿는 살아있는 언어를 자유롭게 활용했다는 의미에서, 성서의 물신적 권위를 여지없이 깨버렸다. 성서가 전하고자 하는 의미가 중요한 것이지 성서 그 자체의 인간문자적 측면에 구애받을 필요가 없다는 바로 성서신학의 입장을 표방한 것이다. "지월指月"의 "지指"로 가지 않고, "월月"로 간 것이다.

자아! 이야기가 좀 빗나갔는데 13장의 논의는 바울이라는 한 인간이 당면한 시대의식 속에서 해석되어야지, 그것이 뭐 절대적인 하나님의 말씀처럼 신봉될 필요는 없다는 것을 말하려다가 바르트신학의 "성경≠하나님말씀"론으로 논의가 샌 것이다. 그러나 실로 세속적 권력Civil authority과 기독교신앙 그리고 교회와의 관계에 관한 논의는 바울의 시대에 매우 중대한 문제였다. 여기서 세속적 권력이란 우선 로마황제권력을 생각할 수 있다. 그러나 시빌civil 즉 민간 권력이란 황제뿐 아니라 그 밑의 총독들governors(proconsals, procurators, kings, 황제를 대표하는 다양한 직책), 그리고 지방을 통치하는 행정장관, 지사, 시장, 그리고 유대에서는 대 제사장과 산헤드린까지를 다 포괄한다.

그런데 바울은 로마시민권 소유자(?)임에도 불구하고 이들 지역관리들에게 수없는 수모를 겪어왔다. 따라서 로마의 갓 태어난 병아리 같은 교인들에게 환난이 닥칠 것을 우려하는 심사는 당연히 바울에게 보수적인 태도를 취하게 만든다. 그러나 이것을 꼭 보수적인 태도라고 볼 것이 아니라 방편적인 혁명 전략의 일환으로 해석할 수도 있다.

13장을 열면 곧바로, "누구나 자기를 지배하는 권위에 복종해야 합니다"라는 말이 나온다. 여기서 "권위"는 세속권위이다. 그렇다면 관원에게는 무조건 복종하라는 바울의 권유는 과연 정당한가? 그리고 곧이어 이렇게 말한다. "하나님께서 주시지 않은 권위는 하나도 없고, 세상의 모든 권위는 다 하나님께서 세워주신 것이기 때문입니다."

이런 바울의 얘기는 오늘 시민운동하는 사람들의 입장에서는 매우 듣기 거북하다. 아니 그렇다면 자기가 하나님보다 더 높다고 인간세에 군림하는 오만방자한 황제권력도 다 하나님께서 세워주신 것일까? 이러한 문제 때문에 나는 모두冒頭에서 이 장은 세밀하게 주석하기가 곤란하다고 말한 것이다. 그러나 나는 바울의 입장이 이해가 간다.

우선 아퀼라와 프리스카는 클라우디우스황제의 칙령the Edict of Claudius 때문에 로마를 떠나야만 했었다(AD 49~50년). 이 반포된 칙령에 의하면, 로마의 유대인들이 "크레스토스*Chrestus*의 선동에 의하여 끊임없이 일어나는 폭동에 가담하고 있으므로 이들은 모두 로마로부터 추방되어야 한다"라고 했는데 물론 이 기록은 후대의 기록이다. "크레스토스"를 어떤 의미로 사용했는지는 정확하지는 않지만, 하여튼 크레스토스를 어떤 노예이름처럼 이해하고 있는 듯이 보인다. "크레스토스*chrēstos*"가 일반 형용사로서 "유용한" "친절한"의 의미도 지니며, 그것은 그레코-로망세계에 있어서 노예의 흔한 이름으로 쓰였다.

과연 이 "크레스토스"가 로마의 한 노예를 지칭한 것인지 "그리스도"를 가리킨 것인지는 알 수가 없다. 다시 말해서 클라우디우스황제의 추방령이 단순한 노예반란에 대한 응징일 수도 있고, 기독교운동이 이미 황제의 탄압의 대상이 될 수 있을 정도로 모종의 문제를 일으켰다고도 볼 수 있다. 그리고 이 AD 50년 사건으로부터 네로황제의 AD 64년의 로마대화재(그 이후 한 3년간 엄청난 기독교박해가 있었다고는 하지만 그 자세한 실상도 잘 알지 못한다)를 생각할 때 그 중간시점에서 서방선교의 그랜드한 구상을 가지고 있었던 바울의 입장에서는 로마의 불씨를 어떻게 해서든지 살려야 하는 당위성을 가지고 있었다. 그 당위성의 최선의 방책은 가급적인 한 정치권력과의 충돌을 피하는 길밖에는 없었다.

이러한 바울의 입장은 충청도 옥천군 문바위골에 앉아 세칭 "동학란"의 추이를 바라보던 해월의 입장과 매우 유사하다. 해월은 고부관아 습격사건으로부터 발발한 민중혁명의 추이를 승인하지 않았다. 덕을 천하에 펴서 널리 창생을 구하는 것이 수운 선생님의 도이다. 도를 빙자하여 폭력으로써 도인행세를 한다면 이것은 사문에 난적이 되고 국가에 난민이 될 뿐이니 현기玄機를 노출시키지 말고, 심급心急함을 삼가라고 계속 타이르는 통유문을 보냈다. 물론 이러한 효유가 전봉준에게 멕힐 리 없었다.

바울은 우선 자신의 반율법적 복음의 논리가 세속적 법률에 대한 무시와 항거로 곡해되는 위험성을 경고했다. 바울은 노예제도도 반대했고 도덕적 관습으로부터도 비교적 합리적인 태도를 주장했다. 이러한 모든 태도가 곧바로 로마시민법으로부터의 온당치 못한 해방으로 곡해되는 위험성을 경계하였던 것이다. 그리고 역사적으로 AD 58년 네로황제 시절에 세금거부운동이 있었다는 것이 기록되어 있는데, 기독교인들이 이러한 운동에 가담하여 소란을 피운다면 그것은 현기를 노출시키는 바보스러운 행동이 된다.

> **"그러므로 여러분은 그들에게 해야 할 의무를 다하십시오. 국세를 바쳐야 할 사람에게는 국세를 바치고, 관세를 바쳐야 할 사람에게는 관세를 바치고, 두려워해야 할 사람은 두려워하고, 존경해야 할 사람은 존경하십시오."**

이것은 꼴보수 수장의 논리가 아니라 "불로현기不露玄機" 하라는 전략가의 충고로 해석해야 옳다. 바울은 말한다.

> **"통치자들은 악을 행하는 자에게나 두려운 존재이지, 선을 행하는 사람들에게는 두려울 것이 없다. 통치자를 두려워하지 않으려면 선을 행하라!"**

이 엄혹한 세월을 살아남는 방법은 일차적으로 자기의 선善을 확보하는 것이다. 통치자의 불선과 선부른 대결을 할 필요는 없다. 이러한 태도가 바울신학의 보수적 측면을 나타내는 것일 수도 있으나 나는 오히려 이것을 혁명방편론의 입장에서 해석한다. 권력자들을 두려워하고 벌벌 떨면서 소극적으로 따르기만 할 것이 아니라 자기 양심에 따라 적극적으로 그들의 권위에 복종하라고까지 말한다. 이것이 곧 내 양심에 거부될 때는 그들의 권위도 거부될 수 있다는 것을 역설적으로 내포한다.

그리고 8절부터 사랑이야말로 율법의 완성임을 설파한다. 그리고 11절부터 임박한 재림을 설교한다. 그리고 마지막으로 이렇게 말한다: "오직 주 예수 그리스도로 옷을 입고, 정욕을 위하여 육신(사르크스)의 일을 도모하지 말라." "옷을 입는다"(엔뒤사스테ἐνδύσασθε)는 표현은 엔뒤오ἐνδύω의 부정 과거 명령법 중간태인데 "입다," "착용하다"라는 기본의미를 갖는다. 고전 헬라어문헌에서는 이 동사는 "옷을 입는다," "무기를 갖춘다," "용기와 같은 미덕을 취한다"는 의미가 있다.

우리의 일상적 삶에 있어서의 "영적 예배"를 논한 바울은 정치적 환난을 이기는 방법으로서 예수 그리스도의 갑옷을 입고 무장하는 것, 예수 그리스도 안에서 사는 것만이 승리의 길임을 로마교인들에게 독려하고 있는 것이다.

〈 로마서 14:1～23, 음식문제에 관하여 〉

[1]As for the man who is weak in faith, welcome him, but not for disputes over opinions.

[1]믿음이 연약한 자를 너희가 받되 그의 의심하는 바를 비판하지 말라

[2]One believes he may eat anything, while the weak man eats only vegetables.

[2]어떤 사람은 모든 것을 먹을 만한 믿음이 있고 연약한 자는 채소를 먹느니라

[3]Let not him who eats despise him who abstains, and let not him who abstains pass judgment on him who eats; for God has welcomed him.

[3]먹는 자는 먹지 않는 자를 업신여기지 말고 먹지 못하는 자는 먹는 자를 판단하지 말라 이는 하나님이 저를 받으셨음이니라

[4]Who are you to pass judgment on the servant of another? It is before his own master that he stands or falls. And he will be upheld, for the Master is able to make him stand.

[4]남의 하인을 판단하는 너는 누구뇨 그 섰는 것이나 넘어지는 것이 제 주인에게 있으매 저가 세움을 받으리니 이는 저를 세우시는 권능權能이 주께 있음이니라

[5]One man esteems one day as better than another, while another man esteems all days alike. Let every one be fully convinced in his own mind.

[5]혹은 이 날을 저 날보다 낫게 여기고 혹은 모든 날을 같게 여기나니 각각 자기 마음에 확정할지니라

[6]He who observes the day, observes it in honor of the Lord. He also who eats, eats in honor of the Lord, since he gives thanks to God; while he who abstains, abstains in honor of the Lord and gives thanks to God.

[6]날을 중히 여기는 자도 주를 위하여 중히 여기고 먹는 자도 주를 위하여 먹으니 이는 하나님께 감사함이요 먹지 않는 자도 주를 위하여 먹지 아니하며 하나님께 감사하느니라

[7]None of us lives to himself, and none of us dies to himself.

[7]우리 중에 누구든지 자기를 위하여 사는 자가 없고 자기를 위하여 죽는 자도 없도다

[8]If we live, we live to the Lord, and if we die, we die to the Lord; so then,

[8]우리가 살아도 주를 위하여 살고 죽어도 주를 위하여 죽나니 그러므로 사나

whether we live or whether we die, we
are the Lord's.
9For to this end Christ died and lived
again, that he might be Lord both of the
dead and of the living.
10Why do you pass judgment on your
brother? Or you, why do you despise
your brother? For we shall all stand
before the judgment seat of God;
11for it is written,

> "As I live, says the Lord, every knee
> shall bow to me,
> and every tongue shall give praise
> to God."

12So each of us shall give account of
himself to God.
13Then let us no more pass judgment on
one another, but rather decide never to
put a stumbling block or hindrance in
the way of a brother.
14I know and am persuaded in the Lord
Jesus that nothing is unclean in itself;
but it is unclean for any one who thinks
it unclean.
15If your brother is being injured by
what you eat, you are no longer walking
in love. Do not let what you eat cause
the ruin of one for whom Christ died.
16So do not let your good be spoken of
as evil.

죽으나 우리가 주의 것이로라

9이를 위하여 그리스도께서 죽었다가
다시 살으셨으니 곧 죽은 자와 산 자의
주가 되려 하심이니라
10네가 어찌하여 네 형제를 판단하느뇨
어찌하여 네 형제를 업신여기느뇨 우리가
다 하나님의 심판대 앞에 서리라

11기록되었으되

> 주께서 가라사대 내가 살았노니 모든
> 무릎이 내게 꿇을 것이요 모든 혀가
> 하나님께 자백하리라

하였느니라
12이러므로 우리 각인各人이 자기 일을
하나님께 직고直告하리라
13그런즉 우리가 다시는 서로 판단하지
말고 도리어 부딪힐 것이나 거칠 것으로
형제 앞에 두지 아니할 것을 주의하라

14내가 주 예수 안에서 알고 확신하는 것
은 무엇이든지 스스로 속된 것이 없으되
다만 속되게 여기는 그 사람에게는 속되
니라
15만일 식물을 인하여 네 형제가 근심하
게 되면 이는 네가 사랑으로 행치 아니
함이라 그리스도께서 대신하여 죽으신
형제를 네 식물로 망케 하지 말라
16그러므로 너희의 선한 것이 비방을 받지
않게 하라

17 For the kingdom of God is not food and drink but righteousness and peace and joy in the Holy Spirit;

18 he who thus serves Christ is acceptable to God and approved by men.

19 Let us then pursue what makes for peace and for mutual upbuilding.

20 Do not, for the sake of food, destroy the work of God. Everything is indeed clean, but it is wrong for any one to make others fall by what he eats;

21 it is right not to eat meat or drink wine or do anything that makes your brother stumble.

22 The faith that you have, keep between yourself and God; happy is he who has no reason to judge himself for what he approves.

23 But he who has doubts is condemned, if he eats, because he does not act from faith; for whatever does not proceed from faith is sin.

17 하나님의 나라는 먹는 것과 마시는 것이 아니요 오직 성령 안에서 의와 평강平康과 희락喜樂이라

18 이로써 그리스도를 섬기는 자는 하나님께 기뻐하심을 받으며 사람에게도 칭찬을 받느니라

19 이러므로 우리가 화평의 일과 서로 덕을 세우는 일을 힘쓰나니

20 식물을 인하여 하나님의 사업을 무너지게 말라 만물이 다 정하되 거리낌으로 먹는 사람에게는 악하니라

21 고기도 먹지 아니하고 포도주도 마시지 아니하고 무엇이든지 네 형제로 거리끼게 하는 일을 아니함이 아름다우니라

22 네게 있는 믿음을 하나님 앞에서 스스로 가지고 있으라 자기의 옳다 하는 바로 자기를 책하지 아니하는 자는 복이 있도다

23 의심하고 먹는 자는 정죄되었나니 이는 믿음으로 좇아 하지 아니한 연고緣故라 믿음으로 좇아 하지 아니하는 모든 것이 죄니라

【강해】

우리는 드디어 로마서의 마지막 부분을 달리고 있다. 1장에서~8장까지는 그의 짙은 신학적 사유가 매우 논리적인 연쇄구조를 따라 엄밀하게 전개되고 있고, 9장~11장에서는 바울의 가장 가슴 아픈 문제인 유대인문제Jewish question가 다루어졌다. 그리고 12장부터 15장까지는 기본적으로 성도들의 삶의 원칙이나 교회공동체에서 발생하는 많은 조직상의 문제들, 특히 공동체의

단합을 방해하는 사소한 문제들을 점검하고 있다. 이러한 뒷부분의 문제들은 아주 사소한 듯이 보이지만 이 편지를 수용하는 로마교회사람들의 입장에서 보면 오히려 가장 난해하고 가장 긴요하고 가장 원칙적 가이드라인을 필요로 하는 문제인 것이다.

이러한 문제를 접근하는 바울의 태도에서 우리는 단순한 신앙인으로서가 아닌 대 혁명가로서의 바울의 면모를 목도하게 된다. 바울의 위대함은 일차적으로 그의 사상의 독창성과 웅혼함과 포괄성에 있었지만, 그를 더 위대하게 만든 것은 그가 "조직의 명수"였다는 사실에 있다. 모든 사회혁명은 조직의 빌더가 리드한다. 바울의 사회혁명은 정신혁명이었고 인간혁명이었지만 그는 구체적으로 그러한 혁명을 조직을 통해 실천해나갔다. 바울은 이론가인 동시에 실천가였다. 이론의 논리도 있었지만 실천의 논리도 풍부했다. 그의 교회운동은 조직운동이었으며, 그 공동체조직은 다양한 의식과 제식, 주일예배, 성찬, 세례, 단식, 기도, 접대 등의 많은 조례와 세칙에 의하여 구성되었다. 현재『디다케 *The Didache*』라는 문헌이 전승되고 있는데 이 문헌이 성립한 연대는 거의 바울의 선교와 동시대라는 최근의 학설들은 우리에게 충격을 준다.『디다케』를 읽어보면 바울이 만든 교회가 과연 어떠한 조직체였는지에 관해 매우 구체적인 그림을 얻을 수 있다(Aaron Milavec, *The Didache: Text, Translation, Analysis, and Commentary*, Liturgical Press, 2003. 우리나라에서도 정양모 신부님의 번역이 있다. 그러나 정 신부님은 이 문헌의 성립을 AD 100년경으로 보는 재래적 이론에 의거하고 있다. 50년은 더 거슬러올라가야 정당한 교회사의 그림이 나온다.『디다케』는 AD 50년경에 성립한 문헌으로 보아야 한다).

생각해보자! 바울이 이 로마서라는 편지를 로마에 보내고 나서 어떤 이유에서든지간에 예루살렘으로 향한다. 예루살렘에서 많은 고초를 겪고(지중해

연안 항구 카이사리아 마리티마Caesarea Maritima) 결국 로마로 입성했다. 사실 이 로마서의 내용으로 볼 때 그가 이 편지를 AD 56년경에 로마로 보내놓고 예루살렘으로 우회하여 기어코 최후목적지인 로마로 갔다(AD 61년경?)는 사실 그 자체가 그가 얼마나 대국적인 플래너였으며 치밀한 방법론을 가진 혁명가였는지를 잘 증빙하여 준다. **바울은 로마로 갔다.** 바울이 로마에 도착하는 장면을 사도행전은 이렇게 기술한다:

> **"우리는 마침내 로마로 갔다. 로마에 있는 교우들은 우리가 온다는 소식을 듣고 아피오광장에까지 마중 나온 사람들도 있었고, 트레스 타베르네라는 동네까지 나온 사람들도 있었다. 그들을 본 바울은 하나님께 감사를 드리고 용기를 얻었다. 우리가 로마에 들어갔을 때에 바울은 경비병 한 사람의 감시를 받으면서 따로 지내도 좋다는 허락을 받았다."**

그리고 행전은 마지막 피날레를 이와 같이 끝내고 있다:

> **"바울은 셋집을 얻어 거기에서만 2년 동안 지내면서 자기를 찾아오는 사람을 모두 맞아들이고 아무런 방해를 받지 않고 하나님 나라를 아주 대담하게 선포하며 주 예수 그리스도에 관하여 가르쳤다."**(행 28:31).

바울과 로마의 관계는 사실 매우 평온하다. 로마의 관원들은 바울을 탄압할 별 구실이 없었던 것이다. 많은 사람들이 바울이 로마에게 네로황제의 박해 때 순교를 당했다고 생각한다. 오스티안로路Ostian Way 제3 마일스톤이 있는 광장에서 참수를 당했다는 것이다(로마시민에게는 십자가형을 가하지 않는다). 역사적으로 바울이 베드로보다도 먼저 로마에 갔다는 것은 정설이다. 베드로는 로마에서 네로박해 때 십자가형 당한 것이 확실해 보이지만 바울의 죽음은 학자들간에 정설이 없다. 내가 생각하기에 바울은 순교 당하지 않았다. 사도행전의 마지막 기술은 그가 오래오래 살아남았다는 것을 암시한다. 바울은 조직의 명수였기 때문에 그리고 놀라운 상식적 감각이 있었기 때문에 오래 살아남아 끝까지 로마교회를 조직하고 오늘의 기독교의 토대를 공고히 하는데 어김없이 공헌하였을 것이다. 바울이 결국 스페인으로 갔고, 그곳에서 디모데전·후서, 디도서를 썼다는 설도 있다.

우리가 문헌을 읽을 때, 그 중심이 되는 개념을 역사와 상식의 지평 위에서 정확한 그 의미를 파악하면 그 논의의 전체가 쉽게 형량된다. 이 14장·15장에 나오는 개념 중에서 강한 자the strong와 약한 자the weak라는 것이 있다. 그런데 이러한 개념은 고린도전서 8장~10장에도 같은 맥락에서 언급되고 있다. 그런데 이 말의 정확한 뜻은 보통 상식적으로 생각하듯이 믿음이 강한 자, 믿음이 약한 자의 뜻이 아니다. 이 강한 자와 약한 자의 개념이 서술되는 맥락은 음식의 문제에 관한 것이었다. 당대에 헬라스·로마문명 사회에서 일반인들이 사먹을 수 있는 고기라고는 제사를 거치지 않은 고기는 거의 없었다. 자기가 직접 잡는 것 이외로는 모든 고기가 신전을 거쳐 나오는데, 그것은 당연히 기독교인의 입장에서 본다면 우상숭배의 제식에서 이미 더럽혀진 고기라는 의미가 된다. 따라서 정결한 생활습관을 지닌 그리스도교인의 입장에서 본다면 먹기가 끔찍한 느낌이 드는 것이다. 그러나 당대의 생활습관으로 볼 때 고기를 안 먹고 산다는 것은 매우 어려운 일이었다. 당시 이방인사회에서의 제사고기의 문제는 유대인의 코셔음식*kosher foods*과는 또 다른 차원의 문제였다.

그러나 기질상 그러한 자질구레한 계율에 얽매이기를 싫어하거나, 고기를 먹고 싶으면 먹으면 되지 신전에 한 번 올려졌다가 내려온 고기를 먹는다는 것이 과연 기독교신앙과 무슨 직접적인 관계가 있는가 하고, 그러한 규정을 무시하는 강인한 성격의 사람이 있다. 지금 바울의 논의에 있어서 강한 자 the strong는 가리지 않고 먹는 사람을 뜻한다. 그러나 마음이 약하고 여리어 차마 신전을 거친 고기를 먹지 못하는 심약한 자를 약한 자the weak라고 부른다. 그러니까 강한 자는 "심강心强한 사람"이라고 번역하고 약한 자는 "심약心弱한 사람"이라고 번역하면 대강 그 뜻이 정확히 드러날 것 같다. 심강자는 사물의 도덕적·정신적 경중을 헤아려 사소한 일에 관심을 두지 않지만, 심약자는 중요하지도 않은 사소한 데 마음이 이끌려 그것을 과대평가하여 중대한 종교문제로 삼는 것이다. 심강자는 심약자를 멸시하고, 심약자는 심강자를 비난한다. 대체로 심강자는 육식주의자들이고 심약자는 채식주의자들이 되기 마련인데 이들은 이러한 사소한 일에 대한 신념 때문에 서로 알륵하고 패싸움을 하니, 결국 공동체의 단합이 깨지고 사랑의 통일성이 금이 간다.

바울은 본 장에서 근본적으로 이러한 문제는 서로가 서로를 이해하고 용서하고 서로의 신념을 존중해야지, 서로 시비를 가릴 문제가 아니라고 주장한다. 왜냐하면 구원의 복음의 원리원칙과는 하등의 관계가 없는 사람의 기질상의 문제라고 설파한다. 한 식탁에 앉아 고기를 먹든 채소를 먹든, 다 같이 감사기도를 드리고 먹으면 그만이다. 공동의 목적이 중요한 것이다. 그 목적에 도달하는 방법은 서로의 길을 존중해주어야 한다. 바울은 어떤 길을 택하든지간에 그것이 마음에 옳다는 신념을 가지라고 권고한다. 그의 행동은 관습이나 미신에 좌우될 것이 아니라, 확실한 신념에 의거한 것이 되어야 한다. 그러나 바울은 말한다. 자신이 결행하는 일의 기준이 타인에게도 똑같은 표준이 되어야 한다고 강요해서는 아니 된다는 것이다. 고루한 신자들은 자신들의 예배방식, 자신들의 교회제도가 유일한 선善이라고 믿고 타인에 획일적으로 강요한다는 것이다. 바울은 공자가 말한, "기소불욕己所不欲, 물시어인勿施於人"(『논어』「안연」2,「위령공」23. 그 자세한 논의는 나의 『논어한글역주』 해설을 참고할 것)의 대원리를 교회공동체에 권유하고 있는 것이다.

바울은 음식의 문제뿐 아니라, 주일을 지키는 문제, 술 문제, 택일, 예배방법 등등의 문제에 있어서 매우 합리적인 개별적 선택, 그리고 호상적 관용성을 주장하였다.

> **"여러분에게 어떤 신념이 있다면 하나님 앞에서 각각 그 신념대로 살아가십시오. 자기가 옳다고 생각하는 일을 하면서 양심의 가책을 받지 않는 사람은 행복합니다."**(22절).

이 논의가 본 장의 핵심이다. 그런데 이 22절에서 전반은 심강자의 경우를 가리키고 후반은 심약자의 경우를 가리킨다는 주석도 있으나 이것은 인간의 신념에 대한 일관된 논리로 해석하는 것이 더 타당할 것이다. 바울은 신념에 따라 의심 없이 행동하는 강자의 태도는 존중되어 마땅하지만 그러한 행동이 약자의 거리낌과 도덕적 파산을 초래하는 것은 옳지 않다고 본다. 여기서 논의되는 "신념"은 교회라는 제도에서 파생되는 작은 사적 문제들이다. 교회 내에서 사람들의 다양한 확신은 공존되어야 한다고 본다. 바울은 심약한 것이 죄로 규정될 수는 없다고 본다. 약한 것이 죄일 수 없다. 심약자는 심강자에 의하여 좌우되지 말고 자기에게 주어진 믿음의 분수대로 행동할 것이다. 심강자의 행동이 사랑을 등지면 하나님의 심판을 받는다. 궁극적 진리는 복음의 바른 이해 이외의 다른 것일 수 없다. 이러한 바울의 위대한 사상이 기독교를 유대교와는 전혀 다른 차원에 올려놓았고, 교회라는 새로운 공동체의 합리적 기반을 조성한 것이다.

이 항구도시는 카이사리아 빌립보와 구분 짓기 위해 카이사리아 마리티마Caesarea Maritima라고 불린다. 기원전 3·4세기 때는 페니키아의 작은 마을이었는데 헤롯이 BC 22년부터 공사를 시작하여 가능한 한 최상의 도시를 지으려 했다. 남쪽에 540m나 되는 제방을 보아도 알 수 있듯이 엄청난 난공사였다. 헤롯은 이 도시를 옥타비아누스 황제에게 바쳤고 그래서 카이사리아라는 명칭이 생겨났다. 빌라도 총독도 AD 26~36년 기간 이 항구 관저에서 살았다. 바울은 이곳에서 2년 동안 감옥살이를 했고, 신임 총독 베스도와 아그립바 왕 앞에서 감동적인 연설을 행하였다. 그리고 바로 이곳에서 로마로 갔다. 3만 명을 수용하는 전차경기장 등 지금도 볼 만한 것이 많다.

〈 로마서 15:1~33, 스페인을 가고 싶습니다 〉

1 We who are strong ought to bear with the failings of the weak, and not to please ourselves;

2 let each of us please his neighbor for his good, to edify him.

3 For Christ did not please himself; but, as it is written, "The reproaches of those who reproached thee fell on me."

4 For whatever was written in former days was written for our instruction, that by steadfastness and by the encouragement of the scriptures we might have hope.

5 May the God of steadfastness and encouragement grant you to live in such harmony with one another, in accord with Christ Jesus,

6 that together you may with one voice glorify the God and Father of our Lord Jesus Christ.

7 Welcome one another, therefore, as Christ has welcomed you, for the glory of God.

8 For I tell you that Christ became a servant to the circumcised to show God's truthfulness, in order to confirm the promises given to the patriarchs,

9 and in order that the Gentiles might glorify God for his mercy. As it is written,

1 우리 강한 자가 마땅히 연약한 자의 약점을 담당하고 자기를 기쁘게 하지 아니할 것이라

2 우리 각 사람이 이웃을 기쁘게 하되 선을 이루고 덕을 세우도록 할지니라

3 그리스도께서 자기를 기쁘게 하지 아니하셨나니 기록된 바 주를 비방하는 자들의 비방이 내게 미쳤나이다 함과 같으니라

4 무엇이든지 전에 기록한 바는 우리의 교훈을 위하여 기록된 것이니 우리로 하여금 인내로 또는 성경의 안위安慰로 소망을 가지게 함이니라

5 이제 인내와 안위의 하나님이 너희로 그리스도 예수를 본받아 서로 뜻이 같게 하여 주사

6 한 마음과 한 입으로 하나님 곧 우리 주 예수 그리스도의 아버지께 영광을 돌리게 하려 하노라

7 이러므로 그리스도께서 우리를 받아 하나님께 영광을 돌리심과 같이 너희도 서로 받으라

8 내가 말하노니 그리스도께서 하나님의 진실하심을 위하여 할례의 수종자隨從者가 되셨으니 이는 조상들에게 주신 약속들을 견고케 하시고

9 이방인으로 그 긍휼하심을 인하여 하나님께 영광을 돌리게 하려 하심이라 기록된 바

"Therefore I will praise thee among
the Gentiles,
and sing to thy name";
10 and again it is said,
"Rejoice, O Gentiles, with his
people";

11 and again,
"Praise the Lord, all Gentiles,
and let all the peoples praise him";

12 and further Isaiah says,
"The root of Jesse shall come,
he who rises to rule the Gentiles;
in him shall the Gentiles hope."

13 May the God of hope fill you with all
joy and peace in believing, so that by
the power of the Holy Spirit you may
abound in hope.
14 I myself am satisfied about you, my
brethren, that you yourselves are full
of goodness, filled with all knowledge,
and able to instruct one another.
15 But on some points I have written to
you very boldly by way of reminder,
because of the grace given me by God
16 to be a minister of Christ Jesus to
the Gentiles in the priestly service of
the gospel of God, so that the offering
of the Gentiles may be acceptable,
sanctified by the Holy Spirit.
17 In Christ Jesus, then, I have reason to
be proud of my work for God.

이러므로 내가 열방列邦 중에서 주께
감사하고 주의 이름을 찬송하리로다
함과 같으니라
10 또 가로되
열방들아 주의 백성과 함께 즐거워
하라
하였으며
11 또
모든 열방들아 주를 찬양하며
모든 백성들아 저를 찬송하라
하였으며
12 또 이사야가 가로되
이새의 뿌리 곧 열방을 다스리기 위
하여 일어나시는 이가 있으리니 열
방이 그에게 소망을 두리라
하였느니라
13 소망의 하나님이 모든 기쁨과 평강을
믿음 안에서 너희에게 충만케 하사 성령
의 능력으로 소망이 넘치게 하시기를 원
하노라
14 내 형제들아 너희가 스스로 선함이 가
득하고 모든 지식이 차서 능히 서로 권
하는 자임을 나도 확신하노라

15 그러나 내가 너희로 다시 생각나게 하
려고 하나님께서 내게 주신 은혜를 인하
여 더욱 담대히 대강 너희에게 썼노니
16 이 은혜는 곧 나로 이방인을 위하여 그
리스도 예수의 일군이 되어 하나님의 복
음의 제사장 직무를 하게 하사 이방인을
제물로 드리는 그것이 성령 안에서 거룩
하게 되어 받으심직하게 하려 하심이라
17 그러므로 내가 그리스도 예수 안에서
하나님의 일에 대하여 자랑하는 것이 있

거니와

[18]For I will not venture to speak of anything except what Christ has wrought through me to win obedience from the Gentiles, by word and deed,

[18]그리스도께서 이방인들을 순종케 하기 위하여 나로 말미암아 말과 일이며 표적表蹟과 기사奇事의 능력能力이며 성령의 능력으로 역사役事하신 것 외에는 내가 감히 말하지 아니하노라

[19]by the power of signs and wonders, by the power of the Holy Spirit, so that from Jerusalem and as far round as Il-lyr′i-cum I have fully preached the gospel of Christ,

[19]이 일로 인하여 내가 예루살렘으로부터 두루 행하여 일루리곤까지 그리스도의 복음을 편만遍滿하게 전하였노라

[20]thus making it my ambition to preach the gospel, not where Christ has already been named, lest I build on another man's foundation,

[20]또 내가 그리스도의 이름을 부르는 곳에는 복음을 전하지 않기로 힘썼노니 이는 남의 터 위에 건축하지 아니하려 함이라

[21]but as it is written,

"They shall see who have never been told of him,
and they shall understand who have never heard of him."

[21]기록된 바

주의 소식을 받지 못한 자들이 볼 것이요 듣지 못한 자들이 깨달으리라

함과 같으니라

[22]This is the reason why I have so often been hindered from coming to you.

[22]그러므로 또한 내가 너희에게 가려 하던 것이 여러 번 막혔더니

[23]But now, since I no longer have any room for work in these regions, and since I have longed for many years to come to you,

[23]이제는 이 지방에 일할 곳이 없고 또 여러 해 전부터 언제든지 서바나로 갈 때에 너희에게 가려는 원願이 있었으니

[24]I hope to see you in passing as I go to Spain, and to be sped on my journey there by you, once I have enjoyed your company for a little.

[24]이는 지나가는 길에 너희를 보고 먼저 너희와 교제하여 약간 만족을 받은 후에 너희의 그리로 보내줌을 바람이라

[25]At present, however, I am going to Jerusalem with aid for the saints.

[25]그러나 이제는 내가 성도를 섬기는 일로 예루살렘에 가노니

[26]For Mac-e-do′ni-a and A-cha′ia have been pleased to make some contribution

[26]이는 마게도냐와 아가야 사람들이 예루살렘 성도 중 가난한 자들을 위하여

for the poor among the saints at
Jerusalem;
27 they were pleased to do it, and indeed
they are in debt to them, for if the
Gentiles have come to share in their
spiritual blessings, they ought also to be
of service to them in material blessings.
28 When therefore I have completed
this, and have delivered to them what
has been raised, I shall go on by way of
you to Spain;
29 and I know that when I come to
you I shall come in the fulness of the
blessing of Christ.
30 I appeal to you, brethren, by our
Lord Jesus Christ and by the love of
the Spirit, to strive together with me in
your prayers to God on my behalf,
31 that I may be delivered from the
unbelievers in Judea, and that my
service for Jerusalem may be acceptable
to the saints,
32 so that by God's will I may come to
you with joy and be refreshed in your
company.
33 The God of peace be with you all.
Amen.

기쁘게 얼마를 동정同情하였음이라

27 저희가 기뻐서 하였거니와 또한 저희
는 그들에게 빚진 자니 만일 이방인들이
그들의 신령한 것을 나눠 가졌으면 육
신의 것으로 그들을 섬기는 것이 마땅하
니라
28 그러므로 내가 이 일을 마치고 이 열
매를 저희에게 확증한 후에 너희에게를
지나 서바나로 가리라

29 내가 너희에게 나갈 때에 그리스도의
충만한 축복을 가지고 갈줄을 아노라

30 형제들아 내가 우리 주 예수 그리스도
로 말미암고 성령의 사랑으로 말미암아
너희를 권하노니 너희 기도에 나와 힘을
같이하여 나를 위하여 하나님께 빌어
31 나로 유대에 순종치 아니하는 자들에
게서 구원을 받게 하고 또 예루살렘에
대한 나의 섬기는 일을 성도들이 받음직
하게 하고
32 나로 하나님의 뜻을 좇아 기쁨으로 너
희에게 나아가 너희와 함께 편히 쉬게
하라
33 평강의 하나님께서 너희 모든 사람과
함께 계실지어다 아멘

【강해】

이 장은 자세히 들여다보면 여태까지의 모든 논의를 포괄적으로 마무리짓고 있다. 이 장의 내용은 나의 해설을 필요로 하지 않는다. 원문에 즉하여 이해하는 것이 최상의 길이다.

〈 로마서 16:1~27, 문안 〉

1 I commend to you our sister Phoebe, a
deaconess of the church at Cen′chre-ae,
2 that you may receive her in the Lord
as befits the saints, and help her in
whatever she may require from you, for
she has been a helper of many and of
myself as well.
3 Greet Pris′ca and Aquila, my fellow
workers in Christ Jesus,

4 who risked their necks for my life,
to whom not only I but also all the
churches of the Gentiles give thanks;
5 greet also the church in their house.
Greet my beloved E-pae′ne-tus, who
was the first convert in Asia for Christ.
6 Greet Mary, who has worked hard
among you.
7 Greet An-dron′i-cus and Ju′ni-as, my
kinsmen and my fellow prisoners; they
are men of note among the apostles,
and they were in Christ before me.
8 Greet Am-pli-a′tus, my beloved in the
Lord.
9 Greet Ur-ba′nus, our fellow worker in
Christ, and my beloved Sta′chys.

10 Greet A-pel′les, who is approved in
Christ. Greet those who belong to the
family of A-ris-tob′u-lus.

1 내가 겐그레아 교회의 일군으로 있는
우리 자매 뵈뵈를 너희에게 천거하노니
2 너희가 주 안에서 성도들의 합당한 예
절로 그를 영접하고 무엇이든지 그에게
소용되는 바를 도와줄지니 이는 그가 여
러 사람과 나의 보호자가 되었음이니라

3 너희가 그리스도 예수 안에서 나의 동
역자同役者들인 브리스가와 아굴라에게
문안問安하라
4 저희는 내 목숨을 위하여 자기의 목이
라도 내어 놓았나니 나 뿐아니라 이방인
의 모든 교회도 저희에게 감사하느니라
5 또 저의 교회에게도 문안하라 나의 사랑
하는 에배네도에게 문안하라 저는 아시
아에서 그리스도께 처음 익은 열매니라
6 너희를 위하여 많이 수고한 마리아에게
문안하라
7 내 친척이요 나와 함께 갇혔던 안드로
니고와 유니아에게 문안하라 저희는 사
도에게 유명히 여김을 받고 또한 나보다
먼저 그리스도 안에 있는 자라
8 또 주 안에서 내 사랑하는 암블리아에
게 문안하라
9 그리스도 안에서 우리의 동역자인 우르
바노와 나의 사랑하는 스다구에게 문안
하라
10 그리스도 안에서 인정認定함을 받은
아벨레에게 문안하라 아리스도불로의
권속眷屬에게 문안하라

11 Greet my kinsman Hero′di-on. Greet
those in the Lord who belong to the
family of Narcis′sus.
12 Greet those workers in the Lord,
Tryphae′na and Try-pho′sa. Greet the
beloved Persis, who has worked hard in
the Lord.
13 Greet Rufus, eminent in the Lord, also
his mother and mine.

14 Greet A-syn′cri-tus, Phle′gon,
Her′mes, Pat′ro-bas, Her′mas, and the
brethren who are with them.
15 Greet Phi-lol′o-gus, Julia, Ne′-reus
and his sister, and O-lym′pas, and all
the saints who are with them.
16 Greet one another with a holy kiss.
All the churches of Christ greet you.

17 I appeal to you, brethren, to take note
of those who create dissensions and
difficulties, in opposition to the doctrine
which you have been taught; avoid
them.
18 For such persons do not serve our
Lord Christ, but their own appetites,
and by fair and flattering words they
deceive the hearts of the simple-minded.
19 For while your obedience is known to
all, so that I rejoice over you, I would

11 내 친척 헤로디온에게 문안하라 나깃
수의 권속 중 주 안에 있는 자들에게 문
안하라
12 주 안에서 수고한 드루배나와 드루보
사에게 문안하라 주 안에서 많이 수고하고
사랑하는 버시에게 문안하라

13 주 안에서 택하심을 입은 루포와 그 어
머니에게 문안하라 그 어머니는 곧 내
어머니니라
14 아순그리도와 블레곤과 허메와 바드로
바와 허마와 저희와 함께 있는 형제들에
게 문안하라
15 빌롤로고와 율리아와 또 네레오와 그
자매와 올름바와 저희와 함께 있는 모든
성도에게 문안하라
16 너희가 거룩하게 입맞춤으로 서로 문
안하라 그리스도의 모든 교회가 다 너희
에게 문안하느니라
17 형제들아 내가 너희를 권하노니 너희
교훈을 거스려 분쟁을 일으키고 거치게
하는 자들을 살피고 저희에게서 떠나라

18 이같은 자들은 우리 주 그리스도를 섬
기지 아니하고 다만 자기의 배만 섬기나
니 공교工巧하고 아첨하는 말로 순진한 자
들의 마음을 미혹迷惑하느니라
19 너희 순종함이 모든 사람에게 들리는
지라 그러므로 내가 너희를 인하여 기뻐

have you wise as to what is good and
guileless as to what is evil;
[20]then the God of peace will soon crush
Satan under your feet. The grace of our
Lord Jesus Christ be with you.
[21]Timothy, my fellow worker,
greets you; so do Lucius and Jason
and So-sip′a-ter, my kinsmen.
[22]I Ter′tius, the writer of this letter,
greet you in the Lord.
[23]Ga′ius, who is host to me and to the
whole church, greets you. E-ras′tus, the
city treasurer, and our brother Quartus,
greet you.

[25]Now to him who is able to strengthen
you according to my gospel and the
preaching of Jesus Christ, according to
the revelation of the mystery which was
kept secret for long ages
[26]but is now disclosed and through the
prophetic writings is made known to
all nations, according to the command
of the eternal God, to bring about the
obedience of faith—

[27]to the only wise God be glory for
evermore through Jesus Christ! Amen.

하노니 너희가 선한 데 지혜롭고 악한 데
미련하기를 원하노라
[20]평강의 하나님께서 속히 사단을 너희
발 아래서 상傷하게 하시리라 우리 주
예수의 은혜가 너희에게 있을지어다
[21]나의 동역자 디모데와 나의 친척 누기
오와 야손과 소시바더가 너희에게 문안
하느니라
[22]이 편지를 대서代書하는 나 더디오도
주 안에서 너희에게 문안하노라
[23]나와 온 교회 식주인食主人 가이오도
너희에게 문안하고 이 성城의 재무財務
에라스도와 형제 구아도도 너희에게 문
안하느니라
[24](없음)
[25]나의 복음과 예수 그리스도를 전파함은
영세전永世前부터 감춰었다가

[26]이제는 나타내신 바 되었으며 영원하
신 하나님의 명을 좇아 선지자들의 글로
말미암아 모든 민족으로 믿어 순종케 하
시려고 알게 하신 바 그 비밀의 계시를
좇아 된 것이니 이 복음으로 너희를 능
히 견고케 하실
[27]지혜로우신 하나님께 예수 그리스도로
말미암아 영광이 세세무궁世世無窮토록
있을지어다 아멘

【강해】

전통적으로 이 마지막 장의 텍스트성격에 관해 논의가 많았다. 대체적으로 바울이 15장까지의 하나의 버전을 만들어 로마로 보냈고(그러니까 그 15장 버전이 오리지날 로마서가 되는 셈이다), 제일 마지막 16장을 따로 썼다가 나중에 앞의 15장과 합본하여 에베소교회에다가 보냈다는 것이다. 그러니까 이 16장은 로마로 가지 않았다는 것이다. 그러나 최근까지의 신학자들의 연구성과는 로마서는 원래부터 제16장을 포괄하는 16장 버전이었다는 데 의견이 일치한다. 나도 이 16장의 내용으로 보아 이것은 앞의 15장과 불가분의 융합된 성격을 지니고 있다고 생각한다. 중국에서도 백서帛書와 죽간竹簡의 출현으로 이전에 의심하던 텍스트들의 착간이 오히려 착간이 아니라 원래의 모습이었다는 것이 속속 밝혀졌다. 제16장은 로마서의 원 텍스트에 속하는 것이다.

탈이고
脫而顧

나는 천안에서 로마서를 시골 학생들과 교도들에게 강론한 후에 1967년 봄 한국신학대학에 입학하였다. 성경공부와 영어공부를 하도 지독하게 한 후인지라, 나는 신학대학에 수석으로 입학하였다. 그런데 그 3년 후에 한국신학대학에 수석으로 입학한 인물이 있다. 그가 바로 한신대 총장을 지냈고 현재 경동교회 담임목사를 하고 있는 채수일이다.

석 달 전 내가 『로마서강해』에 착수했다고 하니까 채 동학同學이 깜짝 놀라면서 서구지성사에 변혁이 있을 때마다 로마서강해가 이루어졌다고 했다. 아우구스티누스도 로마서로부터 인간 본성의 문제를 물려받아 붕괴되어가는 제국을 재건하는 새로운 정신적 토대를 마련하였고, 루터도 칼빈도 로마서에서 오직 믿음에 의한 인의認義라는 테마를 끄집어내어 새로운 혁명적 교회공동체 구상을 했고, 칼 바르트도 로마서의 해석을 통해 인간의 공로를 하나님의 은총과 연결시키는 모든 시도를 좌절시키는 자유의 신학을 만들어 자유주의신학의 허구성을 폭로하였다고 했다.

이제 도올의 『로마서강해』가 이 민족사의 새로운 전기를 만들지 않겠냐고 나에게 과분한 격려의 말을 해주는 것이다. 나는 나에게 주어진 4개월의 시간 동안에 내가 스스로 부과한 종말론적 약속을 지키기 위해 불철주야 피눈물나는 집필의 여정을 달려왔다. 4개월이라지만 실제로 2개월은 모색하는 시간이었고, 원고지 위에 만년필을 움직인 것은 2개월의 시간에 불과했다. 어떻게 이 방대한 원고를 그토록 짧은 기간에 쓸 수 있었는지 나 스스로 잘 가늠이 되질 않는다.

과연 이 책이 채 형의 말대로 혁명적 반응을 가져올 수 있는지에 관해서는 내가 알 수도 없고 말할 수 있는 처지도 아니다. 단지 나는 내가 50년 이상 집요하게 씨름해온 한 사나이와 멋진 한 결판승부를 겨루었다는 느낌에 좀 시원할 뿐이다. 그리고 나를 바울과 해후시켜주신 나의 어머니를 생각할 뿐이다. 로마서 12장을 읽고 또 읽으시고, 나에게 당부하고 또 당부하시던 어머님의 모습이 너무도 그리울 뿐이다.

2017년 3월 5일 밤 11시

낙송암駱松菴에서

도올 쓰다

도올의 로마서강해

A Commentary on the Epistle of Paul to the Romans

2017년 4월 1일 초판 발행
2021년 9월 15일 1판 5쇄

지은이 도올 김용옥
펴낸이 남호섭
편집책임 김인혜
편집·사진 임진권
편집·제작 오성룡, 신수기
표지디자인 박현택
지도그림 박진숙
인쇄판출력 토탈프로세스
라미네이팅 금성L&S
인쇄 봉덕인쇄
제책 우성제본
펴낸곳 통나무

주소: 서울시 종로구 동숭동 199-27
전화: (02) 744-7992
팩스: (02) 762-8520
출판등록 1989. 11. 3. 제1-970호
값 28,000원

ISBN 978-89-8264-133-6 (03230)

구약시대 유대민족의 발자취